ullstein

Das Buch

Die digitale Kommunikation hat mit enormer Geschwindigkeit die Welt verändert und gewinnt immer mehr Einfluss auf unser Leben. Aber wissen wir überhaupt, worauf wir uns eingelassen haben? Spätestens seit den Enthüllungen des Whistleblowers Edward Snowden ist klar: Wir werden auf Schritt und Tritt überwacht. Die digitale Kommunikationstechnik in der Hand von Regierungen, Geheimdiensten, Militärs und Konzernen ist zu einem weltumspannenden Machtinstrument geworden. Den Kampf um unsere Bürgerrechte führen heute Netzaktivisten wie Wikileaks oder Anonymous. Aber können wir gegen eine so übermächtige Allianz aus staatlichen und wirtschaftlichen Interessen überhaupt gewinnen? Heute schon tobt ein Krieg um Informationen und um die Daten von uns allen.

Stefan Aust und Thomas Ammann werfen einen umfassenden und beängstigenden Blick auf die Praxis und die Folgen einer völlig außer Kontrolle geratenen globalen Totalüberwachung, die Orwells »Big Brother« ziemlich klein wirken lässt.

Die Autoren

STEFAN AUST gründete in den 1980er Jahren Spiegel TV und war bis 2008 Chefredakteur des Nachrichtenmagazins *Der Spiegel*. Er ist Herausgeber der Welt-Gruppe und Autor mehrerer Bestseller, unter anderem des Beststellers *Der Baader-Meinhof-Komplex*.

THOMAS AMMANN übernahm 2002 die redaktionelle Leitung in der Berliner Vertretung von Spiegel TV. Ab 2008 war er selbständiger Journalist, TV-Autor und Produzent. Seit Herbst 2014 ist er stellvertretender Chefredakteur des Magazins *Stern*.

Stefan Aust | Thomas Ammann

DIGITALE DIKTATUR

TOTALÜBERWACHUNG,
DATENMISSBRAUCH,
CYBERKRIEG

Ullstein

Besuchen Sie uns im Internet:
www.ullstein-taschenbuch.de

MIX
Papier aus verantwortungsvollen Quellen
FSC® C083411

Ungekürzte Ausgabe im Ullstein Taschenbuch
1. Auflage Januar 2016

Redaktion: Michael Schickerling, schickerling.cc, München
Umschlaggestaltung: ZERO Werbeagentur, München, nach einer Vorlage von FHCM GRAPHICS, Berlin
Satz: LVD GmbH, Berlin
Gesetzt aus der Slimbach und der Trade Gothic
Druck und Bindearbeiten: CPI books GmbH, Leck
Printed in Germany
ISBN 978-3-548-37627-1

INHALT

WILLKOMMEN IN DER DIGITALEN DIKTATUR

»Es war ein strahlend-kalter Apriltag, und die Uhren schlugen dreizehn. Winston Smith, das Kinn an die Brust gezogen, um dem scheußlichen Wind zu entgehen, schlüpfte rasch durch die Glastüren der Victory-Mietskaserne, doch nicht rasch genug, um zu verhindern, daß mit ihm auch ein grießiger Staubwirbel hereinwehte. […] Auf jedem Treppenabsatz starrte dem Liftschacht gegenüber das Plakat mit dem riesigen Gesicht von der Wand. Es war eines jener Bilder, die einem mit dem Blick überall hin zu folgen scheinen. DER GROSSE BRUDER SIEHT DICH, lautete die Textzeile darunter.«

George Orwell, *1984*[1]

Orwells tragischer Held Winston Smith wusste, dass er auf Schritt und Tritt beobachtet werden konnte. Das war die einzige Sicherheit, die er in seinem Leben hatte. Aber »wie oft oder nach welchem System sich die Gedankenpolizei in jede Privatleitung einschaltete, darüber ließ sich bloß spekulieren«, schilderte Orwell das Überwachungssystem in der fiktiven Diktatur Ozeanien. »Es war sogar denkbar, daß sie ständig alle beobachtete. Sie konnte sich jedenfalls jederzeit in jede Leitung einschalten.« Das war das Ungeheuerliche –

1 Zitiert nach der Übersetzung von Michael Walter. George Orwell: *1984*, Ullstein, 1984.

man musste annehmen, dass die Gedankenpolizei überall war, aber sicher konnte man nie sein. Das führte unweigerlich zur Gewohnheit, »die einem zum Instinkt wurde«, wie Orwell es ausdrückte, »daß jedes Geräusch, das man verursachte, gehört und, außer bei Dunkelheit, jede Bewegung beäugt wurde«. Der Terror bestand also nicht darin, dass man das Volk ständig überwachte, sondern dass die Überwachung wie alles andere auch ein Instrument völliger Willkür war – ein Albtraum, jeden Tag aufs Neue. Der Große Bruder war allmächtig und allwissend, er wurde das Symbol für ein perfides System der Disziplinierung, dem sich das Volk unterwerfen musste. Das ist das Kennzeichen einer Diktatur. Das Volk muss fürchten, dass nichts unbeobachtet bleibt, und verhält sich dementsprechend immer genau so – wie in *1984*: »Es gab kein Entrinnen. Nichts gehörte einem, bis auf die paar Kubikzentimeter im eigenen Schädel.« Aber auch die sind heute nicht mehr sicher.

Stellen Sie sich eine Welt vor, in der Ihnen jedes Mal ein Dutzend Spitzel folgen, wenn Sie das Haus verlassen. Einer notiert das Datum und die Uhrzeit, zu der Sie aus der Tür gehen; einer hält fest, was Sie anhaben und ob Sie etwas mit sich führen; ein Dritter stoppt die Zeit, die Sie für den Gang zur U-Bahn-Station brauchen; der Vierte vermerkt, an welchen Schaufenstern oder Kiosken Sie stehen bleiben, ob Sie etwas kaufen oder nicht; der nächste zeichnet auf, wen Sie auf dem Weg zur Bahn treffen und worüber Sie sich unterhalten – während Sie gleichzeitig bemerken, dass Ihr Gesprächspartner seine eigenen Spione im Schlepptau hat. So geht es jeden Tag. Nach einiger Zeit wären die Schattenmänner in der Lage vorherzusagen, wann Sie an einem bestimmten Wochentag aus dem Haus gehen, welche Kleidung Sie wahrscheinlich tragen und wohin Sie Ihre Schritte führen werden.

Vermutlich würden Sie sich ziemlich unwohl fühlen in einer solchen Welt, zumal Ihnen niemand genau sagt, wozu diese Rundumbeobachtung eigentlich dient. Sie vermuten, dass Ihre Verfolger das selbst gar nicht so genau wissen. Allerdings registrieren Sie, dass sich die Reklame an den Hauswänden in dem Moment ändert, in dem Sie gerade vorbeigehen. Irgendwann bemerken Sie, dass sich die Anzeige schon ändert, wenn Sie noch ein paar Meter entfernt sind, und dass sie genau für das Reiseziel wirbt, über das Sie am Abend zuvor mit Ihrem Partner gesprochen haben. Und irgendwann sehen Sie schon von Weitem die Reklame, über die Sie eigentlich erst später mit Ihrem Partner sprechen wollten. Vermutlich würde es Ihnen schnell zur Gewohnheit werden, sich ständig unauffällig umzudrehen, ob jemand hinter Ihnen steht. Sie können sicher sein, dass immer jemand hinter Ihnen steht.

Wir wollen das Beispiel nicht überstrapazieren. Aber es beschreibt ziemlich genau das, was jedes Mal passiert, wenn Sie mit Ihrem Computer ins Internet gehen oder Ihr Smartphone benutzen. Das Netz wimmelt von Spionen, und damit sind nicht nur die Geheimdienste wie die amerikanische National Security Agency (NSA), das britische Government Communications Headquarters (GCHQ) oder der deutsche Bundesnachrichtendienst (BND) gemeint. Schon bei jeder simplen Suchanfrage schickt der Internetgigant Google (seit 2015: Alphabet) seine Agenten los, bei Facebook mit seinen 1,3 Milliarden Mitgliedern ist es kaum anders. Bis zu sechzig Merkmale werden dabei regelmäßig gespeichert: Wo Sie sich gerade befinden, welches Gerät Sie benutzen, welche Seiten Sie aufrufen, wie lange Sie auf diesen Seiten verweilen, wer Ihre Freunde sind, was Ihnen gefällt (Like-Buttons), mit wem Sie gerade kommunizieren, wie schnell Sie auf der Tastatur tippen, welche Fotos Sie hoch- oder herunterladen und so weiter.

Google kennt jeden Begriff, den Sie jemals im Internet »gegoogelt« haben, und speichert ihn. Und mit einem Marktanteil von 95 Prozent in Deutschland weiß Google das nahezu von allen Bundesbürgern, die im Internet unterwegs sind – inzwischen seit mehr als zehn Jahren. Google-Chef Eric Schmidt drückte es so aus: »Wir wissen, wo du bist. Wir wissen, wo du warst. Wir können mehr oder weniger wissen, was du gerade denkst.« Aber der Konzern weiß nicht nur, was jeden Einzelnen bewegt, er weiß auch, was ganz Deutschland bewegt. Niemand sollte sich in der Sicherheit wiegen, die Eingaben seien anonym. Durch die Verknüpfung aller Merkmale ist es ein Leichtes, den jeweiligen Benutzer eindeutig zu identifizieren und ihn im Zweifel namentlich zu benennen. Allein dieses Wissen hat die Internetkonzerne in die höchsten Sphären der New Economy katapultiert. Google setzt 60 Milliarden Dollar im Jahr um, den allergrößten Teil davon durch Werbung, etwa 14 Milliarden Dollar bleiben jährlich als Gewinn übrig. Der Unternehmenswert liegt bei 350 Milliarden Dollar, das entspricht dem dreifachen Wert des Volkswagen-Konzerns.

Inzwischen bietet die digitale Technik derartig umfassende Überwachungs-, Speicherungs- und Analysemöglichkeiten, dass sie George Orwells Großen Bruder aus *1984* ziemlich klein wirken lässt. Die Gedankenpolizei in Ozeanien hatte lediglich den »Teleschirm« zur Verfügung, um die Menschen bis in die letzten Winkel ihrer Wohnungen zu beobachten und mit Propagandasendungen zu indoktrinieren. Der überdimensionale Flachbildschirm in Orwells beklemmender Vision war Sende- und Empfangsgerät zugleich, womit ziemlich genau die Funktion eines modernen Laptops, Tablets oder Smartphones mit Kamera und Mikrofon beschrieben ist. Somit war das, was sich Orwell in den Jahren nach dem Zweiten Weltkrieg ausmalte, tatsächlich eine düstere Vorahnung dessen, was die Technik einmal würde leisten können. Jedenfalls galt das bisher: Seit Sommer 2013 ist es keine Ahnung mehr, es ist Gewissheit.

Seit durch die Enthüllungen des früheren NSA-Mitarbeiters Edward Snowden einige der bestgehüteten Geheimnisse der amerikanischen und britischen Überwachungstechnik ans Licht kamen, ist die Welt eine andere geworden. Staatliche Überwachung war schon eine Horrorvision für viele Menschen weltweit, bevor Snowden die Beweise dafür präsentierte. Aber was in den vergangenen Monaten bekannt wurde, sprengt die Dimensionen dessen, was bisher vorstellbar schien. Immer neue Meldungen über die Überwachungsmethoden der NSA und anderer Geheimdienste im Internet senden Schockwellen rund um den Globus – und, wie es aussieht, wird das noch eine Zeit lang weitergehen. Edward Snowden soll angeblich insgesamt über 1,7 Millionen NSA-Dokumente kopiert haben, vieles davon dürfte noch nicht einmal ausgewertet sein. Und offenbar animiert sein Beispiel auch andere Insider, mit ihrem Wissen über illegale oder zumindest fragwürdige Praktiken der Geheimdienste an die Öffentlichkeit zu gehen.

Spätestens seit zu Beginn des Jahres 2014 bekannt wurde, dass die NSA weltweit täglich Milliarden von Handydaten speichert und bis zu zweihundert Millionen SMS auffängt, ist klar, dass die Überwachung jeden Einzelnen angeht. Jeder NSA-Analytiker könne »jeden ins Visier nehmen, jederzeit«, erklärte Snowden. Die Ausforschung reicht bis in die privatesten Bereiche. Mit dem Smartphone tragen wir selbst den eifrigsten Spion ständig mit uns in der Tasche herum. Er sendet unter anderem permanent den Standort, liefert Mails, Fotos, persönliche Notizen und Listen aller Kontakte inklusive der dazugehörigen Daten. Ungebetenen Lauschern kann er als jederzeit an- und abschaltbares Mikrofon dienen. Und die Ortung mobiler Geräte ist eines der wichtigsten Instrumente für die Fahndung nach Zielpersonen – auch beim »Targeted Killing«, dem gezielten Töten mit Drohnen, in Afghanistan oder im Irak.

Diese digitalen Begleiter senden einen nie endenden Strom an Informationen, ohne dass wir davon etwas bemerken. Oder wie es ein NSA-Analytiker in einer geheimen Präsentation im Jahr 2011 vor Kollegen ausdrückte: »Sie sind alle Zombies, und sie zahlen sogar noch dafür.«[2] Dazu zeigte er Bilder von jubelnden Apple-Kunden, die gerade das damals

---

2 Laura Poitras, Marcel Rosenbach, Holger Stark: »iSpy«, *Spiegel*, 9. September 2013, http://www.spiegel.de/spiegel/print/d-111320266.html.

neu erschienene iPhone 4 ergattert hatten. Die Präsentation mit dem Titel »iPhone Ortungsdienste« beschrieb neue Techniken, mit denen sich die NSA in die millionenfach verbreiteten iPhones hacken konnte. Inzwischen geht das auch mit den entsprechenden Produkten anderer Hersteller auf Android-Basis. Selbst die lange als sicher geltende BlackBerry-Kommunikation konnten die staatlichen Schnüffler knacken. Noch nie in der Geschichte der Zivilisation konnten Sender, Empfänger und die Inhalte von Nachrichten so einfach identifiziert, gespeichert und analysiert werden wie mit den Mitteln der elektronischen Datenverarbeitung. Genau das war und ist die Aufgabe aller Geheimdienste weltweit, mit der NSA an der Spitze. Und jetzt stellt die Welt schockiert fest: Sie tun es wirklich.

Unter Präsident Dwight D. Eisenhower war Amerikas geheimster Geheimdienst, der aus einer Abteilung des US-Verteidigungsministeriums hervorgegangen war, 1952 gegründet worden. Schon die bloße Existenz der NSA wurde jahrelang geheim gehalten, deshalb wurde die Abkürzung auch gerne übersetzt mit »No Such Agency« oder »Never Say Anything«. Ihr Auftrag: die weltweiten Nachrichtenverbindungen zu überwachen und nach verwertbaren Informationen zu filtern, sie zu identifizieren, zu sichern, zu analysieren und auszuwerten. Außerdem war die NSA zuständig für das nationale Verschlüsselungswesen und den Schutz der amerikanischen Telekommunikationswege. Daran hat sich bis heute nichts geändert, nur sind die Techniken erheblich ausgefeilter und umfassender geworden. Das Hauptquartier in Fort Meade im US-Bundesstaat Maryland trägt bezeichnenderweise den Beinamen »Crypto City«. Sie sei »home to America's codemakers and codebreakers«, rühmt sich die NSA auf ihrer eigenen Website. Auch der Anspruch, den die NSA in einer Grundsatzpräsentation formulierte, spricht nicht gerade für mangelndes Selbstbewusstsein: Es gehe um »information superiority« in der Welt, was so viel bedeutet wie »informationelle Vorherrschaft«.

Dass die Dienste auch die Sammelwut der Internetkonzerne ausnutzen und sich in einer Art Public-private-Partnership gegen Bezahlung direkt von Apple, Google, Facebook und Co. mit den Kundendaten beliefern lassen, zeugt von der Entstehung eines neuen militärisch-industriellen Komplexes. »Silicon Valley betreibt, aktualisiert und monetarisiert die Infrastruktur, während die NSA nach Belieben zugreifen kann«, analysiert der Internetkritiker Evgeny Morozov.[3] In dieser Zusammenarbeit mit verteilten Rollen zeige sich das »Amerika von heute in seiner ganzen Pracht«, so Morozov. Mithilfe dieser Teilprivatisierung könnten die Dienste gesetzliche und datenschutzrechtliche Bestimmungen einfacher umgehen, gleichzeitig erweiterten sie das Spektrum der Zugriffs- und damit der Kombinationsmöglichkeiten fast bis ins Unendliche. »Es gibt keine separate Welt, in der eine neue ›digitale‹ Macht entstanden ist«, kommentiert Morozov. »Wir haben eine Welt, eine Macht, und Amerika gibt die Kommandos.«

Dabei hatte das Internet-Zeitalter einst so schön begonnen: mit den Verheißungen einer grenzenlosen Freiheit der Kommunikation. »Das Internet, unser großartigstes Emanzipationsmittel«, schrieb der neben Snowden derzeit bekannteste Netzrebell, Wikileaks-Gründer Julian Assange,[4] »hat sich in den gefährlichsten Wegbereiter des Totalitarismus verwandelt, mit dem wir es je zu tun hatten.« Durch die staatliche Totalüberwachung sei das weltweite Netz zur »Bedrohung der menschlichen Zivilisation« geworden, so Assange, die direkt »in einen postmodernen Überwachungs-Albtraum« führe, aus dem es »für niemanden außer den Gewieftesten ein Entrinnen geben« werde. Aber gerade die Gewieftesten – Hacker und andere Experten, die Verschlüs-

3 Evgeny Morozov: »Datenagenten in eigener Sache«, *Kursbuch* 177, 3. März 2014.

4 Julian Assange, Jacob Appelbaum, Andy Müller-Maguhn: *Cypherpunks. Unsere Freiheit und die Zukunft des Internets*, Campus, 2013.

selungen und andere Tricks benutzen, um sich außerhalb des Geheimdienstradars zu bewegen – geraten als Erste ins Visier der Dienste. Denn wer sich nicht überwachen lassen möchte, macht sich per se verdächtig. Das Ziel der NSA ist es, wie ihr früherer Direktor Keith Alexander einmal sagte, »alles« zu überwachen.

In den durch Snowden bekannt gewordenen Dokumenten überschlagen sich die NSA-Analytiker geradezu mit ihren Erfolgsmeldungen. Im Jahr 2012 feierten sie den »einbillionsten Eintrag« in einer Datenbank namens »Shelltrumpet«, in der weltweite Online-Verbindungsdaten aufgezeichnet werden.[5] Das Beispiel zeigt: Die elektronische Überwachung und Speicherung nimmt tatsächlich totalitäre Ausmaße an. Das für 1,7 Milliarden Dollar neu gebaute Utah Data Center der NSA in Bluffdale südlich von Salt Lake City beherbergt gigantische Supercomputer, mit denen die gesamte elektronische Kommunikation der Welt in den nächsten hundert Jahren überwacht und gespeichert werden kann – und es ist nur einer von mehreren Megaspeichern der NSA. »Zwischen Überwachung und Unterdrückung verläuft eine schmale Grenze«, warnt der frühere NSA-Direktor William Binney,[6] der lange vor Snowden versucht hat, gegen Rechtsbrüche und Datenmissbrauch in seiner Behörde vorzugehen, nach mehr als dreißig Dienstjahren vorzeitig seinen Hut nahm, worauf er in die Mühlen der staatlichen Verfolgung geriet: »Wir sind nicht mehr weit vom totalitären Staat entfernt. Die Infrastruktur dafür existiert schon.«

---

5 Viele der von Glenn Greenwald und Laura Poitras zunächst im britischen *Guardian*, in der *Washington Post* oder im *Spiegel* veröffentlichten NSA-Dokumente sind inzwischen in Online-Archiven von Organisationen zu finden, die sich kritisch mit der Überwachung auseinandersetzen. Beispielsweise: der American Civil Liberties Union (www.aclu.org), Cryptome (www.cryptome.org), Electronic Frontier Foundation (www.eff.org) oder La Quadrature du Net (www.nsa-observer.net).

6 Gespräch mit den Autoren, Mai 2014.

Nicht einmal der skeptische Visionär George Orwell konnte vorhersehen, dass die Smartphone- und Internetnutzer von heute sich nicht nur damit abfinden, dass sie Datenspuren legen, sondern sogar begeistert dabei mitmachen. Das hätten sich auch die Überwachungsgegner vergangener Jahrzehnte nicht träumen lassen. Der »gläserne Bürger«, bis ins Letzte durchleuchtet von der Staatsmacht, war einst das Schreckgespenst von Datenschützern und Bürgerrechtlern. Die heftigen und lang andauernden Proteste gegen die Volkszählung beispielsweise erschütterten vor rund dreißig Jahren die Bundesrepublik, ausgerechnet um das Jahr 1984 herum. Gewerkschaften liefen Sturm gegen die mögliche Überwachung von Mitarbeitern an »Tele-Arbeitsplätzen«.

Heute geben Milliarden Internet-User über Mitteilungsdienste und soziale Plattformen freiwillig ihre privatesten Geheimnisse preis, ohne dass sie die geringste Kontrolle darüber haben, was weiter damit geschieht. Und das stört selbst nach jahrzehntelangen politischen Debatten über Datenschutz, das Recht auf Privatsphäre und informationelle Selbstbestimmung anscheinend kaum jemanden. Vor allem an der jüngeren Generation scheint die große Diskussion um Datenschutz und Privatsphäre spurlos vorübergegangen zu sein. »Facebook, Twitter, der eigene Blog: Viele glauben, das seien nur Spielzeuge unter anderen, Möglichkeiten zur eigenen Entfaltung, Plattformen des Selbst«, schrieb der im Juni 2014 verstorbene *FAZ*-Herausgeber Frank Schirrmacher in seinem Buch *Payback*.[7] »Möglicherweise sind sie es. Aber alles, was wir auf ihnen treiben, ist Input« – Rohstoff für die Milliardenmaschinerie der Internetkonzerne.

Der mediale Hype über staatliche Bespitzelung im Netz mutet angesichts dieser globalen Selbstentblößung einigermaßen grotesk an. So stellt der »NSA-Schock«, ausgelöst

7 Frank Schirrmacher: *Payback. Warum wir im Informationszeitalter gezwungen sind zu tun, was wir nicht tun wollen, und wie wir die Kontrolle über unser Denken zurückgewinnen*, Pantheon, 2011.

durch Edward Snowdens Enthüllungen, nur die Spitze einer Empörungswelle dar, die am wahren Sachverhalt vorbeigeht. Auch noch so gute Gesetze oder »No-Spy-Abkommen« werden die Spione nicht im Internet zurückdrängen. Wir müssen lernen, mit den modernen Verlockungen umzugehen. Auch wenn bis vor Kurzem das Netz noch als Inkarnation der globalen Freiheit galt: Elektronische Spuren zu legen und zu verfolgen gehört zum Wesen des Internets. Das hat mit seiner Geschichte und mit seiner technischen Struktur zu tun, denn es entstand aus einem militärisch-wissenschaftlichen Kommunikationssystem – natürlich in den USA.

Unter Federführung der Advanced Research Projects Agency (ARPA), einer Forschungsbehörde des US-Verteidigungsministeriums, wurde in den 1960er-Jahren das Arpanet entwickelt, zur Hochzeit des Kalten Kriegs zwischen den Supermächten USA und Sowjetunion. Es sollte zunächst nur Großrechner an amerikanischen Universitäten und Forschungszentren verbinden, die sich mit Projekten des Pentagons beschäftigten. Im Jahr 1975 übernahm die staatliche Defense Communications Agency (DCA) die Führung des Arpanets, das 1983 aus Sicherheitsgründen in ein öffentliches und ein militärisches Netz, das sogenannte Milnet, aufgeteilt wurde. Aus dem Milnet wurde das Defense Data Network des Pentagons, das heute unter anderem auch zur elektronischen Kriegsführung und zur Steuerung von Drohnen benutzt wird. Aus dem Arpanet ging schließlich das Internet hervor.

In den 1960er-Jahren hatte die Rand Corporation, ein ultrakonservativer Thinktank, im Auftrag der Regierung Überlegungen für ein nationales Kommunikationssystem angestellt, dessen Leitungen einen Nuklearangriff heil überstehen sollten. Bei ihrer Konzeption kamen die Rand-Ingenieure zu ähnlichen Lösungen wie die Schöpfer des Arpanets: zu einer dezentralen Struktur mit zahlreichen Netzwerkknoten statt einer zentralen Steuerungseinheit, deren Zerstörung im Ernstfall verheerende Auswirkungen hätte. Diese Struktur erlaubt es den Datenpaketen, sich im Netz ihren »eigenen Weg« zu suchen – bis heute eines der wesentlichen Kennzeichen des Internets.

Besonderes Augenmerk galt von Anfang an der Verschlüsselung in den Netzen. Die Codes durften gerade so gut sein, dass die staatlichen Hacker von der NSA sie noch knacken konnten, so zum Beispiel der Data-Encryption-Standard (DES), der noch heute in vielen Computersystemen verwendet wird, obwohl es längst sicherere Verschlüsselungstechniken gibt. Aber die US-Militärs und Geheimdienste wollten sich eine Hintertür für verschlüsselte Computersysteme aufhalten, durch die sie jederzeit Zugang haben, und aus diesem Grund ist der Export von Verschlüsselungstechniken in Drittländer nach wie vor streng reglementiert.

Es wäre geradezu naiv anzunehmen, dass amerikanische Militärs und Geheimdienste nicht von Beginn an den Hintergedanken hatten, die Freiheit der Datenautobahn vor allem für die Freiheit ihrer eigenen Überwachungsmaßnahmen zu nutzen. Dabei war vor zwei Jahrzehnten kaum abzuschätzen, wie viel privater, geschäftlicher und staatlicher »Traffic« einmal über diese Verkehrswege laufen würde und mit welchen ausgeklügelten Suchsystemen der Datenverkehr überwacht werden kann – nicht nur von den Amerikanern. Die Experten in den russischen Geheimdiensten und die Staatshacker des chinesischen Militärs dürften ihnen kaum nachstehen. Achtung vor dem Datengeheimnis und demokratischen Strukturen sind in Moskau und Peking mit Sicherheit nicht weiter verbreitet als in Washington. Und dass Edward Snowden in Russland inzwischen bis 2017 Asyl gewährt wird, ist wohl weniger ein Bekenntnis zum Datenschutz als ein taktisches Manöver im Kalten Internetkrieg.

Russlands Staatspräsident Wladimir Putin bezeichnete Snowdens Ankunft in Moskau im Juni 2013 in einer Mischung aus Ironie und Scheinheiligkeit als »unerwünschtes Weihnachtsgeschenk«. Er selbst, beteuerte Putin, habe erst zwei Stunden vor der Landung erfahren, dass der damals meistgesuchte Mann der Welt in einem Flugzeug mit Ziel Moskau sitze. »Tatsächlich war Snowden«, urteilt der *Guardian*-Reporter Luke Harding, »ein Geschenk für Putin.«[8] Die Enthüllungen des Exspions, so Harding, hätten dem Kreml die Chance geboten, die Doppelmoral der USA bei Menschenrechten, staatlicher Bespitzelung und Ausweisung anzuprangern. »Putin hat es sicherlich auch genossen«, vermutet Harding, »dass er sich mit der Supermacht USA auf Augenhöhe präsentieren konnte.«

Zugleich konnte Putin die Chance nutzen, von der russischen Überwachung des Internets abzulenken. Denn seit Juli 2014 verpflichtet ein Gesetz russische Internetprovider dazu, Daten und Aktivitäten sämtlicher Benutzer für zwölf Stunden zu speichern und dem russischen Inlandsgeheimdienst FSB direkten und sofortigen Zugang zu gewähren. Dafür wurde eine erweiterte Ausbaustufe des Rechnerverbunds Sorm (»System für operative Nachforschungsaktivitäten«) eingesetzt, mit dem das FSB alle Telefon- und Internetdaten in Russland analysiert und speichert. Ein neues »Blogger-Gesetz« verbietet anonyme Kommentare im Netz, wenn der Blog mehr als dreitausend Mal pro Tag angeklickt wird. »Natürlich haben die Russen Kapital daraus geschlagen«, urteilt der frühere NSA-Direktor Keith Alexander, »dass Snowdens Aktionen für die Interessen der USA ungeheuer schädlich waren.«

In Washington zeigte man sich von der russischen Entscheidung, Snowden in Moskau Asyl zu gewähren, jedenfalls wenig amüsiert. Der republikanische Senator John McCain sprach von einer »Ohrfeige« für die USA und meinte, man müsse »die Beziehungen zu Putins Russland grundsätzlich überdenken«. Das Weiße Haus, so verkündete Sprecher Jay Carney, sei »sehr enttäuscht«. Die USA standen plötzlich da als Überwachungsreich des Bösen, die Freund wie Feind

---

8 Luke Harding: *Edward Snowden. Geschichte einer Weltaffäre*, Leske, 2014.

und die eigene Bevölkerung flächendeckend bespitzeln, die sogar die Handygespräche der deutschen Bundeskanzlerin belauschen und die das Internet mit einer totalen Überwachungsmaschinerie unterwandern – alles im Namen eines »Kriegs gegen den Terror«, eines Kriegs im Namen der Freiheit, der seit den Anschlägen vom 11. September 2001 andauert, länger als der Erste und der Zweite Weltkrieg zusammen. Gegenüber manchen Verbündeten und einer schockierten Weltöffentlichkeit wirkte der Hoffnungs- und Friedensnobelpreisträger Barack Obama plötzlich wie ein schäbiger Betrüger. Vielen wurde so der Spaß an der vermeintlich grenzenlos freien Kommunikation im Internet gründlich verdorben.

Mit der Enthüllung geheimer Dokumente können Snowden und seine Unterstützer wie Wikileaks oder die Hacker von Anonymous diplomatische Krisen auslösen, Regierungen ins Wanken bringen und sich dabei als Helden der Informationsfreiheit feiern lassen. Sie gelten als die neuen Freiheitskämpfer des 21. Jahrhunderts, »Hacktivisten« mit einem stark ausgeprägten Sendungs- und Selbstbewusstsein. Sie sind die Robin Hoods im Datennetz, die in den Augen der fassungslosen Öffentlichkeit den Kampf gegen eine vermeintlich übermächtig gewordene Technologie aufnehmen, die vielen längst unheimlich und unverständlich geworden ist. In »allen Maschinenräumen unserer Gesellschaft«, griff Frank Schirrmacher weitverbreitete Ängste auf, würden »die Fäden eines gigantischen Netzes gesponnen, und jeder Bewohner der digitalen Welt, ob mit Handy oder Laptop, spinnt eifrig an dem Netz jeder seiner Lebensinformationen mit«. Dieses Unbehagen wächst immer mehr angesichts der staatlichen Missbrauchsmöglichkeiten.

Die nächste Generation von internetfähigen Smartphones und anderen persönlichen digitalen Begleitern wird die Überwachungsmöglichkeiten für die Datenspione der NSA und anderer Dienste noch einmal erheblich ausweiten. Es wird Kleidungsstücke geben, die ständig Daten aussenden,

Küchengeräte, Möbel, Autos und vieles andere ebenfalls. Mit dem »Internet der Dinge« werden wir elektronische Spuren legen, die sich lückenlos durch unseren Alltag ziehen – vierundzwanzig Stunden am Tag, sieben Tage in der Woche, fast ein ganzes Leben lang. Davon profitieren die Geheimdienste ebenso wie die großen Internetkonzerne. Prüfen Sie einmal die Apps auf Ihrem Smartphone oder Tablet daraufhin, inwieweit sie darauf aus sind, Daten von Ihnen abzuschöpfen, Ihren Standort zu ermitteln, auf Ihre Kontakte zuzugreifen oder Ihr Freizeitverhalten zu überwachen.

»Das Hauptgeschäft digitaler Netzwerke«, warnt Internetpionier Jaron Lanier,[9] »ist mittlerweile die Erstellung ultrageheimer Mega-Dossiers über das Tun anderer Leute und die Nutzung dieser Informationen, um Geld und Macht zu konzentrieren.« Die Internetbenutzer erwarteten heute, dass Online-Dienste kostenlos seien, kritisiert Lanier, »wobei ›kostenlos‹ in dem Fall bedeutet, dass wir im Gegenzug stillschweigend einwilligen, uns ausspionieren zu lassen«. Der Preis ist der Verlust der Privatsphäre. Wir bezahlen die Konzerne mit dem Wertvollsten, was wir besitzen – unseren intimsten Geheimnissen –, und sie machen daraus pures Gold. Es ist ein gigantischer Vermögenstransfer, der da stattfindet. Die Raubzüge der spanischen Eroberer nehmen sich dagegen bescheiden aus.

Unser ganzes Leben ist heute Kommunikation: Es beginnt mit den Fotos des Neugeborenen, welche die stolzen Eltern via Facebook oder Twitter ins Internet stellen. Jeder Schritt, jede Fahrt, jedes Telefonat, jede Mail und jeder Einkauf werden künftig elektronisch dokumentiert und gespeichert. Welche Bücher wir kaufen, welche Fernsehprogramme wir sehen, welche Freunde wir treffen, welche Restaurants wir bevorzugen, welche Reisen wir buchen: Auch wenn wir nicht am Computer sitzen oder das Smartphone benutzen,

---

9 Jaron Lanier: *Wem gehört die Zukunft? »Du bist nicht der Kunde der Internetkonzerne. Du bist ihr Produkt«*, Hoffmann und Campe, 2014.

bleibt keine unserer Handlungen verborgen. Die Rechnung für den Einkauf im Supermarkt wird im Vorbeigehen vom PayPal-Konto abgezogen. Wir werden nicht mehr für Kino- oder Konzertkarten am Schalter anstehen, sondern die Plätze via Internet buchen, denn eine elektronische Schranke vor dem Kinosaal wird sich automatisch öffnen, sobald sie unser Smartphone erkennt. Und irgendwo auf der Welt werden all diese Aktivitäten zu Milliarden von Persönlichkeitsprofilen zusammengefügt und gespeichert – bis in alle Ewigkeit.

Schon heute kann der Amazon-Account mehr über unsere Ansichten und Neigungen verraten, als uns zuweilen lieb ist. Journalisten, die beispielsweise zum Thema Nationalsozialismus recherchieren, können anhand der Empfehlungen bei Amazon (»Ihnen könnten diese Artikel gefallen«) bei heimlichen Beobachtern schnell in den Verdacht geraten, sie seien selber Nazis. Die ganze Big-Data-Sammelwut, dieses virale Marketing, das sich im Netz ausbreitet wie eine ansteckende Krankheit, ist ein Riesengeschäft. Dahinter stehen ausgefeilte mathematische Algorithmen und Computerprogramme mit Millionen von Programmzeilen, die uns zu berechenbaren Größen machen – und die wir mit unseren Informationen selbst gefüttert haben.

Die IT-Konzerne von »Silicon Valley Inc.« haben darauf, verkürzt gesagt, ihre Imperien errichtet. »Wenn Sie an Ihrem Körper ständig Sensoren tragen – etwa das GPS und die Kamera an Ihrem Smartphone – und ständig Daten an einen Mega-Computer senden, der einem Konzern gehört«, warnt Computerwissenschaftler und Unternehmer Jaron Lanier, »der von ›Werbekunden‹ dafür bezahlt wird, dass er die Ihnen direkt zur Verfügung stehenden Optionen manipuliert, werden Sie auf Dauer Ihre Freiheit verlieren.« Künftig werden sich Google, Amazon, Apple und Co. noch viel genauer merken, wo wir hingehen, welche Freunde wir haben, welche Filme wir bevorzugen: Action, Unterhaltung oder politische Dokumentarfilme. Interessanter ist allerdings, dass die

NSA oder jeder beliebige andere Geheimdienst, der sich in die Netze einschaltet, das damit ebenfalls weiß – in Echtzeit, wenn es sein muss.

Das ist aber nur die eine Seite. Akut gefährdet sind die Menschen in totalitären Staaten. Gerade für Aktivisten in solchen Ländern sind die elektronischen Medien unentbehrliche Hilfsmittel, um den Protest zu organisieren und sich gegenüber der Weltöffentlichkeit Gehör zu verschaffen. Gleichzeitig setzen sich Dissidenten damit der Bespitzelung durch Geheimdienste in einem nie gekannten Ausmaß aus. Während des Arabischen Frühlings wurden »Rädelsführer« bei den Demonstrationen über soziale Netzwerke identifiziert und anschließend verhaftet. Westliche Überwachungstechnik half dabei.

Sind das wirklich die Vorboten einer digitalen Diktatur? Ist das der Marsch in den totalitären Überwachungsstaat, den wir seit Orwell alle fürchten, bei dem jetzt aber alle mitmachen – die einen begeistert, die anderen eher unfreiwillig? Sind wir wirklich die nützlichen Idioten der Internetkonzerne, die mit unserer Hilfe eine nie gekannte Fülle von Informationen konzentrieren, um sie nach Belieben auszuwerten, zu verknüpfen und zu vermarkten? Wissen ist bekanntlich Macht: Wird Google deshalb mit seinem angehäuften Wissen bald die Welt beherrschen? Sind wir die Zombies von NSA, GCHQ, BND, FSB und all den anderen Diensten, die mehr über uns wissen als wir selbst? Können uns die Hacktivisten von Wikileaks, Anonymous und anderen mehr oder weniger obskuren Vereinigungen retten – oder gibt es wirklich kein Entrinnen wie bei Winston Smith, dem unglücklichen Helden in *1984*?

In rasendem Tempo ist die Informationstechnologie zu einer weltumspannenden Macht aufgestiegen, die gleichermaßen die Hoffnungen und Ängste der Menschen bündelt. Das zeigt sich nirgends deutlicher als bei den Debatten um die NSA-Enthüllungen, die vor allem eines bewiesen haben: Fast unbemerkt von der Öffentlichkeit ist die digitale

Kommunikationstechnik in der Hand von Regierungen, Geheimdiensten und Konzernen zu einem allumfassenden Überwachungsinstrument geworden, dessen Ausmaße und Konsequenzen kaum erahnt werden können. Die Gesetze und auch der gesellschaftliche Diskurs können nicht Schritt halten.

In Brüssel findet eine Debatte von historischer Bedeutung statt – praktisch unter Ausschluss der breiten Öffentlichkeit, weil sich niemand außerhalb der politischen Zirkel dafür interessiert: Seit einigen Jahren wird über eine einheitliche Datenschutzregelung für die Europäische Gemeinschaft gestritten. Es soll eines der größten Gesetzesvorhaben werden, die es in der EU jemals gab – immerhin geht es um die digitalen Persönlichkeitsrechte von mehr als einer halben Milliarde Menschen. Aus Sicht der europäischen Verbraucher soll unter anderem einheitlich festgeschrieben werden, dass sie der Weiterverarbeitung ihrer Daten ausdrücklich zustimmen müssen und ein »Recht auf Vergessenwerden« haben, also auch im Nachhinein die Löschung ihrer Daten verlangen können. Gelöschte Daten aber sind schlecht fürs Geschäft, und so machen Google und Facebook über Anwaltskanzleien und Interessenverbände Druck auf die EU-Gremien und die Regierungen der beteiligten Mitgliedsländer. Auch die US-Regierung wird immer wieder auf unterschiedlichen Ebenen im Sinne amerikanischer Konzerne vorstellig – vielleicht auch, weil beispielsweise allein Google für Obamas Wiederwahlkampagne 2012 eine halbe Million Dollar gespendet hat. Dennoch entschieden sich EU-Kommission und -Parlament für eine Stärkung der Verbraucherrechte – Beschlüsse, die folgenlos bleiben, solange die Regierungen der einzelnen Mitgliedsländer nicht zustimmen. Und deren Vertreter können sich selbst nach jahrelangen Verhandlungen auf keinen einzigen der Vorschläge verständigen, die in dem 138 Seiten starken Gesetzesentwurf der EU-Kommission enthalten sind.

Die Bundesregierung blockiert die Verhandlungen unter anderem mit dem Hinweis, das Recht auf informationelle

Selbstbestimmung schade einem harmonisierten Wettbewerb. Zu Deutsch: wenn schon Daten sammeln, dann wenigstens alle. Die Sorge ist, dass die amerikanischen Konzerne anderswo auf der Welt nach Schlupflöchern suchen, wenn ihnen die europäischen Bestimmungen zu restriktiv werden. Von einem »Machtkampf zwischen Europa und Kalifornien« um »fairen Handel« sprach die *Frankfurter Allgemeine Zeitung*, es gehe im Kern um die Frage, wer die »Verfügungsgewalt über unsere Identitäten« bekomme. Wenn Europa diesen Machtkampf verliert, bezahlen das am Ende die Benutzer mit ihrem Recht auf Privatsphäre – wir alle. Bis dahin werden weiter fleißig Daten gesammelt, auf Vorrat.

Das Internet ist die Zukunft, so heißt es in vielen Branchen. Und wer den Umgang der »Digital Natives«, der jungen Generation um die zwanzig, mit den neuen Smartphones, Tablets und anderen Gadgets beobachtet, wird daran nicht zweifeln. Diese Technik hat mit enormer Geschwindigkeit die Welt verändert, und sie wird in Zukunft noch viel mehr Einfluss auf unser Leben gewinnen. Wer nichts anderes kennt, macht sich vielleicht auch keine Sorgen um seine persönlichen Daten. Aber wissen wir auch, worauf wir uns da eingelassen haben und wohin das möglicherweise führen wird?

Dieses Buch will zumindest einige der wichtigsten Fragen beantworten. Für die Recherchen sprachen wir mit Politikern, mit Managern von Internetkonzernen und mit ehemaligen Geheimdienstchefs in Europa und Übersee, von denen nicht jeder namentlich genannt werden möchte. Durch Gespräche mit den abtrünnigen NSA-Agenten William Binney und Thomas Drake erhielten wir tiefe Einblicke in die Arbeits- und Denkweise des größten und geheimsten Geheimdiensts der Welt – und in die Abgründe einer paranoiden Überwachungspolitik, die spätestens unter US-Präsident George W. Bush begann und unter Barack Obama massiv ausgeweitet wurde.

Zahllose Dokumente gab es zu sichten und auszuwerten – solche aus öffentlichen Quellen und solche, die niemals hätten öffentlich werden sollen. Mit dem Cyberkriegs- und Terrorexperten Richard Clarke, dem früheren Sicherheitsberater unter den amerikanischen Präsidenten Bill Clinton und (bis Ende 2001) George W. Bush, diskutierten wir die Auswirkungen der künftigen elektronischen Kriegsführung. Deutsche und amerikanische Hacker der ersten Stunde berichteten uns anschaulich über die Erfolge und Niederlagen der internationalen »digitalen Freiheitsbewegung«, die in Deutschland lange Zeit vom Chaos Computer Club mit seinen öffentlichkeitswirksamen Aktionen angeführt wurde. Teenager-Hacker der jüngsten Generation führten uns ein in ihr virtuelles Reich, in dem sie online gegen blutrünstige Angreifer aus dem Mittelalter kämpfen, auf Hackerplattformen stundenlang mit Gleichgesinnten chatten und sich die neuesten Schadprogramme wie Trojaner oder Viren herunterladen, um sie anschließend durchs Netz zu schicken – meistens nur, um Spaß zu haben und vielleicht den Schulcomputer lahmzulegen.

Bei den Recherchen kamen uns immer wieder die Erfahrungen und Kontakte zugute, die wir in Jahrzehnten der Berichterstattung über verschiedene Aspekte der Spionage und staatlicher Überwachung, über Terrorismus, den Kalten Krieg und den künftigen Cyberkrieg gewonnen hatten (Stefan Aust), sowie über die Anfänge der weltweiten Vernetzung, die sozialen Aspekte der digitalisierten Gesellschaft, über die internationale Hackerszene und die ersten Fälle von Computerspionage (Thomas Ammann). Eine der wichtigsten Erkenntnisse ist, dass viele gegenwärtige Entwicklungen bereits in der Entstehungsgeschichte des Internets angelegt waren und deshalb möglicherweise gar nicht so überraschend sind, wie sie heute manchmal scheinen. Deshalb werden auch diese Aspekte ausführlich zur Sprache kommen, denn sie helfen besser zu verstehen, was heute passiert: die Anfänge des Internets und seine Vorläufer, die ursprünglich wissenschaftliche und militärische Nutzung der elektronischen Kommunikation, die aufkommenden Ängste vor dem Orwell'schen Überwachungsstaat in vielen Ländern der westlichen Welt, die Geschichte der Hacker-Bewegung mit ihrer Forderung nach »Freiheit für die Daten« von den ersten Anfängen der amerikanischen Phreaks in den 1970er-Jahren bis zu den jüngsten Hackeraktionen im Zeitalter der totalen Vernetzung. Zum Schluss werfen wir einen Blick in die Zukunft des Internets bis hin zur Vision vom Cyberwar, dem Krieg auf dem Schlachtfeld Cyberspace mit trojanischen Pferden, Computerviren, logischen Bomben, der modernen Kriegsführung mit ferngelenkten Waffen – aber immer noch mit realen Toten. Diese Zukunft des Internets hat schon längst begonnen, nur hat das lange Zeit niemand so richtig bemerkt.

1

DIE NSA-AFFÄRE: DER KAMPF UM DIE VORHERRSCHAFT IM NETZ

»Man konnte natürlich nie wissen, ob man im Augenblick gerade beobachtet wurde oder nicht. Wie oft oder nach welchem System sich die Gedankenpolizei in jede Privatleitung einschaltete, darüber ließ sich bloß spekulieren. Es war sogar denkbar, daß sie ständig alle beobachtete. Sie konnte sich jedenfalls jederzeit in jede Leitung einschalten.«

George Orwell, *1984*

Amerikas ehrgeizigstes Projekt liegt mitten im Niemandsland. Ein halbes Dutzend gigantischer Betonquader erhebt sich in der Wüste des Bundesstaats Utah, am Fuße der Rocky Mountains. Sie sind bogenförmig angeordnet auf einem Gelände, das so groß ist wie fünfzig Fußballfelder, abgeschirmt hinter Stacheldraht und hohen Mauern, rund um die Uhr bewacht von bewaffnetem Personal. Fremde sind hier unerwünscht.

Die Anlage ist fünfmal so groß wie das Wahrzeichen der amerikanischen Demokratie, das Capitol in Washington. Das ist der weithin sichtbare Teil des Utah Data Centers am Rande der Ortschaft Bluffdale, rund 35 Kilometer von Salt Lake City entfernt. Wie es innerhalb der Betonmauern aussieht, zählt zu den größten Staatsgeheimnissen der USA. Die National Security Agency (NSA) hat hier mit Milliardenaufwand in den vergangenen Jahren das mächtigste Computerzentrum der Welt errichtet, einen bombensicheren Bunker für die elektronische Kommunikation auf dem Planeten: Sämtliche Telefonate, E-Mails, Kurznachrichten, Blogs, Chats und die dazugehörigen Metadaten – die Angaben, wer mit wem wann und über welche Verbindungen kommuniziert hat – sollen hier gespeichert werden. Im Oktober 2013 wurde das Utah Data Center eingeweiht, in aller Stille – die NSA legt bekanntermaßen keinen Wert auf Öffentlichkeit. Die Einheimischen nennen den neuen Komplex schlicht »Spy-Center«.

Einen verschlafeneren Ort als das rund 7500 Einwohner zählende Bluffdale kann man sich kaum vorstellen. Die Interstate 15, der Veterans Memorial Highway, führt hier vorbei, und die Nationalgarde unterhält das Ausbildungslager Camp Williams südlich der Kleinstadt. Ansonsten gibt es nicht viel, woran man sich erinnern würde. Die Temperaturen sind im Sommer mörderisch, sie können bis zu 40 Grad Celsius erreichen. Es gibt, wie üblich, kein richtiges Zentrum, nicht einmal einen Supermarkt oder ein Hotel. Auffällig ist nur der Gebäudekomplex der Apostolic United Brethren, einer Mormonensekte, die Polygamie praktiziert. Die Brüder unterhalten eine Schule, eine kleine Kirche und eine Sportanlage. Unlängst wollte die expandierende Mormonengemeinde neues Land kaufen, aber das ist teuer geworden, seit die NSA mit dem Bau der Riesenanlage begonnen hat. Auch die Preise für Wohnhäuser sind kräftig gestiegen. Etwa zweihundert Spezialisten, so rechnet man hier, wird der Spionagedienst dauerhaft in Bluffdale beschäftigen, wenn die Server und die Datenspeicher voll in Betrieb gehen.

Wenn nicht alles täuscht, wird Bluffdale in der Abgeschiedenheit der Wüste Utahs bald das Zentrum der Welt sein, zumindest der digitalen Welt, denn die Ströme der menschlichen Kommunikation werden hier stetig vorbeifließen. Der gesamte Datenverkehr der Welt könnte dann über Bluffdale geleitet werden, was schon allein dadurch erleichtert wird, dass vier Fünftel aller weltweiten Datenverbindungen ohnehin über den amerikanischen Kontinent laufen.

Nichts, was jemals gesagt oder geschrieben wurde, soll

den aufmerksamen automatischen Wächtern mehr entgehen, alles wird registriert, analysiert und gespeichert, aufbewahrt für alle Zeit. Jeder NSA-Analytiker könne »jeden ins Visier nehmen, jederzeit«, erklärte Edward Snowden im Juni 2013, als er erstmals in einem Videointerview an die Weltöffentlichkeit trat. Es gebe verschiedene Abstufungen der »Clearance« für die NSA-Mitarbeiter, nicht alle seien für alles autorisiert, aber zumindest für ihn habe das gegolten. »Von meinem Schreibtisch aus hatte ich die Berechtigung, jeden abzuschöpfen, angefangen von Ihrem Buchhalter über einen Bundesrichter bis zum Präsidenten der Vereinigten Staaten, wenn ich seine persönliche E-Mail-Adresse gehabt hätte«, berichtete Snowden. »Auch wenn man nichts tut«, werde man als Bürger beobachtet, »man muss nicht unbedingt etwas Falsches tun, man kann auch irrtümlich in die Maschinerie geraten.« Die NSA, so Snowden, könne »dann alles zurückverfolgen, was man jemals getan« habe.

Das bestätigt auch William Binney, geboren 1943, ehemaliger technischer Direktor der NSA: Mit den gesammelten Daten aus Online-Communitys und sozialen Netzwerken ließen sich »auf einen Schlag unzählige Profile von Personen« gewinnen. »Daraus erstellt man eine Grafik und ergänzt diese mit weiteren gesammelten Daten der einzelnen Personen«, erklärt der frühere Chef-Codeknacker der NSA, »daraus lassen sich dann ganze Lebensabschnitte bestimmter Personen rekonstruieren, auch über Jahre hinweg. Das kann jeden Einzelnen betreffen.«

Binney weiß genau, wovon er spricht. Er war insgesamt 37 Jahre in Diensten der NSA. Zuletzt leitete er das SIGINT[10] Automation Research Center (SARC) für die Verarbeitung und die Analyse der weltweit gewonnenen Abhördaten, hatte sechstausend Mitarbeiter unter sich und galt als einer der

10 SIGINT: All Signals Intelligence, etwa: technische Aufklärung. Im Gegensatz zu HUMINT: Human Intelligence, Informationsgewinnung über menschliche Quellen.

brillantesten Kryptoanalytiker, die je in Diensten der NSA gestanden hatten. Einige der Programme, mit denen die NSA heute die Welt überwacht, hat er in den 1990er-Jahren mitentwickelt: Er wollte sie gezielt gegen Terroristen einsetzen und ersann mathematische Verfahren zur Filterung der Daten. Als er aber erfuhr, dass die gesamte amerikanische Bevölkerung damit überwacht werden sollte, stieg er aus. »Die Bürgerrechte spielten plötzlich keine Rolle mehr«, sagt Binney, »die Verantwortlichen brachen alle ihren Eid auf die Verfassung.« Seither lebt er als Pensionär, berät IT-Unternehmen in Sicherheitsfragen, reist zu Datenschutz- und Hackerkongressen und berichtet aus dem Innenleben der NSA, zum Missfallen seiner früheren Dienstherren. Er ist einer der profiliertesten und kenntnisreichsten Kritiker des Diensts. Binney warnt: »Hier läuft etwas, worauf der KGB, die Stasi oder die Gestapo stolz gewesen wären, wenn sie es damals gehabt hätten.« Die eigentliche Gefahr sei, dass sich die USA »nach außen als Demokratie« präsentierten, »im Inneren jedoch ein Überwachungsstaat« geworden seien.

Binney ist kein linker Fundamentalkritiker. Er verbrachte sein gesamtes Berufsleben beim Militär und bei der NSA und ist in seinen politischen Überzeugungen ein Konservativer geblieben, ein Anhänger der rechten Tea-Party-Bewegung. Er fühlt sich als Patriot, den Grundsätzen der Verfassung verpflichtet, die mit den Worten beginnt: »Wir, das Volk der Vereinigten Staaten, von der Absicht geleitet, unseren Bund zu vervollkommnen, die Gerechtigkeit zu verwirklichen, die Ruhe im Innern zu sichern, für die Landesverteidigung zu sorgen, das allgemeine Wohl zu fördern und das Glück der Freiheit uns selbst und unseren Nachkommen zu bewahren …« Was die NSA aber derzeit in ihrem Überwachungswahn betreibe, warnt Binney, sei »die größte Bedrohung für die amerikanische Demokratie seit dem Bürgerkrieg«.

Die NSA selbst würde freiwillig nie etwas aus dem Innenleben des Superspeichers in Bluffdale preisgeben. Schon sein genauer Auftrag ist als »geheim« eingestuft, über Details wird sowieso nicht gesprochen. Es ist Whistleblowern wie Snowden und Binney, Bürgerrechtlern und einigen kritischen Journalisten zu verdanken, dass die übrige Welt überhaupt eine Ahnung davon hat, was sich im Inneren der Überwachungsmaschinerie abspielt. Geschätzt wird, dass die Gesamtfläche der Serverfarm 100 000 bis 150 000 Quadratmeter misst. Der Stromverbrauch ist ungeheuer: 65 Megawattstunden im Monat, das entspricht etwa dem Bedarf einer Stadt mit 20 000 Einwohnern.

Der amerikanische Journalist und Bestseller-Autor James Bamford, der sich seit mehr als dreißig Jahren mit der NSA beschäftigt,[11] verglich dieses Archiv der Menschheit mit Jorge Luis Borges' *Die Bibliothek von Babel*, jenem Ort, so Bamford, an dem »die Sammlung von Informationen unendlich und monströs zugleich« sei, an dem »das gesamte Wissen der Welt aufbewahrt, aber nicht ein einziges Wort verstanden« würde. Borges schildert in seiner fantastischen Erzählung eine Bibliothek, die aus unendlich vielen sechseckigen Galerien besteht, unendlich viele Bücher enthält und damit zu einer Metapher für das Leben und letztlich für das Universum wird. »Als verkündet wurde, die Bibliothek umfasse alle Bücher, war der erste Eindruck ein überwältigendes Glücksgefühl. Alle Menschen fühlten sich als Herren über einen unversehrten und geheimen Schatz. Es gab kein persönliches, kein Weltproblem, dessen beredte Lösung nicht bereits existierte«, schreibt Borges, um sogleich die Grenzen dieser unendlichen Sammlung aufzuzeigen: »Die Ruchlosen behaupten, in der Bibliothek sei die Sinnlosigkeit normal und das Vernünftige (selbst das schlecht und recht Zusammenhängende) eine fast wundersame Ausnahme.«

Die Wirklichkeit dürfte weitaus nüchterner als Borges' literarische Schilderung sein, aber die Analogien zu Bluffdale sind offensichtlich – und beunruhigend. Von William Binney

11 Siehe auch James Bamford, *The Shadow Factory. The Ultra-Secret NSA from 9/11 to the Eavesdropping on America*, Doubleday, 2008.

stammt die Schätzung, das Spionagecenter in Utah könne die elektronische Kommunikation für einen Zeitraum von etwa hundert Jahren aufzeichnen und speichern. Es geht im wahrsten Sinne um fantastische Zahlen. Die Speicherkapazitäten in Bluffdale sollen sich auf der Ebene von Yottabytes (10^{24} Bytes) bewegen, wie die Mitre Corporation, die unter anderem als privater Thinktank für das US-Verteidigungsministerium tätig ist, in einem vertraulichen Bericht feststellte – eine Einheit, die zuvor noch nie für irgendeine technische Beschreibung gebraucht wurde. Allein die Speicherkapazität in Bluffdale entspräche etwa dem Inhalt von einer Quadrillion Textseiten (1.000.000.000.000.000.000.000.000) und wäre das Fünfmillionenfache aller seit Johannes Gutenberg gedruckten Buchseiten – deren Inhalt würde nämlich elektronisch gespeichert auf vergleichsweise bescheidene 200 Petabyte (1 Petabyte = 1.000.000.000.000.000 Byte) passen.[12]

Es gibt keinen vergleichbaren Datenspeicher auf der Welt, ausgenommen vielleicht an den anderen Standorten der NSA, die derzeit mit Milliardenaufwand aufgerüstet werden: So wurde in San Antonio das Texas Cryptologic Center gerade für 100 Millionen Dollar modernisiert. Es soll etwa halb so groß wie Bluffdale sein und dient vor allem der Speicherung der Datenkommunikation aus dem Mittleren Osten und aus Europa. Auch der NSA-Stützpunkt in Oahu auf Hawaii wurde massiv erweitert und konzentriert sich vor allem auf die Datenverbindungen von und nach Asien. Und auch das NSA-Hauptquartier selbst wird für die modernen Zeiten hochgerüstet: Um die ständig steigenden Datenmengen verarbeiten zu können, entsteht in Fort Meade in Maryland ein neues Supercomputer-Zentrum, das nach Informationen des NSA-Kenners James Bamford umgerechnet etwa 650 Millio-

12 Angaben aus James E. Short, Roger E. Bohn, Chaitanya Baru: *How much Information? Report on Enterprise Server Information*, University of San Diego, 2011, http://hmi.ucsd.edu/pdf/HMI_2010_EnterpriseReport_Jan_2011.pdf.

nen Euro kosten soll. Das alles ist nicht Orwell 2.0, das ist Orwell XXL.

Für William Binney ist allein die Existenz von Bluffdale der beste Beweis dafür, dass Amerikas mächtigster Dienst tatsächlich die weltweite Kommunikation vollständig abfängt und speichert. »Wofür bräuchten sie sonst solche riesigen Anlagen?«, fragt er, wobei er selbst von dieser ultimativen Form der Vorratsdatenspeicherung überhaupt nichts hält. »Wir haben in den 1990er-Jahren Programme entwickelt«, erklärt der frühere technische Direktor der NSA, »mit denen wir Informationen gezielt herausfiltern konnten. Was nützlich war, haben wir behalten«, so Binney, alles andere habe man »schlicht gelöscht«. Wer wahllos alles speichere, kritisiert Binney, wisse am Ende nicht mehr, wonach er suchen solle. Die NSA gehe in diesen nutzlosen Informationen unter. »Die Analytiker werden derartig mit Daten überschwemmt, dass sie ihre Aufgabe nicht mehr effektiv erfüllen können«, sagt Binney und bezieht sich weiter auf eine von NSA-Offiziellen gern benutzte Metapher: »Hier geht es nicht mehr um die Nadel im Heuhaufen, sondern um ein Sandkorn im Ozean.«

Generalleutnant James R. Clapper, der oberste Chef aller US-Geheimdienste, kommentierte diese Schätzungen nicht ausdrücklich, aber um das Ausmaß der digitalen Überwachung herunterzuspielen, führte er selbst erstmals konkrete Zahlen ins Feld: Zur Aufklärung ausländischer Spionage, so der Director of National Information (DNI), komme die NSA überhaupt nur mit 1,6 Prozent des weltweiten Internetverkehrs »in Berührung«, und lediglich 0,00004 Prozent dieses Datenverkehrs würden sich die NSA-Analytiker genauer anschauen. Das mag sein, aber es sagt nichts darüber aus, wie viele Daten die USA tatsächlich speichern. Clapper betonte, es handle sich um »ausländische Spionage«, für die sich die NSA interessiere. Doch daran gibt es nach den Enthüllungen der Whistleblower begründete Zweifel, denn die Überwachungssoftware unterscheidet nicht zwischen in- und ausländischer Kommunikation, die durch die amerikanischen Netze fließt.

Clapper, der oberste Spion der Nation, ist spätestens seit März 2013 dafür bekannt, dass er die Wahrheit gelegentlich etwas dehnt. Als ihn der demokratische Abgeordnete Ron Wyden bei einer Anhörung im US-Kongress fragte, ob die NSA die Telefondaten von Millionen Amerikanern erfasse, antwortete Clapper: »Nein, Sir«, um dann etwas zögerlich nachzuschieben: »Nicht wissentlich.« Später behauptete Clapper in einem Fernsehinterview, er habe bei seiner Antwort »die am wenigsten unwahre« Version der Realität gewählt. Außerdem, so der Geheimdienstchef, sei »erfassen« nicht das Gleiche wie »sammeln«. Für NSA-Aussteiger Snowden war damit »der Rubikon überschritten«, wie er in einem Interview sagte. »Er belog die ganze Welt, live, das amerikanische Volk«, so Snowden. »In diesem Moment verstand ich: Ich hatte eine moralische Verpflichtung, die Verantwortung zu handeln, alles öffentlich zu machen.«

Selbst der Bruchteil von 0,00004 Prozent der Datenmenge, den Clapper vorrechnete, sprengt jede Vorstellungskraft: Im weltweiten Netz werden allein geschätzte 265 Milliarden SMS täglich verschickt. Insgesamt werden pro Tag etwa 1826 Petabyte an Informationen übertragen, 1,6 Prozent des täglichen elektronischen Verkehrs entsprächen demnach 29 Petabyte. Um die Dimensionen etwas anschaulicher zu machen: Man bräuchte jeden Tag etwa sechs Millionen DVDs, wollte man diese 29 Petabyte speichern. Übereinander gestapelt entstünde eine etwa sechs Kilometer hohe DVD-Säule, pro Tag. Und auch die 0,00004 Prozent, mit denen sich die NSA-Analytiker laut Clapper intensiver beschäftigen, repräsentieren immer noch eine gigantische Datenfülle: Sie entsprechen 73 000 Gigabyte, für deren Speicherung man etwa 15 000 DVDs bräuchte. Mit Festplatten mit einer Kapazität von 1 Terabyte, wie man sie heute in jedem Elektronikmarkt kaufen kann, ginge es zugegebenermaßen erheblich platzsparender: 73 würden ausreichen. Aber die Dimensionen sind immer noch gewaltig. Zum Vergleich: Der gesamte Speicherinhalt des Bordcomputers der Apollo-11-Mondfähre Eagle würde etwa eine Million Mal auf diese 73 Festplatten passen.

Bei Clapper muss man genau aufpassen, worauf er sich bei seinen Vergleichen bezieht. Der Geheimdienstgeneral sprach von einem Bruchteil des »weltweiten Internetverkehrs«, mit dem die NSA in Berührung komme. Beim weltweiten Internetverkehr besteht der weit überwiegende Teil, fast drei Viertel aller Daten, aus der Übertragung von Musik, Fotos und Videos, aus dem Download von Apps sowie dem Filesharing, beispielsweise über soziale Netzwerke wie Facebook oder Twitter. Kaum anzunehmen, dass die NSA-Analytiker an den letzten Folgen von *Homeland*, *Breaking Bad*, an Videospielen oder dem neuesten Song von Coldplay interessiert sind. Spannender ist die eigentliche Online-Kommunikation mit E-Mails, SMS und Ähnlichem, die nur knapp 3 Prozent des weltweiten Internetverkehrs ausmacht, aber natürlich den Großteil dessen, was die Geheimdienste interessieren dürfte, inklusive aller Metadaten. Wenn man sämtliche Spam-Mails abzieht (etwa 68 Prozent des gesamten E-Mail-Verkehrs), erscheint die Schätzung realistisch, dass die NSA auf rund drei Viertel der relevanten Online-Kommunikation direkt zugreifen kann, die über den nordamerikanischen Kontinent läuft – ein erheblicher Teil der gesamten weltweiten Kommunikation. Denn auch wenn Absender und Empfänger in Europa, Asien oder Afrika sitzen, ist es sehr wahrscheinlich, dass die Netzwerkverbindungen über den Umweg USA zustande kommen.

Zu tun hat das vor allem mit der Struktur des Internets. Facebook, Twitter, Google, Amazon, Yahoo und andere: Fast alle großen elektronischen Marktplätze sind in den USA beheimatet, ebenso die beiden wichtigsten Kreditkartenunternehmen Mastercard und Visa sowie der allgegenwärtige Abrechnungsdienst PayPal. Nahezu die komplette elektronische Infrastruktur zur Abrechnung steht in den USA, was beispielsweise hoheitliches Zugriffsrecht auf einen Großteil der weltweiten Online-Zahlungen garantiert. Ähnlich ist die Situation beim sogenannten Cloud-Computing, das Unternehmen, Universitäten oder auch Behörden nutzen, um ihre Daten preisgünstig in externen Rechenzentren zu verarbeiten und zu speichern. »Die Architektur des Internets«, sagt Andy Müller-Maguhn, geboren 1971, als langjähriger Sprecher des deutschen Hackervereins Chaos Computer Club (CCC) einer der bekanntesten deutschen Netzaktivisten, »bestimmt die politische Situation.« Es sei »eine sehr gefährliche Angelegenheit«, einen zentralen Ort zu haben, an dem alle Daten und Zahlungen gespeichert werden. Das komme, warnt Müller-Maguhn, »einer Einladung gleich, die Daten in allerlei Weise zu nutzen«. Man könnte auch »missbrauchen« sagen. Inzwischen versuchen europäische IT-Unternehmen, eigene Clouds anzubieten, denn offenbar haben auch sie bemerkt, dass es höchst gefährlich sein kann, alle Computer- und Kommunikationsdaten in amerikanische Hände zu geben.

Wer einen Eindruck davon haben will, wo die Internetleitungen heute angezapft werden, muss sich nur eine Weltkarte mit dem Verlauf der Datenstränge ansehen. Besondere Knoten für Verbindungen zwischen Asien und dem amerikanischen Kontinent gibt es beispielsweise auf Hawaii und auf der Pazifikinsel Guam – beides wichtige Stützpunkte des US-Militärs und damit unter voller Kontrolle der Regierung, Heimspiele für die staatlichen Datenspione. »Es ist auch kein Zufall«, berichtet William Binney, »dass die meisten Verbindungen nach Südamerika über Miami gelenkt werden.« Denn auch dort kann sich die NSA in die Verbindungen einschalten. Auf etwa achtzig bis hundert solcher Knotenpunkte, an denen die Glasfaserleitungen für die Datenübertragung zusammenlaufen, kann der Geheimdienst in den USA direkt zugreifen. Das geht unter anderem aus den Dokumenten hervor, die Edward Snowden über das Spionageprogramm »Fairview« veröffentlichte. Weltweit müssen es demnach einige Hundert Knotenpunkte sein, an denen sich die NSA direkt in dic Glasfaserleitungen einschaltet, um den Datenstrom abzuschöpfen. »Die wichtigsten Verbindungsstellen in Europa sind Frankfurt/Main, Amsterdam und Kopenhagen«, weiß Binney.

Beim Anzapfen muss es der NSA nicht einmal vorrangig um die Inhalte gehen. Zwar könnten Mails nach einzelnen Schlüsselwörtern durchsucht werden – was bei den enormen Datenmengen trotz superschneller Computer extrem zeitaufwendig wäre. Spannender sind ohnehin die sogenannten Metadaten, also das, was gewöhnlich im »Briefkopf« einer Mail steht: Absender, Empfänger, Datum, Uhrzeit, Betreff. »Wenn ich nach Schlüsselwörtern suche, dann habe ich nur die einzelne Mail im Blick«, erklärt Auswertungsspezialist Binney, »mit den Metadaten sehe ich das große Ganze.« Er habe in seiner aktiven Zeit, sagt Binney ohne jeden Anflug von Überheblichkeit, niemals eine Mail lesen müssen, um beispielsweise zu erkennen, was terroristische Gruppierungen planten oder in welchen Regionen mit Truppenbewegungen zu rechnen gewesen sei. Stattdessen habe er Kommunikationsströme im Netz analysiert, erklärt Binney, und untersucht, ob ein Ansteigen oder Absinken der Verbindungsfrequenz zu beobachten gewesen sei, in welche Richtungen sich die Kommunikation verlagert hätte, ob sie sich auf bestimmte Orte konzentriert oder ob der Zahlungsverkehr in bestimmten Bereichen zugenommen hätte. Daraus ließen sich wiederum sogar Profile einzelner Personen gewinnen.

Binney hat davon eine sehr konkrete Vorstellung: »Die Grundidee ist folgende: Im Internet gibt es verschiedene Bereiche, die man mit bestimmten Aktivitäten verknüpft.« Binney erklärt: »Ein Bereich enthält die Telefonate, ein anderer die verschiedenen Aufenthaltsorte, wieder ein anderer den Zahlungsverkehr und so weiter«. »Der Trick ist jetzt, die Spuren eines Individuums zu verfolgen und sich damit einen Weg durch diese Bereiche zu bahnen. Man fasst alle Attribute zusammen, die man finden kann, und bringt sie«, so Binney, »in die richtige Reihenfolge. So lässt sich das ganze Leben einer Person rekonstruieren, und zwar im korrekten zeitlichen Ablauf.« Ein geübter Analytiker könne daraus jede Menge Rückschlüsse auf die jeweilige Person oder Gruppe ziehen und sogar Voraussagen über deren Absichten und Pläne treffen.

Doch von diesem ausgefeilten Ansatz der Informationsgewinnung rückte die NSA in den vergangenen Jahren immer mehr ab und konzentrierte sich stattdessen auf die Massendatenerfassung, bei der als Kollateralschaden in Kauf genommen wird, dass praktisch die gesamte Menschheit unter Generalverdacht gerät. Weshalb aber wird alles und jeder überwacht? Vielleicht ist die Entdeckung potenzieller Terroristen dabei gar nicht das Ziel, sondern allenfalls ein Nebenprodukt. Denn wenn es wirklich darum ginge, gezielt die Strukturen terroristischer Netzwerke aufzuspüren oder gewaltbereite Einzeltäter rechtzeitig zu identifizieren, ließe sich der gigantische Überwachungsaufwand auf ein Minimum reduzieren. Mit irgendwelchen Fahndungserfolgen lässt er sich jedenfalls kaum begründen.

NSA-Veteran William Binney hat einen Verdacht: »Es geht darum, das Volk zu managen«, sagt er. Der Mathematiker weiß, dass die Einzelfallanalysen, die er in seiner aktiven Zeit mithilfe seiner Systeme durchführte, auch im großen gesellschaftlichen Maßstab funktionieren. So wie Binney glaubte, aus gesammelten Daten die künftigen Absichten von Verdächtigen ablesen und dadurch rechtzeitig gegensteuern zu können, lassen sich auch gesellschaftliche Bewegungen vorhersagen und möglicherweise im Sinne desjenigen beeinflussen, der über diese Informationen verfügt.

Der Autor und Internetvordenker Sascha Lobo nannte das in einem Beitrag für *Spiegel online* »die kybernetische Steuerung der Gesellschaft«. Der Kern der Totalüberwachung ist laut Lobo »Kontrolle«. Wenn man aus den Daten der Vergangenheit das Verhalten der Zukunft vorhersagen könne, meint er, »lässt sich die ganze Gesellschaft kybernetisch steuern, indem der Staat mit Anreizen und Sanktionen das berechnete Verhalten beeinflusst«. Zur Veranschaulichung des Steuerungsprozesses zitiert Sascha Lobo ein Beispiel aus dem Zweiten Weltkrieg: Bei der Berechnung der Flugbahnen von Flugabwehrgeschützen hatte das britische Militär mit einer entscheidenden Schwierigkeit zu kämpfen. Man musste Ziele treffen, die sich ähnlich schnell bewegten wie die abgefeuerten Kugeln. »Deshalb mussten die Schützen nicht auf die Flugzeuge zielen«, erklärt Lobo, »sondern auf den Punkt, an dem die Flugzeuge vermutlich sein würden, wenn das Projektil auftreffen würde.« Um das Problem zu lösen, wandten sich die Briten an den amerikanischen Mathematiker Norbert Wiener. Mit seinem Team entwickelte dieser einen Algorithmus zur Steuerung einer Flugabwehrkanone, um genau dorthin zu feuern, wo der gegnerische Pilot der Wahrscheinlichkeit nach sein Flugzeug hinsteuern wird. »Das Vorbild war der Fangsprung der Katze«, so Lobo: Die springt nicht dorthin, wo die wegrennende Maus sich aktuell befindet, sondern kalkuliert, wo die Maus bei Landung der Katze sein wird. Den Kern der Kybernetik bildete die Überzeugung, dass sich aus dem Verhalten in der Vergangenheit das Verhalten in der Zukunft berechnen ließe, wenn man nur über die richtigen und genügend Daten verfüge. Und mit der digitalen Vernetzung gebe es erstmals ein geeignetes Instrument, um »Details des Verhaltens besser und präziser zu überwachen« als je zuvor, meint Lobo, »bis in die Tiefe der Gefühls- und Gedankenwelt einzelner Individuen«.

Das ist der entscheidende Schritt, weit über Orwells düstere Visionen vom Überwachungsstaat hinaus. »Man mußte folglich«, schrieb er kurz nach dem Zweiten Weltkrieg in *1984*, »in der Annahme leben – und tat dies auch aus Gewohnheit, die einem zum Instinkt wurde – dass jedes Geräusch, das man verursachte, gehört und, außer bei Dunkelheit, beäugt wurde.« Orwell lebte noch in der analogen Welt der Bild- und Tonübertragung. Die Regierung hatte Augen und Ohren, aber zur Indoktrination der Bevölkerung standen ihr nur dumpfe Propaganda, die Gedankenpolizei und die Manipulation der Vergangenheit zur Verfügung – und natürlich alle erdenklichen Arten der Folter im »Ministerium für Liebe«. Und dennoch: »Sie konnten bis ins letzte Detail alles offenlegen, was man je getan, gesagt oder gedacht hatte«, schrieb Orwell, »doch das Innerste eines Menschen, dessen Regungen sogar für einen selbst geheimnisvoll waren, blieb uneinnehmbar.« Das war einmal. Heute gibt es Datenströme, Suchmaschinen, Persönlichkeitsprofile, »Hot Maps« und »Big Data«, ein Internet, das nichts vergisst. Und es gibt Facebook, Google, Apple und Amazon, die unsere geheimsten Wünsche und Ängste – auch die Pläne und Sehnsüchte der Zukunft – kennen und sie für Millionen an die NSA verkaufen.

Als im Juni 2013 die Enthüllungen Edward Snowdens um die Welt gingen, kamen die Verantwortlichen des NSA-Schattenreichs erheblich unter Rechtfertigungsdruck. NSA-Direktor Keith Alexander ging in die Gegenoffensive: Die flächendeckende Überwachung von Millionen unbescholtener US-Bürger sei notwendig zur Terrorabwehr, erklärte er vor einem Senatsausschuss in Washington. Das umstrittene Spionageprogramm Prism, mit dem die NSA direkt auf Server von Internetprovidern zugreifen und Millionen von Verbindungsdaten abgreifen kann, habe Dutzende von Terrorattacken verhindert, so der General: »Ich glaube, wir tun hier das Richtige, um die amerikanischen Bürger zu beschützen.« US-Präsident Barack Obama behauptete gar bei seinem Besuch in Berlin im Juni 2013, durch die Überwachungsprogramme seien »Leben gerettet« worden. »Wir wissen von mindestens fünfzig Fällen, in denen diese Informationen halfen, Terroranschläge zu verhindern«, sagte Obama, »nicht nur in den USA, sondern in einigen Fällen auch in Deutschland.« Der damalige Bundesinnenminister Hans-Peter Friedrich glaubte, nach einem Besuch beim Großen Bruder in Washington über ähnliche Informationen zu verfügen. »Dieser edle Zweck, Menschenleben in Deutschland zu retten, rechtfertigt zumindest, dass wir mit unseren amerikanischen Freunden und Partnern zusammenarbeiten«, meinte Friedrich nach seiner Rückkehr aus den USA, um kurz darauf etwas vorschnell die ganze NSA-Affäre für »erledigt« zu erklären.

Eine vom renommierten US-Publizisten und Terrorexperten Peter Bergen, Autor des Buchs *Holy War Inc.*, geleitete Studie der New American Foundation, die sich intensiv mit den Fällen beschäftigte, in denen Terrorverdächtige in den USA entdeckt oder Anschläge vereitelt wurden, kommt zu ganz anderen Erkenntnissen als der NSA-Chef und die Politiker.[13] Deren Behauptungen, die elektronische Massenüberwachung habe zu den Fahndungserfolgen geführt, seien »übertrieben und irreführend«, so die Autoren der Studie. Eingehend hatten sie die Fälle von 225 Personen untersucht, die dem Terrornetzwerk Al-Qaida oder ähnlichen Gruppierungen zugerechnet und in den Jahren nach 9/11 in den USA wegen terroristischer Handlungen angeklagt wurden. In der Mehrzahl lieferten »traditionelle Untersuchungsmethoden« wie der Einsatz von Informanten, Hinweise von lokalen Stellen oder gezielte Überwachungsoperationen den Anstoß für die Aufnahme von Ermittlungsverfahren. Der Beitrag der umstrittenen NSA-Massenüberwachungsprogramme sei dagegen minimal gewesen. Es sei auch nicht erkennbar, dass die Aufzeichnung von Metadaten im amerikanischen Telefonnetz dazu beigetragen hätte, Aktivitäten im Umfeld terroristischer Gruppen zu verhindern.

Eine Expertenkommission, die im Dezember 2013 im Auftrag des Weißen Hauses die NSA-Spionageprogramme untersuchte, kam zu einem ähnlichen Ergebnis. Sie sollte die Frage klären, ob durch die inländische Massenüberwachung eine größere Terrorattacke verhindert werden konnte. Ergebnis: »Es gab keine«, so der Sprecher der Kommission, Geoffrey

---

13 New America Foundation: »Do NSA's Bulk Surveillance Programs Stop Terrorists?«, 13. Januar 2014, http://www.newamerica.net/publications/policy/do_nsas_bulk_surveillance_programs_stop_terrorists.

Stone, Rechtswissenschaftler an der Universität von Chicago. Die NSA verweigerte jede Stellungnahme zu dem Bericht und verwies auf das Weiße Haus. Dessen Sprecher Jay Carney sagte, der Präsident glaube daran und wisse, »dass das Programm ein wichtiger Bestandteil der umfassenden Anstrengungen ist, die unternommen werden, um das Leben amerikanischer Bürger und die nationale Sicherheit zu schützen«.

Die Berater des Weißen Hauses und die New American Foundation beschäftigten sich auch mit dem einzigen nachweisbaren Fall, bei dem die Massenüberwachung des US-Telefonnetzes zu einer Festnahme auf dem Territorium der USA geführt hatte. Er scheint vor allem eines zu belegen: die Fragwürdigkeit dieser weltweiten, monströsen, Milliarden Dollar teuren und offenbar außer Kontrolle geratenen Überwachungsmaschinerie. Es ging dabei um den Fall des Taxifahrers Basaaly Moalin aus San Diego, eines gebürtigen Somaliers, der in den Jahren 2007 und 2008 der Terrorgruppe Al-Shabaab in seiner Heimat 8500 Dollar überwiesen haben soll. Moalin, so der Vorwurf, habe mehrfach mit einem der Anführer des Al-Qaida-Ablegers in Mogadischu telefoniert. Dabei war er ins Visier der NSA geraten, die das FBI für die Ermittlungen einschaltete. Wegen Verschwörung und Geldwäsche wurde Moalin im Jahr 2010 vor Gericht gestellt; ihm drohen bis zu zwanzig Jahre Gefängnis. Das Verfahren United States of America vs. Moalin ist allerdings noch nicht abgeschlossen – was hauptsächlich daran liegt, dass es nach den Enthüllungen von Edward Snowden in den Mittelpunkt einer innenpolitischen Debatte in den USA rückte.

Als Sean Joyce, stellvertretender Direktor des FBI, bei einer Anhörung im US-Kongress im Juni 2013 nach Fahndungserfolgen aufgrund des Spionageprogramms Prism gefragt wurde, nannte er zwei konkrete Beispiele. Auch der damalige NSA-Chef Keith Alexander sprach von zwei Fällen, in denen Schlimmeres verhindert werden konnte, als er die flächendeckende Bespitzelung von Millionen US-Bürgern vor dem Kongress und gegenüber der Presse verteidigen musste. Joyce und Alexander nannten die Namen der Beteiligten nicht, aber es wurde deutlich, dass es sich bei einem der beiden Fälle um Moalin handelte. Der andere betraf den Islamisten Sabirhan Hasanoff, der im Sommer 2013 in New York wegen Unterstützung einer jemenitischen Terrorgruppe angeklagt wurde. Ihm wurde vorgeworfen, er habe unter anderem mit Komplizen geplant, die Börse an der New Yorker Wall Street in die Luft zu jagen. Er bekannte sich schuldig und wurde zu achtzehn Jahren Gefängnis verurteilt. Ob die NSA-Überwachung bei seiner Enttarnung überhaupt eine Rolle gespielt hatte, ist nicht sicher.

Bis zu den Erklärungen von Joyce und Alexander hatte das Verfahren gegen den somalischen Einwanderer Moalin, der vor den Bürgerkriegen in seiner Heimat in die USA geflohen war, kaum Beachtung gefunden. Bis dahin war nicht klar, welche Rolle das Schleppnetz der NSA in dem gesamten Verfahren gespielt hatte. Doch jetzt machte Moalin über seine Anwälte geltend, seine Rechte als US-Bürger könnten verletzt worden sein, weil die Beweise möglicherweise gesetzeswidrig beschafft wurden. Dabei bezogen sie sich hauptsächlich auf den 4. Zusatzartikel zur amerikanischen Verfassung, der Bürger vor staatlichen Übergriffen schützt: »Das Recht des Volks auf Sicherheit der Person und der Wohnung, der Urkunden und des Eigentums vor willkürlicher Durchsuchung, Festnahme und Beschlagnahme darf nicht verletzt werden.« Die Anwälte erhielten Beistand von politischer Seite. »Ich sehe keinen Grund«, sagte der demokratische Senator Mark Udall aus Colorado, »weshalb die NSA eine eigene Datenbank mit Aufzeichnungen über Millionen unbescholtener Amerikaner betreiben sollte, um an Informationen über Moalin zu kommen.« Udall gehört zu den schärfsten Kritikern der Massenüberwachung in den USA. »Es wäre einfacher gewesen«, meinte der Senator, »wenn sich die NSA mit einem individuell ausgestellten Gerichtsbeschluss direkt an die Telefonbetreiber gewandt hätte.«

Die NSA wies darauf hin, sie führe die Massendatenspeicherung unter den Regularien des Foreign Intelligence Surveillance Act (FISA) durch und zeichne dabei weder die Namen der Benutzer noch die Inhalte der Gespräche auf. Alles sei streng legal und basiere im Übrigen auf den Bestimmungen des Patriot Acts, den Präsident George W. Bush unmittelbar nach dem 11. September 2001 zur Terrorabwehr erlassen hatte, der den Sicherheitsdiensten weitreichende Befugnisse einräumt. Genutzt würden zudem ausschließlich die Metadaten der Verbindungen. Außerdem, betonte die NSA, dürfe sie nur bei einem »begründeten, ausdrücklichen Verdacht« prüfen, ob eine Nummer in der Datenbank in Verbindung mit ausländischen Terrorgruppen stehe – und das sei bei Moalin der Fall gewesen. Die Massendatenspeicherung sei »eines von mehreren Mitteln«, betonte der stellvertretende Direktor der NSA John C. Inglis, »um terroristische Verschwörungen aufzudecken«. Wenn diese Möglichkeit nicht mehr zur Verfügung stehe, so Inglis, könnte das die Anstrengungen der NSA auf dem Gebiet der Terrorbekämpfung »unterminieren«. Moalins Verteidiger Joshua Dratel wiederum fand es »verwirrend«, dass ausgerechnet sein Fall »zur Rechtfertigung einer Massenspeicherung von Daten herangezogen« wurde. »Vor allem wenn man bedenkt, dass es hier um 8500 Dollar gehen soll«, so Dratel, der bestreitet, dass sein Mandant das Geld an die somalische Terrorgruppe bezahlt hatte.

Durch einen Tipp (aus konventioneller Quelle) war das FBI im Jahr 2003 auf den Somalier aufmerksam geworden. Als die Ermittlungen zunächst keine Verbindung zum Terrorismus ergaben, wurde der Fall eingestellt. 2007 stieß die NSA auf eine Telefonnummer in Somalia, die mit der terroristischen Al-Shabaab (»Die Jugend«) in Verbindung gebracht wurde. Um zu prüfen, ob über diese Nummer Gespräche in die USA geführt worden waren, ließ man sie mit der NSA-Datenbank abgleichen. »Wenn man die Nadel finden will, die zu dieser Nummer passt«, erklärte NSA-Vize Inglis, »brauchen wir den Heuhaufen.« Durch diesen Datenabgleich fand die NSA heraus, dass ein Telefonanschluss in San Diego in »indirektem Kontakt mit einem Extremisten außerhalb der USA« stand, wie FBI-Vizedirektor Sean Joyce vor dem Senat berichtete. Die NSA gab die Telefonnummer weiter an das für Inlandsermittlungen zuständige FBI, das daraufhin den Anschluss Moalins ein Jahr lang überwachte – mit richterlicher Genehmigung. Etwa zweitausend Telefonate wurden in dieser Zeit abgehört.

Insgesamt drei Jahre dauerten die Ermittlungen des FBI. 2010 wurde Moalin auf dem Flughafen von San Diego festgenommen, als er nach Somalia fliegen wollte. Er wolle seine Frau und Kinder besuchen, gab er bei seiner Festnahme an. Die Anklage beschuldigte Moalin später im Verfahren, er habe 2007 versucht, die Überweisung des Geldes an Al-Shabaab über einen der militärischen Führer der Gruppe in Somalia namens Aden Hashi Ayro zu organisieren. Auf den Aufzeichnungen der Telefonate war zu hören, wie Moalin sich mit einem Mann unterhielt, den er »Sheikalow« nannte. Die Ermittler vermuteten, es handele sich um Al-Shabaab-Führer Ayro. In einem der Gespräche soll Sheikalow zu Moalin gesagt haben, es sei nun an der Zeit, den »Heiligen Krieg zu finanzieren«. Ayro wurde im Mai 2008 in Somalia bei einem US-Raketenangriff getötet.

Moalins Verteidiger wiederum legten dar, der Mann am Telefon sei in Wahrheit ein Polizeichef aus Moalins Heimatregion, der gelegentlich unter dem Namen Sheikalow auftrete. Der Polizeichef bestätigte in einer Videoaussage, dass er mit Moalin gesprochen hatte. Den Heiligen Krieg, so der Polizist, habe er in Bezug auf Äthiopien erwähnt, nicht in Bezug auf westliche Länder. Verteidiger Dratel gab noch an, das in den Telefonaten erwähnte Geld sei für Schulen und Waisenhäuser bestimmt gewesen. Die ganze Sache hätte als Justizposse abgehakt werden können, hätte sie nicht im Sommer 2013 den Kern der Debatte über die globale Überwachungsmaschinerie der NSA berührt. Unter anderen Umständen wäre Moalin vielleicht aus Mangel an Beweisen freigesprochen worden, jetzt muss er im Extremfall für zwanzig Jahre wegen terroristischer Verschwörung und Geldwäsche ins Gefängnis wandern.

Wenn nicht alles täuscht, wird der Fall die US-Justiz noch für einige Zeit beschäftigen, möglicherweise kommt er sogar vor den Supreme Court, den Obersten Gerichtshof. Politiker, Geheimdienstler, Juristen und US-Bürgerrechtsorganisationen verfolgen das Verfahren mit höchstem Interesse, denn hier könnte am Ende ein Grundsatzurteil stehen: Darf die Regierung die gesamte Bevölkerung unter Verdacht stellen, ohne dass konkrete Anhaltspunkte für Straftaten existieren? Werden durch die heimliche Überwachung der US-Bürger die Gesetze missachtet, und das gleich millionenfach? Bricht die US-Regierung mit ihrem »Krieg gegen den Terror« gar die Verfassung?

Für die NSA-Dissidenten Binney, Drake und Snowden ist das keine Frage mehr. Die massenhafte Überwachung von US-Bürgern war für sie der Hauptgrund, weshalb sie zu Whistleblowern wurden und damit die weltweite Diskussion über die Rolle der NSA ins Rollen brachten. Bei Binney und Drake blieb die große Resonanz zunächst aus. Erst als Snowden Beweise vorlegen konnte, wurde die Weltöffentlichkeit aufmerksam.

Drei gegen Amerika. »Ich habe einen Eid auf die Verfassung geschworen, nicht auf die Regierung oder die NSA«, sagt Thomas Drake, ehemaliger Software-Spezialist und hochrangiger Analytiker des Spionagediensts. Für Exdirektor William Binney beginnt mit der »Ausforschung des eigenen Volks der Totalitarismus«, wie er uns im Gespräch erklärt. »Das ist das Kennzeichen jeder Diktatur, und das ist genau das, was unsere Regierung tut.« Und Snowden stellte in dem Video fest, in dem er sich zum ersten Mal der Weltöffentlichkeit präsentierte: »Die Regierung verleiht sich selbst die Macht, um gegen den Rest der Welt zu kämpfen.«

Gegen den Rest der Welt kämpft Amerika seit den Anschlägen vom 11. September 2001, und dieser Kampf scheint sich zunehmend in den Cyberspace, die weltweiten Datennetze, zu verlagern. Und das alles, um einen mutmaßlichen Sympathisanten einer somalischen Terrortruppe und einen verhinderten Wall-Street-Bomber hinter Gittern zu bringen? Bei diesem geheimen Feldzug im Datennetz geht es jedenfalls um mehr, als um das Aufspüren versprengter Islamisten, die mit klassischen kriminalistischen Methoden vermutlich am einfachsten zu verfolgen wären.

Wenn die Verantwortlichen die Rolle der NSA im Informationskrieg beschreiben, ist von einer »weltweiten Dominanz im Bereich Verschlüsselung und Datensicherheit« (»global cryptologic dominance«) oder von »informationeller Überlegenheit« (»information superiority«) die Rede – eine Sprache, die an das atomare Wettrüsten gegen die Sowjetunion im Kalten Krieg erinnert. Tatsächlich zog schon im Jahr 1996 der damalige NSA-Direktor Kenneth A. Minihan einen entsprechenden Vergleich: »Eine Informationsrevolution fegt durch die Welt, die so grundlegende Veränderungen erzwingt, wie einst die Entwicklung der Atombombe«, schrieb Minihan in einer persönlichen Botschaft an die NSA-Mitarbeiter.[14] Frühzeitig und mit martialischen Formulierungen schwor der Drei-Sterne-General seine Geheimdiensttruppe auf die künftigen Herausforderungen ein: »Der Informationskrieg birgt strategische Risiken des militärischen Scheiterns und katastrophaler wirtschaftlicher Verluste. Er gehört zu den größten Bedrohungen, denen sich die Nation am Ende dieses Jahrhunderts stellen muss. Wir werden dort Schlachten schlagen und gewinnen. Das ist und bleibt das natürliche Operationsgebiet der NSA.« Die Kontrolle der Informationstechnologie, prophezeite der NSA-Direktor im Jahr 1996, werde »der Schlüssel zur Macht im 21. Jahrhundert sein«. Minihan prägte als Erster den Slogan von der »Informationsvorherrschaft für Amerika«.

14 Zitiert nach James Bamford: *Body of Secrets. How America's NSA & Britain's GCHQ Eavesdrop On The World*, Anchor, 2002.

William Binney hatte damals als Leiter des SIGINT Automation Research Center die Aufgabe, die immer komplizierter werdende Welt der Kommunikation in den Griff zu bekommen. Das Sammeln und Speichern der Informationen war nicht mehr das Problem – anders als zu jenen Zeiten, als die Spionagedienste mit Wanzen, Richtmikrofonen und Tonbändern arbeiten mussten, um Gespräche abzuhören und aufzuzeichnen. Jetzt konnten staatliche Hacker einfach Glasfaserleitungen anzapfen und die vorbeifließenden Datenströme elektronisch abfangen. »Als die neuen elektronischen Mittel kamen«, erzählt Binney mit einem ironischen Lächeln, sei er »befördert« worden: »Ich wurde technischer Direktor der Welt.«

Die Frage war, wie man aus der ständig anschwellenden Flut die wirklich wichtigen Informationen herausfiltern könnte. »Wir lösten das Problem mathematisch«, erklärt Binney. Nichts sollte den NSA-Analytikern mehr entgehen, was über die Datenspuren zu verfolgen war: kein Anruf zu einer verdächtigen Telefonnummer, keine suspekte Finanztransaktion, kein auffälliges Bewegungsprofil. »Es geht dabei vor allem um Beziehungen«, erläutert Binney, »A kennt B, B kennt C – in welcher Verbindung steht A zu C?« Das System sei so ausgelegt gewesen, sagt Binney, »dass es automatisch diejenigen Personen anzeigte, die mit Verdächtigen in Kontakt traten«. Dieser erweiterte Kreis sei dann ebenfalls überwacht worden. So habe man versucht, geheime Netzwerke aufzuspüren – und eben nicht die gesamte Welt mit einem Überwachungsnetz zu überziehen. Deshalb legt Binney Wert auf die Feststellung, dass sich die Beobachtung auf potenzielle Terroristen im Ausland konzentriert habe.

Das heißt natürlich nicht, dass nicht auch amerikanische Staatsbürger ins Visier der NSA gerieten, wenn sie vom Ausland aus angerufen wurden. Doch deren Überwachung war nach dem Gesetz damals nur dem FBI unter strengen Auflagen erlaubt. Binney entwarf deshalb zusammen mit seinem Team ein Programm, das er »Thin Thread« nannte (»Dünner

Draht«): Wie bei Ariadne auf Naxos sollte Thin Thread der Leitfaden durch das weltweite Labyrinth des Cyberspace sein. Mit dem Programm konnten die NSA-Analytiker Informationen aus dem Internet automatisch abschöpfen und gleichzeitig diejenigen Inhalte aussortieren, die Bürger in den USA betrafen. Übrig blieben nur die Metadaten – also die Informationen, wann und von welchen Anschlüssen aus die Verbindungen aufgenommen worden waren –, und die wurden zudem noch verschlüsselt. »Das waren die ›Bremsen‹, die wir bewusst installierten, um nicht mit der Verfassung in Konflikt zu kommen.« Dabei meint Binney vor allem den 4. Zusatzartikel zur US-Verfassung, der amerikanische Bürger vor staatlichen Übergriffen schützt.

Doch dann kam der 11. September 2001 mit den Terroranschlägen von New York und Washington und dreitausend Toten. Die Supermacht USA und ihr Präsident George W. Bush erklärten einer obskuren Terrortruppe namens Al-Qaida und ihrem Anführer Osama bin Laden den Krieg. Seit dem Zweiten Weltkrieg war Pearl Harbor das nationale Trauma, der japanische Angriff auf den amerikanischen Marinestützpunkt auf Hawaii am 7. Dezember 1941. Er kam buchstäblich aus heiterem Himmel, niemand hatte mit der Attacke gerechnet. Etwa zweieinhalbtausend amerikanische Soldaten kamen ums Leben. Nie wieder, schworen sich die Verantwortlichen damals, wollten sich die USA derart überraschen lassen. Das war einer der Gründe, weshalb die NSA zu Beginn der 1950er-Jahre gegründet wurde: Man wollte die Feinde Amerikas ausforschen, mit allem, was die Technik hergab.

Im Kalten Krieg lieferten sich die verfeindeten Supermächte USA und Sowjetunion einen atomaren Rüstungswettlauf bis an den Rand des Weltuntergangs – und einen Spionagekrieg, der auf beiden Seiten mit unerbittlicher Härte und der jeweils modernsten Überwachungstechnik geführt wurde. Dabei blieb man nicht von Überraschungen verschont: Als die Sowjetunion 1962 die 51. Raketendivision mit Personal, Ausrüstung und atomaren Mittelstreckenraketen nach

Kuba schickte, bekam die NSA davon zunächst nichts mit, weil sie nicht in der Lage war, die sowjetische Funkverschlüsselung zu knacken. Dass etwas Ungewöhnliches vorging, bemerkte die NSA, als sie ungewöhnlich regen Schiffsverkehr zwischen der Sowjetunion und Kuba registrierte. Die Atomraketen wurden erst entdeckt, als sie auf der Insel vor der Haustür der USA stationiert waren. In einer internen Chronik bezeichnete die NSA selbst »diesen haarsträubenden Vorgang«, berichtet James Bamford, »als größtes Versagen der technischen Aufklärung seit dem Zweiten Weltkrieg«.

Als die Berliner Mauer fiel und die Sowjetunion unterging, änderte sich das Feindbild, und die Lage wurde komplizierter. Keine Grenze trennte mehr Ost und West, der Feind war plötzlich überall: Er konnte Freund, Geschäftspartner, Verbündeter, Terrorist oder Unterstützer sein, Unternehmer, Politiker, Diplomat oder Journalist. Das machte die Sache so unübersichtlich, zumal nun alle begannen, sich im selben Kommunikationssystem zu tummeln, dem Internet.

Dann kam der Schock von 9/11. Zum ersten Mal wurden die USA auf eigenem Territorium angegriffen, wieder völlig überraschend für die meisten Amerikaner. »Die Anschläge auf das World Trade Center und das Pentagon«, sagte uns Michael Hayden, der Kenneth Minihan 1999 als NSA-Direktor ablöste, bei einem Interview für die ARD-Dokumentation *Die Falle 9/11*, »war unser elektronisches Pearl Harbor«.

Dabei hatte es an Hinweisen nicht gemangelt. Man hatte sie nur nicht gesehen oder nicht sehen wollen – aus welchen Gründen auch immer. »Vor dem 11. September«, sagt Thomas Drake in einem ausführlichen Gespräch über die tieferen Ursachen des amerikanischen Überwachungswahns, »hatte die Bekämpfung des Terrorismus keine Priorität.« Es habe »vielleicht zwanzig Leute in der NSA gegeben«, schätzt er, die sich mit Terrorismus beschäftigten – obwohl es 1993 bereits einen islamistischen Anschlag auf das World Trade Center mit sechs Toten und etwa tausend Verletzten gegeben hatte, im Jahr 1998 einen Doppelanschlag auf die US-Botschaften in Kenia und Tansania mit über zweihundert Toten und mehr als tausend Verletzten und im Jahr 2000 einen Sprengstoffanschlag auf den Zerstörer *USS Cole* im Hafen von Aden, bei dem siebzehn Angehörige der US-Navy ums Leben kamen. In allen diesen Fällen stammten die Täter aus der radikal-islamistischen Terrorszene.

Doch es geschah nichts, selbst als die Warnungen deutlicher wurden. Nachrichtenbilder des US-Fernsehens zeigen, wie Präsident Bush am 6. August 2001, also fünf Wochen vor den verheerenden 9/11-Anschlägen, auf seiner Ranch den täglichen Geheimdienstbericht entgegennahm. Darin wurde er vor einem Anschlag auf dem eigenen Territorium gewarnt. Der Titel: »Bin Laden Determined to attack inside the United States.« Thomas Drake berichtet, dass er nach 9/11 einen NSA-Bericht entdeckte, der bereits Anfang des Jahres 2001, also mehrere Monate vor den Anschlägen, die Al-Qaida-Strukturen detailliert aufschlüsselte, aber nie an die zuständigen Stellen weitergegeben wurde.

Warum wurden konkrete Erkenntnisse über einige der späteren Flugzeugattentäter nicht mit anderen Geheimdiensten oder dem FBI geteilt? Lag es wirklich nur daran, dass Terrorismus in den US-Sicherheitsbehörden bis zum 11. September sträflich unterschätzt wurde? Warum wurden zwei saudische Terroristen, Nawaf Al-Hazmi und Khalid Al-Midhar, nicht festgenommen, als sie im Januar 2000 in Kalifornien einreisten? Die NSA hatte sie zu dem Zeitpunkt schon seit Längerem als Al-Qaida-Mitglieder identifiziert. »Die Erkenntnisse stammten aus der Telefonüberwachung eines ›Safe House‹ im Jemen«, berichtet Drake: »Jeder, der dort einmal angerufen hatte, war bei uns auf dem Radarschirm aufgetaucht.« So auch die Terroristen Al-Hazmi und Al-Midhar: Die NSA verfolgte ihre Spuren bis zu einem Al-Qaida-Treffen in der malaysischen Hauptstadt Kuala Lumpur. Amerikanische Geheimdienstler filmten dieses Terroristen-Meeting sogar. Anschließend reisten die beiden Saudis in die USA ein, unter ihren richtigen Namen, ausgestattet mit US-Visa, um in San Diego Flugunterricht zu nehmen. Unbehelligt gelangten sie später an Bord der Flugzeuge, die ins World Trade Center krachten. Monatelang sollen sie niemandem aufgefallen sein? »Natürlich hätten wir sie hochnehmen können«, sagt Drake. Nur warum ist das nicht passiert?

Eine Erklärung fällt heute schwer. Richard Clarke, Sicherheitsberater unter Präsident Clinton und bis kurz nach den Terroranschlägen auch unter Bush, sagte damals im Interview für die ARD-Dokumentation *Die Falle 9/11*, er hätte »jemanden umbringen« können, als er direkt nach den Anschlägen am 11. September erfuhr, dass die Behörden schon seit einiger Zeit über den Aufenthalt der beiden Attentäter in den USA Bescheid gewusst hatten. Sein Freund Dale Watson, stellvertretender Leiter des FBI, habe ihn angerufen, berichtete Clarke, und ihm mitgeteilt, man wisse, dass Al-Qaida-Mitglieder an Bord der Maschinen gewesen seien. »Ich fragte ihn«, so Clarke, »wie das denn sein konnte? Wieso ließ man sie an Bord, wenn man wusste, dass sie Al-Qaida-Mitglieder waren?« Es stellte sich heraus, dass die CIA schon seit geraumer Zeit wusste, dass Al-Midhar und Al-Hazmi in den USA waren. Er habe Watson daraufhin gefragt, berichtete Clarke weiter, seit wann er, Watson, persönlich darüber Bescheid gewusst habe. »Watson antwortete, dass er selbst gerade erst davon unterrichtet worden sei, aber dass das FBI davon bereits seit einer Woche Kenntnis hatte.«

Clarke bot zwei mögliche Alternativen zur Erklärung der Versäumnisse an: »Zum einen massive fortgesetzte Inkompetenz – schwer zu glauben, aber nicht unmöglich. Die andere Möglichkeit ist weitaus beunruhigender: Die Dienste könnten versucht haben, die beiden Al-Qaida-Mitglieder umzudrehen und zu Quellen zu machen.« Für Thomas Drake ist die Erklärung simpler, wenn auch kaum weniger beunruhigend: Die Erkenntnisse der NSA waren möglicherweise so präzise, dass man sich nach den Anschlägen scheute, das einzugestehen. Vielleicht war man dichter dran, als man zugeben wollte. Das sei, sagt Drake, die Art, wie die NSA und andere Geheimdienste tickten: »Information ist der Kern des Geschäfts, Wissen ist Macht«, erklärt er: »Wenn man etwas weiß und das weitergibt, dann gibt man auch einen Teil der Macht ab.« Angesichts des Todes von dreitausend Menschen, sagt Drake, hätten viele Schuld auf sich geladen, die NSA aber ganz besonders: »Sie hatten die Informationen, aber sie haben sie nicht weitergegeben.« Die NSA, sagt Drake, sei jedenfalls längst »ein Staat im Staate« geworden, für den die Verfassung allenfalls ein »Hindernis« darstelle. Deshalb hätten die Verantwortlichen nach den Anschlägen des 11. September alles darangesetzt, zu vertuschen, was sie wussten oder nicht wussten – und welches Wissen sie an die Strafverfolger hätten weitergeben müssen. Insofern nennt Drake das, was dann in den Tagen und Wochen nach 9/11 folgte, »eine psychopathologische Reaktion auf die eigenen Versäumnisse«.

Neunzehn zu allem entschlossene Gotteskrieger, bewaffnet lediglich mit vier Teppichmessern, hatten es geschafft, die Weltordnung zu verändern und den ersten Weltkrieg im 21. Jahrhundert auszulösen – einen Krieg, in den sich die westlichen Nationen mehr und mehr verstrickten. Damit war die Strategie der Terroristen aufgegangen: »Freiheit und Menschenrechte sind in Amerika dem Untergang geweiht«, hatte Osama bin Laden schon im Oktober 2001 erklärt. »Die US-Regierung wird das amerikanische Volk und den Westen in eine unerträgliche Hölle treiben.« So war 9/11 der Auftakt für eine globale Welle blutiger Bombenanschläge, der Auslöser für einen Feldzug der USA und ihrer Verbündeten gegen den islamistischen Terror. Mit ihm kamen das Gefangenenlager Guantánamo, der Folterskandal von Abu Ghraib und, wie man heute weiß, die beispiellose Aufrüstung der geheimen Überwachungsmaschinerie im Cyberspace. Symbole für das »hässliche Amerika« und damit für die Aufgabe der eigenen Werte, auf die die Nation immer so stolz war.

Bei der NSA hätte das die Stunde von William Binneys Thin-Thread-Programm sein können, um die Spuren der Attentäter zu verfolgen, die Strukturen der Unterstützer aufzuspüren und nicht zuletzt eigene Fehler und Versäumnisse des Sicherheitsapparats aufzudecken. Doch Binney, Drake und andere leitende NSA-Analytiker mussten erleben, wie sie innerhalb kürzester Zeit kaltgestellt wurden. Thin Thread wurde nicht eingesetzt, stattdessen wurde ein Überwachungsprogramm namens »Stellar Wind« (»Sternenwind«) installiert, das ohne Wissen Binneys von privaten Vertragspartnern außerhalb der NSA entwickelt worden war. Es gab einen entscheidenden Unterschied gegenüber Thin Thread: Wichtige Sicherheitsfunktionen waren entfernt worden. Mit der neuen Software war eine flächendeckende Überwachung der US-Bürger möglich – ohne gerichtliche Vollmacht, die nach dem Gesetz vorgeschrieben war. Und NSA-General Hayden schärfte seinen Abteilungsleitern bei den Krisentreffen ein, die NSA müsse künftig »das Internet besitzen«.

2

9/11 UND DIE FOLGEN: DAS GOLDENE ZEITALTER DER ÜBERWACHUNG

»Gleichzeitig läßt das Bewußtsein, sich im Krieg und somit in Gefahr zu befinden, es als die natürliche, unvermeidbare Überlebensbedingung erscheinen, alle Macht einer kleinen Kaste zu übertragen.«

George Orwell, *1984*

Die Anschläge von 9/11 verursachten ein Erdbeben in der Welt der amerikanischen Geheimdienste. Die letzte verbliebene Supermacht auf Erden war ohne Vorwarnung angegriffen und empfindlich getroffen worden. Und die NSA, der bei Weitem größte Geheimdienst, der die Sicherheit des Landes im Namen trägt, war nicht in der Lage gewesen, diese zu gewährleisten. Es war eine Demütigung, nicht nur für die NSA, die CIA, das FBI, sondern für die ganze Nation – besonders, als sich herausstellte, wie problemlos die arabischen Selbstmordattentäter in die USA einreisen und sich ungezwungen monatelang im Land bewegen konnten, obwohl einige von ihnen den Behörden namentlich bekannt waren. Die Terroristen hatten sogar für einige Zeit ihre Kommandozentrale in einem Motel in Laurel in Maryland aufgeschlagen, fast in Sichtweite zur NSA-Zentrale in Fort Meade. Michael Hayden war als NSA-Chef für dieses Desaster verantwortlich.

Hayden, geboren 1945, war direkt nach dem Studium bei der US-Airforce eingetreten, vierzig Jahre hatte er als Soldat gedient, und auch als NSA-Chef behielt er den Rang eines Luftwaffengenerals. Haydens gesamte Karriere verlief in dem Schattenreich, in dem sich Politik, Militär und Geheimdienste berühren und über das die Öffentlichkeit im Normalfall nie etwas erfährt. Er war einige Jahre Kommandeur der Air Intelligence Agency gewesen, des Nachrichtendiensts der Airforce. Dessen Hauptquartier befindet sich auf der Lackland Air Force Base in San Antonio, auf der die NSA heute einen ihrer Mega-Datenspeicher betreibt. Hayden arbeitete im höheren Dienst im Pentagon, dann im Hauptquartier des US European Command in Stuttgart und später als Leiter der Aufklärung auf der Pazifikinsel Guam. Von 1999 bis 2005 war er Direktor der NSA und gleichzeitig Direktor des Central Security Service (CSS), des Verbindungsdiensts der NSA zur US-Armee. 2005 wurde er zum Stellvertreter des Directors of National Intelligence (DNI) ernannt; das Amt war nach 9/11 neu geschaffen worden, um die sechzehn verschiedenen Geheimdienste besser zu koordinieren. Schließlich war Hayden noch von 2006 bis 2009 Direktor der CIA – ein Leben im und für den Dienst.

Man tut dem Exgeneral sicher nicht Unrecht, wenn man ihn als »Hardliner« bezeichnet. Zweifel an seiner Mission waren und sind ihm fremd. Zu den sogenannten »verschärften Verhören« der Gefangenen in Afghanistan und im Irak hat er eine glasklare Haltung, die er auch nach einer weltweiten Welle der Empörung ohne jede Scheu vertritt: Foltertechniken wie Waterboarding, Schlafentzug, Stresspositionen oder Lärmterror seien »schlicht notwendig«, sagt Hayden, wenn man Gefangene »vom Stadium der Verweigerung ins Stadium der Kooperation« bringen wolle, und zwar »so schnell und so human wie möglich«. Auf die moralische Rechtfertigung angesprochen, holt der General etwas weiter aus: »Da gibt es Leute, die strikt dagegen sind und sich auf den Standpunkt stellen: ›Ich will nicht, dass ihr so vorgeht, denn damit erreicht man gar nichts.‹ Als Verantwortlicher kann man da nur antworten: ›Die erste Hälfte Ihres Satzes mag berechtigt sein, aber die zweite Hälfte gehört mir. Sie dürfen gern Ihre persönliche Missbilligung unseres Vorgehens zum Ausdruck bringen, aber die Behauptung, man könne damit nichts erreichen, entbehrt jeglicher Grundlage.‹«, sagt Hayden, denn er behauptet: »Es funktioniert nämlich. Wir haben damit sehr wohl Erkenntnisse erlangt, die wir anders nie bekommen hätten.«

Dieser Mann sollte nun als NSA-Chef im Herbst 2001 die Schmach von 9/11 tilgen. Er sollte die Versäumnisse im Vorfeld der Attacken analysieren, Vorschläge für eine künftige Neuausrichtung seines Diensts unterbreiten, vor allem aber sicherstellen, dass sich ein solcher Überraschungsangriff nicht mehr wiederholen könne – das waren die Forderungen der Politik an die Chefs in den Geheimdienstzentralen, allen voran an den Direktor der Auslandsaufklärung Hayden. Bei allen diesen Fragen ging es vor allen Dingen um eines: das Sicherheitsinteresse des Landes, alles andere war zweitrangig. Das dürfte die wichtigste Erklärung sein für das, was in der Folge von 9/11 in den Vereinigten Staaten geschah. In diesem Sinne ist die mysteriöse Erklärung zu verstehen, die Vizepräsident Richard Cheney am 16. September, fünf Tage nach den Anschlägen, im Nachrichtensender NBC mit finsterer Miene abgab: »Wir müssen uns auf die dunkle Seite einlassen, wenn man so will, die Schattenseite der Nachrichtenwelt.«

Was das bedeutete, sollte die Welt bald durch die Kriege in Afghanistan und im Irak erfahren, in denen die USA ihre Interpretation der Menschenrechte vorführten. Dass die amerikanische Regierung dabei auch der eigenen Bevölkerung den Kampf angesagt hatte, sollte sich erst Jahre später herausstellen – ebenso, dass in Haydens Amtszeit die NSA zur Weltüberwachungsbehörde aufgerüstet wurde. Dass der Tag seiner größten Niederlage einen tiefen Einschnitt in der Geschichte Amerikas bedeutete, war NSA-Chef Hayden sofort klar, wie er im Interview für die ARD-Dokumentation *Die Falle 9/11* zum 10. Jahrestag der Terroranschläge sagte. »Ich wusste, dass dieses Land danach ein anderes sein würde«, so Hayden, »und dass die Konsequenzen praktisch alle Aspekte des amerikanischen Lebens berühren würden – ganz abgesehen von mir selbst und meiner Funktion in der nationalen Sicherheit.«

Im Gespräch über die Ursachen dieses Versagens der Geheimdienste fragten wir ihn, ob er schon vorher mit einem Anschlag gerechnet hatte. Seine Antwort: »Es war ohnehin ein schwieriges Jahr. Um es mit den Worten von George Tenet, dem damaligen Direktor der CIA, zu sagen: ›Im System blinkten überall die Warnlampen rot auf.‹ Die NSA hatte in dem fraglichen Sommer schon über dreißig Warnungen vor einem möglichen Terrorangriff herausgegeben. Im Netz brodelte es regelrecht, und alle Anzeichen schienen auf einen unmittelbar bevorstehenden Anschlag hinzuweisen. Wir konnten uns leicht ausrechnen, dass Al-Qaida dahintersteckte.« Ab wann hatte er Gewissheit? Hayden: »Wir fingen Meldungen im Kommunikationssystem von Al-Qaida ab, in denen die Terroristen ihren Triumph feierten. Ich will nicht in die Details gehen, aber lassen Sie es mich so ausdrücken: Im ganzen Al-Qaida-Netzwerk gingen die Lichter an.« Hatte er vorher denn wirklich nicht damit gerechnet, dass ein Anschlag in den USA geschehen könnte? Haydens Antwort: »Wir waren noch in veralteten Denkmustern gefangen. Wir dachten, es ginge um einen Angriff gegen unsere Interessen, gegen Amerika – aber eben nicht hier auf unserem eigenen Territorium. Das Ganze war eher ein Mangel an Fantasie als ein Versagen der Aufklärung, anders lässt es sich nicht beschreiben.«

Unmittelbar nach 9/11 rollte der »War on Terror« an. Die militärischen Vorbereitungen waren in vollem Gange, an der Heimatfront wurde mobilgemacht, und der Sicherheitsapparat sollte massiv ausgebaut werden. Schon in den ersten Stunden nach den Anschlägen hatte Vizepräsident Dick Cheney seinen Vertrauten George Tenet gebeten, Michael Hayden anzurufen, berichtet der *New-York-Times*-Reporter Eric Lichtblau.[15] CIA-Chef Tenet hatte nur eine Frage: »Könnt ihr mehr tun?« Daraufhin habe Hayden geantwortet: »Nicht mit der derzeitigen Rechtslage.« Tenet soll entgegnet haben: »Das war nicht die Frage. Gibt es etwas anderes, das ihr tun könnt?« Schon am 14. September, drei Tage nach den Anschlägen, befahl Hayden, nach verdächtigen Telefonverbindungen aus dem Ausland in die USA zu suchen – ohne die damals noch erforderliche richterliche Genehmigung. Der NSA-Chef hatte das Signal aus dem Weißen Haus richtig verstanden: Der Krieg gegen den Terror setzte eine bespiellose Aufrüstungswelle in Gang – politisch, militärisch, ideologisch und technisch. »Die ganze innenpolitische Sphäre wurde plötzlich militarisiert«, sagt Thomas Drake, der zu jener Zeit in der NSA-Zentrale als einer der leitenden Analytiker tätig war, »ohne dass jemals ein Krieg erklärt worden wäre.«

Verantwortliche wie Hayden und andere Geheimdienstchefs hielten die Zeit für gekommen, erweiterte Kompetenzen zu fordern, die ihnen in friedlicheren Zeiten niemals zugestanden worden wären, Hürden einzureißen, die ihre Überwachungsarbeit behinderten, und Grenzbereiche zu betreten, die bisher als No-go-Areas gegolten hatten, zum Beispiel die flächendeckende Überwachung von US-Bürgern ohne jeglichen konkreten Anfangsverdacht. Die Regierung wollte, dass die Dienste mehr tun? Dann sollte sie ihnen die entsprechenden Werkzeuge an die Hand geben und die erforderlichen finanziellen Mittel bereitstellen. Beides geschah in geradezu atemberaubender Geschwindigkeit, die Bush-Regierung ging konsequent und zielstrebig vor, denn sie hatte noch einige Rechnungen offen. Präsident Bush und sein Verteidigungsminister Donald Rumsfeld befahlen praktisch

15 Eric Lichtblau: *Bush's Law. The Remaking of American Justice*, Pantheon, 2008.

als erste Vergeltungsmaßnahme die Angriffsvorbereitungen gegen den Irak, obwohl der mit den Anschlägen überhaupt nichts zu tun hatte.

Es schien, als hätten die einstürzenden Türme des World Trade Centers Energien freigesetzt, die sich schon lange vorher aufgestaut hatten. In nur drei Tagen peitschte Bushs Justizminister John Ashcroft ein Gesetz durch den Kongress, dem man den passenden Namen »US Patriot Act« gab. Das war nicht nur als patriotischer Akt gedacht, dahinter verbarg sich ein ganzes Programm mit dem holprig klingenden Titel »Uniting and Strengthening America by Providing Appropriate Tools Required to Intercept and Obstruct Terrorism Act« (»Gesetz zur Stärkung und Einigung Amerikas durch Bereitstellung geeigneter Instrumente, um den Terrorismus aufzuhalten und zu blockieren«). Dieses eilig zusammengestellte Antiterrorpaket wurde am 25. Oktober 2001 von beiden Häusern mit großer Mehrheit verabschiedet: Im Kongress erhielt es 357 Ja- und 66 Nein-Stimmen, im Senat nur eine einzige Gegenstimme, die des Demokraten Russ Feingold.

Im Rahmen der Terrorabwehr und der Verfolgung anderer Straftaten verlieh der Patriot Act dem FBI und anderen Behörden weitreichende Befugnisse. So wurde die Überwachung von Telefon- und Internetkommunikation, anders als bisher, auch im Inland ohne richterliche Genehmigung möglich – und ohne konkreten Anfangsverdacht. Damit wurde der Verfassungsgrundsatz, nach dem sich die Überwachung nur auf eine konkrete Person und einen genauen Ort beziehen dürfe und der Betreffende darüber zu informieren sei, faktisch ausgehebelt. Der zweite Teil des Gesetzes ermöglichte unter dem Titel »Enhanced Surveillance Procedures« (»verschärfte Überwachungsmaßnahmen«) sogar Hausdurchsuchungen ohne Wissen des Betroffenen.

Die zügellose Überwachung im Ausland bedurfte schon damals keiner individuellen Genehmigung. Nach dem Foreign Intelligence Surveillance Act (FISA) von 1978 mussten Staaten, deren Bürger und Angehörige, sowie internationale

Organisationen, die überwacht wurden, lediglich auf einer Liste verzeichnet werden. Diese Liste wurde einmal im Jahr dem für die Auslandsüberwachung zuständigen Gerichtshof (Foreign Intelligence Surveillance Court, FISC) vorgelegt – zur Information, nicht aber zur Überprüfung oder gar Zustimmung. Der FISA sollte den weltweiten Spionageaktionen der CIA und anderer US-Dienste einen legalen Anstrich geben, jetzt fügte sich das Gesetz nahtlos in die neue Antiterrorstrategie der Bush-Regierung ein. 2008 wurde es sogar noch einmal durch einen Zusatz erweitert: Maßgeblich ist jetzt nur noch, dass die Überwachung »die rechtmäßige Sammlung von Informationen aus dem Ausland unterstützt«. Die NSA erhält so eine Art Blankovollmacht, mit der sie die Telefon- und Internetprovider verpflichten kann, die persönlichen Kommunikationsdaten jedes Nicht-US-Bürgers herauszugeben.

Für die US-Bürger wurde dafür der Patriot Act geschaffen. Er bereitete das Terrain vor, um auch im Inland alles und jeden zu überwachen – flächendeckend und ohne jeden konkreten Anhaltspunkt. Telefongesellschaften und Internetprovider konnten verpflichtet werden, ihre Daten gegenüber den Behörden offenzulegen. Zudem erlaubte das Gesetz im Abschnitt 215 den Behörden, sämtliche Bankinformationen von US-Bürgern einzusehen wie auch Personalakten des Arbeitgebers, hochsensible Patientenakten in Krankenhäusern und Arztpraxen, sämtliche Daten von Telefon- und Stromgesellschaften, Versicherungen, Schulen, Universitäten, Mietwagenfirmen, Waffengeschäften und sogar Buchhandlungen und Bibliotheken. Dabei musste nicht einmal ein »hinreichender Verdacht« bestehen, es reichte, wenn die Anhaltspunkte als »relevant für eine autorisierte Untersuchung« gelten konnten.

Es war eine historische Niederlage für die Bürgerrechtler – mit tief greifenden Folgen, wie man inzwischen weiß. Das Sicherheitsbedürfnis hatte über die Freiheitsrechte gesiegt. Der Patriot Act war unter dem Eindruck eines islamistischen Terrorangriffs mit dreitausend Toten in größter Eile verabschiedet worden, und die meisten Befürworter, aber auch viele Kritiker der Gesetzesverschärfungen gingen davon aus, dass diese Maßnahmen gezielt zur Abwehr terroristischer Gefahren eingesetzt würden. Dass die NSA darin einen Freibrief sah, zuerst wahllos alle US-Bürger und dann die ganze Welt zu überwachen, hätten sich außerhalb des Apparats wohl nur wenige Menschen vorstellen können.

Die Massenüberwachung führte zu grotesken Resultaten: Ein Bericht des Justizministeriums listete für das Jahr 2008 auf einer Beobachtungsliste des Terrorist Screening Centers (TSP) »mehr als 1,1 Millionen bekannte oder mutmaßliche Identitäten von Terroristen« auf. Zwar wurde einschränkend bemerkt, hinter mehreren Einträgen könne sich ein- und dieselbe Person verbergen, insofern sei die Zahl der Identitäten nicht gleichzusetzen mit natürlichen Personen, aber mit insgesamt vierhunderttausend Terrorverdächtigen müsse man rechnen. Inzwischen ist die Zahl auf knapp siebenhunderttausend angestiegen, wie Glenn Greenwald auf seiner Internetseite *The Intercept* unter Berufung auf neu aufgetauchte Dokumente berichtete. Solche Verdächtigenzahlen wecken Erinnerungen an die Paranoia in diktatorischen Regimen, wo jeder unliebsame Zeitgenosse zum Abweichler erklärt und im Zweifel beseitigt werden konnte.

In der Folge wurden zwar einige der Bestimmungen des Patriot Acts durch Gerichte gekippt oder zumindest abgeschwächt. Die nahezu unbegrenzten Möglichkeiten, die Telefon- und Internetkommunikation im In- und Ausland abzuhören, blieben davon jedoch unberührt. Der Patriot Act gilt nach wie vor: Präsident Obama verlängerte die Überwachungsgesetze im Februar 2010. Entweder wusste Obama nicht genau, was er damals unterschrieben hatte, oder er drückte sich bewusst unklar aus, als er im Juni 2013 erklärte: »Lassen Sie es mich ganz deutlich sagen: Wenn Sie US-Bürger sind, dann kann die NSA Ihre Telefonanrufe nach geltendem Recht nicht abhören.« Es sei denn, räumte er ein, sie »wendet sich an ein Gericht und erwirkt eine entsprechende Genehmigung auf der Grundlage eines hinreichenden Verdachts, so wie es schon immer war«.

Aber so ist es schon lange nicht mehr. Mit den neuen Gesetzen bekam NSA-Direktor Michael Hayden das Instrument in die Hand, um »mehr zu tun«, wie es Vizepräsident Cheney und andere von ihm gefordert hatten. Aus Sicht der NSA war damit ein wesentliches Hindernis aus dem Weg geräumt. Haydens Fehleranalyse bei unserem Interview für die ARD-Dokumentation *Die Falle 9/11* zeigte, wie er sich die künftige Geheimdienstarbeit vorstellte. Auf die Frage, ob die Geheimdienste bei 9/11 versagt hatten, antwortete er: »So wie unsere Arbeit damals strukturiert war, konnten wir ein solches Ereignis gar nicht rechtzeitig erkennen. Denn im Wesentlichen war dieser Anschlag ein direkter Angriff auf die USA von innen heraus. Unsere Verfassung unterschied damals ganz klar zwischen Strafverfolgung und geheimdienstlicher Aufklärung. Der Krieg gegen den Terror lässt sich aber nur führen, wenn man versucht, diese Grenzen aufzuweichen. Genauso ist es mit der Frage der Inlands- oder Auslandsaufklärung. Seit 9/11 machen wir auch da keinen Unterschied mehr.«

Hatte sich also die Strategie geändert, wie man eine Gesellschaft vor Feinden schützen kann? Hayden: »Wenn man den Feind kennt, kann man ihn leicht unschädlich machen. Das Problem ist aber, diesen Feind zu identifizieren. Es handelt sich hier um einen Krieg der Geheimdienste. Wenn man sagt, ›wir müssen unsere Verteidigungsstrategie ändern‹, dann heißt das: ›Wir müssen unsere Geheimdienstarbeit ändern.‹ Das bedeutet konkret ein Verschmelzen der Inlands- mit der Auslandsaufklärung und natürlich auch die Aufweichung der Grenzen zwischen Strafverfolgung und traditioneller Geheimdienstarbeit.« Ob der »Krieg gegen den Terror« nun eines der dunkelsten Kapitel der US-Geschichte ist? Der General muss nicht lange nachdenken. »Ich betrachte ihn als Erfolg«, sagt Hayden. »Letztlich hat er nicht nur unser Land sicherer gemacht, sondern auch das Bündnis mit unseren Alliierten gestärkt und die Welt zu einem sichereren Ort gemacht.«

Mit dem Patriot Act richtete sich der Überwachungsapparat der NSA erstmals seit Watergate und anderen Skandalen der Nixon-Regierung wieder gegen die eigene Bevölkerung. Der 4. Verfassungszusatz, der seit dem Jahr 1791 gegolten hatte, war damit praktisch wirkungslos. »Nixon wurde kritisiert, weil er dreihundert US-Bürger ausspioniert hatte«, kommentiert William Binney, »jetzt ging es um dreihundert Millionen.« Als NSA-Direktor sah er »den Albtraum eines totalitären Polizeistaats« Wirklichkeit werden, als er entdeckte, dass die von ihm mitentwickelte Software zur Bespitzelung seiner Landsleute verwendet werden sollte. Das war der Grund, weshalb er mit achtundfünfzig Jahren die vorzeitige Kündigung einreichte; zwei seiner engsten Mitarbeiter gingen mit. Thomas Drake blieb.

Bereits Anfang Oktober 2001, berichtet Thomas Drake, sei er von seinen Vorgesetzten darüber informiert worden, dass Präsident Bush eine geheime »Executive Order« unterzeichnet hatte, um weitere »terroristische Handlungen« zu verhindern. Die NSA durfte ab sofort die gesamte Kommunikation von Verdächtigen überwachen, die mit dem »internationalen Terrorismus« in Kontakt standen, unabhängig vom Wohnsitz der Betroffenen. Als Drake ein paar Tage später davon erfuhr, stellte er seine Chefin Maureen Baginski zur Rede. Sie leitete »in der schwierigen Zeit nach 9/11«, wie die NSA-Webseite blumig schildert, »das erweiterte SIGINT-Unternehmen« und hatte die Aufgabe, »eine Vielzahl von Kunden in der Regierung und beim Militär« mit Informationen aus den Überwachungsprogrammen zu versorgen. »Maureen schaute mich nur eiskalt an«, erinnert sich Drake, »und antwortete: ›Sie verstehen das nicht, Mr Drake. Das ist eine Notsituation. Wir brauchen die Daten.‹« Für Drake war die rote Linie überschritten: »Ich hielt das für gesetzeswidrig, und deshalb konnte ich diesen Befehlen nicht Folge leisten.«

So musste Drake im Crashverfahren lernen, dass es in den höheren Sphären der Geheimdienste offenbar ganz andere Interessen gab als die, für die er bisher gekämpft hatte. »Ich wurde Zeuge eines Regierungsverbrechens«, erklärt er, »die ganze Nation war eine Art Experimentierfeld für die neuen Überwachungstechniken.« Ausgehend von den USA seien diese weltweit exportiert worden, unter anderem auch mithilfe des Bundesnachrichtendiensts nach Deutschland. Über die Folgen wird noch an anderer Stelle berichtet.

Schon wenige Tage nach der geheimen Bush-Anweisung hatte die NSA einen neuen, abgeschotteten Bereich eingerichtet, ein Analysezentrum für die Metadaten, das Metadata Analysis Center. »Ich sah noch, wie sie die Hardware reinschleppten«, erinnert sich William Binney, »aber ich selbst hatte keinen Zutritt mehr.« Das Analysegeschäft übernahmen jetzt andere, vor allem Mitarbeiter externer Beratungsfirmen. Etwa neunzig Analytiker hatte die NSA innerhalb weniger Tage zusammengezogen, berichtet Peter Baker, der Chefkorrespondent der *New York Times* für das Weiße Haus,[16] um US-Bürger mit verdächtigen Kontakten ins Ausland zu überwachen. Dafür setzten sie auch das Analyseprogramm Stellar Wind ein, das Teile des von Binney einst entwickelten Thin Thread benutzte oder, wie Binney es sah, »zweckentfremdete«. Noch im Oktober 2001 begannen die großen Telekommunikationsunternehmen, die Daten ihrer Kunden an die NSA zu schicken, auch wenn sie das später vehement bestritten.

Dabei tauchte rasch das Problem auf, wie sich solch riesige Datenmengen sinnvoll verarbeiten ließen. William Binneys ursprüngliche Annahme, die Metadaten seien wichtiger als die eigentlichen Inhalte, schien sich wieder einmal zu bestätigen. »Wir haben versucht, *mit* den Datenmengen zu arbeiten, statt gegen sie«, erklärt Hayden das Prinzip:

---

16 Peter Baker: *Days of Fire. Bush and Cheney in the White House*, Doubleday, 2013.

»Das heißt, zunächst legten wir ein Raster über diese Metadaten. Dadurch wurden bestimmte Muster erkennbar, die uns einiges über die Aktivitäten verrieten.« Wie durch einen Dschungel habe man sich durch das Netz gekämpft, sagt der General, »bis wir zur sprichwörtlichen Nadel im Heuhaufen gelangten«. Doch sie zu finden reichte bei Weitem nicht aus. Man wollte ja eigentlich aus dem Heuhaufen Erkenntnisse gewinnen, zum Beispiel, so Hayden, »Vorhersagen über künftige Aktivitäten ableiten«. Grundsätzlich gehe es bei der Datenanalyse darum, »nicht nur zu sehen, was auf dem Bildschirm passiert – man möchte auch dahinter schauen«.

Vor der Öffentlichkeit wurde jahrelang geheim gehalten, wie die NSA mit der wachsenden Bedeutung des Internets zum weltumspannenden Supergeheimdienst wurde: wie mit Milliardenaufwand die Technik zum Anzapfen der interkontinentalen Glasfaserleitungen aufgerüstet wurde, wie private Vertragsfirmen im staatlichen Auftrag immer neue Computerprogramme entwickelten, um die Datenströme zu beherrschen, und wie schließlich die Geheimdienste der sogenannten »Five Eyes« – neben den USA sind das Großbritannien, Kanada, Australien und Neuseeland – sowie anderer befreundeter Nationen in dieses Überwachungssystem eingebunden wurden. Die NSA baute ihre Zugriffsmöglichkeiten über die Jahre ständig aus: weltweit, im Verborgenen und leidlich legitimiert durch die amerikanischen Antiterrorgesetze, mit und ohne Unterstützung verbündeter Nachrichtendienste – und manchmal auch gegen sie. Eine besondere Begründung für ihre Aktivitäten musste die NSA ohnehin niemandem vorlegen, die Erfassung technischer Signale aller Art (SIGINT) war schließlich ihr ureigenster Auftrag. Und was technisch möglich war, wurde von jeher gemacht. »Der Zweck heiligt bei den Geheimdiensten die Mittel«, erklärt NSA-Veteran William Binney, »Menschenrechte waren nie ein beachtenswerter Parameter.«

In einem fünfseitigen als »top secret« klassifizierten Strategiepapier rief die NSA im Februar 2012 das »goldene Zeitalter der Überwachung« aus.[17] In »innovativer und kreativer Weise«, so lobte sich die NSA selbst, habe man sich an das Informationszeitalter und den »veränderten Charakter des Operationsraums« angepasst, den es auch in Zukunft zu beherrschen gelte. »Im Vergleich zu 2006 ist das digitale Informationsaufkommen um das Zehnfache gestiegen«, stellen die NSA-Autoren fest. Das sei ein Trend, der sich weiter fortsetzen werde, wobei sich das Nutzerverhalten durch die mobilen Endgeräte völlig verändert habe. Die Datenspuren jedes Einzelnen, so das NSA-Papier, seien deshalb künftig die wichtigsten Anhaltspunkte für »das Aufspüren, die Beschreibung und das Verständnis des gesamten Geschehens«. Deshalb müsse es das Ziel sein, Informationen von »jedermann, jederzeit und überall« zu gewinnen. Beunruhigend ist, dass sich die NSA für diese Aufgabe selbst eine Vollmacht ausstellt, denn die Behörden, so die Einschätzung des Strategiepapiers, könnten mit ihren Richtlinien und Vorschriften für die Arbeit der Dienste »nicht Schritt halten« mit der »Komplexität der Technologie in dem neuen Zielgebiet« oder mit den »operativen Erwartungen, die sich an den Auftrag der NSA« richteten. Im Zweifel sollte man sich also nicht um rechtliche Regularien oder Beschränkungen kümmern, so die unverhohlene Botschaft dieser Vorlage für die Strategie bis zum Jahr 2016.

Den bisher verheerendsten Anschlag auf amerikanischem Boden nach 9/11, die Sprengstoffattacke auf den Boston Marathon im April 2013, konnte aber auch die Totalüberwachung der amerikanischen Bevölkerung nicht verhindern. Drei Menschen starben, 264 wurden verletzt. »Sie haben die Attentäter von Boston nicht rechtzeitig geschnappt«, berichtete Edward Snowden im Interview mit dem *Guardian* im Juli 2014, »obwohl sogar die russischen Geheimdienste das

17 »SIGINT Strategy 2012–2016«, 23. Februar 2012, http://cryptome.org/2013/11/nsa-sigint-strategy-2012-2016.pdf.

FBI gewarnt hatten, dass es Verbindungen zu islamistischen Terrorgruppen gab.« Das Attentat von Boston werfe die Frage auf, weshalb der Staat versuche, durch die Massenüberwachung der gesamten Gesellschaft jedes theoretisch denkbare Verbrechen zu verhindern, während er andererseits konkrete Hinweise auf eine reale Bedrohung nicht verfolge. Weltweit sei kein einziger terroristischer Akt durch die Massenüberwachung aufgedeckt worden. »Wenn Pläne aufgedeckt wurden, Leute vor Gericht gestellt und verurteilt wurden«, sagte Snowden, »war das niemals ein Produkt der wahllosen Überwachung, sondern immer ein Ergebnis gezielter Beobachtung und klassischer Ermittlungsarbeit von realen Ermittlern.«

Nach dem Erdbeben von 9/11 war die NSA innerhalb eines guten Jahrzehnts zum mächtigsten Geheimdienst der Welt aufgestiegen. Die Zahl der Mitarbeiter wurde in dieser Zeit um rund ein Drittel auf vierzigtausend aufgestockt, das geschätzte Jahresbudget liegt bei 10 Milliarden Dollar, und Zuständigkeiten und Kommandogewalten wurden ständig erweitert. Eine Neuerung ist dabei besonders bemerkenswert: Seit 2008 ist die NSA-Zentrale in Fort Meade auch das Hauptquartier für den Krieg der Zukunft, denn der Direktor der NSA ist seither auch Leiter des Cyber-Commands der US-Streitkräfte und damit der mächtigste Befehlshaber auf dem digitalen Schlachtfeld des 21. Jahrhunderts.

Da sich die USA nach einer von Präsident Obama erlassenen Direktive ausdrücklich das Recht auf einen Cyber-Erstschlag bei »immanenten Gefahren« vorbehalten, war dieser Schritt nur konsequent. Die NSA »besitzt« schließlich das weltweite Netz und damit alle Informationen über die wichtigsten Angriffs- und Verteidigungspunkte. So verwandelte sich Fort Meade in die Zentrale der defensiven und offensiven Cyberstreitkräfte der USA. Ein nicht im Haushaltsplan ausgewiesenes, sogenanntes »schwarzes Budget« der US-Sicherheitsbehörden soll im Jahr 2013 für Operationen im Cyberspace 4,7 Milliarden US-Dollar betragen haben, berichtet James Bamford.[18] Seit die Cyber-Personalunion existiert, muss der NSA-Direktor zugleich Offizier der US-Streitkräfte sein – was ohnehin bei allen bisherigen Direktoren der Fall war. Und so blieb auch alles beim Alten, als im März 2014 General Keith Alexander ausschied und Admiral Michael Rogers sein Nachfolger wurde.

Mit der gewaltigen Expansion ging ein Boom der privaten Überwachungs- und Rüstungsindustrie einher. Die Größten der Branche wie die IT-Beratungsfirma Booz Allen Hamilton oder die Rüstungskonzerne Lockheed Martin und Northrop Grumman bezogen in der Nachbarschaft der NSA-Zentrale in Fort Meade ihr Quartier, was auch einen regen personellen Austausch mit sich brachte. Viele leitende NSA-Mitarbeiter und Mitarbeiterinnen wechselten nach ihrer Dienstzeit auf hoch dotierte Posten in der Privatwirtschaft und nutzten ihre guten Verbindungen zum Regierungsapparat fürs Geschäft. So arbeiteten beispielsweise die beiden früheren CIA-Direktoren James Woolsey und George Tenet beim Beratungsunternehmen Booz Allen Hamilton, das immerhin ein Viertel seines Jahresumsatzes von rund 5,5 Milliarden Dollar mit den US-Geheimdiensten macht. Doch auch der Wechsel von privaten Unternehmen in ein Ministerium oder einen Geheimdienst, an die Schaltstellen der Macht sozusagen, scheint attraktiv: John Michael McConnell beispielsweise, zunächst Navy-Offizier und von 1992 bis 1996 NSA-Direktor, wechselte als Vizepräsident zu Booz Allen Hamilton, um später von 2007 bis 2009 das Amt des Directors of National Intelligence zu übernehmen. So entsteht ein Drehtüreffekt: ein Spiel mit wechselnden Rollen, bei dem die persönlichen Ziele des Einzelnen nicht immer im Einklang stehen müssen mit den staatlichen Interessen. Dieses »Netzwerk von Insidern« war nach Einschätzung von William Binney die »treibende Kraft hinter der verstärkten Privatisierung des Sicherheitssektors«.

---

18 James Bamford: »The Secret War«, *Wired*, 6. Dezember 2013, http://www.wired.com/2013/06/general-keith-alexander-cyberwar.

Aus der engen Verflechtung mit den privaten Vertragsfirmen erwuchs allerdings auch die größte Bedrohung in der Geschichte der scheinbar allwissenden und unangreifbaren NSA. Die zentrale Figur ist ein eher zurückhaltend wirkender junger Mann, der es zu weltweiter Berühmtheit brachte und sich gegenwärtig als Asylant in Moskau aufhält: Edward Joseph Snowden. Er stand zunächst in den Diensten der CIA, wechselte dann als freier Mitarbeiter zur NSA, später zur Vertragsfirma Dell und im März 2013 zu Booz Allen Hamilton, für die er auf Hawaii im Regional Security Operations Center der NSA tätig war. Allerdings nur für kurze Zeit, denn im Mai 2013 setzte sich Snowden von Hawaii nach Hongkong ab. Im Gepäck: Laptops und Festplatten, vollgeladen mit geheimen NSA-Dokumenten. US-Offizielle schätzten ihre Zahl später auf 1,7 Millionen. »Meine Position bei Booz Allen Hamilton erlaubte mir Zugang zur Übersicht der Rechner auf der ganzen Welt, die die NSA gehackt hat«, erklärte Snowden später in einem Interview mit der *South China Morning Post*, »deshalb habe ich den Job dort angenommen.« Noch niemals in der Geschichte hatte ein einzelner Agent den gesamten Sicherheitsapparat so bloßgestellt.

Die Regierung klagte Snowden wegen Spionage und anderer Kapitalverbrechen an. Präsident Obama zeigte sich ungehalten: »Ich möchte mich gar nicht mit den Motiven des Herrn Snowden aufhalten«, sagte er bei seiner Grundsatzrede zur Zukunft der NSA im Januar 2014, »aber wenn jeder, der mit der Regierungspolitik nicht einverstanden ist, geheime Dokumente veröffentlichen würde, könnten wir unsere Bevölkerung nicht mehr schützen und keine vernünftige Außenpolitik mehr betreiben.« Snowden habe den Feinden Amerikas in die Hände gespielt. Ähnlich äußerte sich der frühere NSA-Chef Keith Alexander, in dessen Amtszeit die Snowden-Enthüllungen fielen: »Ich denke, dieser Verrat wird Menschenleben kosten«, warnte der General, es sei »der größte Schaden für das gesamte Geheimdienstsystem, den wir jemals erleiden mussten«. Wie zur Bekräftigung betonte er: »Es ist ein schwerer Schlag für unsere Bemühungen, die Nation und die Bevölkerung zu schützen.«[19]

Für Daniel Ellsberg, den prominenten Whistleblower-Vorgänger Snowdens, der in den 1970er-Jahren die geheimen Pentagon-Papiere über die Verstrickung Amerikas in den Vietnamkrieg veröffentlicht hatte, ist Snowden dagegen ein Held. Zur Begründung braucht Ellsberg nicht viele Worte: »Ich denke, er hat uns vor den ›United Stasi of America‹ bewahrt.«

19 Christopher Joye: »Interview transcript: former head of the NSA and commander of the US cyber command, General Keith Alexander«, *Financial Review*, 8. Mai 2014, http://www.afr.com/Page/Uuid/b67d7b3e-d570-11e3-90e8-355a30324c5f.

3

EDWARD SNOWDEN: DER GRÖSSTE GEHEIMNIS-VERRÄTER ALLER ZEITEN

»Wenn du fühlst, daß es sich lohnt, Mensch zu bleiben,
auch wenn damit absolut nichts zu erreichen ist,
dann hast du sie besiegt.«
George Orwell, *1984*

In den Kreisen von Politikern und Geheimdienstlern in den USA avancierte Edward Snowden zum Staatsfeind Nummer eins – erst recht, nachdem er im Sommer 2013 in Moskau um Asyl ersucht hatte. Damit war der Konflikt um den Hacker, Ex-NSA-Spion und Whistleblower endgültig in den höchsten Sphären der Weltpolitik angekommen. Kurz zuvor noch wäre es kaum vorstellbar gewesen, dass ein einzelner Geheimdienstmitarbeiter, zudem noch einer außerhalb der Diensthierarchie, den Präsidenten der USA und den ganzen Sicherheitsapparat der Supermacht derart bloßstellt. Es gab deshalb nicht wenige, die Snowden als Verräter am liebsten »an einer großen Eiche baumeln« sehen würden, wie der frühere US-Botschafter bei den Vereinten Nationen, John Bolton, sagte.[20] Auch Ex-CIA-Direktor James Woolsey for-

20 Mollie Reilly: »John Bolton: Edward Snowden ›Ought To Swing From A Tall Oak Tree‹«, *Huffington Post*, 17. Dezember 2013, http://www.huffingtonpost.com/2013/12/17/john-bolton-edward-snowden_n_4461196.html.

derte, man solle Snowden wegen Hochverrats verurteilen und »aufhängen«.[21]

Doch dazu müsste man ihn zunächst einmal haben, und genau das ist für die US-Behörden das Problem: Snowden lebt in Moskau in einem »Safe House«, an einem geheimen Ort, offenbar abgeschirmt durch die russischen Geheimdienste. Seine Aufenthaltserlaubnis wurde inzwischen bis August 2017 verlängert. Der übergelaufene Agent ist eine Art Faustpfand in den Händen Putins und befindet sich – mangels anderer Aufenthaltsmöglichkeiten – praktisch in Gewahrsam der russischen Behörden. »Das ist alles andere als ideal«, gibt Verteidigerin Jesselyn Radack zu, die Snowden zusammen mit dem Bürgerrechtler Ben Wizner von der American Civil Liberties Union (ACLU) in den USA vertritt, aber die Frage sei gewesen: »Wo in der Welt ist er am sichersten vor dem langen Arm der US-Justiz?« Und in Russland, so die Rechtsanwältin, sei Snowden »immer noch am sichersten, jedenfalls sicherer als in Lateinamerika«. Das Land habe eine »humanitäre Verpflichtung, ihn als Asylanten zu schützen«. In den USA droht ihm zwar nicht die Todesstrafe, wie von Woolsey und anderen gefordert, aber bei einer Verurteilung wegen Spionage und anderer Kapitalverbrechen könnten bis zu dreißig Jahre Gefängnis gegen ihn verhängt werden. Radack hofft auf die Zukunft. Sie rechnet »mit fünf, vielleicht auch zehn Jahren«, bis man an eine Rückkehr Snowdens in die USA denken könne, ohne dass er gleich weggesperrt werde.

Als Edward Snowden sich an die Weltöffentlichkeit wandte, hatte er schon ziemlich konkrete Vorstellungen, was die Reaktion seines Exarbeitgebers sein würde: »Sie werden sagen, dass ich gegen das Spionagegesetz verstoßen und schwere Straftaten begangen hätte«, vermutete er im Video-

21 Zitiert nach Lucas Tomlinson: »Ex-CIA director: Snowden should be ›hanged‹ if convicted for treason«, *Fox News*, 17. Dezember 2013, http://archive.today/bbSDd.

interview in Hongkong mit den Journalisten Glenn Greenwald und Laura Poitras. »Sie werden sagen, dass ich Amerikas Feinden geholfen hätte. Ich bin mir sicher, sie werden jeden erdenklichen Vorfall aus meiner Vergangenheit ausgraben und ihn wahrscheinlich übertrieben darstellen oder sogar Neues erfinden.« Es sei ihm nie darum gegangen, Schaden anzurichten, führte er zu seiner Verteidigung an: »Wenn es darum gegangen wäre, hätte ich das System an einem Nachmittag herunterfahren können.« Vielmehr habe er die Dokumente gestohlen, weil er nicht länger habe zuschauen wollen, wie die USA »die Öffentlichkeit irreführen«. Und im Exil in Moskau bekannte er: »Ich habe nie ein Happy End erwartet. Wie auch, wenn man die mächtigsten Menschen der Welt so offen herausfordert?«

Dabei deutete in seiner Biografie nichts darauf hin, dass es einmal so weit kommen würde. Edward Snowden stammt aus einem Elternhaus, in dem Patriotismus und Pflichtgefühl großgeschrieben wurden. Geboren wurde er am 21. Juni 1983 in Elizabeth City, einer Kleinstadt an der Küste North Carolinas. Sein Vater Lonnie, genannt Lon, arbeitete von den 1970er-Jahren bis zu seiner Pensionierung bei der US-Küstenwache. Von ihm wird berichtet, er habe jeden Morgen in seinem Vorgarten vor dem Sternenbanner salutiert. Später wird er einem deutschen Reporter verraten, er habe seinem Land »mit Liebe gedient«. Mitte der 1980er-Jahre zogen die Eltern mit Edward und seiner älteren Schwester Jessica etwas weiter nördlich nach Maryland, in die 27 000-Einwohner-Stadt Crofton, nur wenige Kilometer von der Küste entfernt, eine beschauliche Schlafstadt vor den Toren Washingtons für die besser verdienenden Regierungsangestellten. Denn hier arbeitete fast jeder irgendwie für den Staat: für ein Ministerium, eine Bundesbehörde, das Militär, die Küstenwache oder eben die NSA. Deren Hauptquartier in Fort Meade liegt nur rund zwanzig Kilometer von Snowdens Elternhaus entfernt.

Mitschüler schildern Edward als dünn, blass und unscheinbar. Der Junge war oft krank. Mit sechzehn Jahren musste er die Anne Arundel High School verlassen, nachdem er vier oder fünf Monate wegen einer Krankheit gefehlt hatte, die nicht diagnostiziert werden konnte – vermutet wurde Pfeiffersches Drüsenfieber. Snowden wechselte zum Community College, schrieb sich dort für Computerkurse ein und erreichte mit dem General Education Development (GED) einen Abschluss, der einem Highschool-Diplom gleichkommt. Aber das Gefühl, gescheitert zu sein, sollte ihn lange begleiten. Trotzig schrieb er später in einem Online-Kommentar: »Geistesgrößen brauchen keine Universität. Sie bekommen, was sie brauchen, und bahnen sich still ihren Weg in die Geschichte.« In krassem Gegensatz zu seiner schmächtigen Erscheinung stand sein Hobby, das er mit großem Ehrgeiz betrieb: die asiatische Kampfsportart Kung-Fu. Er trainierte seit frühester Jugend und erreichte mit dem schwarzen Gürtel den höchsten Grad. Kung-Fu erfordert Kraft, Körperbeherrschung, Entschlossenheit und ein gewisses Selbstbewusstsein. Eine große Faszination für asiatische Lebensweise und Kultur erfasste Snowden schon in seiner Jugend – eine Faszination, die ihn nicht wieder verlassen würde.

Im Jahr 2001 ließen sich Snowdens Eltern scheiden, er zog mit seiner Mutter Elizabeth, genannt Wendy, nach Ellicott City, von wo sie es nicht weit zu ihrer Arbeitsstelle beim Bezirksgericht in Baltimore hatte. Mit fast achtzehn Jahren hatte Edward keinen Highschool-Abschluss, keinen Studienplatz und keinen Job. Die Welt, in der er sich hauptsächlich bewegte, war das Internet. Er habe den Computer für die »wichtigste Erfindung in der Geschichte der Menschheit« gehalten, berichtet der *Guardian*-Reporter Luke Harding in seiner Snowden-Biografie, und »online mit Leuten gechattet, deren Ansichten er sonst niemals kennengelernt« hätte.[22] Nächtelang saß er vor dem Computer, wie sich Nachbarn erinnerten, surfte durchs Netz, chattete in Onlineforen und

---

22 Luke Harding: *The Snowden Files. The Inside Story of the World's Most Wanted Man*, Faber and Faber, 2014.

spielte japanische Games wie Tekken, was so viel bedeutet wie »eiserne Faust«. »Er war nicht nur ein Nerd«, so Harding, »er hielt sich fit, trainierte weiter Kung-Fu und ›verabredete sich mit asiatischen Mädchen‹, wenn man einem Eintrag bei *Ars* glauben darf.«

»Ars«, das war Snowdens Leidenschaft – das Onlinemagazin *Ars Technica*. Ein virtueller Treffpunkt für Technikfreaks und Computernerds, ein buntes Portal mit Nachrichten, Hintergrundberichten, Techniktipps, Diskussionsforen, Storys, Livechats, Liveblogs und einer Jobbörse. »Wir arbeiten für die Leser, die nicht nur über die neueste Technik Bescheid wissen wollen«, so die Redaktion von *Ars Technica* auf ihrer Website, »sondern von ihr fasziniert sind.« Unter Rubriken wie »Technology Lab«, »Ministry of Information«, »Gear and Gadgets« oder »Risk Assessment (Security & Hacktivism)« wird ein breites Spektrum an Beiträgen aus den Bereichen Technik, Wissenschaft, Kultur und Politik geboten, mit Schwerpunkt auf Informations- und Kommunikationstechniken und den entsprechenden Produkten. Wer sich von *Wired* angesprochen fühlt, dürfte sich auch bei *Ars Technica* heimisch fühlen.

Acht Jahre lang, von 2001 bis 2009, bewegte sich ein User unter dem Pseudonym »TheTrueHOOHA« auf dem Online-Marktplatz. Mit 753 Einträgen wurde er zu einem der fleißigsten Kommentatoren. Er hatte zu allem und jedem eine Meinung: Politik, Terrorismus, Bankenkrise, Religion, Drogen, Beziehungen, Sex. Er fragte nach Hilfe beim Programmieren von Computerspielen, schimpfte auf Obama, weil der die Sozialsysteme ausbauen wolle, verdammte die Gier der Banker, sinnierte über Geheimhaltung in Unternehmen und gab immer wieder Persönliches, zum Teil sehr Intimes, preis. Für das Wort »hooha« im Pseudonym des Users gibt es im Deutschen zwei verschiedene Bedeutungen: erstens Aufruhr, Aufstand, Brimborium, Eklat und zweitens als Slangausdruck für das weibliche Geschlechtsorgan.

Die Datenspur, die der fleißige Poster mit seinen Chats

und Kommentaren legte, ließ sein Profil deutlich werden: männlich, Anfang zwanzig, nicht homosexuell (darauf legte er Wert), politisch konservativ bis liberal, ohne Hochschulabschluss, Selfmade-Experte in IT-Technik, Bewunderer asiatischer Lebensweise, Waffennarr und seit Mitte der 2000er-Jahre im Staatsdienst beschäftigt. Und so war es nicht schwer, TheTrueHOOHA mit der realen Person zu verbinden, die sich hinter dem Pseudonym verbarg, als Journalisten, Blogger und Betreiber von Internetportalen mit einer Art Rasterfahndung im Internet begannen, zumal TheTrueHOOHA noch Fotos von sich ins Netz gestellt hatte, die bei einem Amateur-Model-Shooting entstanden waren: Sie zeigen einen schlanken jungen Mann mit aschblondem Haar, auffallend heller Haut, einem spitz zulaufenden Kinn und dunklen Augen, die immer etwas misstrauisch in die Kamera schauen. Die jüngere Ausgabe des Porträts, das Mitte des Jahres 2013 unter jeder Schlagzeile in jedem Medium der Welt zu sehen war: Edward Snowden.

Er wurde ein »Arsianer« mit Leib und Seele. Einer von Millionen jungen Internet-Usern, die Tag und Nacht durch das World Wide Web streifen und sich oft genug eine Parallelwelt aufbauen, in der sie sich Wunschidentitäten zulegen und wie in einem Rollenspiel bewegen können. Einer, der mit anderen anonymen Forumsmitgliedern über Gott und die Welt chattete, dabei die berüchtigten »four letter words« wie »fuck« und »shit« ausgiebig und in verschiedensten Zusammenhängen verwendete und sich brüstete, Waffen zu besitzen. Einer, der als Zweiundzwanzigjähriger mit seinem Spitzengehalt prahlte und selbstgerecht über andere urteilte. Einer, der die Donutsorte Krispy Kreme für den »postkoitalen Verzehr« mit den Worten »Das können nur wir Amerikaner!« empfahl und der so gar nicht zu dem zurückhaltenden jungen Mann mit der ruhigen Stimme und dem kontrollierten Auftreten passte, den inzwischen jeder kennt, und der vorformuliert klingende Sätze sagt wie: »In einer Welt ohne Privatsphäre und ohne Freiheit, in der die einzigartigen

Möglichkeiten des Internets ausgelöscht werden, möchte ich nicht leben.«

Was ist passiert in den Jahren 2001 bis 2013, in jener Zeit, die Snowden aus der Provinz in Maryland in die Schweiz, nach Japan und nach Hawaii führte? Wie gelang ihm eine steile Karriere vom Schulabbrecher zum hoch bezahlten IT-Spezialisten in Diensten von CIA und NSA? Und weshalb wurde er gleichzeitig vom überzeugten Patrioten zu einem entschiedenen Gegner seiner Regierung? Was bewog ihn, sich mit seinem Land anzulegen? Das bleibt alles rätselhaft, auch nach Snowdens zahlreichen Erklärungen, die er naturgemäß nur im Nachhinein gegenüber der Öffentlichkeit abgeben konnte. Die *Ars-Technica*-Dokumente geben zumindest einen kleinen Einblick in die Gedankenwelt des Edward Snowden.

Der erste Eintrag datierte vom Dezember 2001. Snowden war achtzehn Jahre alt, und er hatte endlich Arbeit gefunden: Er programmierte von zu Hause aus für eine Softwarefirma namens Clockwork Chihuahua, die eine Webseite mit Anime-Comics betrieb. Snowden fragte die *Ars-Technica*-Gemeinde, wie er für seine japanischen Comics einen eigenen Webserver installieren kann. Er signierte mit dem Pseudonym, mit dem er damals auch auf der Anime-Webseite erschien: »the one true Hooha«. Und er fügte einen Zusatz an, mit dem er einen versteckten Hinweis auf seinen Vornamen gab: »EDitor«. Darunter setzte er noch den Gruß: »Wahre Programmierer sterben nie, sie tauchen nur ab auf Nimmerwiedersehen« (»they just GOSUB with no RETURN«).

Um diese Zeit suchte Snowden in den *Ars-Technica*-Foren auch nach Tipps, wie man sich im Internet unerkannt bewegen und die Aufzeichnung des Protokolls umgehen kann. Jedes Gerät im Netz verfügt über eine eigene IP-Adresse,[23] anhand derer sich normalerweise jede Verbindung von und zu diesem Gerät verfolgen lässt. Die »Laienversion« für mehr

---

23 IP: Internet Protocol.

Anonymität kenne er schon, schrieb Snowden, er wolle aber tiefer in die Materie eindringen: »Ich möchte genau wissen, was an den verschiedenen Punkten einer Verbindung aufgezeichnet wird. Ich will nämlich erreichen, dass nicht einmal Gott erfährt, wo ich überall gewesen bin.« Weshalb, das bleibt unklar.

Als 2003 in einem der Online-Foren über die Gier von Unternehmen diskutiert wurde, meldete er sich mit dem Kommentar zu Wort: »Ich hoffe nicht darauf, dass man die Dinge dadurch verändern kann, dass man sich öffentlich darüber beschwert, Briefe schickt oder Sachen in die Luft jagt.« Das sei nicht die Art, wie man »als guter Mensch« an die Dinge herangehen solle, schrieb er, »dennoch will ich alles tun, was ich kann, mit den Mitteln, die mir zur Verfügung stehen«. Als im gleichen Jahr über die moralischen Fragen im Zusammenhang mit Videospielpiraterie diskutiert wurde, kommentierte er: »Für meinen Geschmack ist dieser Megakonzern zu materialistisch eingestellt, und das gefällt mir nicht.« Gemeint war offenbar der Software-Gigant Microsoft, der Hersteller der Spielekonsole Xbox. »Das heißt, ich würde diese Firma am liebsten auf jede nur erdenkliche Weise bestrafen. Die Frage der Legalität ist dabei nicht entscheidend, ungestraft davonzukommen schon eher«, betonte er. »Wenn meine Taten dazu beitragen, dieses Unternehmen fertigzumachen, das ich als ›böse‹ betrachte, dann könnte ich wieder besser schlafen, weil ich (aus meiner Sicht) der Gesellschaft einen Dienst erwiesen habe.«

Ein Jahr darauf, 2004, bewarb sich Snowden für den Dienst bei der Armee. Der durchtrainierte Kung-Fu-Kämpfer wollte zur Elitetruppe, den Special Forces. Den Anstoß gab offenbar die von den Amerikanern geführte Invasion im Irak. Über seine Motive wird Snowden später sagen: »Ich habe tatsächlich daran geglaubt, dass wir das Ziel hatten, unterdrückte Völker in anderen Ländern zu befreien.« Er habe aber feststellen müssen, dass nur wenige seiner Kameraden so dachten wie er. Seinen Vorgesetzten sei es vor allem darum gegangen, »möglichst viele Araber umzulegen, anstatt irgendwem zu helfen«.

Dic Karriere in Uniform endete, noch bevor sie begonnen hatte: Während der Ausbildung in Fort Benning, einem Infanteriestützpunkt in Georgia, brach sich Snowden beide Beine. Er wurde mit einundzwanzig Jahren aus der Armee entlassen, ging zurück nach Maryland, war ein Jahr lang arbeitslos und nahm schließlich einen Job als Wachmann auf dem Campus der Universität an. Dann stieg er auf zum Sicherheitsexperten des Sprachenzentrums an der Universität, das eng mit den Geheimdiensten zusammenarbeitet und beispielsweise Sprachtrainings für NSA-Mitarbeiter anbietet. Möglicherweise wegen der kurzen Episode bei der Armee, vermutet Snowden-Biograf Luke Harding, habe er die Chance bekommen, in einer Tarneinrichtung der NSA auf dem Campus zu arbeiten. Auf *Ars Technica* wird Snowden später über diese Zeit schreiben: »Ich musste dann monatelang in einem nicht technischen Bereich arbeiten, bevor ich wieder in die Informationstechnologie kam und mein Gehalt verdoppeln konnte.«

Mitte 2006 bewarb er sich bei der CIA. Er musste diverse Tests bestehen und, nachdem er sich bereit erklärt hatte, ins Ausland zu gehen, wurde er dort angestellt – mit zweiundzwanzig Jahren vom Wachmann zum Spion. Er sei »ein IT-Genie, das sich das meiste selbst beigebracht hat«, werden Kollegen später über ihn sagen. Ein früherer Geheimdienstkollege aus Hawaii lobte ihn laut *Forbes* gar mit den Worten, es habe bei der NSA viele schlaue Leute gegeben, aber Snowden sei »das Genie unter den Genies« gewesen. Möglicherweise öffneten ihm seine besonderen Fähigkeiten tatsächlich die Tür in die klandestine Welt der Geheimdienste.

Zu dieser Zeit schrieb Snowden in einem Chat mit einem unbekannten User auf *Ars Technica*: »Ich habe keinen Abschluss vorzuweisen, aber ich verdiene mehr als du, obwohl ich nur sechs Jahre Berufserfahrung habe.« Er habe null Schulden aus der Studienzeit und verdiene jetzt 70 000 Dollar, schrieb er bei anderer Gelegenheit, »und ich musste Angebote über 83 000 und 180 000 ablehnen (die gingen nicht in die Richtung, die mir vorschwebte). Die Firmen reißen sich um mich. Und ich bin 22.« Erklärend fügte Snowden noch an: »Man könnte denken, ich sei ein Arschloch, wenn ich so rede. Ich bin aber keines. Das Geschäft läuft eben so. Wenn man in einer feindlichen Umgebung Erfolg haben will, muss man selbstsicher und aggressiv sein.«

Er hatte Erfolg: Snowden war jetzt IT-Experte bei der CIA. Und er gab anderen *Ars-Technica*-Mitgliedern Tipps, wie man am besten an einen Job im Staatsdienst kommt. Im Nachhinein wirkt es fast so, als wollte oder sollte er Bewerber rekrutieren. »Man muss sehen, dass man nach Europa kommt«, riet er im Chat mit einem anderen User, »zum Beispiel über das Außenministerium. Die haben im Moment nicht genügend Personal. Die Stellen in Europa sind zwar begehrt, aber du bekommst den Fuß leichter in die Tür, wenn du dich für eines dieser Dreckslöcher in den östlichen Ländern meldest.« Wenn man es einmal geschafft habe reinzukommen, so Snowden weiter, müsse man die »Ochsentour« eine Zeit lang durchstehen. »Dann kannst du dir einen der begehrteren Standorte aussuchen.« Die Alternative, so Snowden: »Besorge dir eine Freigabe« für den Umgang mit Geheimdokumenten. »Wer die besitzt, den entsprechenden Lebensstil hat und über IT-Kenntnisse verfügt, der kommt zurzeit an jeden Ort der Welt«, erklärt Snowden, und er fügt als Erklärung hinzu: »Gott sei Dank gibt es Kriege.«

Snowden wurde 2007 als »Verantwortlicher für Telekommunikations- und Informationssysteme« in die friedliche Schweiz versetzt, nach Genf, wo er für die Sicherheit des CIA-Computernetzwerks und der diplomatischen Vertretung ebenso zuständig war wie für die Wartung von Heizung und Klimaanlage. Genf ist mit dem Sitz vieler UN-Behörden, Nichtregierungsorganisationen und Finanzinstitute ein internationales Zentrum der politischen und wirtschaftlichen Beziehungen – und der Spionage. Zum ersten Mal kam Snowden über die Grenzen der USA hinaus – und er sammelte völlig neue Eindrücke in dieser lebendigen Stadt. Er wunderte sich über die schmalen Straßen, die vielen Fahrradspuren, die hohen Preise in den Restaurants, den allgemeinen Wohlstand und die vielen Immigranten aus Südostasien oder Osteuropa als billige Arbeitskräfte. Es muss ein Kulturschock für den Kleinstädter aus Maryland gewesen sein. »Die Schweiz war für ihn Weckruf und Abenteuer zugleich«, berichtet Luke Harding. Mit den Vorzügen freundete sich Snowden rasch an: »Ich komme mir vor, als würde ich in einer Postkarte leben«, berichtete er im Online-Chat.

Snowdens offizieller Arbeitsplatz war die Genfer US-Mission bei den Vereinten Nationen, in der auch das amerikanische Konsulat untergebracht war. Er besaß einen Diplomatenpass und genoss Immunität, und er lebte jetzt mit einem Decknamen: David M. Churchyard. Er fuhr standesgemäß einen schweren Geländewagen, bezog eine Vier-Zimmer-Dienstwohnung in einem Geschäfts- und Wohnhausblock am Quai du Seujet 16 – Südlage mit Blick auf die Rhône. Für seinen persönlichen Schutz hatte er auch vorgesorgt, wie er berichtete: »Ich habe jetzt eine Walther P22. Es ist meine einzige Waffe, aber ich bin völlig vernarrt in sie.« Wenn nötig könne er damit einem Einbrecher »zehn kleine Löcher in die wichtigen Körperteile« schießen. Gelegentlich schimmerte das Agentenleben ein wenig durch. Als sich ein User auf *Ars Technica* beklagte, seine Xbox-Spielekonsole mache merkwürdige Geräusche, schrieb Snowden zurück: »Das kommt bestimmt von der NSA-Überwachung.« Nichts deutet in diesen *Ars-Technica*-Einträgen darauf hin, dass Snowden irgendwelche Zweifel an seinem Auftrag, an seiner täglichen Arbeit oder an seiner Regierung gehabt hätte. Der Journalist Glenn Greenwald berichtet, als »Topexperte für Cybersicherheit« sei Snowden sogar ausgewählt worden, »den Präsidenten beim NATO-Gipfel 2008 in Rumänien zu unterstützen«.

2008 spendete Snowden 250 Dollar für den damaligen

US-Kongressabgeordneten Ron Paul, als dieser seine Bewerbung um die republikanische Präsidentschaftskandidatur bekannt gab. Paul gehört zu den umstrittensten Politikern in den USA – auch, weil er sich jedem Klischee widersetzt. Er ist einer der Inspiratoren der rechten Tea-Party-Bewegung, setzt in der Wirtschaftspolitik auf das freie Spiel der Kräfte, ist gegen den Ausbau der Sozialsysteme, kämpft für die Auflösung des nach den Anschlägen vom 11. September gegründeten Heimatschutzministeriums und erklärte im Übrigen im Jahr 2004: »Alles, was wir als Antwort auf 9/11 getan haben – vom Patriot Act bis zum Irakkrieg –, ging zulasten der Freiheit in Amerika.« Zumindest die marktradikalen Thesen Pauls dürften bei Snowden auf Widerhall gestoßen sein. Dagegen schrieb er im gleichen Jahr über den künftigen US-Präsidenten Obama, er plane, mit seiner Sozialpolitik »die Währung so schnell wie nur theoretisch möglich« abzuwerten. Wenn die Arbeitslosigkeit steige, sei das doch lediglich eine »Korrektur«, eine »notwendige Begleiterscheinung des Kapitalismus«.

Bemerkenswert ist noch eine andere Konversation auf *Ars Technica*. Es ging um einen Artikel in der *New York Times* vom Januar 2009. Darin berichtete Chefkorrespondent David Sanger, die USA hätten sich geweigert, Israel bei einem Bombardement der iranischen Atomanlagen zu unterstützen. Stattdessen habe Präsident Bush der CIA befohlen, ihre geheimen Sabotageaktionen gegen den Iran zu verstärken. Sanger veröffentlichte keine Details geplanter Operationen, aber er stützte sich offenbar auf als geheim eingestufte Dokumente und bezog sich auf namentlich nicht genannte hochrangige Quellen aus dem Weißen Haus sowie auf Informationen von europäischen und israelischen Politikern und internationalen Waffeninspektoren. »Geleakte« Dokumente, Verrat an der eigenen Regierung – für Snowden alias TheTrueHOOHA damals noch ein Kapitalverbrechen. Er tobte. Auszug aus dem *Ars-Technica*-Chat:

<TheTrueHOOHA> HEILIGE SCHEISSE http://www.nytimes.com/2009/01/11/washington/11iran.html?_r=1&hp

<TheTrueHOOHA> WTF[24] NYTIMES

<TheTrueHOOHA> Wollen die einen KRIEG anzetteln? Mein Gott, die sind wie Wikileaks

<User19> Das ist doch nur ein Bericht, Junge

<TheTrueHOOHA> Sie berichten über geheime Scheiße

<User19> Schulterzucken

<TheTrueHOOHA> Über ein unpopuläres Land, das von Feinden umgeben und schon in einen Krieg verwickelt ist, und über unsere wechselseitigen Aktionen mit diesem besagten Land, mit denen wir beabsichtigen, die souveränen Rechte eines anderen Landes zu verletzen. [...] So einen Scheiß schreibt man nicht in der Zeitung

<TheTrueHOOHA> Außerdem, wer verdammt noch mal sind die anonymen Quellen, die ihnen das erzählt haben?

<TheTrueHOOHA> Denen sollte man in die Eier schießen

<TheTrueHOOHA> HALLO? WIE GEHEIM IST DAS JETZT NOCH? VIELEN DANK

<TheTrueHOOHA> Ich möchte wissen, wie viele hundert Millionen Dollar dadurch einfach so verpufft sind

<User19> Du regst dich zu sehr auf, das reicht jetzt

<TheTrueHOOHA> Das ist keine Überreaktion. Zu dieser Scheiße gibt es eine VORGESCHICHTE

<TheTrueHOOHA> Das sind dieselben Leute, die die Geschichte mit »Wir könnten Osamas Handy abhören« rausgeblasen haben, es sind dieselben Leute, die uns die Abhörmaßnahmen immer und immer wieder versauen. Zum Glück machen die bald dicht

<User19> Die New York Times?

<TheTrueHOOHA> Ich hoffe, sie gehen bald pleite

Snowden muss sehr aufgeregt gewesen sein, denn er schrieb wirklich »uns« in Verbindung mit den Abhörmaßnahmen.

---

24 WTF: »what the fuck«.

Mit der »Vorgeschichte« spielt er auf einen Artikel vom Dezember 2005 an, in dem die *New York Times* als erstes Nachrichtenmedium weltweit über die geheime Massenüberwachung von US-Bürgern durch die NSA berichtet hatte. Die Autoren James Risen und Eric Lichtblau hatten damit den größten innenpolitischen Skandal seit Nixons Watergate-Affäre in den 1970er-Jahren enthüllt – eine Weltsensation, die allerdings in der Öffentlichkeit keinen Sturm der Entrüstung hervorrief. Risen und Lichtblau hatten die Story damals umfassend recherchiert und sich auf zahlreiche anonyme Quellen aus Politik und Sicherheitsbehörden berufen. »Die NSA hat aufgrund eines Präsidentenerlasses«, schrieben sie damals in der *New York Times*, »in den vergangenen Jahren die internationalen Telefonate und internationalen E-Mails Hunderter, wenn nicht Tausender von Bürgern innerhalb der USA ohne gerichtliche Genehmigung überwacht, um dadurch ›schmutzige Nummern‹ zu finden, die mit Al-Qaida in Verbindung stehen könnten.« Das sei »eine dramatische Wende«, wurde ein hochrangiger Experte für Sicherheitsrecht zitiert, bisher sei es ein »Grundpfeiler des Landes« gewesen, dass die NSA nur im Ausland spioniert habe.

Risen und Lichtblau deckten in dem Beitrag geheime Details zur Entstehungsgeschichte der Massenüberwachung auf, die erstmals ein Licht auf die Vorgehensweise der Geheimdienste warfen. Die Aktion, die im Zuge des Antiterrorkriegs begonnen hatte, habe an Fahrt gewonnen, »nachdem die CIA führende Al-Qaida-Terroristen in Übersee geschnappt hatte, darunter auch Abu Subaida«. Der Islamist mit der Augenklappe wurde 2002 in Pakistan festgenommen und soll in »Black Sites« in Litauen gefoltert worden sein, seit 2006 wird er ohne Gerichtsverfahren im US-Lager Guantánamo gefangen gehalten. Der Topterrorist wurde nach Angaben der CIA bei Verhören dreiundachtzig Mal dem Waterboarding unterzogen und ist damit einer von drei Gefangenen, bei denen der Geheimdienst die Anwendung dieser »verschärften Verhörmethode« überhaupt einräumte. Bei der Festnahme Subaidas, berichteten Risen und Lichtblau, »beschlagnahmte die CIA die Computer des Terroristen, seine Handys und die persönlichen Telefonverzeichnisse. Die NSA sollte dann diese Nummern und Adressen schnellstmöglich auswerten. Als die Anschlüsse der Al-Qaida-Verdächtigen abgehört wurden, stieß die NSA auf weitere Verbindungen, die ebenfalls in die Überwachung einbezogen wurden. So entstand eine ganze Verbindungskette.« Diese wurde, so darf man vermuten, zum Abgleich mit dem »Heuhaufen«, der gesamten US-Bevölkerung, verwendet.

Der *New-York-Times*-Artikel war noch aus einem anderen Grund bemerkenswert. Die Zeitung selbst räumte ein, sie habe die Enthüllung des Skandals auf Bitten des Weißen Hauses ein Jahr lang zurückgehalten. Angeblich, so hätten hochrangige Vertreter der Bush-Regierung bei einem Hintergrundgespräch argumentiert, könnte eine Veröffentlichung laufende Ermittlungen behindern und potenzielle Terroristen warnen. Daraufhin habe man sich entschlossen, den Artikel ein Jahr lang zurückzustellen, um weitere Recherchen durchzuführen; außerdem habe das Weiße Haus darum gebeten, einige Details aus dem Text zu entfernen, die für die Terroristen hätten nützlich sein können. Dass die Verantwortlichen der *New York Times* mit ihrem Entgegenkommen auch eine Debatte um Bushs Sicherheitspolitik im Präsidentschaftswahlkampf 2004 vermieden hatten, fand keine Erwähnung. Genau dieses Verständnis für die Nöte der Regierung wird Edward Snowden später als Grund dafür nennen, dass er mit seinen Dokumenten nicht zur *New York Times* ging, sondern zwei freie Journalisten ansprach. Aber davon war im Januar 2009 noch keine Rede, und auch im Chat auf *Ars Technica* klang damals noch vieles anders:

<User19> Ist es unmoralisch, über die Machenschaften der Regierung zu berichten?

<TheTrueHOOHA> DIE NATIONALE SICHERHEIT VERLETZEN? Nein

<User19> Nationale Sicherheit
<TheTrueHOOHA> Hm, JAAAAAAAAA
<TheTrueHOOHA> Es hat einen Grund, weshalb die Scheiße geheim ist
<TheTrueHOOHA> Es geht nicht darum »oh, wir wollen nicht, dass unsere Bürger das herausfinden«
<TheTrueHOOHA> Es geht darum »die Scheiße wird nicht mehr funktionieren, wenn der Iran weiß, was wir tun«
<TheTrueHOOHA> Du willst mich wohl veralbern. Soll die NYTimes in Zukunft unsere Außenpolitik bestimmen?

Was Snowden dazu bewog, später genau das zu tun, was er damals so vehement verurteilte, lässt sich nicht mit Sicherheit sagen. Es gibt einige Hinweise von ihm selbst im Video von Laura Poitras und Glenn Greenwald, mit dem er sich outete, und in einem Interview mit der *New York Times* im Oktober 2013 – jener Zeitung also, die von Snowden 2009 noch des Verrats an den Sicherheitsinteressen des Landes bezichtigt worden war. Und sein Gesprächspartner war ausgerechnet James Risen.[25] Es sei kein einzelnes Ereignis gewesen, das ihn zum Whistleblower werden ließ, berichtete Snowden, vielmehr eine Entwicklung, die über einen längeren Zeitraum verlief und schon in Genf begonnen hatte.

»Vieles von dem, was ich in Genf erlebt habe«, berichtete er, »hat mir wirklich die Augen geöffnet über das, was meine Regierung tat und welche Auswirkungen das auf die Welt hatte. Es trug mehr zum Schaden bei als zum Guten.« Als Beispiel führte er einen Vorfall in Genf an, der vielfach in den Medien kolportiert wurde und als Initialzündung seiner Abkehr von den Geheimdiensten galt: Die CIA habe versucht, einen Schweizer Banker als Informanten zu rekrutieren, indem sie ihm eine Falle stellte. Weil der Mann aus

25 James Risen: »Snowden Says: Took No Secret Files to Russia«, *New York Times*, 17. Oktober 2013, http://www.nytimes.com/2013/10/18/world/snowden-says-he-took-no-secret-files-to-russia.html.

freien Stücken nicht zur Mitarbeit bereit gewesen sei, habe man sich mit ihm zum Abendessen getroffen, ihn zum Trinken animiert, um ihn anschließend in einer vorgetäuschten Alkoholkontrolle zu schnappen. Mit einem gefälschten Polizeibericht sollte der Mann erpresst werden, was auch passiert sei – ein Vorgehen, das Snowden für unmoralisch hielt.

Die Geschichte bleibt nebulös. So berichtet die Schweizer *Handelszeitung* im Juni 2013, es habe sich gar um eine echte Polizeikontrolle gehandelt, die auf Veranlassung der CIA-Agenten installiert worden sei. Demnach hätten die Agenten dafür gesorgt, dass der Banker von der Polizei angehalten und kontrolliert wurde. Nach der Festnahme durch die Schweizer soll der Banker Besuch von einem Agenten bekommen haben, der sich mit ihm anfreundete und versprach, ihm aus der Patsche zu helfen – der Beginn der Rekrutierung des Schweizer Bankers. Bald seien die Daten an die USA geflossen, so das Blatt. Bei dieser Räuberpistole stellt sich nur die Frage: Weshalb müssen die US-Dienste in James-Bond-Manier einen Informanten zur Kooperation überreden, wenn sie sich elektronisch viel einfacher Zugang zu den Bankdaten verschaffen könnten? Es dürfte nicht weiter überraschen, dass sich die CIA weigerte, diese Geschichte zu kommentieren.

Als Snowden in Genf um eine Beförderung nachsuchte, führte das zu einer »kleinkarierten E-Mail-Konversation«, wie er der *New York Times* berichtete, mit einem seiner höheren Vorgesetzten. Einige Monate später entdeckte er Lücken im Computernetzwerk der CIA, die das System anfällig für Angriffe von außen machten. Er warnte seinen Vorgesetzten, aber dieser meinte, Snowden solle keinen Ärger machen und die Sache am besten vergessen. Als ihn auch die Techniker der CIA abblitzen ließen, rang Snowden seinem Chef die Genehmigung ab, durch einen Hackerangriff den praktischen Beweis für die Fehler antreten zu dürfen. Es gelang ihm, in das System einzudringen.

Zu jener Zeit war Snowden gerade dabei, seine jährliche

Selbstbeurteilung zu schreiben. Er nahm das zum Anlass, wie er später sagte, in einer »nicht hämischen Weise« einige Anmerkungen über den Vorfall in das Formular einzufügen. Sein direkter Vorgesetzter unterschrieb das Dokument und brachte es auf den Dienstweg. Der nächsthöhere Chef allerdings – derjenige, mit dem er sich über die Beförderung gestritten hatte – legte einen kritischen Vermerk in der Personalakte an. Das habe ihn, sagte Snowden, zu der Erkenntnis gebracht, dass interne Kritik nicht der richtige Weg sei, denn dafür werde man nur bestraft. Er fügte noch hinzu, er wisse von vielen Kritikern innerhalb der NSA, aber diese würden auf Linie gehalten durch »Angst und ein falsches Verständnis von Patriotismus«. Er hielt das für »Hörigkeit gegenüber Autoritäten«. Er habe in Genf einige Erfahrungen gemacht, die ihm gezeigt hätten, dass man den Apparat nicht von innen heraus verändern könne, sagte Snowden gegenüber der *New York Times*. Möglicherweise hatte seine wachsende Auflehnung auch damit zu tun, dass seine Karriereplanung nicht so aufging, wie er sich das erhofft hatte.

Im Februar 2009 schied Snowden bei der CIA aus. Er ging zurück in die USA, bewarb sich beim Computerhersteller Dell, einer der Vertragsfirmen der NSA, und gab Tokio als Wunschziel an. Das war immer sein großes Ziel. Schon 2001 hatte er auf *Ars Technica* gepostet: »Ich habe immer schon davon geträumt, in Japan ›mein Glück zu machen‹. Ich hätte dort zu gern einen netten .gov-Job.« Er bekam den Regierungsjob in seiner Traumstadt und wurde Systemadministrator für das Rechnernetzwerk der NSA auf einer US-Militärbasis in Japan. Im Frühjahr 2009 zog er nach Japan.

Seine Freundin Lindsay Mills, vierundzwanzig, mit der er seit 2004 liiert war, begleitete ihn. Sie stammte wie Snowden aus Maryland, hatte in ihrer Heimatstadt Baltimore Kunst und Design studiert und sich seither in mehreren Jobs versucht: als Balletttänzerin, Tanzlehrerin, Fitnesstrainerin. Sie konnte auch einige Auftritte als Pole-Dancer vorweisen, Videos von ihren Auftritten in Clubs präsentierte sie auf einem eigenen YouTube-Kanal. Die Stangenakrobatik mit sparsamer Bekleidung fiel bei Amerikanern unter die Kategorie »provocative«, also frei übersetzt »bedingt jugendfrei«. Mills veröffentlichte in ihrem Blog *L.'s Journey* mit dem Untertitel »Abenteuer einer weltreisenden, pole-tanzenden Superheldin« auf Instagram und diversen anderen sozialen Netzwerken regelmäßig Fotos von sich, die meisten in professioneller Pose und bevorzugt in Trainingskleidung oder Dessous. Auf einigen wenigen Aufnahmen war auch Snowden zu sehen, aber er zeigte nie sein Gesicht. In ihrem Blog führte sie regelmäßig Tagebuch über ihr »Leben mit E.«, allerdings ohne Details aus dem Arbeitsalltag des Verlobten zu verraten. Es ist bis heute nicht klar, wie viel sie davon wusste – gelegentlich bezeichnete sie Snowden auch als »Man of Mystery«.

Snowdens Einträge auf *Ars Technica* wurden jetzt seltener, aber im Februar 2010 meldete er sich wieder mit einem Kommentar zu Wort. Das Magazin hatte aufgedeckt, dass führende amerikanische Computerhersteller den US-Behörden Zugänge für das Abhören der Datennetze lieferten, die genauen Standards dafür würden den Systemherstellern »diktiert« – genau die geheimen Absprachen, die Snowden später mit seinen Enthüllungen bestätigte. »Es beunruhigt mich wirklich«, schrieb Snowden in seinem Kommentar, »dass dieses Verhalten der Unternehmen außerhalb der Fachkreise kaum wahrgenommen wird. Die Gesellschaft scheint tatsächlich einen bedingungslosen Gehorsam gegenüber diesen gruseligen Typen entwickelt zu haben. Hätten sich beispielsweise Briefumschläge, die unter magischem Kerzenschein der Bundesbehörden durchsichtig geworden wären, im Jahr 1750 gut verkauft? Oder 1800? 1850? 1900? 1950? Sind wir durch eine langsame Abwärtsbewegung an diesen Punkt gelangt? Hätten wir sie aufhalten können, oder war es ein plötzlicher Umschwung, der sich unbemerkt eingeschlichen hat, weil diese Regierung die Geheimhaltung über alles stellt?«

Im Interview mit der *New York Times* berichtete Snowden später, er habe sich endgültig zum Handeln entschlossen, nachdem ihm an seinem Arbeitsplatz in Japan ein geheimer Bericht des Generalinspekteurs der NSA von 2009 in die Hände gefallen sei. Darin beschrieb der interne Kontrolleur, wie die NSA unter der Regierung Bush ihr Abhörprogramm ohne richterliche Genehmigung ausgebaut und begonnen hatte, die eigene Bevölkerung zu bespitzeln. Snowden erklärte, das Dokument habe er bei einer Suche nach »schmutzigen Wörtern« entdeckt – einer Routineprozedur, durch die Systemadministratoren versuchen, schädliche oder fehlerhaft abgelegte Dateien aufzuspüren. »Dort, wo der Bericht abgespeichert war, hätte er niemals liegen dürfen«, meinte Snowden, dafür sei er mit »top secret« und »Noforn« (nicht für Ausländer) zu hoch eingestuft gewesen. Das habe seine Neugier geweckt. Nach der Lektüre war ihm klar, dass seine Regierung die Gesetze bewusst umgangen hatte. »Wenn die höchsten Vertreter der Regierung das Recht brechen können, ohne dass sie fürchten müssen, bestraft zu werden«, so Snowden gegenüber der *New York Times*, »dann werden die geheimen Mächte ungeheuer gefährlich.«

Eine routinemäßige Sicherheitsüberprüfung des Beratungsunternehmens USIS im Auftrag der NSA bestätigte 2011 Snowdens Freigabe für Top-secret-Dokumente. Etwa vierhunderttausend Beschäftigte im Staatsdienst oder bei Vertragsfirmen verfügen in den USA über diese Berechtigung. USIS ist eines jener privaten Unternehmen, die vormals als US Information Service im Staatsbesitz waren und von der massiven Ausweitung des staatlichen Sicherheitsbereichs profitieren. Mehr als zweitausend Ermittler arbeiten bei USIS an der Überprüfung von Beschäftigten, an Risikoabschätzungen und möglichen Betrugsfällen in Behörden. »Leader in Federal Background Investigation«, verkündet der USIS-Slogan selbstbewusst.

Es sollte sich jedoch herausstellen, dass die vorgeschriebene »Single Scope Background Investigation« bei Snowden offenbar alles andere als umfassend und sorgfältig war, wie es die Regularien vorschrieben. Bei diesem Test gehören Befragungen von früheren Arbeitgebern und Vorgesetzten, Kollegen, Nachbarn und Eltern zum Pflichtprogramm, ebenso die Überprüfung sämtlicher Angaben, die der Betroffene in einem 127 Seiten umfassenden Fragebogen macht: unter anderem die früheren Beschäftigungsverhältnisse, die Ausbildungsstationen, die Zugehörigkeit zu Organisationen, die Aufstellung sämtlicher Wohnorte und Urlaubsziele, Informationen zu Kontaktpersonen und -organisationen im Ausland, Angaben zu Vorstrafen oder Drogenkonsum und vieles anderes mehr. Auch gesonderte Überprüfungen der Lebenspartner können im Einzelfall angeordnet werden.

Im Fall Snowden stellte das Büro des Direktors of National Information (DNI) im August 2013 fest, dass die USIS-Überprüfung nicht geeignet war, der »Regierung ein vollständiges Bild des Mitarbeiters« zu liefern, wie es für die Freigabe unerlässlich sei. Um die Referenzen zu überprüfen, hatte USIS demnach nicht viel mehr getan, als mit Snowdens Mutter und seiner Freundin zu sprechen. »Im Ergebnis«, so das Urteil aus dem Büro des obersten Chefs der US-Geheimdienste, »konnte die Sicherheitsüberprüfung kein umfassendes Bild von Herrn Snowden liefern.« USIS verteidigte sich mit dem Hinweis, die Regierung habe keinerlei Bedenken geäußert, obwohl ihr der Bericht zwei Jahre lang vorgelegen hatte.

Zu diesem Skandal um die schlampige Überprüfung Snowdens kam im Januar 2014 ein weiterer Skandal hinzu. Damals wurde bekannt, dass bereits seit 2011 gegen USIS Ermittlungen im Gang waren. Der Vorwurf des Justizministeriums: Die Sicherheitsfirma solle zwischen 2008 und 2012 nicht weniger als 665 000 Überprüfungen gefälscht haben, mithin etwa 40 Prozent aller überhaupt durchgeführten Checks. Das ging offenbar so weit, dass in den Berichten angebliche Gesprächspartner aufgeführt waren, die bereits seit mehr als einem Jahrzehnt unter der Erde lagen. Mit diesem Massenbetrug, so der Verdacht der Anklage, habe das USIS-Management »Kosten sparen und die eigenen Bonuszahlungen erhöhen« wollen. Insofern ist das Desaster der Geheimdienste im Fall Snowden ein doppeltes Desaster der zunehmenden Privatisierung im Sicherheitsapparat.

Mit seiner Geheimhaltungsstufe war Snowden einer von ungefähr tausend Systemadministratoren bei der NSA, die sich in vielen Bereichen des Netzwerks bewegen konnten, ohne Spuren zu hinterlassen – ein sogenannter »Ghost-User«. So hatte der Top-IT-Experte dank seiner Top-secret-Berechtigung in Japan nahezu unbegrenzten Zugriff auf die Computernetze der NSA. In den Jahren zwischen 2009 und 2012 habe er beobachtet, sagte Snowden später, »dass Obama genau die Politik forcierte, deren Abschaffung er ursprünglich angekündigt hatte«. Snowden entdeckte, was vor ihm schon die NSA-Insider Thomas Drake und William Binney feststellen mussten: Die NSA war dabei, die gesamte Konversation und jegliches individuelle und gesellschaftliche Verhalten auf diesem Planeten zu beobachten. Die staatlichen Kontrollmechanismen hatten versagt – oder wurden bewusst umgangen. »Wenn man privilegierten Zugang hat«, sagte Snowden im Interview mit Glenn Greenwald und Laura Poitras, »sieht man viele Dinge, die sehr beunruhigend sind. Ein normaler Mitarbeiter sieht so etwas vielleicht ein-, zweimal im ganzen Berufsleben.« Aber ihn hätten diese Dinge ständig begleitet, und in vielen Fällen sei er mit Missbrauch konfrontiert gewesen. »Je mehr man versucht, mit den Vorgesetzten darüber zu sprechen, desto mehr wird man abgewiesen«, so Snowden, »irgendwann kommt man zur Ansicht, dass die Öffentlichkeit über diese Dinge entscheiden soll und nicht jemand, der für die Regierung arbeitet.«

Snowden verließ Japan im Jahr 2012 und ging nach Hawaii. Er blieb weiterhin unter Vertrag bei Dell. Seine Freundin Lindsay kam mit ihm. In ihrem Blog *L.'s Journey* schrieb sie am 30. Juli 2012: »Für die, die es vergessen haben, ich bin nach Hawaii gezogen, um meine Beziehung mit E. fortsetzen zu können. Es war ein ziemliches Auf und Ab, eine emotionale Achterbahn, seit ich aus dem Flugzeug gestiegen bin.«

Snowdens neuer Arbeitsplatz lag etwa zehn Kilometer von Pearl Harbor entfernt, das Kunia Regional SIGINT Operations Center (KRSOC). Es war teilweise unter der Erde in einer gigantischen Bunkeranlage aus dem Zweiten Weltkrieg untergebracht und wurde deshalb bei den Beschäftigten nur »der Tunnel« genannt. Snowden kam als externer NSA-Mitarbeiter in die US Cryptological Systems Group, die für die militärische und die nicht militärische Spionage zuständig war. Die Anlage ist von höchster strategischer Bedeutung: Ein Großteil der Glasfaserleitungen zwischen Amerika und Asien läuft über den Knotenpunkt auf Oahu. Die Hauptziele waren (und sind) die Volksrepublik China und Nordkorea. »Snowden galt zu jener Zeit als Chinaspezialist«, sagt sein Biograf Luke Harding, »er hatte reichlich Erfahrung mit dem chinesischen Datennetz und trainierte Mitarbeiter des Pentagons für die Abwehr chinesischer Cyberspione.« Snowden selbst gab später an, er sei über sämtliche NSA-Operationen in China informiert gewesen und habe »Zugang zu allen Zielen« gehabt.

Bei den Kollegen erwarb er sich rasch den Ruf eines kompetenten, wenn auch etwas exzentrischen »Geeks«, eines Computerfreaks. Sein Markenzeichen wurde ein Kapuzenpullover mit einer eigenwilligen Abwandlung des NSA-Wappens auf der Brustseite. Statt eines Schlüssels wie in der amtlichen Version hielt der Bundesadler ein Bündel Internetkabel in den Krallen, zudem trug der Raubvogel einen Kopfhörer. Den Rücken des Pullovers zierte ein Hinweis auf den Vertreiber: »eff.org«, die Electronic Frontier Foundation, Amerikas größte Bürgerrechtsorganisation, die sich für digitale Freiheitsrechte engagiert. »Die Kollegen hielten das einfach für einen Joke«, sagt Harding. Es gab aber auch noch andere Anzeichen für eine gewisse Nonkonformität: Auf Snowdens Schreibtisch stand eine Ausgabe der amerikanischen Verfassung. »Er griff sie sich und wedelte mit ihr herum«, so Harding, »wenn er mit anderen über NSA-Operationen stritt, die seiner Meinung nach verfassungswidrig waren.« Die neuen

Einflüsse waren auch bei Snowdens Freundin unübersehbar. Im Oktober 2012 postete sie in ihrem Blog das Foto einer Frau, vermutlich sie selbst, mit einer Guy-Fawkes-Maske, dem Symbol für die Hackerbewegung Anonymous. Die Bildunterschrift besagte: »Sie wollen nur unsere Seelen.«

Im März 2013 wechselte Snowden zu Booz Allen Hamilton. Als Grund gab er später an, dass er sich in der neuen Firma »Zugriff auf Rechner in der ganzen Welt« verschaffen konnte, welche »die NSA gehackt hat«. Als Jahresgehalt wurden 122 000 Dollar vereinbart, zusätzlich ein Wohngeldzuschuss – gehaltsmäßig ein Rückschritt, denn bei Dell hatte er deutlich mehr verdient. Seine neue Funktion bezeichnete Snowden später mit »Infrastruktur-Analytiker« – was bedeuten würde, dass er selbst eine Art Hacker im Staatsauftrag gewesen wäre, der rund um die Welt nach Einbruchsmöglichkeiten in Computer- und Telefonnetze suchte. Ein Angebot der NSA-Abteilung Tailored Access Operations (»maßgeschneiderte Zugriffsoperationen«), die ebenfalls gezielt fremde Rechner attackiert, hatte Snowden zuvor abgelehnt. Er versprach sich bei der privaten Vertragsfirma größere Chancen für seine Mission. Das bestätigte später auch Booz-Allen-Hamilton-Vizepräsident John Michael McConnell, der frühere NSA-Chef und Director of National Information, gegenüber dem *Wall Street Journal*: »Er hat uns ausgesucht, weil wir bessere Zugänge haben als jeder andere.«

Am 30. März flog der neue Mitarbeiter nach Maryland, um in der Firmenzentrale in Fort Meade eine Schulung zu besuchen. In gewisser Weise schloss sich ein Kreis: In Fort Meade hat das NSA-Hauptquartier seinen Sitz, und in dieser Gegend war Snowden aufgewachsen. Am 4. April traf er sich mit seinem Vater zum Abendessen. Lon Snowden wird später berichten, sein Sohn habe gewirkt, als belaste ihn etwas schwer. »Zum Abschied umarmten wir uns, wie immer«, berichtete Lon Snowden, »er sagte: ›Dad, ich liebe dich.‹ Und ich sagte: ›Ed, ich liebe dich.‹«

Snowden flog zurück nach Hawaii. Es wird vermutet,

dass er in der kurzen Zeit bei Booz Allen Hamilton die meisten Dokumente sammelte und auf USB-Sticks speicherte, deren Benutzung ihm als Systemverantwortlichem gestattet war. Nach vier Wochen im neuen Job teilte Snowden seinen Chefs mit, er fühle sich nicht wohl und brauche einige Tage unbezahlten Urlaub. Auf Rückfrage gab er an, er habe mit Epilepsieanfällen zu kämpfen, die Krankheit läge bei ihm in der Familie.

Seine Freundin Lindsay schrieb in ihrem Tagebuch-Blog: »Man hat uns gesagt, wir müssten am 1. Mai aus unserem Haus ausziehen. E. soll versetzt werden. Und ich schaue, dass ich einen Kurztrip in Richtung Osten mache.« Doch dann kam alles anders: Am 20. Mai verabschiedete sich »E.« von seiner Freundin mit den Worten, er müsse aus beruflichen Gründen nach Hongkong. Dann verschwand er für einige Zeit von der Bildfläche.

Mitte Juni, als bereits alles zu spät war, stellte sich heraus, dass die Sicherheitsvorschriften bei Snowdens Einstellung auch bei Booz Allen Hamilton äußerst lax ausgelegt worden waren. Der Highschool-Abbrecher hatte in seinem Lebenslauf angegeben, er habe Computerseminare an der renommierten Johns-Hopkins-Universität in Baltimore belegt, zudem weitere Kurse auf einem Campus der Universität von Maryland in Tokio und Seminare an der Universität von Liverpool in England. Er schätze, schrieb Snowden in dem Lebenslauf, er werde seinen Magisterabschluss aus Liverpool noch im Einstellungsjahr, also 2013, bekommen. Gewisse »Unstimmigkeiten« in Snowdens Angaben seien Mitarbeitern der Personalabteilung von Booz Allen Hamilton aufgefallen, hieß es später, aber Snowden habe sie überzeugen können, dass alles der Wahrheit entspräche.

Am 20. Juni 2013, elf Tage nach seinem Whistleblower-Bekenntnis, wurde Snowden offiziell von Booz Allen Hamilton gefeuert. Er habe, so die Begründung, »die Ethikvorschriften und die Firmenpolitik« missachtet. Von Vizepräsident McDonnell stammt die Schätzung, Snowden habe

Zugriff auf 1,7 bis 1,8 Millionen Dokumente gehabt. Die Auswirkungen kommentierte der frühere NSA-Chef resigniert: »Snowden hat mehr Schaden angerichtet als jeder andere Spion in der Geschichte unseres Landes. Das wird unsere Arbeit noch die nächsten zwanzig bis dreißig Jahre beeinträchtigen.« Die NSA hatte nach 9/11 ihr zweites »elektronisches Pearl Harbor« erlebt, und dieses Mal wurde sie mit ihren eigenen Waffen geschlagen: Der Spionagedienst, der sich mit Hackermethoden unbemerkt in die Datennetze einschlich, ließ sich von einem Hacker aus den eigenen Reihen übertölpeln.

Im Dezember 2012 bekam der Journalist Glenn Greenwald, geboren 1967, in Rio de Janeiro eine Mail. »Ich habe Informationen, die Sie interessieren könnten«, schrieb ein Absender, der sich »Cincinnatus« nannte. Mit dem Pseudonym habe er eine Bedeutung verbunden, berichtet Greenwald.[26] Er hielt es für eine Anspielung auf Lucius Quinctius Cincinnatus, einen Bauern im alten Rom, der im 5. Jahrhundert vor Christus zum Diktator ernannt wurde, um die Stadt gegen Angreifer von außen zu verteidigen. Nach seinem Sieg über die Feinde legte Cincinnatus sein Amt nieder und wandte sich wieder dem zu, was er vorher getan hatte: Er wurde Bauer und bestellte sein Feld. Mit dem Pseudonym gab der Absender also einen Hinweis darauf, dass Macht in einer Demokratie kein Selbstzweck ist, sondern nur auf Zeit verliehen wird.

Greenwald schenkte der Mail keine besondere Beachtung. Diffuse Informationsangebote bekam er ständig. Der studierte Jurist, der seit 2005 in Brasilien lebte, hatte sich in seinem Heimatland USA einen Namen als streitbarer Kolumnist gemacht, weil er sich vor allem in Fragen von Menschenrechten und Sicherheitspolitik immer wieder mit der amerikanischen Regierung anlegte. Greenwald gehörte zu

---

26 Glenn Greenwald: *Die globale Überwachung. Der Fall Snowden, die amerikanischen Geheimdienste und die Folgen*, Droemer, 2014.

den entschiedensten Fürsprechern von Wikileaks und berichtete als Erster über die unmenschlichen Haftbedingungen des US-Soldaten Bradley (heute Chelsea) Manning, der Wikileaks zahlreiche Dokumente zugespielt hatte und dafür zu fünfunddreißig Jahren Gefängnis verurteilt wurde.

Greenwald hatte Ende 2005 eine politische Online-Plattform gegründet, die er *Unclaimed Territory* (»unbesetztes Gebiet«) nannte. Sein großes Thema wurde die Massenüberwachung der US-Bürger durch die NSA, nachdem die *New York Times* diesen Skandal enthüllt hatte. Fast zwei Jahre lang schrieb er in seinem Blog immer wieder darüber, veröffentlichte 2006 ein Buch mit dem Titel *How Would A Patriot Act?*, das zum Beststeller wurde, die Unterzeile lautete *Wie verteidigt man Amerikas Werte gegen einen Präsidenten, der Amok läuft?*. Seine Haltung sei glasklar gewesen, sagt Greenwald: »Die Anordnung illegaler Lauschangriffe durch den Präsidenten war ein Verbrechen, für das er zur Verantwortung gezogen werden sollte.« Seit 2012 war Greenwald als Kolumnist für die britische Zeitung *The Guardian* tätig.

»Cincinnatus«, der mysteriöse Absender der Mail, bat Greenwald, Software für die PGP-Verschlüsselung auf seinem Computer zu installieren. Dann könne er ihm weitere Informationen zukommen lassen. PGP steht für »Pretty Good Privacy« und ist ein cleveres Programm, das mit zwei unterschiedlichen numerischen Schlüsseln arbeitet und selbst für die Supercomputer der NSA nicht ohne Weiteres zu knacken ist. Greenwald hatte schon von PGP gehört und wusste, dass es weltweit unter Bürgerrechtlern und Netzaktivisten verbreitet ist, die sich damit vor staatlicher Überwachung schützen. Aber er bezeichnet sich selbst als »technischen Analphabeten« und konnte deshalb der Bitte des unbekannten Absenders nicht entsprechen. Der versuchte es noch einmal im Januar 2013 mit einer Kontaktaufnahme, aber auch die brach erfolglos ab. »Cincinnatus« machte sich sogar die Mühe, ein zehnminütiges Video mit dem Titel »PGP für Journalisten« mit einer detaillierten Installationsanleitung an

Greenwald zu schicken, aber der reagierte immer noch nicht. Glenn Greenwald war gerade dabei, die Geschichte seines Lebens zu verpassen.

Ende Januar 2013 bekam die amerikanische Dokumentarfilmerin Laura Poitras, geboren 1962, in Berlin eine Mail von einem unbekannten Absender. Sie begann mit den Worten: »Ich bin leitender Mitarbeiter eines Geheimdiensts. Das hier wird keine Zeitverschwendung für Sie sein.« Ersteres war eine Übertreibung, wie sich später herausstellte, das Zweite nicht. Der Unbekannte fragte Poitras nach ihrem PGP-Schlüssel, und anders als Greenwald wusste sie, wie PGP funktioniert. Sie schickte ihm die nötigen Daten. »Ich war sofort wie elektrisiert«, sagte Poitras später dem *Guardian*, »und ich dachte, entweder meint es jemand ernst, oder es ist eine Falle.«

Poitras war auf der Hut: Seit sie in mehreren, zum Teil preisgekrönten Dokumentarfilmen kritisch über die Folgen des Kriegs gegen den Terror berichtet hatte, unter anderem in einem Kurzfilm mit Ex-NSA-Direktor William Binney über den Mega-Datenspeicher der NSA in Bluffdale, war sie selbst zum Ziel staatlicher Repression geworden. Das Heimatschutzministerium stufte die Regisseurin und Produzentin als »terrorverdächtig« ein, das Außenministerium führte sie auf einer »Watchlist« verdächtiger Personen. Deshalb war sie auch nach Berlin gezogen. »Die Privatsphäre ist in Deutschland einfach besser geschützt«, sagt Laura Poitras: »In den USA hätte ich nicht weiterarbeiten können. Irgendwann wären sie gekommen und hätten mein Material beschlagnahmt.« Wann immer die gebürtige Bostonerin aus dem Ausland kommend in die USA einreiste, wurde sie stundenlang festgehalten und vernommen, ihre Computer, ihre Handys und ihre Kameraausrüstung wurden beschlagnahmt – gefunden wurde nie etwas.

Kein Wunder also, dass Poitras sich mit Verschlüsselung auskannte. In den folgenden Wochen entwickelte sich mit dem Unbekannten eine rege Konversation, wobei er stets

Wert auf größte Vorsichtsmaßnahmen legte. »Nimm an, dein Gegenspieler kann eine Billion Versuche pro Sekunde leisten«, schrieb er und meinte damit: um die Verschlüsselung zu knacken. Ein anderes Mal, erinnert sich Poitras, habe er sie gebeten, ihr Handy in den Kühlschrank zu legen. Irgendwann lernte sie von ihm, dass die NSA Handys als mobile Abhörstationen nutzte.

Dann endlich rückte er mit seinen Informationen heraus: Über die verschlüsselte Leitung teilte er mit, er sei im Besitz der Presidential Policy Directive 20, des streng geheimen Gesetzes, mit dem Obama im Oktober 2012 neue Richtlinien für den Cyberkrieg festgelegt hatte. Diese Direktive sieht unter anderem vor, dass US-Militär und Sicherheitsdienste Rechner in fremden Ländern angreifen dürfen, um die USA zu schützen. Der Unbekannte nannte Poitras weitere Details aus dem 18-Seiten-Papier und behauptete, er könne für alles Beweise vorlegen. »Ich bin fast umgekippt«, sagte Poitras. Spätestens jetzt war sie überzeugt, dass hier jemand ein echtes Anliegen hatte. Der Informant machte noch etwas anderes deutlich: Er wollte Glenn Greenwald mit im Boot haben.

In den folgenden Wochen flog Poitras mehrfach nach New York, traf sich mit Greenwald und hielt Kontakt mit dem unbekannten Informanten. Sie ging davon aus, dass er weiterhin anonym bleiben wolle, aber er schrieb: »Ich hoffe, ihr malt mir ein Fadenkreuz auf den Rücken und teilt der Welt mit, dass das allein auf meine Kappe geht.« Dann schickte er das erste verschlüsselte Dokument: die PowerPoint-Präsentation des Spionageprogramms Prism, mit dem die NSA Millionen von Kundendaten direkt bei den großen Internetprovidern abschöpft. Ein zweites Dokument enthielt eine konkrete Anweisung: »Ihr Reiseziel heißt Hongkong.« Damit hatte sie nicht gerechnet. Und am Tag danach passierte etwas, womit sie noch weniger gerechnet hatte: Der »Man of Mystery« nannte seinen Namen: Edward Snowden.

Mitte April erhielt Glenn Greenwald in Rio eine Kuriersendung mit zwei USB-Sticks, die ein Verschlüsselungsprogramm enthielten, das sogar er problemlos installieren konnte. Daraufhin meldete sich Snowden direkt bei Greenwald: »Ich habe mit einer Bekannten von Ihnen gesprochen … wir müssen reden, dringend.« Und er schrieb noch: »Können Sie nach Hongkong kommen?« Später schickte er noch etwa zwanzig streng geheime Dokumente hinterher, die belegten, dass die NSA den Kongress über das Ausmaß der Bespitzelung innerhalb der USA getäuscht hatte. Greenwalds Kommentar: »Es reichte, um mich hyperventilieren zu lassen.«

Zwei Tage darauf saß Greenwald im Büro der New Yorker *Guardian*-Chefin Janine Gibson, und keine vierundzwanzig Stunden später saßen er, Laura Poitras und *Guardian*-Redakteur Ewen MacAskill, auf dessen Teilnahme die Chefredaktion der Zeitung bestanden hatte, im Cathay-Pacific-Flug nach Hongkong. Die beiden *Guardian*-Mitarbeiter machten es sich in der Premium-Economy-Class bequem, Poitras saß in der billigen Economy, denn sie hatte ihr Ticket selbst bezahlen müssen. Nachdem die Anschnallzeichen erloschen waren, besuchte sie die beiden Kollegen im vorderen Teil der Kabine. Sie hatte ein Mitbringsel dabei: einen USB-Stick, den Snowden ihr einen Tag zuvor zugeschickt hatte. Er enthielt etwa drei- bis viertausend Dokumente – an Schlaf war während des 16-Stunden-Flugs nicht mehr zu denken. »Ich habe nicht eine Sekunde vom Bildschirm aufgeblickt«, berichtete Greenwald, »das war Adrenalin pur.«

Das erste Treffen in Hongkong verlief unter Begleitumständen, die jeder Agentenkomödie würdig gewesen wären. Das Rendezvous sollte im Mira-Hotel stattfinden, einem hypermodernen Fünf-Sterne-Designer-Hotel in Kowloon. Snowden schlug als Treffpunkt eine ruhige Ecke der Lobby vor, in der Nähe eines Plastikalligators, der dort auf dem Boden liegen sollte. Er selbst werde als Erkennungszeichen einen Zauberwürfel in den Händen halten, einen Rubik's Cube. Als letzte Sicherheit war ein Code für die Begrüßung verabredet worden: Die Besucher würden sich nach der Öffnungszeit des Restaurants erkundigen, worauf Snowden antworten wollte: »Mittags um zwölf. Aber vergesst es, das Essen taugt nichts.«

Es passte alles – fast. Poitras, Greenwald und MacAskill waren da, der Alligator ebenfalls, nur Snowden fehlte zum vereinbarten Zeitpunkt. Erst zum vorab festgelegten Ausweichtermin tauchte jemand mit einem Zauberwürfel auf – aber nicht der Mann, mit dem die Journalisten gerechnet hatten. Er habe einen ergrauten CIA-Direktor erwartet, sagte Greenwald später, mit blauem Blazer, Clubkrawatte und polierten schwarzen Schuhen. Stattdessen seien sie »einem blassen, dünnen, nervösen jungen Mann« gegenübergestanden, »im weißen T-Shirt und in Jeans«. Greenwald war sich nicht sicher, ob er das für einen schlechten Scherz oder eine Falle halten sollte. Er fragte dennoch, wann das Restaurant öffne. »Mittags um zwölf«, war die Antwort: »Aber vergesst es, das Essen taugt nichts.« Und dann: »Kommt mit.« Sie folgten Snowden in das Zimmer mit der Nummer 1014. Was in den nächsten Tagen und Wochen folgte, ging in die Annalen der Spionage ein: Es wurde der größte Geheimnisverrat aller Zeiten.

Die Bombe platzte am 6. Juni 2013. Unter der vergleichsweise harmlos klingenden Schlagzeile »Das Prism-Programm der NSA zapft Benutzerdaten von Apple, Google und anderen an« berichteten Greenwald und MacAskill, ohne ihre Quelle Snowden zu nennen, im *Guardian*, der Super-Geheimdienst habe sich direkten Zugriff auf die Rechner der privaten Unternehmen verschafft. Die *Washington Post* erschien zeitgleich mit einem Beitrag von Barton Gellman und Laura Poitras zum selben Thema: »Amerikanische und britische Geheimdienste fördern im großen Stil Daten von neun US-Internetfirmen«. Das Echo war überwältigend – weltweit.

Was diese Berichte von allen anderen zuvor unterschied, war die Tatsache, dass sie erstmals authentische Beweise präsentieren konnten: streng geheime interne Unterlagen. Noch einige Jahre zuvor war es kaum möglich, eine bloße Bestätigung für die Existenz der NSA zu bekommen: In Zeiten des Kalten Kriegs war sie eine geheimnisumwitterte Organisation, deren einzige sichtbare Zeichen die riesigen weißen Kugeln der Abhörstationen rund um die Welt waren. Es gab Gerüchte, aber nie handfeste Beweise. James Bamford hatte schon 2002 in *Body of Secrets* über die Massenüberwachung geschrieben, Ende 2005 war der *New-York-Times*-Artikel von Risen und Lichtblau erschienen, in dem die gesetzeswidrige Überwachung der US-Bevölkerung aufgedeckt wurde. Seit einigen Jahren hatte es auch Aussagen von Aussteigern wie William Binney oder Thomas Drake über die illegale Massenbespitzelung gegeben. Aber auch sie konnten keine Belege für ihre Behauptungen liefern, weshalb man sie leicht als Querulanten oder Spinner diffamieren konnte. Wer hätte vor der Welle von Enthüllungen im Sommer 2013 ernsthaft geglaubt, dass die US-Regierung auf die Idee gekommen war, einen Datenspeicher für die gesamte Kommunikation auf dieser Welt einzurichten? Jetzt lagen die Beweise auf dem Tisch: Die war NSA dabei, das World Wide Web zu unterwandern. Und sie war schon ziemlich weit damit gekommen.

Das geheime Programm Prism, so erfuhr eine bestürzte Weltöffentlichkeit, diente dazu, Codes zu knacken und die Geheimnisse ahnungsloser Benutzer zu stehlen – und das auch noch in einer geheimen Kooperation mit privaten Unternehmen, die bis dahin zu den Symbolen für die freie und grenzenlose Kommunikation im Internet zählten wie Apple, die Erfinder des Smartphones, oder Facebook, das Freundschaftsnetzwerk, auf dem viele Nutzer ihre privatesten Geheimnisse preisgeben. In einer internen und streng geheimen Präsentation lobte die NSA, Prism sei »das meistgenutzte Programm« für ihre Berichte. Demnach gewährten Microsoft der NSA seit 2007 direkten Zugriff auf die Daten ihrer Nutzer, Yahoo seit 2008, Google, Facebook und Paltalk seit 2009, YouTube seit 2010, Skype und AOL seit 2011 und Apple seit 2012. Dabei ging es um alle Daten: Inhalte von E-Mails, übertragene Dateien, Livechats und gespeicherte Suchanfragen. »Das

Programm«, so die *Washington Post*, »ist speziell für die Partnerschaft mit Unternehmen ausgelegt, »und hilft, Daten abzuzweigen oder Barrieren zu umgehen«. Nie habe es wertvollere Quellen für die Geheimdienste gegeben als die Firmen aus dem Silicon Valley.

Doch diese dementierten die vertrauensvolle Zusammenarbeit umgehend. So teilte Microsoft mit: »Wir geben Kundendaten nur dann heraus, wenn uns ein rechtlich bindender Beschluss vorliegt, nie freiwillig.« Microsoft warb zu dieser Zeit mit dem Slogan: »Privatsphäre ist unsere Priorität.« Auch andere der genannten Unternehmen wiesen den Vorwurf einer Kooperation mit der NSA zurück. Die Front hielt allerdings nicht lange. Eine Bestätigung für *Guardian* und *Washington Post* kam ausgerechnet von Generalleutnant James Clapper, dem Director of National Information und Oberhaupt aller US-Geheimdienste: »Die mit diesem Programm gesammelten Daten gehören zu den wichtigsten und wertvollsten Auslandsgeheimdienstdaten, über die wir verfügen«, sagte Clapper bei einer Anhörung, »und sie werden genutzt, um unsere Nation vor unterschiedlichen Gefahren zu schützen.« Rasch wurde danach klar, dass Clapper wieder einmal nicht die volle Wahrheit gesagt hatte.

Auch bei Prism geht es nicht nur um die Daten aus dem Ausland. In der Praxis ist es kaum möglich, die Kommunikationsdaten von Amerikanern herauszufiltern. Präsident Barack Obama wählte deshalb eine andere Verteidigungslinie, als er auf Prism angesprochen wurde: »Niemand hört bei Ihren Telefonaten mit«, sagte er an die Adresse seiner Landsleute, »die Geheimdienste schauen sich nur Telefonnummern und die Länge von Gesprächen an. Anhand dieser sogenannten Metadaten lassen sich Spuren zu möglichen Terroristen zurückverfolgen.« Im Kern, so der Präsident, müsse man die Balance finden zwischen der Sicherheit der Amerikaner und ihrer Privatsphäre. »Ich begrüße diese Debatte«, sagte Obama noch, »sie tut unserer Demokratie gut.«

Am 9. Juni 2013 präsentierte der *Guardian* seinen Whistleblower. Im Videointerview mit Poitras und Greenwald stellte er sich vor: »Mein Name ist Edward Snowden, ich bin neunundzwanzig Jahre alt. Ich arbeitete für Booz Allen Hamilton als Infrastruktur-Analytiker für die NSA in Hawaii.« Er fuhr fort: »Ich hatte nie die Absicht, mich zu verstecken, denn ich weiß, ich habe nichts Falsches getan.« Snowden reagierte auf die Diskussion über Prism, indem er klarstellte, die NSA sammle ausnahmslos alles, was durch die amerikanischen Netze laufe: »Es gibt buchstäblich keine einzige Verbindungsstelle, in der die ein- und ausgehende Kommunikation nicht überwacht wird.«

Fünf Tage nach dem Auftritt erhoben die USA Anklage gegen Snowden wegen Spionage und Diebstahls von Regierungseigentum. »Snowden war damit der meistgesuchte Mann des Planeten«, kommentierte der *Guardian*. Inzwischen war auch klar, wo er sich versteckte. Der US-Nachrichtensender CNN erwähnte unvorsichtigerweise in einem Interview mit Greenwald, dass dieser sich gegenwärtig in Hongkong aufhalte. Daraufhin suchten Journalisten und andere Interessierte das Snowden-Interview Bild für Bild nach Hinweisen ab. Auf Twitter meldete schließlich jemand, der behauptete, er habe das Mira-Hotel anhand der Lampen erkannt.

Ebenfalls am 9. Juni 2013 berichtete der *Guardian* über Boundless Informant (»grenzenloser Informant«), eine Webanwendung, die Karten der Länder erzeugt, sogenannte »Heat-Maps«, in denen die NSA Verbindungsdaten sammelt. Die am stärksten überwachten Regionen wurden auf dem veröffentlichten Dokument rot angezeigt: Sie befanden sich vor allem im Nahen Osten, aber rot waren auch Afghanistan, Iran und Pakistan. Die USA waren gelb unterlegt sowie Kenia, Irak, China – und Deutschland als einziger Staat in Europa. Damit war zugleich die heftig diskutierte Frage beantwortet, ob die NSA auch in Deutschland die Kommunikation im großen Stil abfange. Allein im März 2013, so belegte eine interne Präsentation, zeichnete die NSA weltweit die Daten von rund 221 Milliarden Telefon- und Internetverbindungen auf, auf das Jahr hochgerechnet ergab das unvorstellbare 2,6 Billionen Verbindungen.

Am 20. Juni 2013 legte Snowden Beweise vor, nach denen auch amerikanische Bürger ohne gerichtliche Anordnung abgehört werden dürften. Daten, die möglicherweise Details von US-Bürgern enthielten, könnten bis zu fünf Jahre aufbewahrt werden. Auch zufällig abgehörte Kommunikation innerhalb der USA dürfe ausgewertet werden, wenn sie geheimdienstlich verwertbare Inhalte oder Hinweise auf kriminelle Aktivitäten und Personengefährdungen enthielte. Damit wurde Präsident Obama der Lüge überführt: Er hatte ja kurz zuvor noch einmal »unmissverständlich« versichert, dass die NSA keine US-Bürger ohne richterliche Anweisung abhören könne.

Am 21. Juni 2013 wurde bekannt, dass sich der britische Geheimdienst GCHQ (Government Communications Headquarter) heimlich Zugang zu einem Glasfaserkabelnetzwerk verschafft hat, über das der weltweite Telefon- und Internetverkehr abgewickelt wird. Unter dem Codenamen Tempora werteten die Briten millionenfach Daten aus, die mit der NSA ausgetauscht wurden. Dazu gehörten unter anderem Aufzeichnungen von Telefongesprächen, E-Mails oder Facebook-Einträge. Edward Snowden nannte das Programm der Briten die »größte verdachtsunabhängige Überwachung in der Geschichte der Menschheit«.

Am 23. Juni 2013 flog Snowden von Hongkong nach Moskau. Sein Plan war offenbar, von dort aus in ein Land zu reisen, das ihm Asyl gewähren sollte; im Gespräch waren Island und Ecuador. Doch Snowden kam nicht sehr weit: Eine Maschine von Moskau nach Kuba, in der er angeblich sitzen sollte, flog ohne ihn ab. Snowden blieb zunächst verschwunden. Einige Tage darauf bestätigte Russlands Staatspräsident Wladimir Putin, dass sich Snowden im Transitbereich des Moskauer Flughafens Scheremetjewo aufhielte. Russland, versicherte Putin, werde Snowden nicht an die USA ausliefern.

Am 12. Juli 2013 nahm Snowden das Asylangebot Russlands an. Seine Odyssee war damit vorerst beendet. Die weltweite Diskussion über die Massenüberwachung der NSA hatte gerade erst begonnen.

4

WILLIAM BINNEY UND THOMAS DRAKE: ZWEI WHISTLEBLOWER IN BERLIN

»Freiheit bedeutet die Freiheit, zu sagen,
daß zwei und zwei vier ist.
Gilt dies, ergibt sich alles übrige von selbst.«
George Orwell, *1984*

Thomas Drake weiß, wie es ist, wenn man vom Staatsdiener plötzlich zum Staatsfeind wird. Er war fast zwanzig Jahre lang Aufklärungsoffizier bei der US-Airforce und arbeitete über zehn Jahre als Software-Analytiker für die NSA. Er war an der Entwicklung einiger der geheimen Spionageprogramme beteiligt, deren Existenz Edward Snowden enthüllte. Doch nach 9/11 begann er, an seinem Auftrag zu zweifeln. Er erlebte mit, wie das Überwachungsprogramm Stellar Wind installiert wurde, das Dachprogramm, das auch Spähprogramme wie Prism und Boundless Informant einschließt, und wie die NSA mit der Bespitzelung der eigenen Landsleute begann. Das wollte Drake nicht mitmachen, und so fing er an, seine Vorgesetzten mit unangenehmen Fragen zu nerven. Zunächst erhielt er ausweichende Antworten, dann wurde er kaltgestellt und am Ende zum Verräter erklärt. Der Staatsanwalt drohte ihm vor Gericht mit fünfunddreißig Jahren Gefängnis wegen Spionage und anderer Staatsverbrechen – etwa das Strafmaß, das Bradley (Chelsea) Manning ereilte und das auch Edward Snowden droht, wenn man ihm in den USA den Prozess macht.

Drakes Karriere als Soldat begann bei den geheimen Aufklärern der US-Luftwaffe. Er verließ den Dienst mit hervorragenden Bewertungen, ging zunächst zur CIA und arbeitete im Pentagon in der Abteilung für den Mittleren Osten. Aus dieser Zeit gibt es ein Foto mit Bill Clinton: Man sieht Drake, wie er dem Präsidenten die Hand schüttelt und ihm dabei entschlossen in die Augen blickt. Auf seinem weißen Uniformhemd trägt Drake mehrere Orden – ein Karriereoffizier auf dem Weg nach oben.

Drake legte allerdings einen kleinen Umweg ein, bevor er zur NSA ging, und wurde Berater bei Booz Allen Hamilton, wo Jahre später auch Edward Snowden anheuerte. »Ich hatte einen dieser coolen Silicon-Valley-Verträge«, berichtet Drake, »mit allen Freiheiten und einem Jahresgehalt von weit über 200 000 Dollar.« Drake arbeitete für private Unternehmen der IT-Industrie ebenso wie für die NSA, mit der er einen speziellen Beratervertrag hatte. Sein Job war es, hochkomplexe Computerprogramme auf Fehler zu untersuchen, bevor sie in der Praxis eingesetzt wurden. »Millionen von Software-Codes«, erzählt Drake, habe er analysiert, auch den von Thin Thread. Es sei »eines der elegantesten Programme« gewesen, die er je gesehen habe, erzählt Drake. Er habe sofort erkannt, dass Binney und sein Team die zentrale Herausforderung des Internet-Zeitalters für die Geheimdienste gelöst hätten. »Als Binney und ich uns kennenlernten«, berichtet Drake, »entdeckten wir schnell, dass wir beide sehr ähnliche Methoden entwickelt haben, wie man gewaltige Datenmengen analysiert.« Drake nennt Thin Thread heute »das System der Systeme«. Das Analyseprogramm wurde »im Feld erprobt«, berichtet er, und es habe sich »auf Anhieb bewährt«. Auch der verbündete deutsche BND bekam eine Testversion.

Bei der NSA waren Ende der 1990er-Jahre gute Programmierer gefragt; für sie eröffneten sich im Staatsdienst ungeahnte Karrierechancen. Deren Chef, General Michael Hayden, warb damals gezielt um Softwarespezialisten aus der freien Wirtschaft, auch um die hoch bezahlten Berater, die bei NSA-Partnerfirmen wie Booz Allen Hamilton unter Vertrag standen. Drake folgte dem Ruf, ging 2001 zur NSA und nahm dafür sogar eine »empfindliche Gehaltseinbuße« in Kauf, wie er sagt. Drake: »Ich wollte meinem Land mit meinem Wissen und meinen Fähigkeiten dienen. Das hielt ich für meine Pflicht.« Es sollte der vorläufige Höhepunkt einer langen Karriere im Schatten der US-Geheimdienste sein.

Die Bewährungsprobe für den überzeugten Patrioten kam schneller als erwartet: Am 26. August 2001 wurde Drake bei der NSA angestellt. Er legte seinen Amtseid auf die Verfassung ab, absolvierte psychologische Tests, um die höchsten Geheimhaltungsstufen zu erlangen, und war dann schließlich so weit, dass er seinen Dienst antreten konnte. Sein erster Arbeitstag war der 11. September 2001 – der Tag der Terroranschläge auf das World Trade Center und das Pentagon. Als er bemerkte, dass die Regierung mit der Massenüberwachung der eigenen Bevölkerung begann, war für Drake eine Grenze überschritten: »Meine Regierung sagte sich von der Verfassung los, um sie zu brechen. Das schockierte mich zutiefst.« Drake stellte seine Vorgesetzten zur Rede, wo er nur konnte. Er konfrontierte Vito Potenza, den stellvertretenden Chefjustiziar der NSA, mit dem Vorwurf des Verfassungsbruchs. Und dieser gab sogar indirekt zu, dass man sich außerhalb der Gesetze bewegte: Der Kongress hätte »sicher Nein gesagt, wenn wir ihn um Erlaubnis gebeten hätten«, sagte Potenza. Daraufhin schrieb Drake Brandbriefe an das Verteidigungsministerium und an den Sicherheitsausschuss im Kongress. Überall stieß er an Mauern.

In den Zeiten des Kalten Kriegs und in den Jahren danach war für Drake immer klar, wer die Guten und wer die Bösen waren und auf welcher Seite er selbst stand. Inzwischen war er sich nicht mehr so sicher. Während seines Diensts in den Spionageflugzeugen der Luftwaffe hatte er auf der Airforce-Basis Fairchild im Bundesstaat Washington ein spezielles Training absolviert, das ihn auf einen möglichen Abschuss über gegnerischem Gebiet und eine anschließende Gefangennahme vorbereiten sollte. Bei dem sogenannten SERE-Training (»Survival, Evasion, Resistance and Escape«, zu Deutsch »Überleben, Ausweichen, Widerstand und Flucht«) müssen die Probanden auch Foltertechniken unter realistischen Bedingungen über sich ergehen lassen. »Ich hatte das volle Programm«, erzählt Drake, »Waterboarding, Stresspositionen, stundenlanges Stehen, das Einschließen in einer Holzkiste« – also alles das, was die Amerikaner in Afghanistan und später im Irak als »verschärfte Verhöre« bezeichneten. Als herauskam, wie die USA mit den ersten Gefangenen in ihrem Krieg gegen den Terror umsprangen, sagt Drake, habe ihn das »nackte Entsetzen« gepackt. Er musste erfahren, dass sich durch die geheime Massenüberwachung die Gewichte zwischen dem Staat und seinen Bürgern verschoben hatten: Der Staat entschied, wie viele Rechte er seinen Bürgern zugestand. Niemand hatte die Chance, sich dagegen zu wehren, denn die gesamte Operation war geheim. Noch immer zählen die Rechtsgutachten, mit denen die Totalüberwachung gerechtfertigt werden sollten, zu den größten Staatsgeheimnissen der USA.

Drake sagte als Zeuge vor zwei 9/11-Untersuchungsausschüssen des US-Kongresses aus. Er übergab den Parlamentariern umfangreiche Materialien, rund tausend Dokumente müssten es gewesen sein, so schätzt Drake. »Sie wurden alle zensiert oder unterdrückt«, berichtet er. Seine Chefin Baginski warnte ihn Anfang 2002, er solle »vorsichtig« sein. »Die« suchten nach »Verrätern«, nach NSA-Insidern, die allzu mitteilsam gegenüber der Regierung oder dem Kongress seien. Nicht die Presse fürchtete man damals, sondern die Politik. Wer »die« waren, sagte Baginski ihm nicht.

Seine Vorgesetzten hätten »spätestens ab Ende 2002« angefangen, berichtet er, seine Karriere zu »zerstören«: Der anerkannte Analytiker wurde geächtet, seine Kollegen bekamen zu verstehen, es sei besser, wenn sie sich nicht mit ihm zeigten. Die Warnungen an Drake wurden deutlicher: Er solle sich nicht in Dinge einmischen, die von ganz oben im

Weißen Haus abgesegnet seien. Furchtsamere Naturen hätten spätestens damals aufgegeben, nicht so aber Drake. In einem »letzten formalen Akt« (Drake) schrieb er 2005 sogar einen dreiseitigen Brandbrief an den neuen Direktor der NSA General Keith Alexander. Wieder geschah nichts.

Im Jahr 2006 erschienen in der Lokalzeitung *Baltimore Sun* mehrere Artikel zum Thema NSA, darunter einer unter der Schlagzeile »Die NSA beerdigt ein System, mit dem Telefondaten legal ausgesiebt werden«, in dem Reporterin Siobhan Gorman über die Geschichte von Thin Thread berichtete. Dieses erfolgreich getestete Programm würde nicht eingesetzt, stattdessen ein anderes Programm, mit dem Überwachungsmaßnahmen ohne richterliche Genehmigung massiv ausgeweitet würden, und zwar im In- und Ausland. Die bewusst eingebauten Beschränkungen von Thin Thread gegen die Bespitzelung von US-Bürgern seien bei der neuen Software entfernt worden. Dabei berief sie sich auf vier namentlich nicht genannte Mitarbeiter der NSA. Die Behörden verdächtigten Drake, eine der anonymen Quellen zu sein.

Es dauerte anderthalb Jahre, bis das Imperium zurückschlug. Am Morgen des 28. November 2007 fuhren vor Drakes Haus in Glenwood, rund 35 Kilometer vom NSA-Stammsitz in Fort Meade entfernt, einige unauffällige Limousinen vor. Mehrere FBI-Beamte präsentierten ihm einen Durchsuchungsbeschluss. Es ging um eine angebliche Verschwörung gegen den Staat, Drake habe geheime Dokumente über die Verteidigung des Landes rechtswidrig an die Öffentlichkeit gegeben. Dann stellte das FBI sein Haus auf den Kopf: Die Fahnder durchwühlten sämtliche Räume, rissen Schränke und Regale auf. Sie beschlagnahmten alles, was mit Elektronik zu tun hatte, selbst den Fotoapparat und den dreißig Jahre alten Atari, Drakes ersten Computer, den er aus Sentimentalität im Keller aufbewahrt hatte. Er selbst wurde an diesem Tag neun Stunden lang verhört. »Können Sie sich vorstellen, wie ich mich gefühlt habe?«, fragt Drake. »Meine eigene Regierung, der ich treu gedient hatte, kämpfte jetzt gegen mich.« Thomas Drake galt als Verräter, als Staatsfeind. Auch bei William Binney und seinen früheren Mitarbeitern hatten Hausdurchsuchungen stattgefunden.

Zweieinhalb Jahre dauerte es, bis die Anklageschrift gegen Drake formuliert war. Der Vorwurf: Spionage. Ein Staatsanwalt drohte ihm, er werde den Rest seines Lebens im Gefängnis sitzen. Drake verlor seinen Job bei der NSA, sein Leben lag in Scherben. »Ich fiel in ein tiefes Loch«, kommentiert er diese Phase heute, »ich hatte kein Einkommen mehr, dazu die hohen Prozesskosten.« Das Trauma der Durchsuchung habe sich auch auf das Familienleben ausgewirkt. Der Vater von fünf Söhnen möchte nicht gern darüber sprechen, aber es sei »seither nicht mehr das, was es einmal war«.

Der Richter im Gerichtssaal von Maryland, Richard D. Bennett, gab Drake 2011 zumindest zeitweise den Glauben an die Justiz wieder. Der Spionagevorwurf ließ sich nicht aufrechterhalten, die Anklage konnte trotz jahrelanger Ermittlungen keine Beweise präsentieren, dass Drake geheime Dokumente an die Öffentlichkeit gegeben hatte. So wurde er lediglich wegen der nicht autorisierten Benutzung seines Dienstcomputers verurteilt – zu 240 Stunden sozialer Arbeit. »Viel Glück« wünschte ihm der Richter am Ende des Prozesses. »Nur zwei Leute wurden in der Folge von 9/11 wegen rechtswidriger Überwachung und Folter verurteilt«, erklärt Drake, »das waren John Kiriakou und ich.« Der CIA-Mitarbeiter, der das Waterboarding öffentlich gemacht hatte und dafür ins Gefängnis kam. »Hätte Kiriakou damals selbst gefoltert«, meint Drake sarkastisch, »wäre er heute ein freier Mann.«

Eine Stelle im Staatsdienst bekam Drake nach seiner Verurteilung nicht mehr, auch sonst wollte ihm niemand einen Job geben, der seiner Qualifikation und seiner Erfahrung entsprach. Arbeit fand er schließlich doch: im Apple-Store in Bethesda, einer Schlafstadt im Speckgürtel der Hauptstadt Washington. Dort ist er jetzt stundenweise beschäftigt und erklärt den Kunden die neuesten iPhones und iPads. Hin und wieder trifft er dort auf ehemalige Kollegen oder Vorgesetzte. Auch der frühere Generalstaatsanwalt Eric Holder, heute Justizminister in Obamas Kabinett, kam einmal an einem Wochenende in das Geschäft. Holder hatte seinerzeit die Spionageanklage gegen Drake unterschrieben. Drake ging auf ihn zu, stellte sich vor und fragte ihn, ob er wisse, weshalb die Justiz ihn verfolgt habe. »Ja«, habe Holder geantwortet. »Daraufhin habe ich ihn gefragt, ob er den Rest der Geschichte hören wolle«, erzählt Drake, »da drehte er sich einfach um und ging.«

Im Juni 2014 kam Thomas Drake nach Berlin – nicht allein, sondern in Begleitung seiner Anwältin Jesselyn Radack, einer prominenten Bürgerrechtlerin, die Drake in seinem Prozess erfolgreich verteidigte und nun auch Snowden in den USA vertritt. Sie kamen, um sich auf Drakes Zeugenauftritt vor dem NSA-Untersuchungsausschuss des Bundestags vorzubereiten, der zwei Wochen später angesetzt war. Nachdem Edward Snowden dem Ausschuss eine Absage erteilt hatte, weil er nicht in Moskau aussagen wollte, wurden Drake und sein Exkollege William Binney unversehens zu den wichtigsten Zeugen für den Ausschuss. Niemand außer ihnen war so wie sie in der Lage, über das Innenleben der NSA, die Zusammenarbeit mit dem Bundesnachrichtendienst (BND) und die Bespitzelung anderer Länder Auskunft zu geben – die auch vor den Deutschen und ihrer Regierung nicht haltmacht. Er verfüge über »dirty knowledge« (»schmutziges Wissen«) über die Zusammenarbeit zwischen NSA und Bundesnachrichtendienst, sagte uns Drake vor seiner Zeugenvernehmung in Berlin, und er wolle dem Ausschuss »spezifische Informationen« offenbaren. Zwischen den beiden Spionagediensten habe es »extrem weitgehende« Vereinbarungen gegeben, sagte Drake. »Ich habe diese Absprachen gesehen.«

Drake war an diesem Donnerstag im Juni zum ersten Mal in seinem Leben in Berlin – und erlebte ein Déjà-vu der besonderen Art, als er zusammen mit seiner Anwältin und den Autoren in der neunzehnten Etage des Axel-Springer-Hochhauses aus dem Lift stieg. Für einen kurzen Moment war der sonst so sprachgewaltige Exagent sprachlos. Überwältigt vom Panorama der Hauptstadt, das sich vor ihm auftat, mehr aber noch von den eigenen Erinnerungen, die bei diesem Anblick wach wurden. Denn er kennt in Berlin jeden Winkel, obwohl er die Stadt noch nie zuvor betreten hat. Während des Kalten Kriegs flog er von England aus in einem Spionageflugzeug geheime Missionen über dem Osten Deutschlands und anderen Staaten des Warschauer Pakts. Drake war damals Kryptolinguist bei der US-Airforce, ein Spion im Dienst der militärischen Aufklärung mit guten Sprachkenntnissen in Deutsch und Russisch. Sein Auftrag: den Funkverkehr des Gegners heimlich abzuhören, zu analysieren und zu entschlüsseln. Nach dem Fall der Mauer und dem Untergang der Sowjetunion war Schluss mit der Feindaufklärung, der Gegner hatte sich ja gewissermaßen selbst besiegt. Drake ging zurück in die USA, wechselte später von der Armee zur CIA und dann zur NSA. Nun war er zurückgekehrt, und die Zeit des Kalten Kriegs wurde für ihn plötzlich wieder lebendig.

Beim Blick auf die Hauptstadt braucht er einen Augenblick, um sich zu orientieren. Dann kann er die gespeicherten Bilder wieder abrufen. »Da rechts, der Reichstag und das Brandenburger Tor«, erklärt er seiner Begleiterin Jesselyn Radack. Dann lenkt er ihren Blick in die andere Richtung. »Siehst du links das dunkle Gebäude mit dem Mercedes-Stern?«, fragt Drake und deutet in Richtung Westen auf das Europa-Center, »direkt dahinter, das ist T-Berg.« Die weißen Kuppeln auf dem Teufelsberg, in der US-Militärsprache »T-Berg«, die Abhörzentrale der NSA während des Kalten Kriegs. Einst lag sie mitten im Feindesland, eingeschlossen durch die Berliner Mauer, heute ist sie eine verfallende Ruine, ein weithin sichtbarer Beleg für die Rolle Westberlins als Frontstadt. »T-Berg« hat sich überlebt, die NSA selbst aber ist mit der Zeit gegangen, hat sich nach dem Kalten Krieg auf den »Krieg gegen den Terror« eingeschossen. Und spätestens seit Snowdens Enthüllungen mussten die Deutschen lernen, dass sich die globale Überwachungstechnologie des geheimsten Geheimdiensts der USA auch gegen sie richtet.

Das Verhältnis zwischen den beiden Staaten trägt durchaus schizophrene Züge. Die USA und Deutschland sind Verbündete, ihre Geheimdienste arbeiten eng zusammen – wie eng, das zeigten erstmals die Snowden-Dokumente –, und gleichzeitig ist die Regierungschefin das Ziel von Lauschangriffen. Drake stellt eine rhetorische Frage: »Was wäre, wenn diese Absprachen der NSA erlauben würden, das Handy der Kanzlerin zu überwachen? Das muss nicht die NSA selbst sein, das können auch Telekommunikationsunternehmen sein, die im Auftrag der NSA handeln.« Dass der Verfassungsschutz, dessen Aufgabe auch die Aufklärung und Abwehr solcher Spionageangriffe ist, über den Lauschangriff auf Merkels Handy Bescheid wusste, will Drake nicht behaupten. »Aber wenn sie das nicht wussten, was sagt uns das?« Die Sprachlosigkeit der deutschen Dienste angesichts dieser Affäre legt für Drake den »Verdacht auf Komplizenschaft« nahe. Die Gespräche zwischen amerikanischen und deutschen Geheimdiensten fänden allerdings nicht auf Augenhöhe statt. »Das sind sehr ungleiche Verhandlungen«, sagt er, »das erklärt sich aus der Geschichte. Da gibt es immer noch die Haltung: Ihr Deutschen seid uns etwas schuldig. Wenn ihr etwas wisst, müsst ihr uns einweihen. Aber umgekehrt gilt das nicht unbedingt.«

Dabei geht es nicht nur um die Geschichte des Zweiten Weltkriegs und die amerikanischen Care-Pakete in den 1950er-Jahren, sondern auch um die Geschichte des Weltkriegs gegen den Terror, in dem sich die USA seit den Anschlägen vom 11. September 2001 befinden. Immerhin hatten die Anführer der Selbstmordattentäter um den Ägypter Mohammed Atta lange Zeit in Hamburg gelebt, bevor sie in die USA gingen und dort mit Passagierjets in das World Trade Center und das Pentagon krachten. »Nach 9/11«, berichtet Drake, »wurde

Deutschland für die NSA vom Verbündeten zum Aufklärungsziel Nummer eins.« In der Folge sei die Überwachung in Deutschland massiv aufgestockt worden, auch durch die Zusammenarbeit mit dem BND, ungeachtet nationaler Rechtsvorschriften. Drake nennt das heute eine »seltsame Form der Bestrafung«, bei der die deutschen Dienste auch noch bereitwillig mitgeholfen hätten.

Die Deutschen sind für die Amerikaner nur »Partner dritter Klasse«, Partner, die eben misstrauisch beobachtet, ja sogar bespitzelt werden. Unter den Snowden-Dokumenten findet sich eine vertrauliche Klassifizierung, mit der die USA den Rest der Welt in beste Freunde und ziemlich beste Freunde einteilen. Die Five Eyes sind Partner zweiter Klasse und deshalb von der aktiven Bespitzelung ausgenommen: Großbritannien, Kanada, Australien und Neuseeland. Diese Partner seien »keine Ziele«, so das streng geheime Dokument, stattdessen wird ein reger Austausch von Kommunikationsdaten gepflegt. Die NSA versichert aber, sie würde nicht verlangen, dass »die Partner etwas tun, was auch für die NSA gesetzeswidrig wäre«. Mit den drittklassigen Partnern geht man nicht so rücksichtsvoll um, wie aus dem Snowden-Dokument hervorgeht. Sie könne »die Signale der meisten ausländischen Partner dritter Klasse angreifen«, verkündet die NSA und fügt stolz hinzu: »Wir tun dies auch.« Das wurde eindrucksvoll bestätigt durch die Affäre um das Handy der Bundeskanzlerin, den mutmaßlichen US-Spion im Bundesverteidigungsministerium und den etwas mysteriösen Fall des BND-Mannes, der für die NSA den gleichnamigen Bundestagsausschuss bespitzelt haben soll. Dass die Deutschen ihrerseits eingestehen mussten, die amerikanische Außenministerin Hillary Clinton und ihren Nachfolger John Kerry abgehört zu haben, ändert an diesem Ungleichgewicht nichts – zumal Clinton und Kerry angeblich nur als »Beifang« im BND-Überwachungsnetz gelandet waren.

Auch Ex-NSA-Direktor William Binney bestätigt das ambivalente Verhältnis zwischen den ungleichen Partnern

Deutschland und USA: »Wir haben Informationen geteilt, solange das im Interesse beider Seiten war.« Aber auch während seiner Zeit habe es »gegenseitige Heimlichtuerei« gegeben. So habe ein BND-General in den 1980er-Jahren sogar versucht, NSA-Mitarbeiter in der Zentrale in Fort Meade als Agenten anzuwerben, sei allerdings bei diesem Versuch aufgeflogen. Zudem hätten die Deutschen alles darangesetzt, einen Stützpunkt im spanischen Conil de la Frontera vor der NSA abzuschirmen, von dem aus der BND transatlantische Telefonleitungen angezapft und damit Gespräche in die USA belauscht habe. Solche Geheimnisse verriet Binney bei einer Diskussion mit einem einstigen Gegenspieler aus der Hauptverwaltung Aufklärung (HVA), dem Auslandsnachrichtendienst der DDR: Klaus Eichner hatte seit 1957 bei der Stasi gearbeitet und war seit 1974 auf die Geheimdienste der USA spezialisiert. Er kannte auch den geheimen Stützpunkt des BND in Frontera: »Eismeer war der Tarnname«, so Eichner. Bei einer Podiumsdiskussion der Wau-Holland-Stiftung im Mai 2014 saßen der West- und der Ostspion zum ersten Mal friedlich zusammen und diskutierten – nur wenige Meter vom Checkpoint Charlie entfernt, an dem sich einst sowjetische und amerikanische Panzer gegenüberstanden.

Auch während des Kalten Kriegs, meinte Eichner, hätten die USA ihren Verbündeten Deutschland ausspioniert. Der Beweis war der Stasi Anfang der 1980er-Jahre in die Hände gefallen. Damals sei es einer Quelle gelungen, erinnert sich Eichner nicht ohne Stolz, die »National SIGINT Requirement List« zu beschaffen, eine Art Wunschliste der US-Behörden über die Aufklärungsziele in aller Welt. »Diese Liste bestand aus viertausend Blatt«, berichtet er. Alle US-Geheimdienste, das Weiße Haus, sämtliche Ministerien hätten darin ihre Wünsche geäußert, was sie gerne wüssten – über fremde Länder, Regierungen, Politiker, Unternehmen in aller Welt und was sonst noch so von Interesse sein könnte. Die NSA hätte die Wunschliste zusammengefasst, nach Ländern sortiert und mit Kommentaren versehen, was man leisten könnte, und was nicht. Allein die Auflistung der Ziele in der Bundesrepublik habe fünfunddreißig Seiten umfasst, berichtet Ex-Stasi-Spion Eichner.

Brisant sei, dass diese Wunschliste bei der Auflösung der HVA nach der Wende nicht vernichtet, sondern an die Nachfolger übergeben wurde und von dort in die Gauck-Behörde wanderte. Gauck selbst habe sie später an die USA übergeben. Eichner kann deshalb die Aufregung über die NSA-Lauschattacken in Deutschland überhaupt nicht verstehen. »Man hätte ja nur in die Archive gehen müssen«, meint er, »da hätte man die Beweise gefunden, dass die Amerikaner schon damals in Deutschland spioniert haben.« Die Überraschung der Bundesregierung dürfte deshalb heute nicht so groß sein. Eichner schließt mit einem Churchill-Wort: »Staaten haben keine Freunde, Staaten haben Interessen.«

Binney nickt zustimmend. »Das ist Spionage«, kommentiert er lakonisch, »man will immer so viel wie möglich wissen.« Außerdem: »Die Liste gibt es immer noch. Und sie ist nicht die Einzige.« Neben der Wunschliste gibt es noch das National Intelligence Priorities Framework (NIPF), eine Art Matrix, in denen die Länder und Aufklärungsziele ihrer Bedeutung nach eingeteilt sind. »Natürlich gehören auch Erkenntnisse über die deutsche Regierung dazu«, sagt William Binney, »und der Präsident weiß das auch.« Das Rahmenwerk ist nämlich »presidentially approved«, vom US-Präsidenten genehmigt. Allerdings steht Deutschland nicht ganz oben auf der Liste, wie der *Spiegel* nach Einsichtnahme in das Snowden-Archiv berichtete, sondern eher im Mittelfeld. Die Skala reiche von 1 (höchstes Interesse) bis 5 (geringstes Interesse). Unter »Priorität 1« führen die US-Geheimdienste Themen aus China, Russland, Iran, Pakistan und Afghanistan. Deutschland kommt bei NSA und Co. nicht über »Priorität 3« hinaus. Diese Stufe gilt für die deutsche Außenpolitik sowie für Fragen der ökonomischen Stabilität und Gefahren für die Finanzwirtschaft. Unter »Priorität 4« werden in Bezug auf Deutschland Waffenexporte, neue Technologien, hoch entwickelte konventionelle Waffen und der internationale Handel geführt. Und »Priorität 5« wiederum bekommen Themen wie die Gegenspionage aus Deutschland und die Gefahr für Cyberangriffe auf US-Infrastrukturen, die man anscheinend für nicht so gravierend hält.

Dass sich Staaten untereinander belauern und misstrauen, dass sie sich gegenseitig beobachten und bespitzeln, ist wahrhaft nichts Neues. Spionage, das »zweitälteste Gewerbe der Welt«, gab es schon in der Antike: In Ägypten schickten die Pharaonen ihre Boten quer durchs Reich, um Steuern einzutreiben und Nachrichten zu sammeln – über Nachbarvölker, die eigenen Untertanen oder die Unruheherde in Palästina und Syrien. Seither gilt die Regel: kein Großreich ohne Geheimdienst.

Die Spionage im 21. Jahrhundert hat aber eine neue Qualität. Bislang gehörten zu den wichtigsten Quellen »Kundschafter«, eigene Spione, die man in die Zielländer schickte, und Informanten, die vom Gegner abgeworben wurden. Deren Handwerkszeug waren Kameras, Richtmikrofone und Telefonwanzen; sie mussten einbrechen, um an Unterlagen zu kommen, Morde begehen oder Insider »umdrehen«. Die Methoden reichten dabei von der »Honigfalle« wie bei Mata Hari bis zur Folter. Es gab Agenten, die aus politischer Überzeugung arbeiteten, andere verrieten ihr Land für Geld. Das 21. Jahrhundert aber setzt nicht mehr vorwiegend auf »HUMINT« (»human intelligence«), sondern zunehmend auf »SIGINT« (»signal intelligence«). Das ist die Veränderung in der Spionage, die mit dem Siegeszug des Internets und der weltumspannenden Kommunikation einherging. Es ist bedeutend einfacher und risikoloser, den elektronischen Datenverkehr der Feinde (und der Freunde) abzuhören, als physisch in hoch gesicherte Zentralen der Macht einzudringen. Verändert hat sich noch etwas anderes: Regierungen bespitzeln sich nicht mehr nur gegenseitig, sie bespitzeln jetzt auch die Bürger, eigene ebenso wie die anderer Staaten – flächendeckend, ohne jede Ausnahme und jenseits aller Kontrolle.

Das liege in der Natur der Sache, meint NSA-Kritiker Thomas Drake: »Die Nachrichtendienste arbeiten heute länderübergreifend, weil auch die Kommunikationsnetze global sind«, erklärt der Exspion im Gespräch. »Die Beziehungen der Dienste haben Vorrang vor allem anderen und setzen sich über alle Beschränkungen hinweg, die ihnen von der jeweiligen Verfassung auferlegt werden.« Er habe viele dieser geheimen Absprachen gesehen, meint Drake, und die Dienste fühlten sich »untereinander stärker verpflichtet als ihren jeweiligen Regierungen«. Deshalb sei es auch kein Widerspruch, wenn auf der einen Seite herauskommt, dass ein BND-Mitarbeiter die Bundesregierung für die NSA ausspäht, und auf der anderen Seite die beiden Dienste miteinander eine weitgehende Kooperation vereinbaren – und die muss nicht, kann aber dazu dienen, die Gesetze des jeweiligen Landes auszuhebeln. So entsteht ein länderübergreifendes, geheimes Netzwerk der Nachrichtendienste. Was in Deutschland dem BND nicht erlaubt ist, regelt die NSA, was in Großbritannien dem GCHQ rechtlich nicht gestattet ist, übernimmt der BND, und so weiter.

Verstößt die mutmaßliche Überwachung der deutschen Bevölkerung durch die Geheimdienste der USA und Großbritanniens gegen das Völkerrecht? Werden hier – über das Abhören der Handys von Kanzlerin Merkel und Exkanzler Schröder hinaus – massenhaft Straftaten begangen, denen möglicherweise der Generalbundesanwalt in Karlsruhe nachgehen muss? Auch das sind Fragen, mit denen sich der NSA-Untersuchungsausschuss des Bundestags beschäftigt. »Ist der Begriff ›Spionage‹ noch zeitgemäß«, fragte der Obmann der Grünen im Ausschuss Konstantin von Notz, »wenn ausländische Geheimdienste von ihrem heimischen Dienstsitz aus anlasslos und massenhaft alle E-Mails rastern und mitlesen und auch jede Stelle wissen, die ich zweimal gelesen habe?« Die Antworten sollten drei Völkerrechtsexperten geben, die der Ausschuss im Juni 2014 als Gutachter geladen hatte: Stefan Talmon von der Universität Bonn, Helmut Philipp Aust[27] von der Humboldt-Universität Berlin und Douwe Korff, Professor für internationales Strafrecht an der London University.

Die drei Experten waren sich einig, dass das Völkerrecht aktuell keine Antwort auf die flächendeckende digitale Überwachung durch ausländische Geheimdienste habe. »Jeder Staat sammelt Daten über einen anderen Staat, das ist normal«, sagte Douwe Korff. Selbst geheime Abkommen zwischen mehreren nationalen Geheimdiensten über den Austausch von Cyberspionage-Daten seien nicht verboten, bemerkte Gutachter Helmut Aust. Werde ein Datenkabel im tiefen Ozean angezapft oder würden die Daten eines Satelliten im All abgezweigt, dann greife das Völkerrecht ohnehin nicht, sagten die Forscher übereinstimmend. Schließlich handelten die Geheimdienste hier auf Gebieten, die keinem Land zugeordnet seien. In diesem Zusammenhang dürfte auch die Aufgabe des Atom-U-Boots *USS Jimmy Carter* zu sehen sein, das speziell für das Anzapfen von Unterseekabeln ausgerüstet wurde: Dieses U-Boot operiert außerhalb jeder internationalen Kontrolle im Geheimauftrag der Regierung, ein moderner Freibeuter der Meere, so wie einst der Pirat Francis Drake im Auftrag der britischen Krone.

Nur wenn die ausländischen Geheimdienste in einem fremden Land physisch präsent seien und selbst Spionage betrieben, verstießen sie eindeutig gegen das Völkerrecht, betonten die Experten vor dem Bundestagsausschuss. Wenn aber die NSA vom Staatsgebiet der USA aus die elektronische Kommunikation der Deutschen überwache und sammle, dann sei kein »territorialer Bezug« zu Deutschland hergestellt – und das selbst unter dem Gesichtspunkt, dass rund 80 Prozent der weltweiten Kommunikation über den nordamerikanischen Kontinent laufen. Professor Korff aus London, den die Opposition als Gutachter für den NSA-Ausschuss benannt hatte, vertrat hier eine andere Meinung: Er betonte,

27 Nicht verwandt mit dem Autor.

Menschenrechte seien unteilbar, eine Unterscheidung zwischen Ausland und Inland sei deshalb nicht zulässig. Aber auch er räumte ein, dass die Grenzen im digitalen Zeitalter nicht mehr so leicht zu ziehen seien: »Die digitale Welt ist jetzt ein globaler Staat, Briten und Amerikaner machen daraus einen Überwachungsstaat.«

Eine anlasslose Überwachung vieler Menschen berühre aber die Grundrechte der Opfer, so Gutachter Korff, ihre Intimsphäre werde verletzt. Dies ließe sich vielleicht, wenn überhaupt, mit Interessen der nationalen Sicherheit begründen. Bei unschuldigen Bürgern, deren ganzes Leben ohne konkreten Verdacht aufgezeichnet werde, stelle sich allerdings die Frage, ob dieser Eingriff in ihre Rechte auch im »Zeitalter des Terrors« verhältnismäßig sei. Europa, sagte der Völkerrechtler noch, sei in der glücklichen Lage, eine Menschenrechtskonvention zu besitzen, auf die sich Bürger theoretisch berufen könnten – allerdings sei die Rechtsprechung des Europäischen Gerichtshofs für Menschenrechte bisher in diesen Fragen wenig eindeutig gewesen. »Bei digitaler Überwachung sollten wir keine allzu hohen Erwartungen an das Völkerrecht stellen«, fasste Talmon seine Expertise zusammen. »Da können wir nur enttäuscht werden.«

Beruhigend ist das nicht. Hier sind rechtsfreie Räume entstanden, in globalen Dimensionen. Die US-Regierung maßt sich an, sämtliche Bürger zu überwachen, ohne dass sich irgendjemand dagegen wehren kann. »Es gibt kein System der Massenüberwachung in der Geschichte, das nicht missbraucht wurde«, stellte Edward Snowden im Interview mit dem *Guardian* fest: »Die Stasi beispielsweise war ein vom Staat eingerichtetes Sicherheitsbüro mit dem Auftrag, das Land und das politische System zu schützen, das man für bedroht hielt.« Auch bei der Stasi habe es Menschen gegeben, die glaubten, »sie würden für eine gute Sache arbeiten«. Aber, wenn man es historisch betrachte, fragt Snowden, »was haben sie wirklich für die Bevölkerung und für die benachbarten Länder geleistet?« Heute könne man viel klarer sehen, welche Auswirkungen die massenhafte Bespitzelung der eigenen Bürger tatsächlich gehabt habe. Und heute, so kann man hinzufügen, kann man viel klarer sehen, wie fragwürdig die Begründung der US-Regierung ist, im »Krieg gegen den Terror« die Weltbevölkerung wahllos zu überwachen.

In Deutschland und in Europa wird über die sogenannte Vorratsdatenspeicherung von Verbindungsdaten (Metadaten) für die Kriminalitäts- und Terrorbekämpfung seit Jahren heftig gestritten. Das Bundesverfassungsgericht verbot im Mai 2010 die Aufzeichnung und verpflichtete deutsche Telekommunikationsanbieter zur sofortigen Löschung der bis dahin gesammelten Daten. Für die Speicherung der Daten deutscher Bürger auf amerikanischem Boden sagt das Urteil naturgemäß überhaupt nichts aus. Aber wie verhält es sich, wenn US-Dienste in Deutschland aktiv sind? Wenn der begründete Anfangsverdacht bestünde, dass das Handy von Kanzlerin Angela Merkel von der US-Botschaft in Berlin aus abgehört worden wäre, müsste sich eigentlich der Generalbundesanwalt einschalten, ebenso wenn nachgewiesen würde, dass in einem der streng abgeschotteten US-Stützpunkte in Deutschland geheime Überwachungsoperationen gegen deutsche Bürger stattfänden und damit massenhaft die Rechte deutscher Bürger verletzt würden. Die Bundesregierung hat dazu bisher vor allem geschwiegen.

In Deutschland liegen einige der wichtigsten Internetknotenpunkte in Europa, wie auch die NSA-Abweichler William Binney und Thomas Drake bestätigen. Frankfurt am Main ist eines der Zentren, durch das ein Großteil des Datenverkehrs läuft, unter anderem auch nach Osteuropa und in den Nahen Osten. In den Servern des Knotenpunkts DE-CIX laufen die Daten von rund fünfhundert Internetprovidern zusammen, hier tauschen die großen Telekommunikationsfirmen wie AT&T und Telekom ebenso ihre Daten aus wie die Internetgiganten Google, Yahoo und Facebook.

Gemäß den Besatzungszonen nach dem Krieg liegen die

traditionellen Standorte der NSA, mit der Ausnahme von Berlin, im Süden und Südwesten Deutschlands. Der sogenannte Dagger-Komplex an der Stadtgrenze zwischen Darmstadt und Griesheim gehört zu den am besten geschützten Arealen in Hessen. »Dagger« ist das englische Wort für »Dolch«, und hier werten die NSA und militärische Aufklärungseinheiten offenbar auch die in Frankfurt abgefangenen Daten aus. In der seit 1951 bestehenden Anlage sind unter anderem stationiert: das Intelligence and Security Command (INSCOM) der US-Armee im Auftrag der NSA, Einheiten der 66th Military Intelligence Brigade der US-Armee, eine Aufklärungsschwadron der US-Airforce sowie Angehörige der Signal Intelligence der US-Marine-Corps. Das INSCOM wirbt in einer internen Präsentation mit dem Slogan, es sei »die zentrale Anlaufstelle für Nachrichtengewinnung«. Zu seinen Aufgaben gehören laut dieser Präsentation »weltweite Aufklärungsoperationen in verschiedenen Bereichen (SIGINT, CI, HUMINT, GEOINT, Biometrics), Analyse unter Verwendung sämtlicher Quellen, spezielle Ressourcen zur Unterstützung eines schnellen Eingreifens, Unterstützung für Operationen im Cyberspace«.

Der Dagger-Komplex ist, neben Stuttgart und Wiesbaden, einer von drei verbliebenen Standorten der NSA in Deutschland. Die NSA-Anlage in Bad Aibling, die mit ihren weißen Antennenkuppeln im Kalten Krieg zum Symbol für die amerikanischen Lauscher geworden war, wurde 2004 offiziell geschlossen, inoffiziell aber an den BND übergeben, der damit per Satellit übertragene Daten und Telefonate abfangen soll. Die NSA- und US-Militäreinheiten zogen von Bayern nach Wiesbaden und Darmstadt-Griesheim um – auch ein Zeichen dafür, dass nicht mehr der Funk- und Telefonverkehr im Osten, sondern die internationalen Datenverbindungen für die NSA am interessantesten sind. Allein die NSA soll an den hessischen Standorten eineinhalbtausend Mitarbeiter beschäftigen, die rund um die Uhr die elektronische Kommunikation in Deutschland auswerten: E-Mails, Chats, Suchanfragen, Downloads von Dateien oder Twitter-, WhatsApp- und SMS-Mitteilungen. Die Abhörstation in Wiesbaden wird massiv ausgebaut, bis 2015 soll das neue Consolidated Intelligence Center fertig sein, und die Einheiten aus dem Dagger-Komplex werden dann nach Wiesbaden umziehen.

Aber noch ist das etwa 7000 Quadratmeter große Gelände mit einem hohen Zaun und reichlich NATO-Stacheldraht gesichert und wird rund um die Uhr streng bewacht. »Militärischer Sicherheitsbereich! Unbefugtes Betreten verboten! Vorsicht, Schusswaffengebrauch!«, besagen Warnschilder. Kamerateams, die sich der Anlage nähern, werden von der (deutschen) Polizei abgefangen und kontrolliert. Was Beobachter irritiert, ist die Tatsache, dass die riesigen Parkflächen hinter dem Stacheldraht in krassem Missverhältnis zu dem vergleichsweise kleinen Gebäudekomplex stehen, der von außen erkennbar ist. Deshalb gibt es schon lange den Verdacht, dass die wesentlichen Teile des Komplexes unter der Erde liegen. Darauf deuten auch riesige Entlüftungsschächte auf den Parkplätzen hin. Der ehemalige Griesheimer Bürgermeister Norbert Leber – einer der wenigen Externen, die das Gelände jemals betreten durften – berichtete im Gespräch mit den Journalisten Christian Fuchs und John Goetz,[28] die Bauarbeiten auf dem Komplex hätten unter Ausschluss der Öffentlichkeit stattgefunden und seien damals »von einer höheren deutschen Behörde« erlaubt worden, »aber im Geheimen«. Ein ehemaliger Objektschützer vermutete gegenüber den Reportern, »dass die ganze Chose unterirdisch stattfindet«. Der bei einer deutschen Firma angestellte Wachmann habe sich immer gewundert, »wo die vielen Mitarbeiter eigentlich arbeiteten«, die morgens durch die bewachte Pforte gefahren seien.

Mehr Einblicke liefern einige der Snowden-Dokumente. Demnach befindet sich auf dem Gelände des Dagger-Kom-

---

28 Christian Fuchs, John Goetz: *Geheimer Krieg. Wie von Deutschland aus der Kampf gegen den Terror gesteuert wird*, Rowohlt, 2013.

plexes das geheime European Cryptologic Center (ECC), der »größte Analyse- und Produktionsstandort in Europa«, wie ein internes NSA-Papier hervorhob. Ein Hinweis auf das ECC in Darmstadt-Griesheim findet sich in einer PowerPoint-Präsentation des stellvertretenden Kommandeurs des INSCOM, Brigadegeneral Robert L. Walter. Neben einem Luftbild des Dagger-Komplexes steht der Vermerk, das ECC beschäftige sich mit SIGINT, also technischer Aufklärung. Ein NSA-Papier aus dem Jahr 2011 nennt als Aufklärungsschwerpunkte für die damals zweihundertvierzig ECC-Mitarbeiter Afrika, Europa, Naher Osten und Terrorabwehr. Der Historiker und NSA-Experte Matthew Aid, Autor von *Intel Wars. The Secret History of the Fight Against Terror,* schließt aus den Dokumenten, die er einsehen konnte, dass das ECC »direkt an das European Command und das Africa Command der US-Armee« berichtet, die beide in Stuttgart stationiert sind.

Wenn die Snowden-Dokumente nicht trügen, ist das European Cryptologic Center auf dem Dagger-Komplex die Zentrale für die flächendeckende Bespitzelung der Bundesbürger. Demnach arbeitet das ECC mit der Software XKeyscore, dem offenbar wichtigsten und wirkungsvollsten Programm für die Analyse und Auswertung der elektronischen Kommunikation. Eine streng geheime Präsentation der NSA aus dem Jahr 2008 beschreibt auf zweiunddreißig Folien ausführlich die Funktion von XKeyscore. Das Geheimprogramm, lobt die NSA, »sammelt praktisch alles, was ein User im Internet tut«. Zur besseren Veranschaulichung werden die Webseiten von Google, Facebook, Yahoo und Twitter aufgeführt, aber auch arabische und chinesische Inhalte kann die Technik verarbeiten.

Mit XKeyscore können die Analytiker der NSA auf die Metadaten ebenso zugreifen wie auf praktisch alle Inhalte von Internetverbindungen, darunter E-Mails, sämtliche Inhalte sozialer Netzwerke, heruntergeladene Dateien und vieles andere mehr. Das Programm speichert auch, welche Dateien oder Webseiten sich jemand im Internet angeschaut hat. Bei

Bedarf, so die Präsentation, können die NSA-Schnüffler auch »das Ziel in Echtzeit« beobachten, also während der Dateneingabe. XKeyscore erlaubt die gezielte Suche nach Nutzernamen, Telefonnummern, IP-Adressen, Schlüsselwörtern und vielem mehr, dafür greift das Programm auf die gigantischen Datenbanken der NSA zu. Im Jahr 2008, als die Präsentation erstellt wurde, wurden schon fünf- bis siebenhundert Server an hundertfünfzig verschiedenen Standorten weltweit genutzt, inzwischen dürften die Kapazitäten erheblich erweitert worden sein.

Die NSA-Präsentation gibt präzise Anleitungen, wie man Ziele findet. Die Antwort: »Suchen Sie nach abnormalen Ereignissen.« Das können laut NSA beispielsweise sein: »Menschen, deren Sprache nicht zu der Region passt, in der sie sich gerade aufhalten; Menschen, die ihre Kommunikation verschlüsseln, oder Menschen, die im Internet nach verdächtigen Dingen suchen«. Auf den nächsten Folien werden konkrete Fragen aufgeführt, die ein Analytiker an das XKeyscore-System stellen kann: »Wer verwendet PGP[29] im Iran?«, »Meine Zielperson spricht deutsch, hält sich aber in Pakistan auf – wie kann ich sie identifizieren?« oder »Meine Zielperson benutzt Google Maps, um Objekte auszuforschen – kann ich mit dieser Information ihre E-Mail-Adresse herausfinden?«

Die Daten für dieses umfassende Analysewerkzeug, das die NSA weltweit einsetzt, werden von der Abteilung Special Source Operations (SSO) beschafft. Das ist der Dienst innerhalb der NSA, der für das Anzapfen der Glasfaserleitungen zuständig ist und dabei auch auf die Unterstützung privater Unternehmen zurückgreift. Weitere Daten stammen laut der NSA-Präsentation aus der Überwachung der Satellitenkommunikation (Fornsat) sowie vom Special Collection Service (SCS), einer geheimen Kooperation von NSA und CIA. Dessen Codename »F6« ist einer der Folien in dem von Snowden veröffentlichten Dokument zu entnehmen. Der SCS verfügt über

29 PGP: das Verschlüsselungsprogramm Pretty Good Privacy.

ein sogenanntes »schwarzes Budget« und soll unter anderem für das Eindringen in fremde Computer zuständig sein.

Edward Snowden arbeitete im Kunia Regional Security Operations Center (KRSOC) auf Hawaii mit XKeyscore. Im Interview mit dem *Guardian* beschrieb er im Juli 2014 eine der von offizieller Seite nicht unbedingt beabsichtigten Anwendungen dieses Schnüffelprogramms. »Man begreift schnell«, so Snowden zum *Guardian*, »dass man meistens nicht die Kommunikation irgendwelcher Zielpersonen überwacht, sondern die ganz normaler Menschen. Das können die Nachbarn sein, Freunde der Nachbarn, Verwandte oder die Person, die im Supermarkt an der Kasse sitzt.« Die Totalüberwachung gewähre unerlaubte und unbegründete Einblicke in die »tiefsten, intensivsten und intimsten« Situationen des Privatlebens, was den Analytikern eine »außergewöhnliche Verantwortung« im Umgang mit den persönlichen Daten aufbürde. Allerdings seien viele der Leute bei der NSA, die sich »durch die Heuhaufen wühlen«, noch sehr jung, nämlich »zwischen achtzehn und zweiundzwanzig Jahre« alt, die ihrer Verantwortung offenbar nicht immer gerecht werden. »Im Laufe des Tages«, so Snowden, »stoßen sie immer mal wieder auf Dinge, die mit ihrer Arbeit gar nichts zu tun haben, beispielsweise Nacktfotos von einer attraktiven Person in einer eindeutigen sexuellen Situation. Was tun sie dann? Sie zeigen es dem Kollegen, der neben ihnen sitzt. Und der sagt: ›Klasse, schick es doch weiter an Bill.‹ Und der schickt es an George, George schickt es an Tom.« Die Totalüberwachung als ultimative Form des Voyeurismus. »Solche Dinge werden bei den Überwachungsposten als eine Art Vergünstigung betrachtet«, berichtete Snowden gegenüber dem *Guardian*.

Ein Informatikstudent aus Erlangen geriet im Sommer 2014 über XKeyscore ins Visier der NSA, allerdings nicht im Zusammenhang mit kompromittierenden Fotos. Der siebenundzwanzigjährige Sebastian Hahn betreibt einen Server im sogenannten Tor-Netzwerk, der bei der anonymen Internetnutzung hilft. Tor steht für »The Onion Router« – die »Zwiebel« soll verdeutlichen, dass sich die Technik am Prinzip der Zwiebelschale orientiert. Bei Tor wird die Internetkommunikation mehrfach verschlüsselt und durch verschiedene Schichten geschickt. Dadurch lässt sich die Datenkommunikation immer nur eine Schicht zurückverfolgen, aber nie ganz bis zum Absender – etwas, das die NSA nicht ohne Weiteres dulden möchte. »Die NSA greift vermutlich das gesamte System an«, urteilte William Binney, »und versucht, die User zu deanonymisieren.« »Tor stinks« lautete die Schlagzeile auf einer NSA-Präsentation. Paradoxerweise geht Tor auf Entwicklungen des amerikanischen Militärs zurück: Mitte der 1990er-Jahre suchten Forscher am Naval Research Lab nach technischen Lösungen, um unerkannt im Netz zu surfen. Seit 2006 steht ein gemeinnütziger Verein hinter dem Netzwerk, der unter anderem vom amerikanischen »Hacktivisten« Jacob Appelbaum geführt wird.

Tor ist ein Teil des sogenannten Darknets. Dieses »dunkle Netz« ist jener Bereich des Internets, der über die Eingabe von Webadressen oder simple Google-Anfragen nicht zu erreichen ist und dessen Seiten nur mithilfe von Verschlüsselungssoftware zu lesen sind. Die am weitesten verbreitete ist Tor. Das Darknet gilt als »virtueller Rückzugsraum« für jene Internetnutzer, die auf Anonymität Wert legen oder darauf angewiesen sind: Das Spektrum reicht von Kriminellen wie Drogendealern, Waffenhändlern und Pädophilen bis zu Datenschützern, den Hackern von Anonymous bis zu Dissidenten in Diktaturen, die sich vor Verfolgung schützen müssen. Das Tor-Netzwerk umfasst weltweit rund fünftausend Server, einen von ihnen betreibt Hahn.

Tor-Aktivist Hahn wurde von der Journalistin Lena Kampf darauf aufmerksam gemacht, dass ihn die NSA unter Beobachtung hatte. Im Juni 2014 präsentierte sie ihm einen Ausdruck mit dem Programmtext eines Tor-Plug-ins von XKeyscore. Die IP-Adresse seines Servers war in diesem Zusatzprogramm vorhanden. Damit konnte man gezielt nach

Daten suchen, die über Hahns Server liefen. »Aus den jetzt veröffentlichten Unterlagen lässt sich leicht ablesen, was das Ziel der NSA-Überwachung meines Servers ist«, erläuterte Hahn in einer Stellungnahme: »einen Komplettüberblick über das Tor-Netzwerk zu erlangen, jeden Server zu identifizieren, der zum Netzwerk gehört, ebenso wie jeden Nutzer aufzulisten, der Tor einsetzt.« Der Student zeigte sich geschockt: »Nationale Gesetze werden umgangen, indem man mit Partnerländern zusammenarbeitet und die Daten dann austauscht«, schrieb er, »eine parlamentarische Kontrolle der Geheimdienstaktivitäten ist längst nicht mehr gegeben.«

Der Vorwurf ist berechtigt. So wurde im Sommer 2013 bekannt, dass auch der BND die NSA-Geheimwaffe XKeyscore einsetzt. »Der BND nutzt das Programm an einer Außenstelle und ausschließlich für die Aufklärung ausländischer Satellitenkommunikation«, räumte der deutsche Auslandsgeheimdienst ein. Kurz zuvor war bekannt geworden, dass der BND allein im Dezember 2012 rund 500 Millionen Verbindungsdaten aus Deutschland an die USA weitergereicht hatte. Die Grundrechte deutscher Bürger würden dabei nicht verletzt, weil ihre Daten herausgefiltert würden, teilte der BND mit. Es handele sich ausschließlich um Verbindungsdaten aus dem Ausland, vor allem aus Krisengebieten wie Afghanistan und dem Nahen Osten. Der BND verwende das Programm insbesondere bei der Aufklärung der Lage in Krisengebieten, zum Schutz der dort stationierten deutschen Soldatinnen und Soldaten, im Kampf gegen den Terrorismus und zum Schutz und zur Rettung entführter deutscher Staatsangehöriger. XKeyscore werde seit 2007 eingesetzt und diene der Erfassung und Analyse von Internetdaten, so der BND. Der Dienst betonte aber, er könne weder auf NSA-Datenbanken zugreifen, noch habe der US-Geheimdienst Zugriff auf das von Deutschland eingesetzte System. Durch den bloßen Einsatz des Programms sei der BND auch nicht Teil eines NSA-Netzwerks. »XKeyscore wird vom BND in Übereinstimmung mit der Rechtslage genutzt.«

Das kann man glauben oder auch nicht. Die Bundesregierung hat sich bislang ausgesprochen zugeknöpft gegeben bei den Fragen, die es hier zu klären gilt: Wie sieht die Zusammenarbeit zwischen BND und NSA genau aus? Können fünfhundert Millionen Verbindungsdaten deutscher Bürger Monat für Monat einfach so von Deutschland in die USA weitergegeben werden, ohne dass irgendjemand kontrolliert, was damit geschieht? Und dürfen ausländische Dienste die gesamte deutsche Bevölkerung nach Belieben abhören und damit millionenfach deren Persönlichkeitsrechte verletzen? Der NSA-Untersuchungsausschuss des Bundestags soll sich seit Frühjahr 2014 um diese Fragen kümmern – er wird sich mit der Aufklärung sehr schwertun.

Die wichtigsten Zeugen in Sachen NSA wurden gleich an einem der ersten Sitzungstage vernommen: die NSA-Abweichler William Binney und Thomas Drake. Ihr Auftritt wurde zu einem historischen Event. Es kommt höchst selten vor, dass ehemalige Spione in der Öffentlichkeit über ihre Arbeitgeber berichten. Das gab es allenfalls als Propagandashow im Kalten Krieg, wenn es um einen gegnerischen Dienst ging, der bloßgestellt werden sollte. Hier aber ging es um einen Verbündeten: die Schutzmacht USA und deren geheimste Abwehrwaffe gegen die Feinde in aller Welt. Nun sollten auf einmal hochrangige Exagenten in aller Öffentlichkeit über Interna der Spionagebehörde berichten.

Der dritte Mann, der prominenteste, fehlte allerdings: Edward Snowden. Nach beträchtlichem politischen Hin und Her um die Frage, wo und unter welchen Umständen Snowden befragt werden könne, sagte dieser dem Ausschuss über seinen deutschen Anwalt Wolfgang Kaleck ab. Bei der Bundesregierung bestand ohnehin wenig Interesse, dem Zeugen Snowden eine öffentliche Plattform zu bieten – ein weiteres Indiz dafür, wie wenig ihr an einer Aufklärung des Sachverhalts liegt, der den Großen Bruder USA in Verlegenheit bringen könnte. In einer Stellungnahme für die Abgeordneten des Ausschusses zitierte die Bundesregierung das Rechtsgutachten einer amerikanischen Anwaltskanzlei, wonach sich die deutschen Parlamentarier durch eine Befragung Snowdens strafbar machen können. Die Abgeordneten müssten sogar befürchten, so die Gutachter der US-Kanzlei Rubin, Winston, Diercks, Harris & Cooke, dass sie bei der nächsten Reise in die USA festgenommen würden. Die Vereinigten Staaten seien nämlich nicht dazu verpflichtet, die Immunität der Bundestagsmitglieder anzuerkennen. Es sei schon eine »strafbare Handlung«, wenn der »Haupttäter«, also Snowden, durch eine Befragung veranlasst werde, geheime Informationen preiszugeben. Gegebenenfalls könne das als »Diebstahl staatlichen Eigentums« gewertet werden, möglicherweise sogar als »Verschwörung«.

Die beiden NSA-Veteranen Binney und Drake reisten nicht allein nach Berlin, sie kamen in Begleitung ihrer Verteidigerin Jesselyn Radack. Die Rechtsanwältin vertritt unter anderem Drake, Binney und Snowden in den USA, wobei sie sich das Mandat für Snowden mit Ben Wizner teilt, dem Direktor der US-Bürgerrechtsorganisation American Civil Liberties Union (ACLU). In ihrer Heimatstadt Washington arbeitet Radack als Direktorin für Sicherheit und Menschenrechte im Government Accountability Project, einer Non-Profit-Organisation, die sich dem Schutz von Whistleblowern verschrieben hat. Sie hat auch den CIA-Agenten John Kiriakou vertreten, der als erster Regierungsmitarbeiter das Waterboarding von Gefangenen öffentlich angeprangert hatte und dafür 2013 zu zweieinhalb Jahren Gefängnis verurteilt wurde. »Die meiste Zeit meiner Arbeit«, sagt die Anwältin, »habe ich mit Überwachung und Folter zu tun.«

Am Tag seiner Anhörung bahnt sich der Zeuge William Binney durch etwa drei Dutzend Fotografen und Kamerateams seinen Weg in den Sitzungssaal des Deutschen Bundestags. Binney sitzt nach einer doppelten Unterschenkelamputation im Rollstuhl, zu seinem Schutz stellte ihm die Bundestagsverwaltung einen Polizeibeamten in Zivil zur Seite. Später wird Rechtsanwältin Radack die Mitglieder des

Ausschusses noch einmal darauf hinweisen, welches hohe persönliche Risiko die beiden Ex-NSA-Mitarbeiter mit ihrem Auftritt eingingen. »Sie laufen Gefahr, in den USA angeklagt zu werden«, so die Anwältin in ihrem Statement, »und den Rest ihres Lebens hinter Gittern zu verbringen.« Ausschussvorsitzender Patrick Sensburg, CDU, bedankte sich deshalb artig beim Zeugen für sein Erscheinen. Als ausländischer Staatsbürger wäre er dazu nicht verpflichtet gewesen. Binney erhielt die Gelegenheit zu einem Eingangsstatement. Er beschränkte sich auf einige wenige Sätze, in denen er die Gefahren der weltweiten Massenüberwachung kurz und präzise schilderte. Es gehe um »total information awareness«, so Binney, »die NSA will alle Informationen von allen«. Die eigene Bevölkerung auszuspionieren sei der »Beginn von Totalitarismus«, warnte er. »Die ganze Welt ist gefährdet.«

Als Vorsitzender hatte Sensburg das Recht, als Erster den Zeugen zu befragen – ohne Zeitbeschränkung. Ihm saß der erste NSA-Zeuge des Ausschusses gegenüber, ein Insider mit siebenunddreißig Jahren NSA-Erfahrung, der als technischer Direktor Teile des Überwachungsprogramms entwickelt hatte, das heute die ganze Welt in Besorgnis versetzt, und der über die Zusammenarbeit zwischen BND und NSA aus eigener Anschauung berichten konnte. Doch Sensburgs Fragerunde geriet zu einem absurden Plauderstündchen: Zunächst fragte er nach Binneys Ausbildungsgang, dann wollte er wissen, wie man sich bei der NSA bewerbe, ob der Geheimdienst auch aktiv an den Universitäten nach Fachleuten suche, welche Qualifikationen überhaupt gefragt seien, welche Einstellungstests man überstehen müsse, wie hoch die Anfangsgehälter seien, ob man einen richtigen Arbeitsvertrag bekomme und ob die NSA gelegentlich auch die Familien zu Betriebsfeiern einlade. »Sensburg sucht wohl einen neuen Job«, witzelte ein Reporter auf der Pressetribüne. Der Eindruck drängte sich auf – oder zumindest der Verdacht, der Ausschussvorsitzende nehme seinen Aufklärungsauftrag nicht sonderlich ernst und wolle viele Dinge gar nicht so genau wissen.

Dennoch konnte Binney im Lauf der siebenstündigen Befragung, in der auch die anderen Ausschussmitglieder zu Wort kamen, einige interessante Details der Zusammenarbeit von NSA und BND berichten. Er selbst habe den BND zum ersten Mal im Jahr 1985 besucht. Damals sei es um die Zusammenarbeit bei der militärischen Aufklärung des Warschauer Pakts und insbesondere der DDR gegangen. »Die Verbindungen waren sehr eng«, erklärte Binney, »wir hatten dieselben Gegner.« Nach dem Fall der Mauer kämpfte man vereint weiter, im aufkommenden Internet-Zeitalter aber mit neuen technischen Mitteln. Ende der 1990er-Jahre, so Binney, seien Teile des von ihm entwickelten Thin-Thread-Programms an den BND zu »Trainingszwecken« weitergegeben worden, teilweise sogar als sogenannter Quellcode, damit die BND-Experten die Software an ihre Bedürfnisse anpassen konnten. Er selbst, sagte Binney, habe die deutschen Kollegen darüber informiert, »welche Ziele wir mit dem Programm verfolgten«. Das heißt, der BND war spätestens seit Ende der 1990er-Jahre mit den technischen Möglichkeiten einer Massenüberwachung vertraut. Allerdings sei die Technik damals noch nicht so weit gewesen, dass man automatisch jede beliebige Datenleitung habe anzapfen können, schränkte Binney ein. Was die NSA denn für die Bereitstellung des Programms von den Deutschen bekommen hätte, wollte die Abgeordnete Martina Renner von der Linken wissen. »Nichts«, antwortete Binney, »das lief bei uns unter geheimdienstlicher Kooperation.«

Wie viele Menschen denn in Deutschland heute nach seiner Kenntnis überwacht würden, fragte der CDU-Abgeordnete Tankred Schipanski den Zeugen Binney. »Ich weiß nicht genau, wie viele Menschen in Deutschland leben«, gab dieser zur Antwort. »82 Millionen!«, rief jemand dazwischen. Darauf Binney: »Ja, dann – 82 Millionen.« Und auf die Frage, ob der BND an dieser Massenüberwachung beteiligt sei, erklärte der frühere NSA-Direktor, die jeweiligen Regierungen steckten nur den Rahmen der Zusammenarbeit ab. »Die konkreten Vereinbarungen werden dann direkt zwischen den Geheimdiensten getroffen«, so Binney. Über alles Weitere in dem Zusammenhang könne er in der Öffentlichkeit nicht sprechen – weil er sich nicht dem Vorwurf des Geheimnisverrats aussetzen wolle. Daraufhin kündigte Ausschussvorsitzender Patrick Sensburg die Befragung des Zeugen in geheimer Runde an. Andernfalls sei, so Sensburg, »die Sicherheit der Bundesrepublik Deutschland gefährdet«.

In aller Öffentlichkeit wurde wiederum der Zeuge Thomas Drake deutlich, als er mit siebenstündiger Verspätung abends um 21 Uhr vor den Ausschuss gebeten wurde. Er drehte den Spieß um, ließ sich nicht auf eine harmlose Fragerunde mit dem Ausschussvorsitzenden Sensburg ein, sondern verlas ein fast zweistündiges Eingangsstatement. Der BND verstoße möglicherweise gegen das Grundgesetz, indem er die von der NSA illegal in Deutschland gesammelten Daten nutze, verriet Drake. »Im Jahr 2002«, berichtete Drake dem Ausschuss, »wurde ein ›special agreement‹ zwischen BND und NSA auf ein ganz neues Level gehoben.« Deutschland habe eine extrem wichtige Infrastruktur für die elektronische Kommunikation, so Drake, »darauf wollte die NSA zugreifen. Damit wurden viele Informationen ausgetauscht, die vorher tabu waren.« Die Behauptung des BND, man habe von der Massenüberwachung durch die NSA bisher nichts gewusst, sei angesichts dieser Zusammenarbeit »jenseits aller Glaubwürdigkeit«. Der BND habe sich in einen »Wurmfortsatz der NSA« verwandelt, so Drakes Fazit am Ende der Zeugenvernehmung im Bundestag, die gegen 1 Uhr morgens zu Ende ging.

Inzwischen war der 4. Juli angebrochen, der amerikanische Unabhängigkeitstag. Er erinnert an die Ratifizierung der Unabhängigkeitserklärung der Vereinigten Staaten durch den Kontinentalkongress am 4. Juli 1776. In der Präambel werden jedem Bürger »Leben, Freiheit und das Streben nach

Glück« garantiert, und sie gesteht dem Volk das Recht zu, eine Regierungsform »zu verändern oder abzuschaffen«, sobald sie diesen Zielen schade …

5

DER DIGITALE STECKBRIEF: RASTERFAHNDUNG IM NETZ

»Nicht nur jedes tatsächliche Vergehen, sondern jede noch so kleine Exzentrizität, jede Änderung der Gewohnheiten, jede nervöse Manieriertheit, die möglicherweise das Symptom eines inneren Kampfes sein könnte, wird unweigerlich entdeckt.«
George Orwell, *1984*

Als die Menschen im Arabischen Frühling nach Unabhängigkeit und Freiheit strebten und zu Zehntausenden auf die Straße gingen, hatte das kein Geheimdienst der Welt vorhergesehen. Die Revolutionen in Tunesien und Ägypten, die Unruhen in Libyen und Syrien, die später in den Bürgerkrieg mündeten: Sie waren scheinbar aus dem Nichts gekommen.

Die Demonstranten brauchten keine Parteien und keine Anführer, um sich zu organisieren. Dafür hatten sie die neuen Medien: Das Internet und die sozialen Netzwerke wie Facebook oder Twitter schufen eine neue Gegenöffentlichkeit und Gegennachrichtendienste, mit denen sich die Wellen des Protests rasch ausbreiteten. Lokale Anlässe reichten aus, um landesweite Unruhen auszulösen. Während der tunesischen Jasminrevolution Ende 2010 benutzte die junge Generation vor allem Facebook, um Aufrufe zu Protestmärschen oder Platzbesetzungen zu verschicken, Demonstranten filmten mit Smartphones bei blutigen Straßenschlachten, um die Polizeigewalt zu dokumentieren. Anschließend wurden die Videos über Facebook und YouTube in der ganzen

Welt verbreitet. »The whole world is watching«: Der alte Schlachtruf der Anti-Vietnam-Demonstranten, als sie 1968 in Chicago von der Polizei zusammengeknüppelt wurden, fand hier seine moderne Entsprechung. Es erschien wie eine junge, eine moderne Revolution. Noch nie konnte eine globale Öffentlichkeit praktisch in Echtzeit miterleben, wie sich eine Revolte entwickelt.

Auch in Ägypten waren Facebook und Twitter die meistgenutzten Plattformen, um Nachrichten und Videos, vielfach auch Meinungen und Gerüchte, über die Situation auf dem Tahrir-Platz und anderswo in die Welt hinauszuschicken. Aber das marode Mubarak-Regime schlug zurück, mit einer radikalen Maßnahme: Es schnitt fast das ganze Land von der Außenwelt ab. Ägypten ging »offline«: Internet und Mobilfunknetze waren mit einem Schlag lahmgelegt. Dafür reichten wenige Computerbefehle aus, um fünfundachtzig Millionen Menschen von der elektronischen Kommunikation auszuschließen – und damit auch die Weltöffentlichkeit als Zeugin der Übergriffe von Polizei und Militär. Ein beispielloser Fall in der Geschichte der technischen Kommunikation – und die Ultima Ratio eines Systems, für das die demokratische Öffentlichkeit zur existenziellen Bedrohung geworden war. Es war zugleich eine Bankrotterklärung, denn damit legte sich das Regime teilweise selbst lahm. Auch die Staatsmacht hatte das Internet genutzt, um die eigene Bevölkerung zu bespitzeln.

Der Vorgang zeigte das Doppelgesicht des elektronischen Datenverkehrs: Das Internet kann in den Händen des Volks »das perfekte Medium der Demokratie, der Emanzipation, der Selbstbefreiung« (Sascha Lobo) sein, in den Händen eines diktatorischen Regimes ist es das perfekte Herrschaftsinstrument – erst recht, seit es mobile Geräte wie Smartphones gibt, die quasi omnipräsent sind und damit als ferngesteuerte Überwachungsgeräte missbraucht werden können. Die damalige US-Außenministerin Hillary Clinton lobte in den Zeiten der arabischen Aufstände die »Internetfreiheit« und erklärte sie zu einer Priorität ihrer Politik. Gleichzeitig kritisierte sie die Regimes in China, Vietnam oder Saudi-Arabien wegen ihrer Zensurmaßnahmen im Netz. Clinton sprach von einem »Informationsvorhang«, den man niederreißen müsse: »Der freie Zugang zu solchen Technologien kann Gesellschaften transformieren«, sagte sie. Als die Enthüllungsplattform Wikileaks später rund eine Viertelmillion vertraulicher Depeschen von US-Diplomaten veröffentlichte, war die Außenministerin von der Internetfreiheit nicht mehr so begeistert. Dass die amerikanischen Geheimdienste damals sogar Pläne schmiedeten, um Wikileaks zu zerstören, konnte man etwas später einem geheimen Dokument entnehmen, das wiederum von Wikileaks veröffentlicht worden war.

In welchem Ausmaß und mit welchen Methoden einzelne »Zielpersonen« unter Missbrauch ihrer eigenen Laptops und Smartphones bespitzelt werden können, enthüllte Ende 2011 ebenfalls Wikileaks mit den sogenannten Spy-Files, Hunderten von Dokumenten über Unternehmen, die Geschäfte mit der Spionagetechnik machen. Wikileaks wolle damit zeigen, sagte Julian Assange, der Gründer der Enthüllungsplattform, »wie staatliche Geheimdienste mit der industriellen Welt verschmelzen, um die gesamte menschliche elektronische Kommunikation zu sammeln«. Etwas großspurig wurde damals verkündet, die »Wikileaks Spionageabwehr-Einheit (WLCIU)« habe dazu »die Überwacher überwacht« und Daten über die wichtigsten Firmen in diesem Bereich gesammelt. In Wahrheit standen einige wenige Netzaktivisten hinter der Aktion, darunter auch Andy Müller-Maguhn, früherer Sprecher des Chaos Computer Clubs (CCC) und ein sehr gut informierter IT-Sicherheitsexperte. Er betreibt mit seinem Wiki *buggedplanet.info* (»verwanzter Planet«) seit Jahren Aufklärungsarbeit über Spionagetechniken, Überwachung der Computernetze und elektronische Kriegsführung. »Es gibt bis heute keine Exportbeschränkungen für Überwachungstechnologie«, sagt Müller-Maguhn, »nicht einmal für die Länder, die der Westen gemeinhin als ›Schurkenstaaten‹ bezeichnet.«

Die von Wikileaks veröffentlichten Dokumente waren nicht geheim, aber dennoch hoch sensibel. Es handelte sich hauptsächlich um Verkaufsbroschüren, Präsentationen und Werbevideos, Verträge mit staatlichen Stellen, Installations- und Auslieferungsbeschreibungen der führenden Hersteller, darunter auch Firmen aus Deutschland, Frankreich und den USA. Aus den Dokumenten ließ sich entnehmen, wie die Massenerfassung von Telefonverbindungen, SMS-, MMS-, Mail-, Fax- und Satellitenkommunikation in der Praxis vor sich geht. Auch Software zum Knacken von verschlüsselter Datenübertragung wie beim Tor-Netzwerk sowie die Analyse von Web- und Mobilkommunikation in Echtzeit gehörten zum Angebot der Unternehmen. Diese euphemistisch »Sicherheitsindustrie« genannte Branche ist das technische Rückgrat der weltweiten Massenüberwachung, denn sie liefert die Infrastruktur und die Software, die auch die NSA im Rahmen ihrer Spionageprogramme wie Prism oder XKeyscore einsetzt.

Auch die ägyptischen Sicherheitsbehörden gehörten zu den Abnehmern. »Während der Unruhen nutzte das Mubarak-Regime die Spionagetechnik, um die Protestbewegung genau zu analysieren«, berichtet Andy Müller-Maguhn, »um herauszufinden, wer diejenigen sind, die beispielsweise zu Kundgebungen aufrufen, Demonstrationen organisieren, oder Pamphlete schreiben.« In Ägypten und Tunesien, so der Netzaktivist, hätten die Sicherheitsbehörden die Handys der Demonstranten »erstmals im großen Stil als Einfallstore« für die Überwachung benutzt. »Damit wurde die Kommunikation in sozialen Netzen analysiert«, sagt Müller-Maguhn, »ebenso der Austausch über E-Mails und SMS. So konnte die Polizei in Echtzeit, während der Demonstrationen, einzelne Leute identifizieren und verhaften.« Und das, betont der IT-Experte, sei mithilfe westlicher Überwachungssysteme geschehen. Auch aus Deutschland wird Technologie in diese autoritären Staaten geliefert.

Wie man mutmaßliche Staatsfeinde bis in die intimsten

Winkel ausspähen kann, zeigt ein Werbevideo der Münchner Firma Gamma International, einer Tochter der deutsch-britischen Gamma Group. Sie ist in etwa hundert Ländern der Erde aktiv und mit einem Jahresumsatz von rund 1,8 Milliarden Euro einer der Marktführer für digitale Einbruchswerkzeuge. Sie hat auch sogenannte Trojaner im Angebot – Programme, die sich zur heimlichen Überwachung von Skype, E-Mails oder SMS in den Geräten der »Zielpersonen« einnisten. Unter anderem bietet Gamma International einen Trojaner namens FinSpy Mobile an, der für gezielte Angriffe auf Smartphones konzipiert ist. Das Werbevideo führt potenziellen Abnehmern in den Zentralen von Geheimdiensten oder Polizei die Vorzüge dieses Schadprogramms vor: Der Trojaner wird zusammen mit einer präparierten Nachricht an das Handy der Zielperson geschickt, zum Beispiel als gefälschte Update-Meldung oder als Aufforderung, ein Benutzerkonto oder Ähnliches zu aktualisieren. Sobald der Anhang geöffnet wird, ist das Handy mit der FinSpy-Software infiziert. »Das Hauptquartier hat jetzt vollen Zugriff auf das Smartphone der Zielperson«, verkündet das Werbevideo stolz. Ab jetzt wissen die Spione jederzeit, wo sich jemand aufhält, sie hören oder lesen mit, wenn jemand telefoniert, mailt oder auf Facebook chattet, und sie können auf sämtliche Benutzerkonten zugreifen und gespeicherte Dateien lesen. Eine Software für stationäre Computer ist ebenfalls bei Gamma International im Angebot.

Ein anderes Gamma-Produkt nennt sich Fintrusion Kit. Mit diesem »Bausatz« können sich Agenten beispielsweise in das WLAN eines Hotels einhacken, sämtliche Internetaktivitäten der Gäste aufnehmen und in Echtzeit an ihr Hauptquartier weiterleiten, ohne dass die Benutzer irgendetwas davon bemerken. Unter der Bezeichnung FinUSBSuite ist ein Stick erhältlich, der automatisch den Inhalt des Computers absaugt, mit dem man ihn verbindet. »Im Büro sollte sich kein Zeuge oder Wachmann befinden«, rät das Anschauungsvideo, während es die Benutzung demonstriert. Einfacher geht es noch mit FinFlyWeb, mit dem sich die Angreifer von der Straße aus unbemerkt in das WLAN der Zielperson oder des Zielunternehmens einklinken können. Dass hier nicht nur die Werkzeuge für staatliche Bespitzelung, sondern auch für Industriespionage angeboten werden, liegt auf der Hand. Das Training für die Einbruchstechniken liefert Gamma International bei Bedarf gleich mit. »Danach können die Teilnehmer«, so das Werbevideo, »diese Techniken sofort in vielen strategischen und taktischen Operationen anwenden.«

In den Wikileaks-Spy-Files fanden sich Belege dafür, dass Gamma International seine Spitzelwerkzeuge offenbar auch an das Mubarak-Regime verkaufte. Zu den weiteren Kunden soll in der Zeit des Arabischen Frühlings das autoritär regierte Bahrain gehört haben, wie die Menschenrechtsorganisationen Reporter ohne Grenzen, Privacy International und zwei Gruppen aus Bahrain behaupteten. Die Software von Gamma sei eingesetzt worden, um Oppositionelle und Aktivisten zu überwachen, berichtete Maryam Al-Khawaja vom Bahrain Center for Human Rights. Einige ihrer Bekannten seien festgenommen und gefoltert worden, wobei man sie mit ihren persönlichen SMS-Botschaften konfrontiert habe. »Es gibt Belege für Menschenrechtsverletzungen auf breiter Front, bei denen auch mithilfe des Internets gegen Dissidenten vorgegangen wurde«, sagte sie. Der Verkauf dieser Systeme an einen autoritären Staat sei nicht dasselbe wie die Lieferung von Lastwagen, kommentiert Netzaktivist Jacob Appelbaum: »Es ist eher so, dass man einen Laster, einen Mechaniker und ein ganzes Team verkauft, das hinten auf dem Hänger Menschen gezielt selektiert und erschießt.« Christian Mihr, Geschäftsführer von Reporter ohne Grenzen, bezeichnete FinSpy als »digitale Waffe«.

Vorwürfe erhoben die Menschenrechtsgruppen auch gegen das Münchner Sicherheitsunternehmen Trovicor, das aus einem früheren Geschäftsbereich von Siemens hervorgegangen ist. Trovicor soll Software in Bahrain gewartet haben, mit deren Hilfe die dortigen Behörden »große Datenmengen aus Telefon- und Computerüberwachung abfangen, aufzeichnen und analysieren« konnten. Außerdem gebe es »Indizien, dass Trovicors Technologie auf das Zusammenwirken mit sogenannten Trojanern ausgelegt ist, die eine noch umfassendere Überwachung bis hin zur Manipulation von Daten erlauben«.

Entdeckt wurde die Gamma-Software, weil die in London lebende bahrainische Journalistin Ala'a Shehabi Verdacht geschöpft hatte. Sie hatte eine E-Mail aus Bahrain bekommen, die ihr nicht geheuer war. Umgehend leitete sie die Mail samt ungeöffnetem Anhang weiter an zwei Sicherheitsexperten der Munk School of Global Affairs an der Universität von Toronto, die sich dort im Citizen Lab um die elektronischen Belange von Bürgerrechtlern kümmern. Die Analyse von Morgan Marquis-Boire und Bill Marczak ergab, dass der Mailanhang die Spy-Software enthielt und das Smartphone der Journalistin hätte infizieren können, wenn sie ihn geöffnet hätte. Bei weiteren Analysen entdeckten die Sicherheitsexperten aus Toronto noch rund fünfundzwanzig weitere Staaten, die offenbar die Schnüffelsoftware einsetzten, darunter Äthiopien, Bangladesch, Indonesien, die Mongolei, Katar, Serbien und Turkmenistan, aber auch Deutschland, Großbritannien, Japan, die Niederlande und, wenig überraschend, die Vereinigten Staaten.

Der deutsche Gamma-Chef Martin Münch verteidigte sich, die Spitzelprogramme würden meist nur zur Überwachung von Kriminellen eingesetzt, zum Beispiel »Pädophilen, Terroristen, Kidnappern und Menschenhändlern«. Im Übrigen bestritt Münch, FinFisher-Programme an Bahrain verkauft zu haben. Stattdessen, behauptete er, sei eine Version der Software bei einer Messe gestohlen, kopiert und »anderswo« eingesetzt worden. Sein Unternehmen kooperiere mit den Exportkontrolleuren der USA, Großbritanniens und Deutschlands. Bundeswirtschaftsminister und SPD-Vizekanzler Sigmar Gabriel nahm den Fall zum Anlass für die Zusicherung, der Export von derartiger Überwachungssoftware werde künftig restriktiver gehandhabt. »Wer die Freiheit des Internets verteidigen will«, so Gabriel, »darf solchen Regimen keine Technologien an die Hand geben, um die Internetnutzer rücksichtslos auszuspionieren und dabei ohne Grund ihre elementaren Grundrechte zu verletzen.«

Was Gabriel nicht erwähnte: dass die Bundesregierung im Mai 2013 eine Nutzungslizenz für FinSpy zur sogenannten Quellen-Telekommunikationsüberwachung erworben hatte. Die Lizenz sollte zunächst ein Jahr lang für zehn Computer gelten zum Gesamtpreis von 147 000 Euro. Das Programm werde aber vorerst nicht eingesetzt, teilte das Bundesinnenministerium beruhigend mit. Es stünden zunächst Tests mit einer modifizierten Version von FinSpy an, da die Software bislang nicht alle Anforderungen erfülle. Sie musste erst »entschärft« werden, damit sie in Deutschland überhaupt eingesetzt werden darf. Das Bundesverfassungsgericht hatte nämlich im Jahr 2008 entschieden, dass sich die Quellen-Telekommunikationsüberwachung im Zuge einer Ermittlung nur auf einen laufenden Kommunikationsvorgang beziehen darf, also beispielsweise Telefonate, Chats oder Skype-Gespräche. Darüber hinaus dürfen Mikrofone oder Kameras in Deutschland nicht zur permanenten Bespitzelung benutzt werden.

Eigentlich wollte das Bundesinnenministerium schon in der vorigen Legislaturperiode einen eigenen Staatstrojaner programmieren lassen, meldete die *Zeit* im Frühjahr 2013, doch im dafür eingerichteten Kompetenzzentrum waren damals nicht einmal alle Stellen besetzt. Der Auftrag zur Prüfung einer mit deutschem Recht kompatiblen Version ging an ein privates Unternehmen: die CSC Deutschland Solutions GmbH in München. Inzwischen ist der sogenannte Bundestrojaner nach Auskunft des Innenministeriums einsatzbereit. Die CSC ist einer der größten Beratungskonzerne der Welt mit rund hunderttausend Consultants und rund 16 Milliarden Dollar Jahresumsatz. CSC ist allein in Deutschland an sechzehn Standorten vertreten und berät Unternehmen und staatliche Stellen in allen möglichen IT-Fragen. Die Zentrale liegt in Falls Church, Virginia, unweit des Machtzentrums Washington und etwa 15 Minuten vom Hauptquartier der CIA in Langley entfernt. Zu den Kunden zählen unter anderem die CIA, das FBI, das US-Heimatschutzministerium, die US-Küstenwache, die US-Navy und nicht zuletzt die NSA. Damit ist der Beratungskonzern einer der größten Profiteure der Privatisierungswelle bei den amerikanischen Sicherheitsbehörden in den vergangenen Jahren. NSA-Direktor Michael Hayden hatte CSC nach den Terroranschlägen beauftragt, die gesamte IT-Infrastruktur der NSA, Hardware und Software, von Grund auf zu erneuern. Für das Projekt »Groundbreaker«, das bis 2014 lief, wurden rund 5 Milliarden Dollar veranschlagt.

Auch bei der NSA rücken Smartphones und andere mobile Internetgeräte immer mehr in den Mittelpunkt, um einzelne Personen gezielt zu überwachen und über ihre Kommunikation auch den persönlichen Umkreis auszuspionieren. Weltweit nutzen rund zwei Milliarden Menschen die schlauen Begleiter – zwei Milliarden potenzielle Ziele. Laut einer Prognose im *Mobility Report* des weltgrößten Netzwerkausrüsters Ericsson soll die Zahl bis zum Jahr 2019 auf 5,6 Milliarden Anschlüsse weltweit steigen. Die mobile Revolution stellt damit auch die staatlichen Schnüffler vor neue Herausforderungen: Wenn sie auf alle Daten zugreifen wollen, jederzeit und überall, dann müssen sie dieselben Methoden anwenden wie die autoritären Regime in Ägypten und anderswo.

Das Smartphone gibt praktisch alles über seinen Benutzer preis: Kontakte, Termine, Aufenthaltsorte, dazu SMS-, WhatsApp- und E-Mail-Nachrichten – und dabei sind die Informationen, die über die allseits beliebten Apps generiert werden, noch nicht einmal berücksichtigt. Mehr als eine Million unterschiedliche Anwendungen bietet allein Apples App-Store an, die Zahl aller Downloads liegt zusammengerechnet bei unglaublichen 70 Milliarden weltweit; im sogenannten Android-Markt, auf dem unter anderem Google und Samsung vertreten sind, liegen die Zahlen mittlerweile fast doppelt so hoch, mit stark steigender Tendenz: Inzwischen laufen 80 Prozent aller Smartphones mit dem Android-Betriebssystem. Angesichts dessen ist es nicht weiter erstaunlich, dass bei den Geheimdiensten Begehrlichkeiten nach diesem Informationsschatz geweckt wurden.

»Sie haben nie das Gesetz gebrochen?«, fragt Edward Snowden gern die Journalisten, die von ihm wissen wollen, weshalb unbescholtene Bürger die Massenüberwachung von Smartphones fürchten sollten. »Bevor Sie ›Nein‹ sagen«, warnt Snowden, »die Daten Ihres Mobiltelefons verraten, wo Sie wie schnell gefahren sind.« Und sie verraten damit auch, wo man *zu* schnell gefahren ist, was die Navigationsapp auf dem Smartphone zu der freundlich-bestimmten Warnung veranlasst: »Achten Sie auf Ihre Geschwindigkeit!« Dass sich das rasch gegen sie wenden kann, mussten die Autofahrer in den Niederlanden lernen. Der holländische Navihersteller TomTom hatte die gesammelten Bewegungsdaten der Autofahrer an die Regierung in Den Haag verkauft, welche sie an die Polizei weiterreichte. Ergebnis: Die Polizei stellte ihre Radarfallen an den Stellen auf, an denen besonders viele TomTom-Nutzer zu schnell gefahren waren – sichere Einnahmequellen. Als sich ein Sturm der Entrüstung erhob, gab sich TomTom-Chef Harold Goddijn arglos: Man habe geglaubt, die Informationen würden für die Verbesserung der Verkehrssicherheit oder der Infrastruktur herangezogen, schrieb er in einer Rundmail an die Kunden. »Diese Art der Nutzung haben wir nicht vorhergesehen«, beteuerte Goddijn.

Noch kann die Polizei nicht direkt auf die Daten der Autofahrer zugreifen, aber ein erster Schritt dahin wäre die Einführung einer Blackbox im Auto, die das Fahrverhalten aufzeichnet. Versicherungsgesellschaften werben schon mit Rabatten für Autofahrer, die sich freiwillig der Dauerbespitzelung unterziehen. Die bedingt im Umkehrschluss ein vollständig angepasstes Verhalten im Straßenverkehr – ohne jede Ausnahme. Aus Aufenthaltsorten, Standzeiten, gewählten Routen, Geschwindigkeiten und anderen Parametern ließe sich jedes mögliche Fehlverhalten lückenlos rekonstruieren. Es wäre ein Leichtes, die Daten auch in Echtzeit an die Polizei zu senden, die meisten modernen Autos sind heute ohnehin Smartphones auf Rädern mit Zugang zum mobilen Internet.

Die Folgen dieses erzwungenen Wohlverhaltens sind unabsehbar. Was, wenn man das auf den gesamten gesellschaftlichen Umgang überträgt? Entsteht hier ein innerer Zwang zur Anpassung, weil man davon ausgehen muss, dass man permanent überwacht wird? »Ich habe nichts zu verbergen«: Dieser Spruch hatte bisher ohnehin selten eine Berechtigung, nicht nur im Straßenverkehr. Jetzt aber muss er abgewandelt werden in: »Ich kann gar nichts verbergen!« Die Auswirkungen dieses Phänomens hatte schon Orwell in *1984* am Beispiel des »Parteimitglieds« im fiktiven Ozeanien beschrieben: »Wo es auch sein mag, ob es schläft oder wacht, arbeitet oder ausruht, im Bad oder im Bett liegt, es kann ohne Vorwarnung und ohne sein Wissen überwacht werden.« Und deshalb, schrieb Orwell, sei nichts »gleichgültig«, was das Mitglied tue: »Seine Freundschaften, seine Zerstreuungen, sein Verhalten gegenüber Frau und Kindern, sein Gesichtsausdruck, wenn es allein ist, die Worte, die es im Schlaf murmelt, sogar seine typischen Körperbewegungen, alles wird misstrauisch geprüft.« In den Zeiten von »Little Brother«, dem Smartphone, reicht die Überwachung noch viel weiter: bis in die letzten Winkel der inneren und äußeren Befindlichkeiten.

Anonymität im Netz ist ohnehin eine Illusion. Im Jahr 1930 bewies der Forensikpionier Edmond Locard, auch »Sherlock Holmes von Frankreich« genannt, dass zwölf Merkmale eines Fingerabdrucks ausreichen, um einen Menschen eindeutig zu identifizieren. 2013 bewies eine Gruppe um den Mathematiker Yves-Alexandre de Montjoye vom Media Lab des Massachusetts Institute of Technology (MIT), dass exakt vier Punkte eines Handy-Mobilitätsprofils ausreichen, um es mit einer Trefferquote von 95 Prozent einer bestimmten Person zuzuordnen. »Einzigartig in der Menge« nannten die jungen Wissenschaftler ihre Studie. Fünfzehn Monate lang untersuchten sie die Bewegungsmuster von 1,5 Millionen anonymisierten Handybesitzern und entwickelten mathematische Modelle, um diese Muster miteinander zu vergleichen. Dabei konnten sie zeigen, dass vier ausgewählte Punkte ausreichten, um die Bewegungsmuster fast eindeutig bestimmten Individuen zuzuordnen. Wo die aufgezeichnete Bewegung stattfindet, spielt keine Rolle. Die Muster sind ortsunabhängig, dafür aber personenspezifisch. Auch andere Studien zeigten: Die Bewegungsdaten von Handys verraten so viel über ihre Besitzer, dass sie jeweils wie eine Art elektronischer Fingerabdruck einer bestimmten Person zuzuordnen sind. »Wenn man bedenkt, wie viele Informationen man aus anonymisierten Bewegungsdaten herausziehen kann«, kommentierte de Montjoye, »dann ist es schon ziemlich beängstigend, dass es solche Datensätze inzwischen problemlos zu kaufen gibt.«

Es ist gar nicht die Frage, wie viele Informationen der Einzelne bereit ist, preiszugeben – in den meisten Fällen hat er gar keine Wahl. Durch die Verknüpfung verschiedener Ortungssignale lasse sich ohne Weiteres ermitteln, erläuterte beispielsweise auch Edward Snowden, wann eine Zielperson ins Bett gegangen sei – und mit wem. Die kostenlose App zur Suche des eigenen iPhones wäre dafür prinzipiell auch geeignet, ebenso wie zahlreiche im App-Store oder im Internet angebotene GPS-Tracker. Ein kostenloses Programm namens Life 360 verspricht zum Beispiel: »Wir schützen Ihre Familie und Ihre Freunde, indem wir in Echtzeit deren Position verfolgen und diese auf einer privaten Karte darstellen.« Man kann es auch anders ausdrücken: Das Smartphone, sagt CCC-Sicherheitsexperte Andy Müller-Maguhn, sei »die mobile Ortungswanze schlechthin«.

Auch bei der NSA hat man die eminente Bedeutung der Bewegungsmuster erkannt. Die Dimensionen sind gewaltig, wie Snowden-Unterlagen verrieten. Demnach wurden beispielsweise an mehreren Tagen im April 2012 jeweils mehr als fünf Milliarden Ortungsdaten in eine Datenbank namens Fascia geladen. Wie die *Washington Post* berichtete, erstellt die NSA daraus Bewegungsprofile, die sie wiederum mit anderen Bewegungsprofilen abgleicht, um so auffällige Bewegungen zu identifizieren oder bislang verborgene Verbindungen zwischen Handy-Benutzern aufzudecken.

Aber die mobilen Internetgeräte sind nicht nur »Ortungswanzen«. Sie sind Kommunikations- und Informationszentren, Musik- und Videoplayer, Spielekonsolen und vielseitige Wegweiser durch den Alltagsdschungel. Die Apps verraten alles über ihre Benutzer: die meistbesuchten Nachrichtenseiten, Vorlieben bei der Freizeitgestaltung, bevorzugte Restaurants, Musikgeschmack, das Netzwerk der Freunde mit sämtlichen Daten, Fotos und Videos oder die Geheimzahlen für Bankkonten oder Kreditkarten – die Liste ist beliebig lang. Vor allem aber verfügen Smartphones über eingebaute Mikrofone und Kameras. Die Bezeichnung »Spion in der Hosentasche« ist deshalb alles andere als übertrieben. Mit den mobilen Internetgeräten, sagt Wikileaks-Gründer Julian Assange, sei in das Privatleben eine »militarisierte Zone« eingezogen, weil die Kommunikation von militärischen Geheimdiensten abgefangen werde. »Es ist, als hätte man einen Panzer im Schlafzimmer«, kommentierte Assange,[30] »beim Simsen steht ein Soldat zwischen dir und deiner Frau. Wir leben alle unter Kriegsrecht, was unsere Mitteilungen betrifft, wir können nur die Panzer nicht sehen – aber sie sind da.«

Der Siegeszug der smarten Dauerbegleiter löste bei den Diensten einerseits Euphorie aus über die Goldgrube an Informationen, die sich da auftat, andererseits haben sie nur

30 Julian Assange, Jacob Appelbaum, Andy Müller-Maguhn: *Cypherpunks. Unsere Freiheit und die Zukunft des Internets*, Campus, 2013.

Hohn und Spott übrig für die freiwillig-unfreiwilligen Lieferanten dieser Informationen – für uns, die begeisterten Benutzer. »Benutzt Ihre Zielperson ein Smartphone?« lautet die Überschrift einer Präsentation, die sich unter den Snowden-Dokumenten befindet. Nach der Markteinführung der ersten iPhone-Generation klärte die Schulungsunterlage im Jahr 2008 die NSA-Analytiker über die neuen Möglichkeiten der Rundumüberwachung auf. »iPhone Location Services«, die Ortungsdienste, gehörten zu den Themen, die ausführlich behandelt wurden. Zur Einstimmung gaben die NSA-Ausbilder eine Kostprobe ihres zynischen Humors: Auf der ersten Präsentationsfolie waren Standbilder aus dem berühmt gewordenen Werbespot für den Apple-Macintosh zu sehen, in dem eine junge Sportlerin mittels eines Vorschlaghammers einen Bildschirm mit dem Antlitz von Orwells »Big Brother« zertrümmert. Die Filmszene war eine Anspielung auf das Erscheinungsjahr des revolutionären Macintosh-Computers, 1984, und sollte Apples Angriff auf den übermächtigen Gegner IBM symbolisieren, den damals größten PC-Hersteller der Welt. »Wer hätte 1984 gewusst …«, lautete die NSA-Zeile neben den Standbildern aus dem Werbespot, und die Fortsetzung folgte auf der nächsten Folie: »… dass dies einmal ›Big Brother‹ sein würde?« Zu sehen war Apple-Boss Steve Jobs, der ein iPhone präsentiert. Und auf der dritten Folie stand: »… und dass die Zombies zu zahlenden Kunden würden?« Daneben Fotos von jubelnden Apple-Käufern, die ihre frisch ergatterten iPhones in die Kamera hielten.

Die Begeisterung der Benutzer und die anscheinend grenzenlosen Einsatzmöglichkeiten der mobilen Geräte spielen den Geheimdienstlern in die Hände. In den Schulungsunterlagen prägte die NSA einen neuen Begriff: »Nomophobia«, ein Kunstwort aus »no mobile phobia«, also die Angst, keine Verbindung oder einen leeren Akku zu haben oder gar feststellen zu müssen, dass man das Gerät zu Hause vergessen hat. Für die NSA-Analytiker bedeutet das: Wenn sie Zielpersonen auf Schritt und Tritt verfolgen oder deren aktuellen

Aufenthaltsort ermitteln wollen, müssen sie nur nach den Smartphones suchen.

Und die schöpfen sie auf unterschiedlichste Weise ab. Zum einen geschieht das durch Echtzeitüberwachung, also durch Abhören oder Anzapfen der Daten beim Telefonieren, Mailen oder dem Versenden von Kurzmitteilungen. Zum anderen werden die zum Teil gewaltigen Datenbestände geplündert: Adressdateien, Mailarchive oder Fotoalben, ohne dass der Betroffene davon etwas bemerkt. Und letztlich lassen sich die Geräte so manipulieren, dass sie als ferngesteuerte Überwachungskameras und -mikrofone eingesetzt werden können.

Dafür setzt die NSA auch Trojaner und andere Schadprogramme ein, wie der *Spiegel* nach Einsicht in geheime Snowden-Dokumente berichtete. Demnach beschäftigt sich die Hackertruppe der NSA, die Abteilung für maßgeschneiderte Operationen (Tailored Access Operations, TAO) mit der heimlichen Infiltration fremder Geräte. Technisch hoch qualifizierte Spezialisten einer Unterabteilung namens ANT (vermutlich die Abkürzung für »Advanced« oder »Access Network Technology«) schließen geheime Hintertüren auf und installieren unbemerkt elektronische Spione auf allen Ebenen des digitalen Lebens. Das Spektrum der Zielgeräte, so der *Spiegel*, reiche von ganzen Rechenzentren über einzelne Computer und Notebooks bis zu Mobiltelefonen. So wird die gesamte Kommunikationskette abgedeckt.

Ein rund fünfzigseitiger Katalog listet die verfügbaren Werkzeuge für die staatlichen Computerknacker auf. Sogar die Preise der elektronischen Einbruchswerkzeuge seien vermerkt, von 0 bis 250 000 Dollar. Manches liest sich, als stamme es direkt aus der Entwicklungsabteilung von »Q«, dem fantasiebegabten Techniker aus den *James-Bond*-Filmen. Ein manipuliertes Monitorkabel, mit dem laut interner Beschreibung das »TAO-Personal sehen kann, was auf dem anvisierten Monitor angezeigt wird«, gibt es für 30 Dollar. Eine »aktive GSM-Basisstation«, die sich als Handy-Funkmast tarnt, um unbemerkt die Daten von Mobiltelefonen abzufangen, kostet 40 000 Dollar. Computerwanzen, als normale USB-Sticks getarnt, die per Funk heimlich Daten senden und empfangen – ähnlich wie die FinUSBSuite von Gamma International –, gibt es im Fünfzigerpack für mehr als eine Million Dollar. »Derlei ›Implantate‹ (NSA-Jargon)« seien »maßgeblich daran beteiligt«, so der *Spiegel*, »dass der US-Geheimdienst ein globales Schatten-Netzwerk errichten konnte.«

Die ANT-Hacker können damit in Mobilfunknetze oder in Netzwerkausrüstungen großer Hersteller wie Cisco und Huawei eindringen, aber ebenso private Computer und Smartphones überwachen, Daten ausleiten oder bei Bedarf verändern. Vieles lässt sich »per Fernzugriff« installieren, meist über das Internet, in anderen Fällen müssen die Endgeräte physisch mit elektronischen Wanzen ausgerüstet werden – also ziemlich genau das, was in Ägypten und anderswo mit Produkten der deutschen Firma Gamma International gemacht wird.

Wie das genau funktioniert, erläuterte der Internetaktivist und Journalist Jacob Appelbaum beim Chaos Communication Congress in Hamburg im Dezember 2013. Ein Dokument aus dem Snowden-Archiv enthüllte erstaunliche Einzelheiten über Zugriffsmöglichkeiten der NSA auf das iPhone. Mit einer Software namens Dropoutjeep können Mitarbeiter der NSA mindestens achtunddreißig iPhone-Funktionen kontrollieren, sobald es ihnen gelungen ist, den zur Synchronisation des iPhones benutzten Computer zu infiltrieren. Dropoutjeep schließe »die Fähigkeit ein, aus der Ferne Dateien auf das Gerät zu befördern oder von dort zu holen«, heißt es in dem Dokument. Das Abholen von SMS, Adressbuch, Voicemail, Standort, Mikrofon- und Kameraaufnahmen, der Position von Mobilfunkbasisstationen könne über SMS-Nachrichten oder die mobile Datenverbindung erfolgen, berichtete Appelbaum. Für die Smartphones anderer Hersteller setzt die NSA inzwischen ähnliche Programme ein. Der Geheimdienst unterhalte spezielle Arbeitsgruppen für die Mobilbetriebssysteme Apple iOS, Google Android und BlackBerry, die unter anderem Adressbücher, SMS und Standortdaten ausspähen können. Neue Versionen, mit denen man einfacher über das Internet zugreifen kann, seien in Vorbereitung, war der Präsentation zu entnehmen.

Appelbaum erklärte, er könne nicht glauben, dass Apple bei Dropoutjeep nicht mitgeholfen habe. Die NSA habe »buchstäblich behauptet«, dass die »Implantation immer gelingt, wenn sie es auf ein Apple-Gerät abgesehen« hätte, sagte er auf dem Hamburger Hackerkongress. Das würde bedeuten, dass iPhones nicht genügend gegen Angriffe von außen geschützt gewesen seien. Entweder habe die NSA eine riesige Sammlung von Hackerprogrammen angelegt, sogenannten Exploits, erläuterte Appelbaum, »die gegen Apples Produkte wirksam sind. Sie bevorratet also Informationen über kritische Systeme, die von amerikanischen Firmen hergestellt werden – oder Apple hat sich selbst sabotiert.« Er könne nicht entscheiden, welches die wahrscheinlichere Variante sei, sagte Appelbaum. »Aber da sich Apple erst nach dem Tod von Steve Jobs dem Prism-Programm anschloss, möchte ich gerne glauben, dass sie einfach nur miese Software schreiben.«

Apple reagierte auf Presseanfragen zu Dropoutjeep mit dem Hinweis, man habe »niemals mit der NSA zusammengearbeitet, um dem Geheimdienst Hintertüren in Produkte zu ermöglichen«. In den Snowden-Dokumenten zu Dropoutjeep finden sich keine konkreten Hinweise auf eine Kooperation zwischen der NSA und dem Computerhersteller. Interessanterweise spricht Apple in seiner Stellungnahme von »Hackern«, offenbar eine verdeckte Kampfansage an den Geheimdienst: »Wir werden unsere Ressourcen weiter dafür einsetzen, unsere Nutzer vor Angriffen auf ihre Sicherheit zu schützen und böswilligen Hackern einen Schritt voraus zu sein, egal, wer hinter ihnen steht.« Apple muss befürchten, dass eine zu große Nähe zur Staatsmacht fürs Geschäft schädlich sein könnte.

Das Überwachen und Abhören der mobilen Kommunikation, mit und ohne Beteiligung privater Unternehmen, gehört zum Alltagsgeschäft der NSA und befreundeter Dienste wie dem GCHQ in Großbritannien und dem deutschen BND. Ähnlich fleißig sammeln die Dienste alles, was beim Versand von Kurznachrichten anfällt, inklusive der Metadaten. Allein rund zweihundert Millionen SMS schöpft die NSA täglich aus den weltweiten Mobilfunknetzen. Eine »Goldgrube« sei das, verraten die internen NSA-Unterlagen, weil die damit verbundenen Informationen noch einmal eine ganz neue Qualität mit sich bringen – etwa wenn Grenzübertritte automatisch durch Roaming-Mitteilungen angezeigt oder elektronische Visitenkarten mit vollständigen Kontaktdaten verschickt werden.

Die Kronjuwelen bei den Smartphones und Tablets aber sind die Apps, die Anwendungen, die es gratis oder gegen Bezahlung in den App-Stores gibt. Der frühere NSA-Direktor Michael Hayden erzählte bei Vorträgen gern die Anekdote, wie er mit seiner Frau im Apple-Geschäft war, um sich die neuesten Geräte vorführen zu lassen. Der Verkäufer habe ihm damals vorgeschwärmt, es stünden 400 000 Apps zur Verfügung. Beim Hinausgehen habe er zu seiner Frau gesagt: »400 000 Apps, das heißt 400 000 Angriffsmöglichkeiten.« Inzwischen sind das also über eine Million Angriffsmöglichkeiten. Die NSA hat die Apps längst als Quellen für ihre Datenbanken im Visier. Sie erhält damit Informationen frei Haus, für die früher intensivste Aufklärungsarbeit nötig gewesen wäre.

Schon die durchschnittliche App-Sammlung eines gewöhnlichen Smartphone-Nutzers lässt Rückschlüsse zu auf Alter, Geschlecht, Urlaubsreisen, bevorzugte Nachrichtenseiten, beliebte Sportarten, die Amazon- und eBay-Aktivitäten, Facebook-, Skype- und WhatsApp-Profile inklusive sämtlicher Kontakte, und im Falle von Dating-Apps, von denen allein in Apples App-Store etwa zweitausend zur Auswahl stehen, auch die sexuelle Orientierung und die Erwartungen an eine Partnerschaft. Wenn man nur einige dieser Angaben kennt, sie mit anderen frei zugänglichen Informationen aus dem Netz verknüpft, und alles dann noch mit gespeicherten Bewegungsmustern korreliert, dürfte sich nahezu jeder Nutzer namentlich identifizieren lassen.

Dass dies zuweilen ein Kinderspiel ist, bewies der Computerwissenschaftler Arvind Narayanan von der Universität in Princeton. Der Assistenzprofessor beschäftigt sich seit einigen Jahren mit der sogenannten Deanonymisierung im Netz. Schon lange gibt es einen Streit zwischen Datenschützern und digitalen Bürgerrechtlern auf der einen und Big-Data-Anwendern auf der anderen Seite, wie brisant die Weitergabe anonymisierter Personendaten ist. Diese sind inzwischen eine begehrte Ware, weil sie von Unternehmen, Versicherungen, Forschungsinstituten und Behörden für allerlei Berechnungen und Prognosen herangezogen werden. »Big Data« ist das Schlagwort für alles, was mit der Analyse gigantischer Datenmengen zu tun hat – beispielsweise um Verkehrsströme zu berechnen, die Logistik von Versandhändlern zu optimieren, die Kapazitäten für Militärtransporte vorauszuberechnen oder die Ausbreitung bestimmter Infektionskrankheiten vorherzusagen.

Arvind Narayanan aus Princeton kämpft an der Seite von Datenschützern gegen einen allzu laxen Umgang mit anonymisierten Daten und versucht deshalb immer wieder zu beweisen, wie einfach es ist, aus der scheinbar namenlosen Masse einzelne Personen herauszufiltern. So nahm er sich einen Datensatz mit hunderttausend Blog-Posts vor, bei denen die Namen der Autoren bekannt waren, und glich sie mit anonym veröffentlichten Kommentaren ab. Dazu analysierte er den Schreibstil mit verschiedenen Algorithmen, beispielsweise wurde gezählt, wie oft bestimmte Wörter in einem Text vorkamen. Ergebnis: Mit bis zu 80 Prozent Wahrscheinlichkeit ließen sich die Autoren namentlich identifizieren. »Ein anonymer Blogger oder ein Whistleblower«, kommentierte Narayanan, »kann sich eigentlich nur dadurch vor der Enttarnung schützen, dass er seinen Schreibstil bewusst verschleiert.«

Der Computerwissenschaftler entwickelte weitere fantasievolle Methoden zur Deanonymisierung von Internet-Usern. Man muss davon ausgehen, dass die Experten auf der »dunklen Seite«, die vielleicht weniger edle Absichten haben, ihm da in nichts nachstehen. Narayanan fand beispielsweise heraus, dass keine Digitalkamera wie die andere ist. Das heißt, die Bilder weisen winzige, mit bloßem Auge kaum wahrnehmbare Eigenheiten auf, anhand derer man die jeweilige Kamera eindeutig bestimmen kann. Dementsprechend entwickelte Narayanan einen Algorithmus für den automatischen Abgleich einer beliebig großen Zahl von Fotos. Damit kann er präzise sagen, welche Fotos aus ein- und derselben Kamera stammen. Mithilfe von Bewegungsdaten dürfte es dann ein Leichtes sein, den dazugehörigen Fotografen herauszufiltern.

Bei den sozialen Netzwerken Twitter und Flickr, einer beliebten Foto-Community, nahm sich Narayanan zusammen mit seinem Kollegen Vitaly Shmatikov von der Universität von Texas die anonymen Daten der Mitglieder vor. Durch Abgleich fanden die Wissenschaftler heraus, dass etwa 14 Prozent von ihnen auf beiden Plattformen angemeldet waren. Durch Verknüpfung mit anderen, frei zugänglichen Informationen konnten sie ein Drittel dieser Mitglieder ohne Weiteres mit Namen und anderen persönlichen Daten herausfiltern. Das ist deshalb so brisant, weil für die sozialen Netzwerke der Verkauf von anonymen Informationen über ihre Mitglieder einen wichtigen Teil des Geschäfts ausmacht – eines Milliardengeschäfts weltweit. Die Nachfrage steigt ständig, nicht nur bei der werbetreibenden Industrie, bei Agenturen und Marktforschungsinstituten. Zur Rechtfertigung verweisen die Betreiber stets darauf, dass niemand Schaden leide, weil die Informationen einzelnen Personen nicht zuzuordnen seien. Mit diesem Argument gibt es zum Beispiel in der Europäischen Union keinerlei Handelsbeschränkungen für anonymisierte Daten.

Dahinter stecke eine große Irreführung, sagt Internetforscher Vitaly Shmatikov: »Typischerweise heißt es, die Privatsphäre wird dadurch geschützt, dass man die Namen und Adressen löscht«, erklärt er, »aber das soziale Verhalten ist viel entscheidender, da unterscheidet sich einer vom anderen. Über Merkmale wie den Freundeskreis, die Lieblingsfilme oder die bevorzugte Kleidermarke kann man in Verbindung mit anderen Informationen aus dem Netz jeden herausfinden.« Der traditionelle Begriff von Anonymität beruhe auf dem Glauben, »dass man sich in einer Menge versteckt, die zu groß ist, um durchsucht zu werden«, ergänzt Narayanan. »Aber dieser Gedanke ist angesichts der verfügbaren Rechenleistung heute völlig veraltet. Solange jemand genügend Informationen über seine Zielperson hat, kann er jeden beliebigen Eintrag in der Datenbank prüfen, bis er die beste Übereinstimmung findet.«

Diese Möglichkeiten, Zielpersonen herauszufiltern, werden sich in der näheren Zukunft potenzieren, wenn die Big-Data-Algorithmen zur Ausarbeitung von Persönlichkeitsprofilen noch perfekter werden, weil die Rechner immer schneller arbeiten und immer mehr Informationen verknüpfen und analysieren können. Da ständig neue Daten hinzukommen, ist dies ein permanenter Prozess, der sich selbst befeuert. Big Data wird so zur modernen Interpretation von »Big Brother«, zumal Smartphones und andere mobile Begleiter künftig noch viel mehr personenbezogene Informationen übermitteln werden als bisher, weil sie weitere Funktionen im Alltag übernehmen und im sogenannten »Internet der Dinge« künftig automatisch mit anderen schlauen Alltagshelfern kommunizieren – und damit eine Datenspur legen, die nahezu lückenlos sein wird.

Spätestens hier treffen sich die Interessen der Geheimdienste und der Internetunternehmen auf wundersame Weise. Beide haben sie es auf die privatesten Daten der Nutzer abgesehen, und die meisten Apps oder Like-Buttons sind nichts anderes als mehr oder weniger geschickt verpackte Trojaner zum Absaugen von Informationen und zur Erstellung von Benutzerprofilen. In diesem Sinne agieren die Internetkonzerne heute in Teilen selbst wie Geheimdienste, denn sie sind ebenfalls auf der Jagd nach Informationen, allerdings mit einem bedeutenden Unterschied: Sie bringen ihre Community dazu, mit großem Enthusiasmus bei der gigantischen Datensammelaktion mitzumachen. Die Versprechen heißen: Eroberung neuer Welten, grenzenlose Kommunikation, Neuentdeckung von Freundschaften, Anschluss an die Zukunft – und das alles angeblich zum Nulltarif. Aber das ist natürlich ein Irrtum. Die Amerikaner haben dafür das »No-free-lunch-Theorem« erfunden: »There is no thing like a free lunch in this world« – nichts auf der Welt ist umsonst. In Wahrheit bezahlen wir mit dem Verlust unserer Privatsphäre.

Mit dem Siegeszug des Internets und mit den neuen sozialen Medien ging ein großes Versprechen einher: Die Welt durch Vernetzung zu einem besseren Ort zu machen – demokratische, herrschaftsfreie Kommunikation. Inzwischen ist Ernüchterung eingetreten, auch, aber nicht nur wegen der NSA-Affäre. Es rückt langsam ins Bewusstsein, dass hinter der Fassade von der schönen neuen Welt heimliche Imperien mit festgefügten Machtstrukturen stehen. Wer mit iPhone oder iPad in den Apple-Kosmos einsteigt, bekommt nur noch das zu Gesicht, was Apple nach eingehender Prüfung für verbreitungswürdig hält und genehmigt – und wo der Konzern auf die eine oder andere Weise mitkassiert. Kaum anders sieht es in der Android-Welt aus, in der Google eine Vormachtstellung hat. Das scheinbar demokratische Medium Internet ist in Wahrheit stark zentralisiert, und die Benutzer geben in weiten Teilen ihre Informationsfreiheit ab. Das wäre in der analogen Welt in etwa so, als würden wenige große Pressevertriebe allein darüber entscheiden, welche Zeitungen und welche Magazine an den Kiosken liegen dürfen. Dann allerdings bekäme man sie vermutlich kostenlos – aber erst, nachdem man einen ausführlichen Fragebogen zur eigenen Person ausgefüllt hat.

Smartphones und Tablets haben eine neue Welt erschaffen. Gleichzeitig wächst jedoch das Bewusstsein, dass diese neuen Geräte und die durch sie beflügelten sozialen Netzwerke dazu dienen, die Benutzer bis in die letzten Winkel zu durchleuchten. »Wir werden stärker analysiert, als wir analysieren«, stellt Internetvordenker Jaron Lanier dazu fest. Viele Apps fürs Smartphone sind kostenlos – aber nur auf den ersten Blick. Der Preis, den wir dafür bezahlen, ist die Freigabe unserer persönlichen Daten. »Das Ausspionieren der Internetnutzer«, sagt Lanier, sei derzeit »offiziell das Primärgeschäft der Informationsökonomie«.

Es beginnt meist mit der Frage, ob man den eigenen Standort mitteilen wolle, dann folgt die höfliche Bitte nach dem Zugriff auf die Kontakte. Die meisten Nutzer stimmen zu, allein schon aus Bequemlichkeit. Damit würden sie einem staatlichen Geheimdienst bereits wesentliche Informationen für eine Observation preisgeben. Unter dem Aspekt erscheint beispielsweise eine harmlos wirkende App wie AroundMe als perfektes Spionagewerkzeug: »AroundMe findet Ihre gegenwärtige Position und erlaubt es, Banken, Bars, Tankstellen, Krankenhäuser, Hotels, Kinos, Restaurants, Kaufhäuser, Theater und Taxen in Ihrer Nähe zu finden«, verheißt die Beschreibung.

Bisher hatten die User auch nur eine ungefähre Ahnung davon, was mit ihren Daten geschieht. Die Idee, dass Informationen in Wort und Bild aus dem Privatleben gewöhnlicher Menschen millionenfach gesammelt und systematisch zu Dossiers angelegt werden, wäre bis vor Kurzem noch als Paranoia abgetan worden. Und dass sich Netzprovider und Internetfirmen im Fall des großen Massenüberwachungsprogramms Prism zu Hilfssheriffs der NSA degradieren lassen, hätte sich erst recht niemand vorstellen können. Microsoft, Yahoo, Google, Facebook, Paltalk, YouTube, Skype und AOL gewähren allein im Rahmen von Prism der NSA direkten Zugang zu ihren Servern und damit zu allen Inhalten – selbstverständlich nicht anonymisiert. Einige der Unternehmen mussten erst durch Gerichtsurteile dazu gezwungen werden, beispielsweise Yahoo. Anderen fiel die Zusammenarbeit mit den Behörden offenbar wesentlich leichter, etwa Microsoft. Das legen zumindest die Snowden-Dokumente nahe, in denen an mehreren Stellen von einer »monatelangen Zusammenarbeit des FBI mit Microsoft« zu lesen ist, um bestimmte Abfragen für die Sicherheitsbehörden zu erleichtern. Der Trost für alle Konzerne ist: Sie werden von der NSA für ihre Dienstleistung entlohnt.

Der Journalist und Netzaktivist Jacob Appelbaum wirft den Konzernen vor, sie würden ihre Kunden verraten, indem sie sich zu Komplizen der »Überwachungskultur« machten. »Wenn du ein System baust, das alles über eine Person abspeichert«, sagt er,[31] »und du weißt, dass du in einem Land mit Gesetzen lebst, mit denen die Regierung dich zwingen wird, diese Informationen herauszurücken, dann solltest du vielleicht nicht diese Art von System bauen.« Das sei der Unterschied zwischen »erklärtem und eingebautem Schutz der Privatsphäre«, meint Appelbaum. Die Konzerne hätten beschlossen, »dass es wichtiger ist, mit dem Staat zu kollaborieren und ihre Kunden zu verkaufen, deren Privatsphäre zu verletzen und ein Bestandteil des Überwachungssystems zu sein«.

Die Weitergabe der Daten an die NSA ist aber nur so etwas wie der Nebeneffekt zum Hauptgeschäft. Facebook meldete für das zweite Quartal 2014 einen Umsatz von 2,9 Milliarden Dollar. Davon blieben 1,4 Milliarden Dollar als operativer Gewinn übrig, was einer Marge von 48 Prozent entspricht. Das meiste stammt aus Werbeeinnahmen. »Solche Profite«, kommentierte das *Handelsblatt* trocken, »lassen sich sonst nur mit Waffenschieberei und Drogenhandel erzielen.« Etwa 1,3 Milliarden Mitglieder sind bei Facebook registriert, ein knappes Fünftel der Weltbevölkerung. Wie es um deren

31 Julian Assange, Jacob Appelbaum, Andy Müller-Maguhn: *Cypherpunks. Unsere Freiheit und die Zukunft des Internets*, Campus, 2013.

Schutz der Privatsphäre bestellt ist, kann man einem Verfahren entnehmen, mit dem sich die irische Datenschutzbehörde seit August 2011 beschäftigt.

Facebook gründete im europäischen Steuerparadies Irland eine Tochter, die Facebook Ireland Ltd., deren Nutzungsbedingungen für alle Facebook-Mitglieder außerhalb der USA und Kanadas gelten. Drei Jurastudenten aus Wien nahmen das zum Anlass, von Facebook Auskunft über die Daten zu verlangen, die das Unternehmen über sie speichert. Facebook reagierte und schickte die Dateien mit den verlangten Informationen nach Wien. Beim ersten Antragsteller umfassten die gespeicherten Daten 780 DIN-A-4-Seiten, beim zweiten waren es 1142 und beim dritten schon 1222 Seiten. In allen Datensätzen, so berichteten die Antragsteller, hätten sich schnell sensible Informationen wie politische Überzeugung, psychische Krankheiten oder sexuelle Orientierung gefunden. Mehr als vierzigtausend Nutzer folgten bislang dem Beispiel der drei Wiener Studenten und stellten Auskunftsersuchen an Facebook. Mittlerweile verschickt der Konzern die Dateien nicht mehr individuell, sondern bietet Download-Tools an. Inzwischen haben die Wiener Juristen eine Initiative mit dem Namen europe-v-facebook.org gegründet – Europa gegen Facebook.

Die nähere Analyse der gespeicherten Dossiers vermittelt tiefe Einblicke in die Datenbankstruktur von Facebook und damit in das Geschäftsmodell, das die Traumgewinne durch Werbeeinnahmen und andere Vermarktungserlöse für die Daten ermöglicht. »Bei Facebook«, erklärt Andy Müller-Maguhn, der sich eingehend mit dem Fall Europe versus Facebook beschäftigt hat, »galt ja immer der Spruch: Der Nutzer ist nicht der Kunde, er ist in Wahrheit das Produkt. Die eigentlichen Kunden sind die Werbefirmen.« Angesichts dessen, was jetzt über die gespeicherten Daten ans Tageslicht gekommen sei, erklärt Müller-Maguhn, sei das »die am wenigsten paranoide, harmloseste Erklärung dessen, was da abläuft«.

Das Wort »Target« ist der Schlüsselverweis in der Facebook-Datenbank – der Kunde, Nutzer oder Abonnent ist also im internen Jargon die Person, auf die alles abzielt. Jede Aktivität dieser Zielperson wird registriert, nach mehr als sechzig Kategorien aufgeschlüsselt und gespeichert. In den meisten Fällen erfolgt die Speicherung offenbar ohne Zeitbegrenzung. Hier ein Auszug:

Chat: die letzten Chats mit anderen Zielpersonen werden eine gewisse Zeit gespeichert (Dauer unbekannt).
Check-ins: alle Orte, an denen die Zielperson jemals eingecheckt hat.
Connections: alle Verbindungen zu Seiten, die der Zielperson »gefallen«, sowie deren ID.
Family: weitere Familienmitglieder unter Angabe der Verwandtschaftsbeziehung.
Favorite Quotes: die Eingaben im Feld »Lieblingszitate«.
Friend Requests: alle Freundschaftsanfragen anderer Zielpersonen, auch die abgelehnten.
Groups: alle Mitgliedschaften in »Gruppen«.
Last Location: der letzte Aufenthaltsort, der vermutlich aus den letzten bekannten Daten ermittelt wird, zum Beispiel Check-ins, Verwendung der Facebook-Smartphone-App, Fotos, in denen die Zielperson markiert wurde.
Machines: jeder jemals verwendete Computer wird mit Cookies markiert und erhält eine eindeutige Nummer.
Notes: Liste aller gespeicherten Notizen. Schlüsselwörter oder Personen können markiert werden.
Photos: alle von der Zielperson hochgeladenen Fotos.
Pokes: Liste aller »Anstupser«, die man verschickt oder empfangen hat.
Political Views: Angaben zu den politischen Überzeugungen.
Privacy Settings: Liste der Datenschutzeinstellungen der Zielperson auf Facebook.
Realtime Activities: Speicherung der Ergebnisse von »Tracking«. Alle Klicks auf Facebook werden gespeichert und dienen der Analyse.

Removed Friends: Liste aller ehemaligen »Freunde« auf Facebook.
Shares: alle Links, die die Zielperson auf der Pinnwand postet.

Dazu kommen selbstverständlich alle verfügbaren persönlichen Angaben wie Name, Wohnort, Geburtsdatum, Geschlecht und, soweit angegeben, Ausbildung, Bankverbindung, Beruf, Beziehungsstatus, Kreditkartendaten, Religion und so weiter. Wie die Aktivisten von Europe versus Facebook anhand der ihnen vorliegenden Unterlagen ermittelten, würden viele Daten, die ein Benutzer löscht, nur »deaktiviert« – sie würden also nicht mehr angezeigt, fänden sich aber noch in den Datensätzen.

Die Auseinandersetzung um Facebook zeigt in erschreckender Deutlichkeit, wie ausgefeilt die Spionagemethoden der »sozialen« Netzwerk-Konzerne inzwischen sind. Nicht beantwortet wird damit die Frage, weshalb ein Fünftel der Menschheit bei der Bespitzelung der eigenen Privatsphäre so begeistert mitmacht und den eigenen Steckbrief ins Internet stellt. Denn das Milliardengeschäft der sozialen Netzwerke lebt ganz überwiegend vom ungehemmten Mitteilungsdrang der Mitglieder und einer nicht zu übersehenden Neigung zum Exhibitionismus. Sicherheitsexperten wie Andy Müller-Maguhn können darüber nur staunen: »Facebook und die anderen legen einen Garten an und laden die Leute ein, sich auszuziehen«, kommentiert er, »das müsste eigentlich die CIA erfunden haben.« Er findet das ziemlich genial: »Leuten einzureden, es sei gut für sie, offenzulegen, was sie denken, wer ihre Freunde sind, welche Gedanken sie zu politischen und sonstigen Vorgängen haben.«

Mehr als zwanzig Milliarden Fotos wurden bisher insgesamt über Instagram verbreitet, mehr als fünfhundert Millionen Kurznachrichten werden täglich mit Twitter verschickt, mehr als vierhundert Millionen Fotos gehen täglich über Snapchat, wo sie oft nur für wenige Sekunden zu sehen sind. In jeder einzelnen Minute werden weltweit hundert Stunden an Videomaterial auf YouTube hochgeladen, und mehr als sechs Milliarden Stunden, das sind immerhin fast 685 000 Jahre, bringen alle YouTube-Benutzer zusammengenommen pro Monat damit zu, sich diese Filme anzuschauen. In jeder Minute werden auf WhatsApp 4,2 Millionen Meldungen verschickt, auf Facebook 1,9 Millionen Likes und Kommentare gepostet und auf Skype 763 000 Gesprächsminuten vertelefoniert.[32]

Jeden Tag hinterlassen wir als Internetnutzer und -konsumenten unsere Datenspuren. »The whole world is watching« – und die NSA schaut heimlich zu. »Warum glaubten alle, dass die fast einhellige Unterstützung einer Überwachungsindustrie durch die Verbraucher folgenlos bleiben würde?«, fragt sich Jaron Lanier. »Früher oder später muss sie zu einem Überwachungsstaat führen.«

Und dabei war von Google noch gar nicht richtig die Rede.

32 Quelle: statista.de.

6

GOOGLE: DIE BESTE ALLER WELTEN

»Immer die Augen, die einen beobachteten, die Stimme, die einen umgab. Im Wachen oder im Schlaf, bei der Arbeit oder beim Essen, drinnen oder draußen, im Bad oder im Bett – es gab kein Entrinnen. Nichts gehörte einem, bis auf die paar Kubikzentimeter im eigenen Schädel.«
George Orwell, *1984*

Sie haben ihm tatsächlich ein Smiley-Gesicht gegeben, freundlich lächelnd fährt es auf den Betrachter zu. Googles neues selbststeuerndes Auto hat zwei helle, harmlos dreinblickende Augen, eine kleine Stupsnase und eine angedeutete Stoßstange, die eine optimistisch nach oben geschwungene Linie beschreibt. Der kleine grau-weiße Plastikzweisitzer wirkt wie eine Kreuzung aus einem zu heiß gewaschenen Smart und einer Kreation aus Woody Allens Science-Fiction-Satire *Der Schläfer*. Auf dem Dach befindet sich eine seltsame Vorrichtung, die wie ein überdimensionales Blaulicht aussieht – die rotierende GPS-Steuerung, die das Gefährt ohne menschliches Zutun durch die Straßen dirigiert. Es gibt kein Lenkrad und keine Pedale in diesem autonomen Elektrowägelchen. Einsteigen, anschnallen, Ziel eingeben – den Rest macht das Google-Netzwerk. Google denkt, und Google lenkt.

Ein Video auf der konzerneigenen Plattform YouTube zeigt glückliche Menschen, die sich der neuesten Google-Erfindung blindlings anvertrauen, im wahrsten Sinn des Wortes. Der blinde Steve blickt nach der ersten Probefahrt hoffnungsvoll in die Zukunft: »Ein solches Auto«, meint er, »könnte mir vieles ermöglichen, was ich im Leben bisher vermisst habe.« Die junge Thida findet es einfach »cool«. Und Mutter Janet kommt nach der Probefahrt mit Sohn Ethan zu der erstaunlichen Erkenntnis, sie könne »mehr Zeit mit den Kindern verbringen und ihnen bei den Hausaufgaben helfen«, wenn sie ein solches selbststeuerndes Auto hätte. Technik, die Menschen Freude macht und die Welt verbessert. Google ist unterwegs zum Wohle der Menschheit, getreu einem der Firmengrundsätze: »You can make money without doing evil«, »du kannst Geld verdienen, ohne Böses zu tun«.

Auch »Nest« klingt irgendwie heimelig. So heißt einer der jüngsten Neuzugänge im Google-Portfolio, die zweitgrößte Übernahme der Firmengeschichte. Für 3,2 Milliarden Dollar kaufte Google Anfang 2014 das Unternehmen Nest Labs von Tony Fadell, einem der Väter des iPods von Apple. Nest Labs stellt vernetzte Haushaltsgeräte her, beispielsweise intelligente Raumthermostaten. Diese passen sich den Gewohnheiten der Bewohner an, senken die Temperatur, wenn niemand zu Hause ist, lassen sich vom Smartphone aus steuern – und liefern ihre Daten an die Zentrale, künftig also an Google. »Wir sehen, wenn den Leuten der Toast verbrennt oder Kohlenstoffmonoxid austritt«, erklärte Fadell auf die Frage, wozu die Haushaltsvernetzung gut sein soll.

Aber die Visionen reichen weit über den Tellerrand hinaus: Nest Labs' smarte Haushaltsgeräte sind die Vorboten für das nächste große Technikversprechen, das »Internet der Dinge«: vernetzte Gegenstände, die selbstständig miteinander kommunizieren, und dabei unablässig Daten produzieren. Dazu gehören beispielsweise Elektroautos, die wie von Geisterhand gelenkt die nächste Ladestation ansteuern, Kühlschränke, die automatisch ihre Bestellung im Supermarkt aufgeben, wenn die Vorräte zur Neige gehen, oder Kleidung, die mit Pulsmessern für Herz-Kreislauf-Patienten ausgestattet ist und die bei einem kritischen Zustand automatisch den Notarzt ruft. All diese Geräte liefern die derzeit noch fehlenden Puzzlestücke, mit denen ein lückenloses Bild über die Lebensgewohnheiten ihrer Benutzer entsteht: wann sie aufstehen, was sie essen oder trinken, was sie fernsehen, ob und wie sie sich fit halten. Dieses Bild lässt sich speichern und nach Belieben analysieren. Die fürsorgliche Überwachung mag vielen als Albtraum erscheinen, für Google ist es die Erfüllung einer Vision: Das Internet dringt bis in die intimsten Bereiche unseres Lebens vor. Es gibt keine weißen Flecken mehr auf der Netzlandkarte.

Diesem Ziel dient auch ein anderes aktuelles Google-Projekt, Deckname »Loon«: das Internet aus den Wolken. Zwei Drittel der Menschheit verfügen über keine schnelle Verbindung zum Internet, Google will das mit einem hochfliegenden Plan ändern: Hunderte von Ballons sollen in der Stratosphäre einen Ring bilden und als »fliegende Hotspots« die unzugänglichen Stellen der Erde mit WLAN versorgen. Inzwischen wird auch mit Minisatelliten experimentiert. Die ersten Tests der Abteilung Google X, des geheimen Konzernlabors, fanden im Sommer 2013 über Neuseeland statt. Die ersten Ergebnisse waren für die Schöpfer ermutigend: »Wir hatten daran geglaubt, dass es funktionieren kann. Nun wissen wir es«, sagte Mike Cassidy, der Leiter des Projekts »Loon«. Der Name soll eine Anspielung auf »balloon« sein, im Englischen bedeutet »loon« aber auch so viel wie »Irrer« oder »Bekloppter«.

Verrückt ist das alles aber nicht, was Google treibt. Die ehrgeizigen Projekte mögen wirken, als seien sie der Fantasie eines begabten Science-Fiction-Autors entsprungen. Sie verfolgen aber alle ein einziges, sehr reales Ziel: die Welt lückenlos mit Internetzugängen zu versorgen, alles und jeden rund um die Uhr zu Datenlieferanten machen und damit das größte Netzwerk der Welt jeden Tag ein bisschen größer werden zu lassen. Daraus soll eine Art lernende Maschine entstehen, deren künstliche Intelligenz viele Probleme der Welt besser löst, als es die Menschen vermögen. Das ist der ultimative Traum der beiden Google-Gründer Larry Page und Sergey Brin.

Dieser Traum hat Google ganz nach oben gebracht. Der Wert des Unternehmens stieg nach dem Börsengang 2004 innerhalb eines knappen Jahrzehnts auf rund 350 Milliarden Dollar. Knapp 60 Milliarden Euro setzte Google im Jahr 2013 um – den weit überwiegenden Teil davon, fast 85 Prozent, mit Werbung. Der Gewinn lag bei 14 Milliarden Dollar. Weitere Zahlen: Etwa anderthalb Billionen Suchanfragen bewältigt Google pro Jahr, also etwa fünf Milliarden pro Tag oder 3,5 Millionen in jeder Minute. In Deutschland beträgt der Marktanteil monopolartige 95 Prozent, der Weltmarktanteil rund 70 Prozent. Die nächstgrößere Suchmaschine ist Baidu in China mit 16 Prozent – und das nur deshalb, weil China den freien Zugang zu Google sperrt.

»Googeln« hat unsere Art, die Welt zu verstehen, verändert. Google entscheidet, was wichtig und was unwichtig ist – und was Google nicht anzeigt, das gibt es nicht. »Wenn man etwas gegoogelt hat, hat man es recherchiert, andernfalls nicht. Mir würde es jedenfalls gefallen, wenn die Menschen letztlich so und nicht anders denken würden«, sagt Google-Mitgründer Sergey Brin. Aber Google besitzt nicht nur die größte Suchmaschine der Welt, sondern mit YouTube auch die größte Videoplattform, mit Chrome den meistgenutzten Browser, mit Gmail den meistgenutzten E-Mail-Dienst und mit Android das am weitesten verbreitete Betriebssystem für mobile Geräte.

Google stieg innerhalb weniger Jahre zu einem der mächtigsten Player in der Hightech-Welt auf. Aber nicht alle sehen die Aktivitäten des Milliardenkonzerns so positiv wie die beiden Gründer Page und Brin: Sie hoffen, mit Technik die Welt zu verbessern. Doch das Geschäftsgeheimnis ist, dass nicht nur die Nutzer Informationen von Google erhalten, sondern dass Google noch viel mehr Informationen über die Nutzer bezieht. Keiner sammelt mehr sensible Daten über unser Leben, und wohl niemand erstellt genauere

Benutzerprofile. Google weiß, was die Menschheit interessiert – und was auf der Welt passieren wird: Wenn in einer Region die Zahl der Anfragen nach Grippesymptomen steigt, dürfte der Ausbruch der Krankheit nicht lange auf sich warten lassen.

Wer so viel Wissen anhäuft, kann gezielt Anzeigen platzieren und deren Erfolg direkt messen. Google verdient mit Werbung im Internet mehr Geld als irgendein anderer Konzern. Dahinter steht die möglicherweise aufwendigste Fahndungsmaschinerie der privaten Wirtschaft. Der Konzern verfügt in seinen weltweit verteilten Servern über derartig gigantische Speicherkapazitäten, dass es ein Leichtes ist, sämtliche Aktivitäten der Nutzer aufzuzeichnen und die wesentlichen Informationen auszuwerten. Das geht bis hin zu individuellen Merkmalen jedes einzelnen Google-Users: Woher stammt er oder sie, was sind die meistgestellten Fragen, wie häufig besucht er welche Seiten, von welchem Ort aus, wie hoch ist die Verweildauer, welche Ergebnisse werden angeklickt? Das sind nur einige der Informationen, die aus einer simplen Suchanfrage herausgefiltert werden können. Selbst private oder geschäftliche E-Mails werden von Gmail mitgelesen und können bei Bedarf ausgewertet werden – und dabei ist die zielgenaue Werbung, die aufgrund der Mailinhalte dann auf anderen Webseiten geschaltet wird, nur der sichtbare Teil. »Google ist schlimmer als die NSA«, twitterte der australische Medienmogul Rupert Murdoch.

Die NSA erkannte schon früh den Wert dieses Menschheitsarchivs, wie Beststellerautor James Bamford schrieb.[33] Ein früherer Google-Manager, der 2004 aus dem Unternehmen ausgeschieden war, habe ihm berichtet, dass die Aussicht, die NSA könne eine geheime Datenpipeline installieren, in den Jahren zuvor viele im Unternehmen beunruhigt habe. Es habe vor 2004 sogar Strategiesitzungen gegeben, in

33 James Bamford: *The Shadow Factory. The Ultra-Secret NSA from 9/11 to the Eavesdropping on America*, Doubleday, 2008.

denen diskutiert worden sei, wie man sich bei einer entsprechenden NSA-Anfrage verhalten solle. »Das einzig Richtige«, zitiert Bamford den anonymen Exmanager, »wäre gewesen, alle Daten zu löschen.« Aber die Google-Gründer seien »solche Informationsfreaks gewesen, dass das nicht infrage kam«, doch sie seien sehr besorgt gewesen, was passieren würde, wenn die NSA herausfände, was man mit den Google-Informationen alles anstellen könne.

Mittlerweile hat das die NSA längst herausgefunden, wie man weiß, und sie ist in die Netze von Google und anderen Internetkonzernen eingedrungen. Mit Überwachungsprogrammen wie Prism schöpft sie Informationen über Nutzerverbindungen im ganz großen Stil ab. Google reagierte auf die Veröffentlichungen der Snowden-Dokumente mit dem Hinweis, man gebe nur Informationen weiter, wenn die NSA eine richterliche Anordnung präsentieren könne; außerdem stritt der Konzern ab, eine »Hintertür« für die NSA eingebaut zu haben. Der Chefjustiziar der NSA Rajesh De widersprach dem nicht direkt, aber er bestätigte bei einer Anhörung vor einem unabhängigen Kontrollausschuss der US-Regierung im Frühjahr 2014, dass die NSA die Daten mit »vollständigem Wissen und der Hilfe der Firmen, von denen die Informationen stammen« gesammelt habe. »Sie können sich vorstellen, dass es sehr beschwerlich ist, wenn man jedes Mal ein Gericht fragen muss, bevor man sich die Daten ansehen kann«, bemerkte ein hochrangiger Mitarbeiter des Justizministeriums bei derselben Anhörung.

Google-Vorstandschef Eric Schmidt hatte über den Umgang mit der Privatsphäre seiner Kunden ohnehin schon 2009 eine klare Meinung: »Wenn es bei Ihnen etwas gibt, das niemand wissen sollte, sollten Sie es erst gar nicht tun«, sagte er in einem Fernsehinterview. Es war unter anderem dieser Satz, der den Vorstandsvorsitzenden des Springer-Verlags Mathias Döpfner zu seinem viel beachteten offenen Brief an Schmidt veranlasste, in dem er bekannte: »Wir haben Angst vor Google.« Döpfner befürchtete, hinter Schmidts Aussage könne »eine Geisteshaltung und ein Menschenbild« stehen, »das in totalitären Regimen, nicht aber in freiheitlichen Gesellschaften gepflegt« werde. »Einen solchen Satz«, schrieb Döpfner, »kann auch der Chef der Stasi oder eines anderen Geheimdiensts einer Diktatur sagen. Das Wesen der Freiheit ist doch gerade, dass ich nicht verpflichtet bin, all das preiszugeben, was ich tue, dass ich das Recht auf Diskretion und, ja, sogar Geheimnisse habe, dass ich selbst bestimmen kann, was ich von mir preisgebe«, so der Springer-Chef weiter, »das individuelle Recht darauf macht eine Demokratie aus. Nur Diktaturen wollen anstatt einer freien Presse den gläsernen Bürger.«

Die Frage lautet: Was will Google? »Das Ziel von Google ist es, die Informationen der Welt zu organisieren und für alle zu jeder Zeit zugänglich und nützlich zu machen«, verrät die Firmenseite. Die zehn Unternehmensgrundsätze beginnen mit dem Bekenntnis: »Der Nutzer steht an erster Stelle, alles Weitere folgt von selbst.« Das kann man verstehen, wie man will. Unverdrossen pflegt Google mit seinen knapp fünfzigtausend Mitarbeitern und siebzig Standorten in mehr als vierzig Ländern der Erde das Image eines Garagen-Startups. »Wir holen clevere und zielstrebige Menschen in unser Team. Dabei sind uns Fähigkeiten wichtiger als Erfahrung«, verrät der Konzern unter dem Stichwort »Unsere Kultur«.

Das »Googleplex« genannte Hauptquartier am Amphitheatre Parkway im kalifornischen Mountain View liegt im Herzland des Silicon Valley. Die Bay von San Francisco ist nicht weit, ebenso wie die Stanford University, an der die Doktoranden Larry Page und Sergey Brin einst ihre erste Suchmaschine programmiert hatten. Hier wurde auch der Name des künftigen Unternehmens geboren, abgeleitet aus »Googol«, der mathematischen Bezeichnung für eine 1 mit hundert Nullen. Und Googolplex steht für eine 1 mit 10^{100} Nullen, also eine unvorstellbar große Zahl, für deren Speicherung nicht einmal die Kapazitäten aller Google-Server zusammen ausreichen würden.

Im Googleplex erwarten die »Googler«, wie sie sich selbst nennen, alle erdenklichen Annehmlichkeiten: helle Büros, kostenloses Essen in den Restaurants und Cafés, Sporteinrichtungen, die auch tagsüber genutzt werden dürfen, gelb lackierte »G-Bikes«, um die langen Wege auf dem weitläufigen Gelände effizient zurückzulegen. Viele Googler der ersten Stunde sind durch den Börsengang zu beträchtlichem Wohlstand gelangt, das sorgt für ein entspanntes Klima auf dem Campus. Googleplex ist ein Wirklichkeit gewordener Traum der New Economy.

In seinem Roman *Der Circle* beschreibt der amerikanische Schriftsteller Dave Eggers ein Unternehmen aus der Bay Area, das realen Vorbildern beängstigend nahekommt. Der Circle ist eine Art Gigakonzern aus einer nicht sehr fernen Zukunft, der sämtliche Geschäftsfelder von Google, Facebook, Amazon und Apple in sich vereint – ein Konzern, der das Internet völlig beherrscht, seit er »TruYou« einführte: eine einzige Identität für alle Aktivitäten im Netz – den richtigen Namen des Benutzers. »Jedes Mal, wenn du irgendwas sehen, irgendwas benutzen, irgendwas kommentieren oder irgendwas kaufen wolltest, genügte ein Button, ein Konto, alles war miteinander verknüpft und rückverfolgbar und simpel, und alles funktionierte per Handy oder Laptop, Tablet oder Netzhaut«, schreibt Eggers. »Ein einziger Button für den Rest deines Onlinelebens.« Das Internet veränderte sich binnen eines Jahres dadurch grundlegend: Niemand traute sich mehr, anstößige Inhalte herunterzuladen oder Informationen anonym ins Netz zu stellen. »Es war eine Flutwelle, die jede nennenswerte Opposition davonspülte.« Die Kunden akzeptierten TruYou als bequemste aller Lösungen, und für den Circle eröffnete sich eine unerschöpfliche Quelle an Informationen, die nun zentral zusammenflossen.

Mit dieser konzentrierten Macht bringt der Konzern einen Großteil der Menschheit unter seine Kontrolle, obwohl – oder weil – er doch laut Unternehmensphilosophie immer nur das Beste will. Das Zauberwort heißt Transparenz: Mit

TruYou wird das Netz von Anonymität, Betrug und Schmutz befreit. »Über Nacht wurden sämtliche Kommentarboards höflich, jeder Poster wurde in die Verantwortung genommen.« Wer sich nicht anpasst, fällt auf. »Und diejenigen, die die Aktivitäten von Konsumenten verfolgen wollten oder mussten, hatten ihr Walhalla gefunden.« Bald gibt es durch den Circle keine dunklen Winkel mehr, weder im Internet noch in der realen Welt: Auch sie wird zu einem Ort, an dem nichts geheim bleibt. Kinder tragen nach einer Circle-Initiative in den Knochen implantierte »ChildTrack-Chips«, damit sie nicht verloren gehen oder entführt werden, der Aufenthaltsort von Erwachsenen lässt sich jederzeit über »Circle-Search« ermitteln, jeder ihrer Schritte wird in Echtzeit verfolgt. Wer sich länger als drei Minuten nicht über eines der sozialen Netzwerke bei seinen Freunden meldet, gilt als unsozial und verdächtig. Milliarden von internetfähigen Minikameras namens »SeeChange«, die überall in der Welt verteilt werden, sorgen dafür, dass nichts ungesehen und nichts ungeschehen bleibt. Alles, was sie aufnehmen, wird live im Internet übertragen und in den gigantischen Circle-Servern gespeichert. Damit funktioniert die soziale Kontrolle in den sozialen Netzen perfekt. Jeder hat gleichzeitig die Rolle des Spitzels und des Bespitzelten. Die Glaubensgrundsätze in dieser schönen neuen Welt heißen in kaum verhüllter Anlehnung an Orwells *1984*: »Geheimnisse sind Lügen, teilen ist heilen, alles Private ist Diebstahl.«

Die siebenundzwanzigjährige Berufsanfängerin Mae Holland ist überwältigt, als sie in das glitzernde Hightech-Paradies des Circles kommt: von den Privilegien, die sie als eine von zehntausend Circlerinnen genießt, von der Stimmung auf dem Campus, die durch Partys, Konzerte und andere Vergnügungen permanent angeheizt wird, und von dem Gefühl, Teil einer verheißungsvollen Zukunft zu sein. Jede neue technische Errungenschaft wird bei Mitarbeiterkonventen frenetisch gefeiert, als handele es sich um die Offenbarungen eines Erweckungspredigers. Mae beschleichen gelegentlich Zweifel an den Segnungen der Technik, etwa als sie ein Armband anlegen muss, das wichtige Körperfunktionen misst und permanent an die Circle-Klinik sendet, aber die gehen in der Euphorie über den Traumjob unter.

Mit ihrer Stelle im Kundendienst rangiert Mae noch auf den unteren Rängen der sozialen Circle-Skala, aber ihre Aussichten sind vielversprechend. Während sie Mails und Telefonate von Kunden beantwortet, wird sie von ihren Chefs in Echtzeit beobachtet und bewertet. Sie kämpft sich langsam in den Scores über den Durchschnitt, aber dann gerät die hoffnungsvolle Karriere ins Stocken, denn im sozialen Ranking entwickeln sich die Dinge für Mae katastrophal: Sie mailt und postet nicht, sie teilt nicht, sie kümmert sich nicht um gemeinsame Aktivitäten mit Kollegen, sie ist ein unbeschriebenes Blatt. Als ihr Vater krank wird, schließt sie sich keiner der vielen Selbsthilfegruppen an, was man ihr heftig vorwirft, und als sie an einem Wochenende vom Bildschirm verschwindet und allein Kajak fährt, ohne auch nur ein einziges Foto oder eine Mitteilung zu posten, gilt das als unverzeihliche Missachtung der Kollegen. Sie droht zur digitalen Außenseiterin zu werden. Mae gelobt Besserung: Sie kämpft sich neben der Arbeit durch die sozialen Netzwerke, verschickt Tag und Nacht Mails, Fotos und Smileys, postet Kommentare, unterstützt Petitionen und steigt langsam in der Community-Hierarchie auf. Als Circlerin muss sie das verinnerlichen, was den Circle zum mächtigsten Konzern der Welt machte: Sie muss ihre intimsten Geheimnisse preisgeben und damit zum Vorbild werden für Milliarden Circle-Kunden in aller Welt. Und Mae geht sogar noch einen Schritt weiter. Sie wird »voll transparent« und trägt fortan eine Minikamera, die ihr ganzes Leben live ins Internet überträgt. Damit erfüllt sie ihren Circle-Job mit letzter Konsequenz. Die *Zeit* nannte das in einer Rezension des Eggers-Romans den »Totalitarismus der Transparenz«.

Mit Google Glass kommt das reale Vorbild von *Der Circle* diesem Transparenz-Totalitarismus schon erschreckend nahe: Die Datenbrille blendet Informationen direkt in das Sichtfeld ihres Trägers ein, gesteuert wird sie durch Spracheingabe. Die Online-Informationen können kombiniert werden mit Livebildern, die eine integrierte Minikamera auf Befehl ihres Benutzers aufnimmt. Google wirbt für Glass mit sogenannten »Augmented-Reality-Anwendungen«, die Hintergrundinformationen zu dem liefern, was sich der Brillenträger gerade ansieht. Glass sollte der perfekte Führer durch den Großstadtdschungel sein, mit dem man alles fest im Blick hat: Navigation, Hinweise zu Sehenswürdigkeiten und Veranstaltungen, Wettermeldungen und natürlich E-Mails und die Kommunikation auf den sozialen Netzen. Dass die Träger immer »on« sind und damit zu wandelnden Lieferanten eines stetigen Datenstroms werden, ist nur die eine Seite.

Die andere Seite ist, dass mit Glass auch das nahezu perfekte Überwachungsinstrument geschaffen wurde. Noch vor der offiziellen Markteinführung wiesen Blogger und Datenschützer darauf hin, mit der eingebauten Kamera könne die Umgebung heimlich fotografiert und gefilmt werden. Google Glass, so der schleswig-holsteinische Datenschutzbeauftragte Thilo Weichert, sei »eine Waffe zur Verletzung von Persönlichkeitsrechten«. Andere warnten, dass früher oder später alle Google-Glass-Bilder auf den Servern des Konzerns gespeichert würden, wo Google sie für seine Zwecke verknüpfen und auswerten könne. Schon vor den Snowden-Enthüllungen kam bei einigen Bloggern der Verdacht auf, auch staatliche Stellen würden sich für diese immer dichter werdende Echtzeitüberwachung interessieren. Inzwischen weiß man, dass es genauso ist. Und das alles geschieht ohne Einwilligung der aufgenommenen Personen.

Google Glass kann für den Konzern künftig eine Art Street-View in millionenfacher Ausführung sein. Wenn die Livebilder auf den Google-Servern landen, werden sie in Verbindung mit anderen Anwendungen, an denen bereits gearbeitet wird, zu einer unerschöpflichen Datenquelle. Mit der Gesichtserkennung ließen sich Personen in jedem beliebigen Video identifizieren, wenn man sie beispielsweise mit der Personendatenbank des sozialen Netzwerks Google+ abgleicht. Ähnlich könnte die universale Spracherkennung funktionieren, an der Google ebenfalls mit Hochdruck arbeitet: Jeder gesprochene Satz könnte zu Text verarbeitet, gespeichert und der jeweiligen Person zugeordnet werden. Dazu passt auch, dass Facebook bereits angekündigt hat, man werde Apps für Google Glass entwickeln.

Träger der ersten Testbrillen in den USA wurden beim Eintritt in Bars oder Diskotheken abgewiesen, weil man sie verdächtigte, sie könnten als Spanner heimlich ihrer Lust frönen. Plötzlich galt das Accessoire als völlig uncool, und das Image von Google Glass lag irgendwo auf dem Niveau der Röntgenbrillen aus den 1960er-Jahren, die angeblich einen voyeuristischen Blick durch die Kleidung des Gegenübers ermöglichten. Doch Google experimentiert bereits mit Kontaktlinsen, mit denen die Informationen direkt auf die Netzhaut projiziert werden; auch eine integrierte Kamera wird enthalten sein. Die Technik soll auf Dauer also unsichtbar werden, das ist das Ziel. Gebäude, Möbel oder Kleidungsstücke werden mit Minicomputern oder optischen und akustischen Sensoren gespickt sein, das Netz wird uns förmlich umgeben. »Im nächsten Schritt«, sagte Google-Ingenieur Scott Huffman der *New York Times*, »werden Google und die benötigten Informationen hier bei uns im Zimmer sein. Während wir reden, sagen wir einfach ›Hey Google …‹ – und Google antwortet auf einem Display oder per Sprachausgabe.«

Noch weiter in die Zukunft denken die beiden Google-Gründer. Bereits 2004 habe Sergey Brin prophezeit, die Technik werde »in das Gehirn der Menschen integriert werden«, berichtet der amerikanische Journalist Steven Levy, der jahrelang das Innenleben des Konzerns studierte.[34] »Wenn man an etwas denkt und wirklich nicht viel darüber weiß, wird

34 Steven Levy: *Google Inside. Wie Google denkt, arbeitet und unser Leben verändert*, mitp, 2012.

man automatisch Informationen dazu erhalten«, so Brin gegenüber Levy, und Partner Larry Page ergänzte: »Jemand stellt sich dir vor, und du durchforstest währenddessen das Web«, sagte Page. »Oder du bist vor zwei Jahren jemandem begegnet, und nun wird dir noch mal mitgeteilt, worüber ihr damals geredet habt.« Später sagte Page noch: »Schließlich wird es Implantate geben, die einem bereits Antworten liefern, wenn man nur an etwas denkt.«

In wenigen Jahren werde es vieles geben, was statt Science-Fiction bald Alltag sein könnte, prophezeiten auch Google-Vorstandschef Eric Schmidt und sein Koautor Jared Cohen im Jahr 2013,[35] »fahrerlose Autos; automatisierter Kleiderschrank; gedankengesteuerte Roboter; virtuelle Versionen (Holografien) unserer selbst, die wir an andere Orte schicken können; intelligente Medikamente und Mikroroboter im Körper, die uns ständig über Krankheitsgefahren auf dem Laufenden halten«. Das sind die Aussichten der Google-Revolution, bei denen nicht allen wohl ist. »Seitdem Google Nest gekauft hat, weiß Google noch genauer, was die Bürger in den eigenen vier Wänden tun«, warnt Springer-Vorstandschef Mathias Döpfner. Und mit den fahrerlosen Autos wisse Google nicht nur, »wohin wir mit unseren Autos fahren, sondern auch noch, womit wir uns beim Autofahren beschäftigen. Vergesst Big Brother – Google ist besser!«

Der Aufbruch in die vernetzte Zukunft begann Mitte der 1990er-Jahre mit der Idee der beiden Mittzwanziger Sergey Brin und Larry Page, eine Suchmaschine für das noch junge Internet zu entwickeln. Ihre entscheidende Idee war, das Feedback des Webs selbst zu nutzen, um bei Suchanfragen schnellere und relevantere Ergebnisse zu erhalten: Die Webseiten wurden nach Rängen eingeordnet, die auf den weltweiten Meinungen über diese beruhten. Dieses »Page-Ranking« markierte den Unterschied zu allen anderen Such-

---

35 Eric Schmidt, Jared Cohen: *Die Vernetzung der Welt. Ein Blick in unsere Zukunft*, Rowohlt, 2013.

maschinen. »Der Ansatz bestand darin«, erklärte Brin,[36] »dass sich die Bedeutung der Seiten über die auf sie verweisenden Webseiten einschätzen lässt. Wichtige Seiten verweisen tendenziell auf wichtige Seiten.« Es seien Brins mathematische Berechnungen der vielleicht fünfhundert Millionen Variablen gewesen, über die wichtige Seiten identifiziert werden konnten, berichtete Larry Page später. »Auf gewisse Weise wird die Qualität der Seiten dadurch bestimmt, woher die Links stammen und worauf sie selbst verweisen. Das ist ein einziger riesiger Kreislauf. Aber die Mathematik ist großartig und mit ihr lässt sich so etwas lösen.«

»Durchsuchen, Indexieren, Bestimmen der Relevanz und schnelle Rückgabe der Ergebnisse« lautete das Google-Prinzip. Das Problem war die »Vollständigkeit«: Für eine schnellstmögliche Suche und Indexierung musste das System auf möglichst alle Seiten im Netz schnell und problemlos zugreifen können. Brin und Levy schickten sogenannte Web-Crawler durch das Datennetz, die jede einzelne Webseite durchsuchten. Man habe »so etwas wie eine echte Abbildung des Internets« angestrebt, zitiert Steven Levy einen leitenden Google-Entwickler. »Wir wollen eine Kopie aller Dokumente haben, die es dort draußen gibt und so viele Daten, wie wir nur bekommen können.« Das Prinzip gilt noch heute.

Anfangs reichten einige im Computershop zusammengekaufte Festplatten, um die »abgekrabbelten« und indexierten Webseiten zu speichern, aber mit der urknallartigen Ausbreitung des Internets wurde das Unternehmen rasch in andere Dimensionen katapultiert. Inzwischen betreibt Google gigantische Datenzentren in allen Teilen der Erde, von denen jedes mehr als eine Milliarde Dollar teuer ist; deren Zahl und exakten Standorte gehören aus Sicherheitsgründen zu den bestgehüteten Betriebsgeheimnissen. In Europa stehen Google-Server unter anderem im belgischen St. Ghislain

36 Zitiert nach John Ince: »The Lost Google Tapes«, Interviews mit Google für die Zeitschrift *Upside*, 2000.

oder im finnischen Hamina; auch in der Nähe des großen Netzwerkknotens DE-CIX in Frankfurt am Main dürfte sich ein Google-Datenzentrum befinden. Google verfügt auch über eigene Glasfaserleitungen, die rund um den Globus laufen, behauptet sogar »mehr Glasfaserleitungen als jeder andere auf der Welt« zu besitzen. Die eigene Infrastruktur senkt Kosten, ermöglicht hohe Geschwindigkeiten und vermindert die Abhängigkeit von Netzbetreibern. Alles zusammen bildet das virtuelle Google-Weltreich: die sagenumwobene Cloud, einen praktisch unerschöpflichen Speicher für ungeheure Datenmengen.

Im Trend zum Cloud-Computing sehen erfahrene »Hacktivisten« wie Wikileaks-Gründer Julian Assange eine »beunruhigende Tendenz«. Es gebe, sagte Assange, »enorme Server-Zusammenballungen, die alle an einem einzigen Ort stehen, weil es effizienter ist, die Kontrolle der Umgebung zu standardisieren, das Bezahlsystem zu standardisieren«[37] und die Übertragungswege physisch zu verkürzen. Deshalb ist es wirtschaftlich sinnvoll, die Serverfarmen in die Nähe der großen Content-Anbieter zu errichten, weil Google deren Seiten für seine Suche indexiert. An diesen Ballungszentren, so Assange, unterhalte auch »die NSA einige ihrer Zugriffspunkte zur Massenüberwachung«. Das Internet könne technisch ohne diese Zentralisierung auskommen, meint der Wikileaks-Gründer, aber »im wirtschaftlichen Wettbewerb trägt die zentralisierte Version den Sieg davon«.

Gerade die unbegrenzten Speichermöglichkeiten in der »Wolke« bewogen viele Benutzer, von anderen Mailsystemen auf das kostenlose Gmail umzusteigen. Dass die Daten, die einst auf heimischen Rechnern gespeichert wurden, dabei nicht im Himmel verschwanden, sondern auf Google-Servern landeten, bedachten wohl die wenigsten. Das wurde offenbar, als neben den Texten der E-Mails Anzeigen einge-

37 Julian Assange, Jacob Appelbaum, Andy Müller-Maguhn: *Cypherpunks. Unsere Freiheit und die Zukunft des Internets*, Campus, 2013.

blendet wurden, die auf den Inhalt der Texte abgestimmt waren. Von Anfang an war das genau so geplant, schließlich wollte Google auch mit dem Gmail-Dienst Geld verdienen. Doch vom daraufhin losbrechenden Sturm des Protests wurden die Verantwortlichen im Konzern ziemlich überrascht. Die britische Datenschutzorganisation Privacy International drückte ihre Entrüstung so aus: »Google steht zum Datenschutz wie der Wurm zum Angelhaken.«

Innerhalb kürzester Zeit wurde also aus einem pfiffigen Internet-Start-up so etwas wie die Inkarnation von Big Brother, zumal vielen Usern langsam dämmerte, dass auch die kostenlosen Suchanfragen nicht zum Nulltarif zu haben sind. Suchanfragen sind nämlich alles andere als neutral: Sie transportieren jede Menge persönlicher Informationen. Die Eingabe von Suchbegriffen verrät vieles: mögliche Krankheiten, Kaufabsichten aller Art, finanzielle Probleme, berufliche Veränderungen, Freizeitinteressen, Reisepläne, Umzugswünsche, Suche nach einem Partner und anderes mehr, was die werbetreibende Wirtschaft brennend interessiert und womit Google Jahr für Jahr Milliarden umsetzt. Die Google-Entwickler dachten sogar über ein Früherkennungssystem für Suizidgefährdete nach, das bei einer Häufung bestimmter Fragen eines Benutzers selbstständig Alarm auslösen sollte.

Aus seinen Interessen macht Google keinen Hehl. Freundlich verpackt gibt die Datenschutzerklärung Aufschluss, welche elektronischen Spione der Konzern bei einer simplen Suchanfrage auf seine Benutzer hetzt. Auszüge:

»Wir erheben Informationen auf zwei Arten:

Daten, die Sie uns mitteilen: Zur Nutzung vieler Google-Dienste müssen Sie beispielsweise zunächst ein Google-Konto erstellen. Hierfür bitten wir Sie um die Angabe personenbezogener Daten wie Ihres Namens, Ihrer E-Mail-Adresse, Ihrer Telefon- oder Kreditkartennummer. […]

Informationen, die wir aufgrund Ihrer Nutzung unserer Dienste erhalten: Wir erfassen möglicherweise Informationen über die von Ihnen genutzten Dienste und die Art dieser Nutzung beispielsweise dann, wenn Sie eine Website besuchen, auf der unsere Werbedienste verwendet werden, oder wenn Sie unsere Werbung und unsere Inhalte ansehen und damit interagieren. Zu diesen Informationen gehören:

- *Gerätebezogene Informationen*
  Wir erfassen möglicherweise gerätespezifische Informationen, beispielsweise das Modell der von Ihnen verwendeten Hardware, die Version des Betriebssystems, eindeutige Gerätekennungen und Informationen über das Mobilfunknetz, einschließlich Ihrer Telefonnummer. Google verknüpft Ihre Gerätekennungen oder Telefonnummer gegebenenfalls mit Ihrem Google-Konto.
- *Protokolldaten*
  Wenn Sie unsere Dienste nutzen oder von Google bereitgestellte Inhalte aufrufen, erfassen und speichern wir bestimmte Daten gegebenenfalls in Serverprotokollen. […]
- *Standortbezogene Informationen*
  Bei der Nutzung standortbezogener Google-Dienste erfassen und verarbeiten wir möglicherweise Informationen über Ihren tatsächlichen Standort, wie zum Beispiel die von einem Mobilfunkgerät gesendeten GPS-Signale. […]
- *Lokale Speicherung*
  Möglicherweise erfassen und speichern wir Informationen (einschließlich personenbezogener Daten) lokal auf Ihrem Gerät, indem wir Mechanismen wie beispielsweise den Webspeicher Ihres Browsers (einschließlich HTML 5) und Anwendungsdaten-Caches nutzen.
- *Cookies und anonyme Kennungen*
  Unsere Partner und wir verwenden verschiedene Technologien, um Informationen zu erfassen und zu speichern, wenn Sie einen Google-Dienst aufrufen, darunter möglicherweise auch das Senden einer oder mehrer Cookies oder anonymer Kennungen an Ihr Gerät. Darüber hinaus werden Cookies und anonyme Kennungen auch bei Ihrer Interaktion mit Diensten verwendet,

die Teil unseres Angebots für Partner sind, zum Beispiel Werbedienste oder auf anderen Websites verfügbare Google-Funktionen.

Wie wir die von uns erhobenen Informationen nutzen

Wir nutzen die im Rahmen unserer Dienste erhobenen Informationen zur Bereitstellung, zur Wartung, zum Schutz und zur Verbesserung dieser Dienste, zur Entwicklung neuer Dienste sowie zum Schutz von Google und unserer Nutzer. Wir nutzen diese Informationen außerdem, um Ihnen maßgeschneiderte Inhalte anzubieten – beispielsweise, um Ihnen relevantere Suchergebnisse und Werbung zur Verfügung zu stellen. […]«

Zu Deutsch: Alles, was die Nutzer betrifft, ist für den Konzern von Interesse. Die Erhebung der personen- und gerätespezifischen Daten führt zu höchst detaillierten Profilen, vor allem wenn man die langen Zeiträume berücksichtigt, über die sie angelegt sind: Die meisten Menschen nutzen Google seit mehr als fünfzehn Jahren, und somit lassen sich aus der Zusammenstellung der Informationen mühelos ganze Lebensläufe rekonstruieren.

Aus diesem ausgefeilten Nachrichtendienst hat sich im Lauf der Jahre das entwickelt, was Google-Chef Eric Schmidt einmal die »Versteckstrategie« genannt hatte: Man wollte vor der Konkurrenz verbergen, wie Google es geschafft hatte, mit Werbung im Internet Geld zu verdienen. »AdWords« wurde das wissensbasierte System genannt, mit dem Google die Anzeigenflächen zunächst verkaufte. Später ging man dazu über, sie nach einem ausgefeilten System unter den Interessenten zu versteigern. Das Geheimnis war, aus den Nutzeranalysen so viele Informationen zu ziehen, dass sich mit einiger Sicherheit vorhersagen ließ, wie viele Klicks eine Anzeige haben würde und wie viele der angebotenen Artikel vermutlich verkauft werden könnten. Die Google-Statistiker waren in der Lage, alle nur erdenklichen Muster für die Werbeklicks zu erkennen und damit den Erfolg einzuschätzen. Und weil Werbung im Internet ein schnelllebiges Geschäft ist, geschehen diese Prozesse in Korrelation zu Jahreszeit, Temperaturen, Tageszeiten und unzähligen weiteren Faktoren. Die heutige YouTube-Chefin Susan Wojcicki, früher bei Google für das Anzeigengeschäft zuständig, sprach von der »Physik der Klicks«.

»Google weiß über jeden digital aktiven Bürger mehr, als sich George Orwell in seinen kühnsten Visionen in *1984* je vorzustellen wagte«, stellte Springer-Vorstandschef Mathias Döpfner in seinem offenen Brief an Google-Chef Eric Schmidt fest. »Google sitzt auf dem gesamten gegenwärtigen Datenschatz der Menschheit wie der Riese Fafner im *Ring des Nibelungen*: ›Hier lieg' ich und besitz.‹« Wenn der Treibstoff des 20. Jahrhunderts die fossilen Brennstoffe gewesen seien, so Döpfner weiter, dann seien Daten und Nutzerprofile ganz sicher der des 21. Jahrhunderts. Man müsse sich fragen, »ob Wettbewerb im digitalen Zeitalter generell noch funktionieren kann, wenn Daten so umfangreich in der Hand einer Partei konzentriert sind«.

Dabei sieht es so aus, als habe Google noch gar nicht richtig angefangen. Mit den Milliarden, die aus der Werbung reichlich sprudeln, gehen die beiden Gründer daran, die Welt der Zukunft nach ihren Vorstellungen zu formen. Bei Google X forscht man intensiv an den Projekten der nächsten Generation – das, was nach dem selbststeuernden Auto, Loon und Google Glass auf uns zukommen wird: künstliche Intelligenz, die Simulation des menschlichen Gehirns mit Milliarden von Neuronenverbindungen, Roboter in allen Erscheinungsformen und im Rahmen eines Projekts namens Calico das ewige Leben beziehungsweise die ewige Jugend dank den Errungenschaften der Biotechnik. Hinter all diesen Projekten steht der unerschütterliche Glaube, mit immer noch mehr Technik ließe sich die beste aller Welten erschaffen: eine Welt, in der alle immer online sind und die selbstverständlich nach den ökonomischen Gesetzen von Google funktioniert. »Wir sind überzeugt, dass Portale wie Google, Facebook, Amazon und Apple weitaus mächtiger sind, als die meisten Menschen ahnen«, räumte Google-Chef Eric Schmidt schon 2013 in seinem Buch ein. »Ihre Macht beruht auf der Fähigkeit, exponentiell zu wachsen. Mit Ausnahmen von biologischen Viren gibt es nichts, was sich mit derartiger Geschwindigkeit, Effizienz und Aggressivität ausbreitet wie diese Technologieplattformen, und dies verleiht auch ihren Machern, Eigentümern und Nutzern neue Macht.«

Konzerne wie Google werden in immer mehr Bereichen unseres Lebens eine führende Rolle spielen. »Das ist eine riesige Chance und eine nicht minder große Bedrohung«, sagt Springer-Chef Döpfner an die Adresse von Google. »Ich befürchte, es reicht einfach nicht, wie Sie es tun, zu behaupten, Sie wollten aus der Welt einen ›besseren Ort‹ machen.« Denn dieser »bessere Ort« würde sich zunächst einmal durch totale Vernetzung und soziale Kontrolle auszeichnen. Mit der Drohung »Big Brother is watching you« wurden die Bürger in Orwells fiktivem Ozeanien terrorisiert, und bei jeder realen Diktatur wird die Drohung »Der Staat sieht alles« eingesetzt, um unter den Untertanen Angst und Schrecken zu verbreiten. Abweichungen von der Norm werden nicht zugelassen.

Wer aber bestimmt die Normen, wenn die totale Überwachung des 21. Jahrhunderts einzieht, die Dave Eggers in seinem Roman *Der Circle* heraufbeschwört und an der die Forscher in den Labors von Google X mit großer Hingabe arbeiten? Dabei muss nicht unbedingt eine staatliche Diktatur ihre Interessen durchsetzen, es können genauso gut die ökonomischen Interessen der großen Internetmonopole sein, die durchaus rational begründet werden. So wie der Circle im Roman beschrieben sei, meinte Rezensent Graeme McMillan im Technologie-Magazin *Wired*, bewirke der Konzern ja »viel Gutes: Er merzt Verbrechen aus, stürzt Despoten, verhindert Wahlbetrug und kümmert sich um die Gesundheitsversorgung vieler Amerikaner«. Es sei durchaus eine berechtigte Frage, ob es sich nicht lohne, »dafür auf einen

Teil von Privatheit, Freiheit und individueller Verantwortung zu verzichten«.

Doch es muss nicht Sicherheit als Argument herhalten, auch mit dem Umweltschutz lässt sich ein Zwang zur Anpassung begründen. Wer künftig nicht freiwillig die energiesparenden Nest-Lab-Thermostate installiert, ist möglicherweise ein unverbesserlicher Umweltsünder. Wer noch keinen Kühlschrank besitzt, der die Nährwerte der Lebensmittel scannt, muss vielleicht mit Nachteilen bei der Krankenkasse rechnen. Und wer darauf besteht, weiterhin selbst das Steuer seines Autos in die Hand zu nehmen, ist eine Gefahr für die Verkehrssicherheit, weil autonome Fahrzeuge keine Fehler machen und damit Kollisionen vermeiden. Für den Journalisten Niklas Maak ist das autonome Google-Auto deshalb der »Vorbote einer neuen, totalitären Religion«:[38] Die »Steuerungstechnologien«, führt er in einem bemerkenswerten Beitrag für die *Frankfurter Allgemeine Sonntagszeitung* aus, »die mit normativem Anspruch eine Idee von ›richtigem‹ Fahren und Leben propagieren und mit moralischen Argumenten in den Markt gebracht werden, tragen immer deutlichere Züge einer digitalen Techno-Theokratie.«

Dem gegenüber steht die Forderung nach dem Recht auf Privatsphäre, einem Grundrecht, das angesichts der fortschreitenden Vernetzung immer schwerer durchzusetzen ist. »Jeder wird eine leuchtende Datenspur hinterlassen – über seine Vergangenheit und Gegenwart, über seine Vorlieben und Entscheidungen, über seine Absichten und Angewohnheiten«, schwärmte Google-Chef Eric Schmidt. Viele machen dabei bekanntlich begeistert mit. Wer hingegen kein Online-Profil hat, macht sich verdächtig: Was hat der oder die zu verbergen? So ergeht es heute schon jenen, die sich im Tor-Netzwerk bewegen oder Verschlüsselungssoftware benut-

---

38 Niklas Maak: »Googles ›Self-Driving Car‹: In welche Zukunft fahren wir?« *FAS*. 22. Juni 2014, http://www.faz.net/aktuell/feuilleton/debatten/googles-self-driving-car-wohin-fahren-wir-13002612.html.

zen: Sie geraten unweigerlich ins Visier der Geheimdienste, denn sie sind potenzielle Unruhestifter. »Alles was passiert, muss bekannt sein«, lautete im Roman *Der Circle* die zentrale Botschaft des Konzerns.

Am Ende des Romans übersteht Eggers' Heldin Mae Holland eine schwere Prüfung: Ihr Geliebter versucht, sie zum Ausstieg aus dem Transparenzwahn zu überreden. »Wir müssen alle das Recht auf Anonymität haben. Die Grenze zwischen Öffentlichem und Privatem Leben muss unüberwindlich bleiben«, lautet seine Botschaft: »Wir müssen alle das Recht haben, zu verschwinden.« Mae aber entscheidet sich für »eine neue und herrliche Offenheit, eine Welt des ewigen Lichts«. Der Kreis schließt sich: »Alle werden getrackt, von der Wiege bis zur Bahre, ohne die Möglichkeit, zu entkommen.«

Das ist noch nicht ganz Realität, aber eine Debatte, wie die Gesellschaft mit den neuen Möglichkeiten der Technik umgehen soll, ist mehr als überfällig. Seit sich durch Edward Snowdens Enthüllungen die vertrauensvollen Beziehungen zwischen den amerikanischen Internetgiganten und den amerikanischen Geheimdiensten herumgesprochen haben, hat sich das Klima in Europa geändert: Erstmals interessieren sich die Nutzer verstärkt dafür, was mit ihren Daten geschieht – und Google ebenso wie andere US-Konzerne haben ein Imageproblem. Die Folgen sind noch nicht absehbar, viele Fragen sind offen: Was passiert, wenn Google seine dominierende Marktmacht weiter ausbaut? Wird es noch weniger Wettbewerb geben? Werden die Benutzer noch transparenter, fremdbestimmter und noch weiter manipuliert – sei es aus wirtschaftlichen oder politischen Interessen?

Was aber sind die Alternativen? »Sowohl Google als auch Facebook haben die letzten zehn Jahre damit verbracht«, kommentiert der Publizist und Internetkritiker Evgeny Morozov,[39] »Berge von Daten zu sammeln, die sowohl unser

39 Evgeny Morozov: »Datenagenten in eigener Sache«, *Kursbuch* 177, 3. März 2014.

Verhältnis zu unseren Mitbürgern darstellen als auch das zu staatlichen Institutionen und kommerziellen Anbietern.« Heute benutzten beide Firmen diese Daten, um ihre Dienste zu verbessern und neue zu schaffen, was ihnen einen starken Vorteil gegenüber ihren Wettbewerbern sichern würde: »Ganz gleich, wie gut deren Algorithmen oder Dienstleistungsversprechen sind«, sagt Morozov, »kein Start-up, das sich mit Social Networking beschäftigt, hat die Nutzerdaten, um es mit Google und Facebook aufnehmen zu können.«

Das mag so sein. Aber etwas Ähnliches gab es schon einmal: Vor fünfzig Jahren erschien die Idee, Europa könne es mit der amerikanischen Luftfahrtindustrie aufnehmen, einigermaßen absurd. Und dennoch hat es mit Airbus funktioniert. Möglicherweise braucht Europa heute ein ähnliches Programm, um einer autonomen digitalen Infrastruktur zum Durchbruch zu verhelfen. Weltreiche halten nicht ewig, selbst Rom ist untergegangen. Auch Monopole können fallen – das hat die jüngere Geschichte des Internets schon einige Male bewiesen.

7

HAPPY HACKING: FREIHEIT FÜR DIE DATEN

»Sie konnten einen Tag und Nacht bespitzeln, aber wenn man den Kopf behielt, konnte man sie überlisten. Bei all ihrer Gerissenheit hatten sie doch nie das Problem gelöst, wie man herausfand, was ein anderer dachte. Vielleicht stimmte das nicht mehr so ganz, wenn sie einen tatsächlich in der Gewalt hatten.«
George Orwell, *1984*

Das Jahr 1984 war gerade angebrochen, als in Deutschland die Hackerszene einen ordentlichen Verein gründete. Im Februar dieses bedeutungsschweren Jahres fanden sich in einem Buchladen mit dem bezeichnenden Namen Schwarzmarkt im Hamburger Univiertel etwa zwanzig vorwiegend jugendliche und vorwiegend männliche Teilnehmer zu einem reichlich konspirativen Treffen ein. Es war die Gründungsversammlung des Chaos Computer Clubs (CCC), laut Selbstaussage »eine galaktische Vereinigung ohne feste Strukturen«. Eingeladen hatte eine kleine Gruppe um Herwart Holland-Moritz, damals zweiunddreißig, besser bekannt als »Wau« Holland. Er war zu jener Zeit die zentrale Persönlichkeit in der deutschen Hackerszene, die Seele des Chaos Computer Clubs, und das blieb er bis zu seinem frühen Tod im Jahr 2001.

Zeit seines Lebens passte Holland in keine Schablone. Schon sein Auftreten wirkte für viele irritierend, mehr noch galt das für seine Gedanken und Visionen zur Zukunft der

Computergesellschaft. Sein Markenzeichen waren seine blaue Latzhose, die er zuweilen gegen ein weißes Exemplar tauschte, sowie ein Phasenprüfer zur Messung elektrischer Spannung, den er stets in der Brusttasche trug, der mächtige Schnurrbart in Kombination mit etwas wirr frisiertem Haar, eine überraschend sanfte Stimme, die manchmal schneidend werden konnte, sowie dunkle, freundliche Augen, die das Gegenüber aufmerksam fixierten. Dem Anschein nach war Holland ein »Alternativer«, aber einer, der von Computern und den Möglichkeiten ihrer Vernetzung fasziniert war – eine Kombination, die damals als exotisch galt und gerade in der links-alternativen Szene misstrauisch beäugt wurde.

Wau Holland alias »Dr. Wau« war es, der als Erster in Deutschland die Lust am Hacken, am Surfen in den Datennetzen und dem Eindringen in fremde Computer, mit dem politischen Anspruch auf Informationsfreiheit verband – Computernetze als Verheißung einer Zukunft, in der das Wissen und die Daten nicht mehr den Herrschenden dienen, sondern für alle Bürger frei zugänglich sind. Man wollte die neue Technik nicht einfach den Staaten und anderen mächtigen Institutionen überlassen. »Freiheit für die Daten!«, so lautete die Losung der Chaos-Hacker. Schon damals drehte sich der Konflikt also um das, was die NSA heute als Kampf um die »informationelle Vorherrschaft« im Internet bezeichnet.

Seinen Lebensunterhalt verdiente der Computervisionär Wau Holland damals mit Artikeln in der links-alternativen *Tageszeitung* (*taz*), in denen er über die aufkeimende deutsche Hackerszene und andere Themen aus dem Datenuntergrund berichtete. Dass Holland stets mit einem tragbaren Osborne-Computer unterwegs war, einem Gerät von der Größe einer ausgewachsenen Camping-Kühlbox, erregte das Misstrauen vieler Kollegen im Umfeld der linken *taz*, denn Computer galten weithin als Teufelszeug. Aber nicht so für die Freunde und Unterstützer des ominösen Clubs, der an jenem Abend im Februar 1984 im Hamburger Schwarzmarkt ins Leben gerufen wurde.

Begonnen hatte die Geschichte der deutschen Hacker allerdings erheblich früher, nämlich mit einem Aufruf in der *taz* vom 1. September 1981. Ein »Tom Twiddlebit«, mit bürgerlichem Namen Klaus Schleisiek, und ein gewisser »Wau Wolf Ungenannt« riefen unter dem Titel »TUWAT, TXT Version« die »Komputerfrieks« des Landes zu einem Treffen zusammen. »Dass sich mit Kleinkomputern auch sinnvolle Sachen machen lassen, die keine zentralisierten Großorganisationen erfordern, glauben wir«, schrieben die Autoren und luden ein zum Treffen am 12. September 1981 um 11 Uhr in das damalige Hauptgebäude der *taz* in der Westberliner Wattstraße. Tatsächlich erschienen zum fraglichen Zeitpunkt in der *taz*-Redaktion rund fünfundzwanzig junge Männer aus allen Teilen der Bundesrepublik. Die einzige Frau, die sich mit an den langen Konferenztisch traute, soll eine *taz*-Mitarbeiterin gewesen sein, die den Abo-Computer des Zeitungskollektivs betreute. Die »Komputerfrieks« diskutierten stundenlang ein breites Themenspektrum, das laut Versammlungsprotokoll von »alternativen Komputerspielen« bis zur »Entmystifizierung des Komputers durch Aufklärung« reichte.

Dann hörte man längere Zeit nichts, bis ein groß aufgemachter Artikel in der *taz* vom 8. November 1983 mit der Titelzeile »Computer-Guerilla« erschien. Anlass war die größte Telekommunikationsmesse des Kontinents, die Telecom '83. Unter anderem war unter der Überschrift »Zu Gast in fremden Datennetzen: Logische Bomben und Bonbons« zu lesen: »Geschichten über Wanderer in Datenbanken, Löschen, Verändern und Kopieren von Daten stehen hoch im Kurs. [...] Besonders gefürchtet sind sogenannte ›logische Bomben‹. Das sind passive Computerprogramme in militärischen Rechnern und Datenbanken, die – wie in den klassischen Agentengeschichten die ›Schläfer‹ – erst bei Bedarf aktiviert werden. Sie verbreiten dann Desinformation im

Datenherz des Gegners. Ei, wo will die Pershing[40] heute hin? Der Phantasie sind keine Grenzen gesetzt.« Der Autor zeichnete mit: »wau – chaos computer club«.

Wenig später folgte eine Kleinanzeige in der *taz* mit der Überschrift »hacker«. Wer sich vom *taz*-Artikel über die Computer-Guerilla angesprochen gefühlt hätte, so hieß es in der Anzeige, solle sich zu einem bestimmten Zeitpunkt in einer Wohnung in der Schwenckestraße im Hamburger Stadtteil Eimsbüttel einfinden. Es war einer der vielen Gründungsaufrufe für den ersten deutschen Hackerverein, der dann drei Monate darauf im Hamburger Schwarzmarkt aus der Taufe gehoben wurde. Wer als Erster auf den Namen Chaos Computer Club kam, ist nicht überliefert.

Fast zeitgleich mit der Gründung des Vereins erschien 1984 die erste Ausgabe des nach US-Vorbildern gegründeten Vereinsblättchens *Datenschleuder*. Schon der erste Beitrag war als Kampferklärung an das Establishment zu verstehen: »Computer sind Spiel-, Werk- und Denkzeug; vor allem aber: das ›wichtigste neue Medium‹«, schrieben die Hacker des CCC. »Wir stinken an gegen die Angst- und Verdummungspolitik in bezug auf Computer sowie die Zensurmaßnahmen von internationalen Konzernen, Postmonopolen und Regierungen.« Das Ziel der Chaos-Hacker: »Wir verwirklichen soweit wie möglich das ›neue‹ Menschenrecht auf zumindest weltweiten freien, unbehinderten und nicht kontrollierbaren Informationsaustausch (Freiheit für die Daten) unter ausnahmslos allen Menschen und anderen intelligenten Lebewesen.« Fortan sollten die bundesdeutschen Hacker als selbst ernannte Experten die Diskussion um Datenschutz im digitalen Zeitalter ganz wesentlich prägen. »Der Chaos Computer Club«, sagt Andy Müller-Maguhn, der schon als Dreizehnjähriger zu dem Hackerclub stieß, »bestand von Anfang an aus einer Mischung von Leuten, die einer technischen

40 Pershing: Kurzstreckenrakete der Amerikaner, die im Kalten Krieg in Deutschland stationiert war.

Faszination erlegen waren, und Leuten, die strukturell politisch gedacht haben.« Edward Snowden war gerade ein paar Monate alt, an Wikileaks oder Anonymous dachte noch niemand. Die Helden der Hackerszene nannten sich damals Captain Crunch, Cheshire Catalyst oder Nick Haflinger.

Nick Haflinger war der »Schockwellenreiter« aus dem gleichnamigen Roman des britischen Science-Fiction-Schriftstellers John Brunner aus dem Jahr 1975 – ein Jahr, bevor Apple mit dem Apple I den ersten Personal Computer vorstellte, und lange Zeit, bevor es öffentliche Datennetze gab.[41] Brunner schuf mit Nick Haflinger den Archetypen des Hackers: einen Außenseiter, der sich nicht den herrschenden Verhältnissen anpassen will, und ein Virtuose auf der Computertastatur – ein Bild, mit dem sich die realen Hacker seit jeher gern identifizierten. Auch Julian Assange, der Gründer von Wikileaks, würde in dieses Muster passen. Im Roman schlägt Haflinger den staatlichen Häschern immer wieder ein Schnippchen, indem er ein Manipulationsprogramm ins Datennetz einschleust, mit dessen Hilfe er seine Identität nach Belieben wechseln kann. Interessanterweise bezeichnete Brunner diese illegale Software als »Wurm« und prägte damit den Begriff für Schadprogramme, die sich im Internet von selbst fortpflanzen. Dem untergetauchten Helden gelingt schließlich der ultimative »Hack«: Mit einem einzigen Knopfdruck bringt er das ganze marode Staatsgefüge zum Einsturz. Das Gute, in Gestalt des Hackers, siegt. »Wie ein Delphin auf der Bugwelle eines Schiffes, stets voraus, aber immer auf dem richtigen Kurs«, schreibt Brunner, »so reitet er auf der Schockwelle einer immer rascher sich verändernden Gegenwart. Und es geht ihm bei alldem verdammt gut.« Der *Schockwellenreiter* war das Vorbild für eine ganze Hackergeneration.

Keine Romanfigur war Captain Crunch, mit bürgerlichem Namen John T. Draper, geboren 1944. Zu seinem Künstlernamen ließ sich Draper, ursprünglich Funktechniker bei der

---

41 John Brunner: *The Shockwave Rider*, Harper & Row, 1975.

US-Luftwaffe, von der Cornflakes-Sorte Cap'n Crunch inspirieren. Während einer Werbeaktion Anfang der 1970er-Jahre lag den Packungen der Frühstücksflocken zeitweise eine Spielzeugflöte bei. Mit der konnte man zwar nur zwei Töne erzeugen, aber einer davon erwies sich als äußerst segensreich: Er hatte eine Frequenz von exakt 2600 Hertz und war damit geeignet, den Gebührenzähler in der Vermittlungsstelle der Telefongesellschaft AT&T auszuschalten. Man musste bloß die Nummer der Fernvermittlung wählen und im passenden Moment mit 2600 Hertz in den Hörer pfeifen. Anschließend konnte man kostenlos telefonieren – weltweit.

Herausgefunden hatte das der blinde Philosophiestudent namens Josef Carl Engressia in Florida, der angeblich ein absolutes Gehör besaß und sich von Kindesbeinen an mit den technischen Details und Manipulationsmöglichkeiten des Telefonnetzes beschäftigt hatte. Engressia, Spitzname »The Whistler«, benutzte allerdings keine Pfeife, sondern pfiff einfach in den Hörer. Er gilt als der erste »Phreak« (»phone freak«) der Geschichte, eine Art früher Vorläufer der späteren Hacker. John Draper alias Captain Crunch stand mit dem Flötenspiel plötzlich die große weite Welt des Telefonnetzes zum Nulltarif offen: »Von Tokio ging meine Stimme nach Indien«, berichtete er später. »Indien verband mich mit Griechenland, Griechenland mit Pretoria. Südafrika verband mich mit Südamerika, von Südamerika lief ich nach London, und ein Londoner Telefonoperator stellte mich nach Kalifornien durch. Das zweite Telefon auf meinem Tisch klingelte, und das Echo kam von ganz weit her, es war zeitverzögert, und es war einfach phantastisch.« Es war der reine Selbstzweck, ein Phreak telefonierte um des Telefonierens willen, solange er damit die verhassten Telefonmultis Bell oder AT&T um die Gebühren prellen konnte. Dem Magazin *Esquire*, das ihn 1971 entdeckte, erklärte Crunch: »Ich bin dabei, etwas über das System zu lernen. Die Telefongesellschaft ist ein System, ein Computer ist ein System. Verstehen Sie das? Wenn ich tue, was ich tue, dann nur, um das

System zu erforschen. Eine Telefongesellschaft ist nichts als ein Computer.«

Captain Crunch fand schnell Gleichgesinnte, die ebenso wie er fanatisch versuchten, die amerikanischen Telefonkonzerne zu überlisten. Damals waren die Kosten für Telefongespräche, vor allem Ferngespräche immens hoch, Telefonate nach Übersee für normale Sterbliche fast unbezahlbar. Die Flöten wurden bald abgelöst durch professionell zusammengebaute »blue boxes«, kleine elektronische Geräte, die alle nur einen Sinn hatten: den Gebührenzähler auszutricksen. Gelegentlich trafen sich Hunderte von Phreaks zu verabredeten Zeiten an irgendwelchen virtuellen Plätzen im Telefonsystem und quasselten wild durcheinander. Es waren die ersten, noch reichlich harmlosen »Hacks« – jedenfalls so lange, bis das FBI mit der Jagd auf die Telefonpiraten begann und einige, darunter auch Captain Crunch, zeitweise ins Gefängnis wanderten. Die magische Frequenz wurde später in einer Zeitschrift für die Hackerszene verewigt: Sie trägt bis heute den Titel *2600*.

Es folgte die Geburtsstunde des Heimcomputers. Draper und andere stürzten sich mit Begeisterung auf die neue Technik, die als Domäne der Bastler galt. Eine Firma namens Altair bot beispielsweise einen Selbstbausatz für einen Kleincomputer an. Zusammen mit rund dreißig anderen Gleichgesinnten gehörte Draper 1975 in Menlo Park in der Nähe von San Francisco zu den Gründungsmitgliedern des Homebrew Computer Clubs. »Bastelst du gerade deinen eigenen Computer? Ein Terminal? Eine Fernseh-Schreibmaschine? Oder eine andere magische Box?«, warb der Club mit Flugblättern um neue Mitglieder, »dann solltest du dich mit Gleichgesinnten treffen und Informationen und Ideen austauschen.« Anfangs traf man sich in einer Garage in Menlo Park, später auch mal im Artificial Intelligence Laboratory der Stanford University. Einige der Pioniere aus dem Homebrew Computer Club verließen später das Umfeld der Garagen und Hobbykeller und bauten aus dem Nichts die Computerindustrie im Silicon Valley auf. Mehrere von ihnen wurden weltberühmt, zwei ganz besonders: Stephen Wozniak und Steve Jobs. Ihre ersten zusammengebastelten Computer hatten sie noch zum Selbstkostenpreis an Freunde verscherbelt. Mit ein paar tausend geliehenen Dollar gründeten »Woz« und Jobs Mitte der 1970er-Jahre ihr eigenes Unternehmen und schufen damit eine der Legenden des Computerzeitalters: Apple.

John Draper alias Captain Crunch kam Ende 1976 wegen fortgesetzten Telefonbetrugs wieder einmal für einige Monate ins Staatsgefängnis nach Lompoc, ließ sich aber auch in der Zelle nicht davon abhalten, Software für seine Freunde Wozniak und Jobs zu entwerfen. Er schrieb unter anderem das erste Apple-Textverarbeitungsprogramm namens Easywriter und verdiente später als Entwickler von Programmiersprachen Millionen. »Wir waren alle Hacker«, berichtete Stephen Wozniak in einer Reportage der ARD in den 1980er-Jahren, »immer auf der Suche nach Passwörtern oder anderen Informationen, die wir nicht wissen durften.« Das sei »sehr spannend« gewesen, meinte Woz, die »meisten schlauen Leute in der Computerbranche« hätten so begonnen: »Sie lernten auf einem fremden Computersystem und versuchten immer, in verbotene Bereiche hineinzukommen.«

Hacker waren die Spielkinder des aufkommenden Computerzeitalters. Die Mitglieder des Tech Model Railroad Clubs (TMRC), des Modelleisenbahnclubs der Bostoner Eliteuniversität MIT (Massachusetts Institute of Technology), bezeichneten schon in den 1950er-Jahren jemanden als Hacker, der seinen Einfallsreichtum nutzte, um ein technisches Problem schnell und effektiv zu lösen. »Das Wesen eines ›Hacks‹ ist«, schrieben die Modelleisenbahn-Enthusiasten des TMRC,[42] »dass er schnell ausgeführt wird und im Allgemeinen keinen Wert auf Eleganz legt.« Computer hießen damals noch »Elek-

---

42 Tech Model Railroad Club: »Hackers«, http://tmrc.mit.edu/hackers-ref.html.

tronengehirne«, waren riesengroß und fürchterlich langsam, und selbst Fachleute rätselten noch, was man außerhalb des Militärs mit ihnen eigentlich anfangen könnte.

Später galten am MIT in Boston diejenigen Studenten als »Hacker«, die sich trickreich Zugang zum Großrechner der Hochschule verschafften. Sie entwickelten regelrecht einen Sport daraus, legal war der Rechner damals nur einem exklusiven Kreis von Universitätsmitarbeitern zugänglich. Der Informatikpionier Joseph Weizenbaum, einer der Miterfinder des Internetvorläufers Arpanet und späterer Computerskeptiker, lieferte die klassische Beschreibung der Hacker, die er am MIT beobachten konnte: Sie seien »aufgeweckte junge Männer mit zerzaustem Haar, die oft mit tief eingesunkenen, brennenden Augen vor dem Bedienungspult sitzen; ihre Arme sind angewinkelt, und sie warten nur darauf, dass ihre Finger – zum Losschlagen bereit – auf die Knöpfe und Tasten zuschießen können, auf die sie genauso gebannt starren wie ein Spieler auf die rollenden Würfel«.[43] Weizenbaums Fazit: »Das sind Computerfetischisten, zwanghafte Programmierer. Sie sind ein internationales Phänomen.« Die legendären Hacker der ersten Stunde spielten mit den großen Kommunikationssystemen so unbekümmert, als seien es überdimensionale Modelleisenbahnen. Die Gleise waren, um im Bild zu bleiben, die weltweiten Telefonverbindungen.

Weitere Wurzeln des digitalen Untergrunds stammen aus der Gegenkultur der 1960er-Jahre, denn auch einige Hippies aus Kalifornien entdeckten die neue Technik für sich. Der Computer war für sie eine Art Droge, den geistigen Aktionsradius zu erweitern und irdische Beschränkungen zu überwinden. Richard Cheshire, der sich nach einer Figur aus *Alice in Wonderland* den Beinamen »Catalyst« gab und sich heute »The Cheshire Catalyst« nennt, hackte sich zuerst

43 Joseph Weizenbaum: *Die Macht der Computer und die Ohnmacht der Vernunft*, Suhrkamp, 1978.

durch die Telefon- und Telexnetze und beschäftigte sich auch sonst mit den vielfältigen Erscheinungsformen der Telekommunikation. Er wurde für einige Jahre mehr oder weniger unfreiwillig zu einer Art Pressesprecher der Hackerszene, wobei er selbst mit dem Begriff »Hacker« nicht allzu viel anfangen konnte: »Es ist einfach jemand, der so lange auf die Tasten hackt, bis das Programm läuft«, sagte Cheshire im Interview im Jahr 1984.[44] »Alles muss genau stimmen, und wenn nur irgendwo ein kleiner Fehler ist, muss man so lange hacken, bis es läuft. Etwas zum Laufen bringen – das macht den Hacker aus.«

Cheshire arbeitete damals ganz bürgerlich als Angestellter einer New Yorker Firma und unterwies Kollegen im Umgang mit Textverarbeitungssystemen. Um den Techno-Untergrund kümmerte er sich zunächst nur nebenbei. Ende der 1960er-Jahre gründete er ein Mitteilungsblättchen für Gleichgesinnte, dem er den Namen YIPL gab, Youth International Party Line, in Anspielung auf eine lose Vereinigung von anarchistisch angehauchten Aktivisten, die sich Youth International Party nannte oder kurz »Yippies«. Zu ihren prominentesten Vertretern gehörten Abbie Hoffman und Jerry Rubin. Bekannt wurde Rubin auch in Deutschland durch sein Buch *Do it! Scenarios für die Revolution* mit einem Vorwort von Eldridge Cleaver, dem Mitbegründer der Black-Panther-Bewegung. Die Yippies organisierten Protestaktionen gegen den Krieg der USA in Vietnam, stürmten 1968 den Parteitag der Demokratischen Partei in Chicago (»The whole world is watching«) und erregten ansonsten große Aufmerksamkeit damit, dass sie aus Protest gegen das »Schweinesystem« ein lebendes Exemplar dieser Gattung namens »Pigasus« als Kandidat für die US-Präsidentschaftswahlen aufstellten.

In diesem drogengeschwängerten, von der Studenten- und Hippiebewegung inspirierten Umfeld erlebte auch die Subkultur der Phreaks ihre Blüte. »Die Phreaks«, erinnerte

44 Gespräch mit Thomas Ammann und Matthias Lehnhardt.

sich Cheshire im Jahr 1987, »organisierten tief im Herzen des Bell-Netzwerks ihren eigenen Untergrund.« Nach einer Liberalisierung des Telefonmarkts brach dann endgültig die Anarchie im Netz aus. Die Federal Communications Commission (FCC) entschied im Jahr 1969, dass Telefonteilnehmer das Recht hatten, ihre eigenen Geräte an die Telefonleitungen anzuschließen. Das brachte Cheshire Catalyst und Abbie Hoffman auf die Idee, den Newsletter *YIPL* für die Mitglieder des »technologischen Untergrunds« herauszugeben: »Sie sollten ihr eigenes ›Journal‹ haben, um Informationen auszutauschen, genauso wie es die Ingenieure von Bell taten«, so Cheshire.

Das subversive Blatt erschien in den folgenden Jahren mehr oder weniger regelmäßig und machte deutlich, was die Yippie-Szene der späten 1960er-Jahre unter Informationsfreiheit verstand: Die interessierten Leser fanden dort Tipps, wie man das Telefonsystem lahmlegt oder Geburtsurkunden erfolgreich fälscht, wie man Rohrbomben bastelt und manch anderes »anarcho-technisches Zeugs«, wie es Cheshire nannte, dessen Verbreitung nicht unbedingt im Interesse der Sicherheitsbehörden lag. Mit der Verlegung des Schwerpunkts auf die kommunikationstechnischen Aspekte der Subversion benannte Cheshire das Blättchen listig um in *TAP*. Das stand für »Technological Assistance Program«, allerdings bedeutet »to tap« im Englischen bekanntlich auch »anzapfen«.

TAP sei eine Zeitschrift »für Leute, die gerne mit moderner Technik spielen«, sagte der Herausgeber, Chefredakteur und Hauptautor im Jahr 1984. Seine eigene Reputation in der Szene, so Cheshire, beruhe darauf, dass er »jedes Telexgerät in der Welt von zu Hause aus mit seinem Computerterminal erreichen« könne. Selbst die Yippies hätten irgendwann entdeckt, dass Telekommunikation ein »Schlüssel zur Revolution« sein könne – vor allem wenn man die verhassten Telefonkonzerne um die Gebühren prellen könne. Viele Leser würden dagegen *TAP* mit Spenden unterstützen, »weil sie es gut finden, dass es immer noch die Freiheit gibt, solche Informationen zu veröffentlichen – besonders die technischen Informationen, von denen möglicherweise einige Leute denken, dass es besser wäre, wenn sie nicht verbreitet würden«, berichtete Cheshire damals. »Irgendjemand hat einmal gesagt, das sei verbotenes Wissen. Ich glaube nicht, dass es verbotenes Wissen gibt.«

Fortan wurden in *TAP*, Untertitel: *The Hobbyist's Newsletter for the Communications Revolution*, zunehmend auch geheime Telefonnummern veröffentlicht, darunter die des Kremls, Bauanleitungen für zum Hacken nötige Computerschnittstellen und immer wieder Tipps, wie Zugangssicherungen für Rechnersysteme zu knacken wären. Bei alldem betonte Cheshire, er stehe mit *TAP* immer streng auf der Seite des Gesetzes: »Wir sind eine ganz kleine seriöse amerikanische Firma. Wir schreiben nur, was die Kids nicht tun sollen, und zwar ganz detailliert.« Daher warnte man die Leser eindringlich vor illegalen Aktionen: »Ihr sollt NICHT einen 2,4-Kilo-Ohm-Widerstand parallel schalten mit einem 0,3-Mikrofarad-Kondensator und an die Telefonleitung anschließen«, hieß es dann, »denn das wäre ja verboten.« Es wurden auch keine Tipps gegeben, wie man Lebensmittel- und Getränkeautomaten ausplündern kann, sondern nur, wie man einen Schlüssel nachbauen konnte: »Wenn niemand zusieht, drücke schnell einen Kleber, der an der Luft aushärtet, in das Schloss und warte so lange, bis er wirklich fest ist. Dann kannst du den Kleber herausziehen, und du hast einen passenden Schlüssel. Aber Vorsicht, er bricht leicht!« Ernstere Themen betrafen zum Beispiel die Struktur von Autovon, einem Fernsprechnetz der US-Army, den kostenlosen Zugang zu einem Telexnetz mit dem Namen Easylink oder Praxistipps für die Fehlerbehebung einer RS-232-Schnittstelle am Heimcomputer, die man damals noch für den Anschluss an Telefondatennetze brauchte.

Bei *TAP* ging es nicht um die große Weltpolitik wie heute im Fall Snowden, aber dennoch verfolgten die Sicherheitsbehörden das Treiben der Techno-Anarchisten mit höchster

Aufmerksamkeit. »Das FBI hat das gleiche Recht zu wissen, was in *TAP* steht wie der Rest unserer Abonnenten«, erklärte Cheshire im Interview 1984. Er wisse definitiv, dass einige Telefongesellschaften und Sicherheitsfirmen *TAP* abonniert hätten. »Die Redaktion trifft sich jeden Freitagabend im Hinterzimmer eines Restaurants in Greenwich Village; wir schreiben, wo man uns finden kann, wir sitzen jede Woche am gleichen Tisch, und ich hoffe inbrünstig, dass sie uns mit allem belauschen, was sie haben – mit Wanzen, Kameras und Mikrofonen.« Es sei ihm lieber, meinte der Oberhacker, die US-Sicherheitsbehörden wüssten genau, was vorgehe, statt dass sie »in Washington auf ihren Hintern« säßen und sich ausmalten, was die *TAP*-Truppe so alles heimlich ausheckte.

Als Ende 1983 das Büro von *TAP* in New York, das Cheshire und einem Freund gleichzeitig als Wohnung diente, in Brand gesteckt wurde, zeigte sich aber, dass Transparenz gegenüber den Sicherheitsbehörden allein keinen Schutz bot. Unbekannte hatten sämtliche Computer, Drucker, Diskettenlaufwerke und Disketten sowie die Back-up-Disketten vor den Flammen »gerettet« – oder besser gesagt, beschlagnahmt, bevor sie dann offenbar selbst den Brand legten. Der Fall wurde erwartungsgemäß nie geklärt.

Für die notorisch klamme *TAP*-Redaktion bedeutete der Brandüberfall auf die Wohn- und Arbeitsräume praktisch den Todesstoß. Das Blatt musste im Lauf des Jahres 1984 eingestellt werden. Zuvor allerdings plante der Gründungsherausgeber, noch einmal in aller Öffentlichkeit einen Schlusspunkt zu setzen. »Ich wollte«, berichtete er 1984 im Interview, »*TAP* nicht einfach sang- und klanglos untergehen lassen. Deshalb flog ich mit dem letzten Geld zur Telecom '83 nach Genf.« Er habe Wert darauf gelegt, dass die erste *TAP*-Ausgabe nach dem Einbruch auf der größten europäischen Messe für Telekommunikation erschien, so Cheshire. Das Blatt habe einen Artikel enthalten, der »unannehmbar« für die Telefongesellschaft Bell gewesen sei: »Keine großen Geheimnisse, einfach nur einige Peinlichkeiten« – eine typische David-gegen-Goliath-Aktion der *TAP*-Hacker. »Jeder auf der Messe sollte Wind davon bekommen«, meinte Cheshire, »sie sollten einfach wissen, dass wir immer noch da waren und dass man mit uns nicht so leicht fertig wird.«

Neben der standesgemäßen Bestattung von *TAP* fiel dem amerikanischen Chef-Hacker auf der Telecom '83 in Genf aber noch eine weitere wesentliche Aufgabe zu – die eines Geburtshelfers der deutschen Hackerszene: Er traf sich mit dem späteren CCC-Gründer Wau Holland, wie man in der bereits erwähnten *taz*-Doppelseite unter der Schlagzeile »Computer-Guerilla« nachlesen konnte: »Es ist Ende Oktober 1983. Seit Tagen fiebere ich der Reise nach Genf zur Telecom '83 entgegen. Dort will ich Richard treffen, den Herausgeber einer New Yorker Zeitung für Telecom-Junkies«, berichtete Wau Holland in der *taz*. Er selbst und die noch sehr versprengte bundesdeutsche Fangemeinde erhofften sich von den amerikanischen Vorbildern vor allem eines: Nachhilfe in Sachen Hacking, hier verstanden als das unberechtigte Eindringen in fremde Rechner.

Unter fürsorglicher Anleitung von Cheshire erkundete Holland auf der Telecom-Messe die neue, noch unbekannte Welt der Datenfernübertragung. Viele Erkenntnisse der Expedition deutete er in der *taz* nur an, der gezielte Einbruch in fremde Computer führte zumindest in juristische Graubereiche. Er selbst habe auf der Messe aber »erst 2 Paßwörter rausgefunden!!!«, bekannte der Netzwerkforscher. »Das muß ich noch lernen, da bin ich noch kein Profi. (Inzwischen weiß ich: Alle Tastaturen hochheben. Zettel drunter abschreiben! Oder anderen hinlegen. Kilroy was here.)« Bewundernd wurde dagegen ein Student der Carnegie-Mellon-Universität in Pittsburgh erwähnt, der angeblich »von seinem Schlafzimmer aus per Telefon ins Computersystem des US-Verteidigungsministeriums eingedrungen« war. »Er war im Air-Force-Computer, als er geschnappt wurde«, berichtete Holland. »Sein Ziel: Baupläne von ›cruise missiles‹ rausholen, um sie in *TAP* zu veröffentlichen.« Das waren Aktionen, die Eindruck machten.

Auch die Idee für ein frühes soziales Netzwerk skizzierte Wau Holland bereits in der *taz* vom November 1983, angeregt durch einen Artikel in *TAP*: »Für geheimdienstliche oder andere Zwecke gibt es Rufnummern oder Rufnummernfolgen, die bewirken, daß alle, die dort anrufen, miteinander sprechen können.« Eine solche Nummer kursiere in Schweden unter »Kids«, und deshalb seien »über Wochen hinweg (tag & nacht) Gespräche/Diskussionen/Jokes« gelaufen. Irgendwann hätten sich die Kids nicht nur hören, sondern auch mal sehen wollen, und hätten sich deshalb alle an einem Tag an einer U-Bahn-Station verabredet. Daraus sei dann eine »paartausend-köpfige Versammlung« geworden. »Die Polizei«, berichtete Holland, »geriet in ungeheure Panik, weil: Sie wußte von nichts und entwickelte zwanghaft die wahnsinnigsten Verschwörungstheorien.«

Mit diesem Beispiel sollte auch das weitverbreitete Vorurteil widerlegt werden, dass Hacken einsam macht. Vielmehr stellten sich Holland und die anderen Computerpioniere das Hacken als eine neue Form sozialer Interaktion vor – das Datennetz als ein riesengroßer virtueller Marktplatz, zu dem allerdings vorerst nur Eingeweihte Zutritt hatten. In diesem Sinne wünschten »Richard und wau« den Lesern zum Abschluss des äußerst instruktiven Messeberichts: »Happy hackenings for hacky Happenings.«

8

LÖCHER IN DEN DATENNETZEN: DIE HEIMLICHE MACHTERGREIFUNG

»Der Krieg ist ein Mittel, Materialien zu vernichten, in die Stratosphäre zu jagen oder in den Tiefen des Ozeans zu versenken, die sonst dazu benutzt werden könnten, es den Massen zu bequem und sie somit auf lange Sicht zu intelligent zu machen.«
George Orwell, *1984*

Im Februar 1946 stellten J. Presper Eckert und John W. Mauchly an der University of Pennsylvania den ersten rein elektronischen Universalrechner der Geschichte vor. Das Monstrum aus Tausenden von Röhren hieß ENIAC (Electronic Numerical Integrator and Computer) und war im Auftrag der US-Armee entwickelt worden und sollte zur Berechnung ballistischer Tabellen eingesetzt werden. Unnötig zu erwähnen, dass die Rechenleistung des ENIAC heute von jedem Kaffeeautomaten locker übertroffen wird.

Der militärische Nutzen der Computertechnologie offenbart also nicht deren Doppelgesicht, sondern war von Anbeginn an der Hauptzweck, ähnlich wie später bei der Entstehung der weltweiten Datennetze. Ohne den Zweiten Weltkrieg hätte es in den 1940er-Jahren mit ziemlicher Sicherheit keine elektronischen Computer gegeben. Den rasanten Fortschritt bei ihrer Entwicklung kann man als eine der direkten Folgen des »Manhattan-Projekts«, des geheimen US-Atombombenprogramms in den 1940er-Jahren, ansehen. So ging der Aufbau des ENIAC zurück auf Ideen des Mathematikers John von Neumann, die er während der Arbeit an der ersten Plutoniumbombe entwickelt hatte. Die Zeit drängte – man wähnte sich in einem Wettrennen mit den Nazis um die fürchterlichste aller Waffen –, und von Neumann suchte nach Möglichkeiten, die komplizierten Berechnungen für die Implosion des Sprengstoffs zu beschleunigen.

In den ersten Jahren nach dem Zweiten Weltkrieg waren Telefone in den Haushalten bei Weitem keine Selbstverständlichkeit, Fernseher erst recht nicht. Unternehmen und Behörden übermittelten Texte meistens mit Fernschreibern, deren Übertragungsgeschwindigkeit bei 6,67 Zeichen pro Sekunde lag – demnach würde es allein fünf Minuten dauern, die Textmenge dieser Buchseite mit einem Fernschreiber zu übermitteln. Wer in den 1950er-Jahren von Deutschland in die USA telefonieren wollte, musste sich noch vom »Fräulein vom Amt« vermitteln lassen – und das 1956 in Betrieb genommene transatlantische Telefonkabel ließ nicht mehr als sechsunddreißig Gespräche gleichzeitig zwischen Europa und Nordamerika zu. Ein Telegramm, das auf dem Postamt aufgegeben werden musste, war eine Alternative für die schnelle Nachrichtenübermittlung. Die ersten Satelliten wurden 1957 ins All geschossen – aber bis diese für die öffentliche Telekommunikation eingesetzt werden konnten, dauerte es noch ein paar Jahre länger. Faxgeräte kamen erst Mitte der 1970er-Jahre auf den Markt. So weit die Meldungen aus der Steinzeit der Telekommunikation. Noch vor wenigen Jahrzehnten wäre also niemand auf die Idee gekommen, dass die Möglichkeit, immer und überall mit jedem zu kommunizieren, von jedem Ort der Welt aus Texte und Bilder auszutauschen, Informationen und Filme abzurufen und vieles andere mehr einmal das Lebensgefühl von Hunderten von Millionen Menschen so nachhaltig prägen wird, wie das heute der Fall ist.

In seiner Titelgeschichte »Elektronenroboter in Deutschland« berichtete der *Spiegel* im Mai 1965: »IBM-Chef Thomas Watson hatte zunächst von den neuen Geräten nichts wissen wollen. Als in den frühen fünfziger Jahren die ersten Rechenungetüme für kommerzielle Nutzung auftauchten, die mit ihren tausenden von Röhren ganze Zimmerfluchten füllten und unerträgliche Hitze entwickelten, schätzte Watson den Bedarf der US-Wirtschaft auf höchstens fünf Stück.« Der IBM-Chef besann sich dann bald eines Besseren, und Mitte der 1960er-Jahre beherrschte das Unternehmen mit seinen Großrechnern den Weltmarkt, der allerdings noch recht überschaubar war. In den USA waren laut *Spiegel* damals rund 23 000 Geräte installiert, in der Bundesrepublik etwa 1700. So revolutionär seien Technik und Leistung der »Drahtgehirne«, berichtete das Nachrichtenmagazin, dass bisher nur »eine Minderheit von Experten die wahre Potenz der Denkmaschinen« abschätzen könne.

Die Vernetzung war der nächste große Schritt, und die Zahl der Computer nahm rasant zu. In der alten Bundesrepublik war die Fernmeldeabteilung der Bundespost zuständig für Telekommunikation. Die reichlich verschlafene Behörde benannte der Chaos Computer Club später respektlos in »Bundespest« um. Alles war durch die Post streng reguliert. So musste jedes Gerät, das im bundesdeutschen Einflussgebiet für irgendeine Art der Telekommunikation verwendet wurde, vom Fernmeldetechnischen Zentralamt in Darmstadt geprüft und abgenommen werden. Sogar ein verlängertes Telefonkabel durfte nur mit amtlicher Zulassung verwendet werden.

Die Großrechner von Universitäten und Forschungszentren waren anfangs nur über herkömmliche Telefonnummern zu erreichen. Um digitale Signale in analoge Töne umzuwandeln, mussten sogenannte Datenkoppler, auch Akustikkoppler genannt, über die Telefonhörer gestülpt werden. Allein das Militär und die NASA unterhielten bereits vereinzelte Netzwerke für ihre Rechenzentren, die ebenfalls über gewöhnliche Telefone zu erreichen waren. Diese Telefonleitungen waren die Verbindung zur Außenwelt und damit die Einfallstore für die ersten findigen Hacker. Der Trick war, die Telefonnummer und das Passwort für das Rechenzentrum einer lokalen Universität zu finden und sich von dort zu internationalen Datenbanken durchschalten zu lassen.

Dann begann Microsoft Programme für Personal Computer zu entwickeln und öffnete so einen weltweiten Markt für Jedermann-Rechner. Apple verknüpfte seine Software mit eigener Hardware, was manche damals für eine Sackgasse hielten. Andere folgten den Pionieren der digitalen Welt: Es war der Beginn der Computerrevolution Mitte der 1970er-Jahre, einer Umwälzung vergleichbar mit der Industriellen Revolution in der Mitte des 19. Jahrhunderts. Für die Phreaks und Hacker der ersten Stunde schien sich plötzlich ein ganzes Universum an Kommunikations- und Bewegungsmöglichkeiten zu eröffnen. Als im kalifornischen Silicon Valley der »Soft Rush« (in Anlehnung an den »Gold Rush«) begann, standen die etwas anderen Experten für Datenverarbeitung auf einmal hoch im Kurs. Sie entwickelten mit ihren unkonventionellen Ideen einen kreativen Umgang mit Hard- und Software, die vielen Ingenieuren und Informatikern völlig fremd war, und sie kannten sich aus in den komplizierten Strukturen der damaligen Telefon- und Datennetze.

Die beiden Apple-Gründer Steve Jobs und Stephen Wozniak hatten die besten Beispiele für einen spielerischen Umgang mit dieser neuen Technik geliefert, als sie noch beim Homebrew Computer Club ihre eigenen Rechner zusammenlöteten und sich mit den Telefonkonzernen ein Katz-und-Maus-Spiel lieferten. Ihr märchenhafter Erfolg hatte sie wie auch einige andere Wunderkinder der Branche zu Idolen der folgenden Generationen werden lassen. Viele Computerfreaks versuchten, es ihnen gleichzutun. »Der Werdegang nach dem Motto ›Hack' das System, hinterlasse eine Spur, werde ein bisschen berühmt und lass' dich von den Bossen entdecken‹ ist zum Mythos geworden«, beschrieb die amerikanische Soziologin Sherry Turkle, inzwischen Professorin am MIT in Boston, Anfang der 1980er-Jahre die Hackerträume aus dem Silicon Valley.[45]

In *War Games* setzte Hollywood den Computerkids der ersten Stunde ein Denkmal: Ein jugendlicher Computerfreak hackt sich in die Befehlszentrale der amerikanischen Luftabwehr (NORAD) ein und löst beinahe einen nuklearen Weltkrieg aus. Der Film war überaus realistisch inszeniert und gut recherchiert – wie gut, das konnte man bei der Festnahme von Ronald Mark Austin sehen, wenige Wochen nach der Premiere des Films. Der neunzehnjährige Physikstudent aus Santa Barbara im US-Bundesstaat Kalifornien war im Laufe der Zeit mit seinem Computer in über zweihundert Datenbanken eingedrungen, darunter auch in ein Netzwerk des US-Verteidigungsministeriums. Bei seiner Vernehmung erzählte er der Polizei, *War Games* hätte ihn zu diesen Abenteuern animiert. Ronald Mark Austin war nur der erste in einer langen Reihe amerikanischer Hacker, die sich hart am Rande der Legalität bewegten und zuweilen darüber hinaus gerieten. Sie wollten einfach nicht einsehen, dass ihnen der Zutritt zu dem weltweiten Abenteuerspielplatz nicht erlaubt war. Hacken wurde in den 1980er-Jahren unter amerikanischen Jugendlichen zu einer Art heimlicher Sucht. Zum jugendlichen Forscherdrang gesellte sich der unwiderstehliche Reiz, etwas Verbotenes zu tun. Fortan begleitete die Hacker in der medialen Öffentlichkeit der Nimbus der Subversivität, auch wenn anfangs nur wenige verstanden, was sie da eigentlich taten.

So gelangte auch Kevin Mitnick, geboren 1963, zu weltweiter und etwas zweifelhafter Berühmtheit. Bis zum Erscheinen von Edward Snowden galt er als Amerikas prominentester und meistgesuchter Hacker – und das über mehr als zwei Jahrzehnte. Mitnick wurde zum Mythos in der Szene der »Computer-Nerds«, heute ist er ein weltweit gefragter

---

45 Sherry Turkle: *Die Wunschmaschine. Vom Entstehen der Computerkultur*, Rowohlt, 1991.

Experte für Computersicherheit, der sein Wissen aus den Hacker-Lehrjahren gewinnbringend umsetzen kann. »Während die anderen Jungs in meinem Alter sich darauf verlegten, Fernseher zu reparieren«, schreibt Kevin Mitnick in seinen Erinnerungen,[46] »trat ich in die Fußstapfen von Steve Jobs und Steve Wozniak und bastelte eine ›blue box‹, mit der ich das Telefonnetz manipulieren und sogar kostenlos telefonieren konnte.«

In der Vor-Internet-Zeit entwickelte Mitnick großen Ehrgeiz darin, an geheime Informationen über das amerikanische Telefonsystem zu kommen. Die Kunst war es, Mitarbeiter der Telefonunternehmen anzurufen und sie dazu zu bringen, Dinge zu verraten, die sie niemals hätten sagen dürfen. Einer seiner Tricks: »Wenn man Leute direkt nach geheimen Informationen fragt, werden sie sofort misstrauisch. Wenn man aber so tut, als hätte man diese Information bereits, gibt sie aber vorgeblich falsch wieder, dann korrigieren sie einen unwillkürlich – und belohnen einen vielleicht mit den Angaben, auf die man eigentlich aus war.« Wie in einem Puzzle fügte er dann die gesammelten Informationen zusammen, um sich falsche Identitäten im Telefonnetz zuzulegen, kostenlos zu telefonieren oder heimlich fremde Telefonate abzuhören. Mitnick nannte seine Methode der Recherche »Social Engineering«, weniger freundliche Beschreibungen wären »Betrug« oder »arglistige Täuschung«.

Die »größte Versuchung«, bekannte er, sei es für ihn gewesen, sich in das Telefonnetz der National Security Agency zu hacken. Die NSA war damals noch viel mehr als heute ein geheimnisvoller schwarzer Block, aus dem nichts hinausdrang und in dessen Abläufe und Absichten man auch nicht hineinblicken konnte. Allenfalls die großen Satellitenschüsseln und Radarantennen an den neuralgischen Punkten der politischen Landschaft gaben einen Hinweis auf den unge-

---

46 Kevin Mitnick: *Das Phantom im Netz. Die Autobiographie des meistgesuchten Hackers der Welt*, Riva, 2012.

heuren technischen Aufwand, mit dem die Amerikaner in Zeiten des Kalten Kriegs die Gegner und natürlich auch die Verbündeten belauschten.

Mitnick verbrachte Wochen mit »Social Engineering«, bis es ihm gelang, eine gut versteckte Hintertür zur NSA aufzuschließen. Er hatte einen Zugang zu einer Vermittlungsstelle in Laurel in Maryland entdeckt, die das Telefonnetz der Abhörbehörde unterhielt. »Im Telefonverzeichnis dieser Firma«, erinnert sich Mitnick, »entdeckten wir eine Telefonnummer der NSA. Sie lautete 301 688–6311.« Der Rest war für Mitnick nun Hackerroutine. Da er davon ausging, dass sämtliche Telefonnummern in der NSA-Zentrale mit 688 begannen, probierte er geduldig alle möglichen Durchwahlen aus, bis jemand am anderen Ende den Telefonhörer abnahm. Indem er eine Testfunktion namens »Talk & Monitor« einschaltete, die er sich ebenfalls illegal beschafft hatte, konnte er gerade laufende Telefonate unbemerkt belauschen. »Ich schaltete mich in ein Gespräch ein und hörte einen Mann und eine Frau sprechen«, erinnert sich Mitnick, »Ich konnte wirklich kaum glauben, dass ich da gerade die NSA abhörte.« Ziemlich »aufgeregt und nervös zugleich« sei er bei der Aktion gewesen, bekannte Mitnick: »Die Ironie war nicht zu überhören – ich belauschte gerade die größte Lauschertruppe der Welt.« Die Regierung habe nie entdeckt, dass er sich Zugang zur NSA verschafft habe, bekannte Mitnick 2011.

Später hackte sich Mitnick unter dem Decknamen »Condor« nach eigener Aussage mehr als hundert Mal in die Rechner des amerikanischen Verteidigungsministeriums und anderer Regierungsinstitutionen, was ihm insgesamt mehr als fünf Jahre Gefängnis einbrachte. Erfolgreich nahm er sich die Universität im nordenglischen Leeds vor, die bei Mitnicks Amoklauf durch die Computernetze eine ganze Datenbank verlor. Bei einer Bank in den USA ruinierte der Rambo-Hacker das gesamte Rechnersystem. »Er ist ein elektronischer Terrorist«, sagte ein Freund, der ihn schließlich anzeigte, »allein mit seinen Fingern kann er anderer Leute Leben ruinieren.«

»Der Kick und die Erfüllung, verbotene Dinge zu tun, waren einfach großartig«, kommentierte Mitnick später seine Sucht,[47] »ich fühlte mich wie ein Entdecker, der den grenzenlosen Cyberspace bereisen konnte, und ich konnte aus purer Lust in den Systemen herumschnüffeln, dabei Ingenieure mit jahrelanger Erfahrung überlisten und herausfinden, wie man Sicherheitshürden überwindet, einfach lernen, wie die Dinge funktionieren.« Ein Ankläger in einem der Prozesse gegen Mitnick sah die Sache weniger positiv: »Mitnick könnte eine Atomrakete in [der US-Luftabwehrzentrale] NORAD starten, einfach, indem er in ein Telefon pfeift«, behauptete Staatsanwalt Leon Weidman vor Gericht – was Mitnick bis heute unter dem Hinweis bestreitet, die NORAD-Computer seien nicht mit der Außenwelt verbunden und schon gar nicht über herkömmliche Telefonleitungen zu erreichen gewesen. Die Richterin schloss sich allerdings der Ansicht des Staatsanwalts an und bemerkte, Mitnick sei eine Gefahr für die Allgemeinheit, wenn er mit einer Tastatur »bewaffnet« sei. Sie verfügte, dass Mitnick während seiner Haft auf keinen Fall Zugang zu einem Telefon haben dürfe.

Das Boulevardblatt *USA Today* brachte den Fall auf einen einfachen Nenner: In eine Silhouette von Darth Vader, dem finsteren Krieger aus *Star Wars*, wurde ein Porträt Kevin Mitnicks einkopiert. Die entsprechende Schlagzeile lautete, Mitnick sei »der Darth Vader der Hackerwelt«. Der Ruf, er sei ein »Darkside-Hacker«, ein »Hacker im Dunkeln«, haftete dem damals Fünfundzwanzigjährigen schon länger an. Aber Mitnick kümmerte sich nicht um Gesetze oder Verbote, seine Streifzüge durch den digitalen Abenteuerspielplatz brachten ihn mehr als einmal ins Gefängnis. Dass er und andere in der weltweit wachsenden Hackergemeinde zur Befriedigung ihres Forscherdrangs ein damals vorwiegend von Militär, Geheimdiensten, Weltraum- und Atomforschung genutztes Me-

---

47 Kevin Mitnick: *Das Phantom im Netz. Die Autobiographie des meistgesuchten Hackers der Welt*, Riva, 2012.

dium auserkoren hatten, machte den Reiz aus. Für Unternehmen, Universitäten und Sicherheitsbehörden wurden die respektlosen Computerkids mehr und mehr zum Schreckgespenst.

Mit ihren »Streichen« nahmen die Hacker den komplizierten Rechnersystemen die Aura der Unangreifbarkeit und schufen damit ein Ventil für die aufkommenden Ängste vor einer Computerisierung der Gesellschaft. Als viele bemerkten, dass die Vernetzung mit neuen Errungenschaften wie Bildschirmtext, Kabelfernsehen und Telearbeit plötzlich bis ins heimische Wohnzimmer reichte, wurden sie von Visionen einer computerisierten Überwachungsgesellschaft geplagt. »Big Brother is watching you«: Dieses Orwell-Zitat schien wieder brandaktuell. Der Frankfurter Soziologe Dieter Prokop prägte im Jahr 1984 das Wort von der »heimlichen Machtergreifung«. Mit allem, was man heute weiß, schienen diese Ängste keinesfalls überzogen, sondern im Gegenteil erschreckend realistisch. Und schon damals war es technisch möglich, jeden Handgriff am Arbeitsplatz zu überwachen, jeden Schritt auf der Straße festzuhalten, jedes Telefongespräch abzuhören – und alle Daten zu speichern, zu verknüpfen, abzugleichen und auszuwerten. Computer waren plötzlich überall, die Lawine begann eine unvorbereitete Öffentlichkeit zu überrollen. Niemand konnte sie aufhalten. Oder doch?

Innerhalb kürzester Zeit entwickelten sich die Hacker zu Helden der Medien in den westlichen Industrieländern. Der Journalist Rainer Fabian bezeichnete sie 1987 als »die frühreifen Kinder einer Gesellschaft, die immer mehr von anonymen Apparaten beherrscht wird«.[48] Fabians Beschreibung der Motive rührte an den Kern der Ängste: »Die Hacker rebellierten – im Gegensatz zum Bürger, der die Macht und den Einfluß der Technologien ignorierte, weil er sie nicht

---

48 Rainer Fabian: *Reise zu den Infonauten. Abenteuer der Computer-Pioniere*, Gruner + Jahr, 1991.

verstand – gegen die anonymen Systeme, und sie nahmen gewissermaßen Rache an den gesichtslosen Institutionen, die sich hinter den Systemen verbargen.« Dabei, so Fabian, hätten sie eine Ethik entwickelt – und zwar die einzige, »die das Computerzeitalter überhaupt hervorgebracht« habe: »Das Credo ihrer Überzeugung: Informationen sollten frei sein, Informationstechnologie jedem zur Verfügung stehen.« In seinem Standardwerk *Hackers. Heroes of the Computer Revolution* hatte der amerikanische Autor Steven Levy schon 1984 die Grundsätze dieser Hackerethik formuliert. Unter anderem zählte er auf:

»1. Der Zugriff auf Computer und alles Wissen, was dir hilft, Vorgänge auf der Welt zu verstehen, muss uneingeschränkt und umfassend sein. Das Prinzip des Mitmachens gilt überall.
2. Alle Informationen sollen gratis sein.
3. Misstraue Autoritäten – fördere Dezentralisierung.
4. Beurteile Hacker nach ihrem Handeln, nicht nach überholten Kriterien wie Diplomen, Alter, Rasse oder Stellung.«

Der Horrorvorstellung einer allumfassenden Überwachungsmaschine setzten die Hacker ihren Schlachtruf entgegen: »Freiheit für die Daten!« In jenen Anfangszeiten bewegten sie sich auf einem schmalen Grat zwischen Legalität und Illegalität, rutschten zuweilen ab, waren und sind auch ein interessanter Spielball geheimdienstlicher Interessen. Mit gewöhnlichen Kriminellen und ihren schnöden Motiven wollten die Technikfreaks mit den anarchistischen Wesenszügen allerdings nichts gemein haben. »Es ist viel interessanter, mit der Technologie zu spielen und herauszufinden, wie Systeme funktionieren, als immer nur daran zu denken, wie man am besten eine Bank ausräumen kann«, betonte Cheshire Catalyst, der ungekrönte Hackerkönig der 1980er-Jahre. »Als Hacker weiß ich, dass ich eine Bank ausräumen kann. Das ist für mich keine Herausforderung. Aber irgendwelche Programme zum Laufen zu bringen oder interessante Programmprobleme zu lösen, das klingt lustig.« Lange Zeit konnte das als unumstrittenes Glaubensbekenntnis der internationalen Hackerszene gelten.

Mit unbekümmerter Selbstverständlichkeit proklamierten auch die deutschen Hacker des Chaos Computer Clubs ihren Anspruch auf Lebensraum in der virtuellen Welt der Netzwerke. »Computer sind so etwas wie ein neues Medium«, erklärte CCC-Gründer Wau Holland als Referent auf einer Datenschutzfachtagung im November 1984 in Köln, »und diese Datenverbindungen sind für uns eine neue, weltweite Form von Straßen und öffentlichen Plätzen, auf denen wir uns bewegen.« Mal bezeichneten sie sich als Datenreisende, als Netzflaneure, als Touristen in einem globalen Dorf. Ein anderes Mal verglichen sie sich mit Besuchern eines Kaufhauses, die durch die Etagen schlendern, in Ruhe die Auslagen betrachten und mitnehmen, was ihnen gefällt. Das Motiv: reine Neugier, zumindest in der Anfangszeit.

Die Befriedigung der ganz besonderen Lust, in fremden Netzen zu wildern, war für die Hacker des CCC kein Selbstzweck. Die »Patrouillendienste am Rande der Unkenntlichkeit«, schrieben sie in ihrer Vereinspostille *Datenschleuder*, sollten auch höheren Zwecken dienen, wie die Hamburger Hacker immer wieder betonten: »Ein ganz klein bißchen«, so die *Datenschleuder* im Jahr 1984, »verstehen wir uns als Robin Data. Greenpeace und Robin Wood versuchen, Umweltbewußtsein zu schaffen durch Aktionen, die – wenn es nicht anders geht – öffentliches Interesse über bestimmte Regelungen stellen. Wir wollen wichtige Infos über die Datenwelt (aber auch über andere Themen) verbreiten im Sinn des freedom of information act in USA.« So lautete damals die Hauptforderung der deutschen Hacker: »Offene Netze – jetzt!« Es scheint fast, als ob sich heute mit Hackergruppen wie Anonymous oder der Enthüllungsplattform Wikileaks und dem Whistleblower Edward Snowden diese uralte Hackerforderung auf bislang ungeahnte Weise erfüllen sollte. »Die wichtigste Vision für den heutigen Kontext«, sagt Andy

Müller-Maguhn, »war der Umgang mit dem Computer als Herrschaftsinstrument.« Die Hacker hätten sich nicht vom »Großen Bruder« einschüchtern lassen, sondern herauszufinden versucht, wie »man sich dieses Herrschaftsinstrument nützlich machen« könne.

Auch die Hacker des Chaos Computer Clubs setzten bei ihren spektakulären Aktionen auf Öffentlichkeit und wurden damit bald zum Sprachrohr der deutschen Szene. Sie wollten den »Mythos Computer entzaubern«, Schwächen und Risiken von großen Systemen bloßlegen, um das Bewusstsein der Öffentlichkeit für die Fragen von Datenschutz und Überwachung zu schärfen.

Es begann mit einem elektronischen Einbruch in das Telebox-System der Bundespost im Frühjahr 1984, noch bevor dessen regulärer Betrieb startete. Die Testteilnehmer dieses elektronischen Briefkastens, eines Vorläufers heutiger Mailsysteme, waren aufs Höchste verunsichert, als sie erfuhren, dass der CCC sich unberechtigt Zugang verschafft hatte. Die Post reagierte hilflos. Die Hacker verbanden mit der Veröffentlichung des Coups eine deutliche Warnung an die Benutzer: »Wir haben eine Regierung und die hört, liest und speichert mit«, schrieb die *Datenschleuder* bereits in ihrer Ausgabe 3/84. »Mailboxen werden vom großen Bruder mitgelesen. Zwar können passwortgeschützte Meldungen nicht gelesen werden, es sei denn, die Mailbox-Telefonleitung wird angezapft. Jeder kann jedoch (bei den einfachen Mailboxen) den Absender sowie den Empfänger auch geschützter Mitteilungen feststellen. So läßt sich jederzeit ein Umfeld von Personen erstellen.«

Das ist genau das, was die NSA heute im globalen XXL-Maßstab macht, wenn sie Milliarden von Meta-Daten speichert und analysiert, die bei Mails und mobiler Kommunikation anfallen. Damals warnten die CCC-Hacker bereits, bei der Telebox der Bundespost gebe es »kaum Sicherheit«, da sie »staatlich kontrolliert« werde. Der CCC empfahl seinen Lesern die Verwendung eines Pseudonyms (»nur sinnvoll, wenn von Anfang an und immer benutzt«), ansonsten hoffte man auf die Errungenschaften der Kryptologie.

Beim nächsten Coup des CCC ging es um einen elektronischen Bankraub im Bildschirmtext-System (Btx), den nächsten Versuch der Bundespost, ins Zeitalter der digitalen Kommunikation zu starten. Das Btx-System übertrug erstmals Daten über Telefonleitungen ins heimische Wohnzimmer, wobei der Fernseher als Datenmonitor fungierte. Alles wirkte fast rührend primitiv: Die Grafiken bauten sich im Schneckentempo auf und sahen aus, als seien sie aus Legosteinen zusammengebaut. Dafür waren die Ziele der Post umso ambitionierter: Nach dem Start im Herbst 1983 erwartete man, dass bis 1986 eine Million Bundesbürger den neuen Dienst nutzen würden, aber tatsächlich waren es deutlich weniger: nur rund sechzigtausend Teilnehmer. Die Bundesdeutschen wussten mit moderner Telekommunikation noch nicht allzu viel anzufangen.

Die mangelnde Akzeptanz dürfte allerdings auch mit dem Btx-Hack des CCC aus dem Jahr 1984 zu tun haben. Auf simple Weise erleichterte Steffen Wernéry, eines der CCC-Gründungsmitglieder, ein Hamburger Finanzinstitut via Btx um 135 000 D-Mark. Zwar verzichteten die elektronischen Panzerknacker großzügig auf das von ihnen digital eroberte Geld, doch vom Ruch der Unsicherheit konnte sich das Btx-System nie mehr befreien. Die Bundespost wurde von dem Coup abermals völlig unvorbereitet getroffen. Eher tippe einer »sechs Richtige im Lotto«, hatten deren Techniker zuvor geprahlt, als dass er sich illegal das Passwort eines Btx-Teilnehmers verschaffen könne.

Doch genau das war dem dreiundzwanzigjährigen Wernéry nach eigener Aussage gelungen. Er war selbst als Informationsanbieter im Btx-System angemeldet und hatte beim Herumexperimentieren einen Softwarefehler entdeckt, der ihm angeblich das geheime Passwort der Bank (»usd70000«) auf den eigenen Bildschirm spielte. Daraufhin richteten die Hacker eine Spendenseite für ihren eigenen Verein ein: Anbieter konnten für den Abruf ihrer Btx-Seiten Gebühren erheben, wobei das Limit bei 9,99 D-Mark lag. Mit dem geheimen Passwort ließen die Hacker jetzt die Bank die CCC-Spendenseite aufrufen – und zwar nicht einmal, sondern mithilfe eines Heimcomputers alle drei Sekunden, insgesamt rund 13 500 Mal. Bei einem Seitenpreis von 9,97 D-Mark kamen so innerhalb einer Nacht rund 135 000 D-Mark auf das Clubkonto. Die unfreiwillige Spende des Hamburger Finanzinstituts überwiesen die Hacker umgehend zurück. Der Text der Spendenseite begann übrigens so: »Es erfordert ein bemerkenswertes Team, den Gilb zurückzudrängen.« Gemeint war die Bundespost.

Ihre Aktivitäten machten die Hacker vom Hamburger Club schnell zu Medienstars. Auch beim Publikum stießen die pfiffigen »Datenreisenden« auf breite Sympathie und erweckten allerlei Hoffnungen, die Matthias Horx, damals noch Journalist, heute Trend- und Zukunftsforscher, so beschrieb: »Hacker, so scheint's, vermögen die teuflische Macht der Computer und Datenbanken aus den Angeln zu heben. Sie sind die Davids gegen die Goliaths, sie kämpfen stellvertretend für uns alle gegen das Undurchschaubare. Es ist beruhigend, daß es sie gibt – solange solche Husarenstreiche möglich sind, kann es mit dem großen Bruder nicht weit her sein.«[49]

Weitaus größere Dimensionen hatte der sogenannte NASA-Fall, der im Sommer 1987 bekannt wurde. Bundesdeutsche Hacker waren damals in zahlreiche Großrechner vom Typ Vax des Space Physics Analysis Networks (SPAN) eingedrungen und hatten diese unter ihre Kontrolle gebracht. Das Datennetz wurde unterhalten vom National Space Science Data Center, einer Abteilung der US-Weltraumbehörde NASA. Es verband mehrere Tausend Rechner aus den Bereichen Luft- und Raumfahrt, Astro- und Hoch-

49 Matthias Horx: *Chip-Generation. Ein Trip durch die Computerszene*, Rowohlt, 1984.

energiephysik und Computerwissenschaften und war damit einer der Vorläufer des heutigen Internets. Allein die NASA betrieb über tausendsechshundert Vax-Computer im SPAN. Trojanische Pferde und Software-Tarnkappen, also selbst verfasste Manipulationsprogramme, ermöglichten es den Hackern, bis ins Hauptquartier der Weltraumbehörde einzudringen.

Den Zugang hatten sich die jugendlichen Computerexperten über die Rechenzentren des Europäischen Kernforschungszentrums CERN, des Max-Planck-Instituts in Heidelberg und der Europäischen Weltraumbehörde ESA verschafft. Sie hatten einen Fehler im Betriebssystem der Vax-Rechner entdeckt und schrieben daraufhin ein Programm, mit dem sie diesen Softwarefehler ausnutzten, um sich weltweit höchste Benutzerprivilegien zu verschaffen. In weniger als zwei Monaten knackten sie im SPAN serienweise Vax-Rechner aus Japan, Frankreich, Italien, den USA, der Schweiz und der Bundesrepublik. Auf all diesen Computern installierten sie ihre trojanischen Pferde und sammelten Tausende von Zugangscodes berechtigter Benutzer. Sensible Daten aus Forschungs- und Entwicklungsprojekten wurden nach allem, was man weiß, damals nicht gestohlen. Doch dann bekamen die Hacker Angst vor ihrer eigenen Courage. Sie wandten sich an den Chaos Computer Club.

Die Hamburger Hack- und PR-Profis studierten Log-in-Protokolle, Passwortlisten und Programmcodes der trojanischen Pferde und entschieden sich für eine ungewöhnliche Aktion zur Schadensbegrenzung. Sie trafen sich im Büro eines Vermittlers, des Herausgebers einer Fachzeitschrift für Datensicherheit, mit Beamten des Kölner Bundesamts für Verfassungsschutz. Die Behörde sollte den Computerhersteller DEC, betroffene Institute und die NASA als Betreiberin des SPANs von der Katastrophe informieren. Im Gegenzug sollte eine Strafverfolgung der betroffenen Hacker vermieden werden. Später übergab das Chaos-Team eine Liste mit 135 gehackten Systemen, unter anderem das NASA-Hauptquartier in Washington, das Europäische Kernforschungszentrum CERN in Genf, die Französische Atomenergiebehörde in Saclay und die Deutsche Forschungs- und Versuchsanstalt für Luft-und Raumfahrt in Oberpfaffenhofen.

Der Verfassungsschutz habe die Dimension der Computereinbrüche allerdings nicht erkannt und sei untätig geblieben, kritisierte der Chaos Computer Club nachher. Ein Indiz für die Hacker war, dass einen Monat nach der Übergabe des Materials die Computersysteme im SPAN immer noch ungesichert waren. Mitte September 1987 drangen Hacker erneut in die NASA-Rechner ein und entfernten ihre trojanischen Pferde, die bis dahin noch fleißig Passworte und Zugangscodes gesammelt hatten. Auch die geballte Macht von CIA, NSA, FBI, Bundeskriminalamt und Verfassungsschutz hatte anscheinend nichts dagegen ausrichten können: Die eingesetzten Manipulationsprogramme waren noch immer nicht entdeckt, geschweige denn unschädlich gemacht.

Als der NASA-Hack publik wurde, versicherten die Systemverantwortlichen umgehend, die Hacker hätten nur »im Papierkorb« gewühlt, geheime Informationen seien dort nicht zu finden gewesen. Beispielhaft legte der Coup allerdings die Schwachstellen der westlichen Datennetze bloß. Ein simpler Systemfehler im Betriebssystem der Vax-Rechner hatte diesen Masseneinbruch möglich gemacht. Die deutschen Hacker hatten ihn entdeckt und mithilfe ihrer Trojaner konsequent ausgenutzt. Hackers Traum war Wirklichkeit geworden: Der Computerhersteller lieferte die elektronischen Hintertüren gleich ab Werk. Aus Unachtsamkeit oder möglicherweise bereits damals auf Veranlassung der US-Geheimdienste, die sich damit selbst eine Hintertür offen halten wollten? Dass die staatlichen Hacker der NSA mittlerweile ähnliche Manipulationsprogramme benutzen, um fremde Rechner auf der ganzen Welt zu infiltrieren, dürfte eigentlich niemanden überraschen.

Der CCC sonnte sich damals noch im öffentlichen Wohlwollen, selbst staatliche Datenschützer stimmten den Hackeraktionen zu – was wiederum einige Linke in einem Beitrag in der *taz* veranlasste, den Datenchaoten vorzuwerfen, sie seien »Trüffelschweine der Elektronikindustrie«, die beim Aufspüren von Systemlücken nur unbezahlte Entwicklungsarbeit für die Konzerne leisteten. Oder auch für die Geheimdienste?

Inzwischen waren in der Bundesrepublik die Strafbestimmungen gegen Hacken verschärft worden, durch neu geschaffene Paragrafen für das bislang unbekannte Deliktfeld »Computerkriminalität«. Mit dem Inkrafttreten des Gesetzes zur Bekämpfung der Wirtschaftskriminalität im August 1986 standen nun auch Hacker mit einem Bein im Gefängnis. Mit Freiheitsstrafe bis zu drei Jahren kann seither zum Beispiel bestraft werden, »wer unbefugt Daten, die nicht für ihn bestimmt und gegen unberechtigten Zugang besonders gesichert sind, sich oder einem anderen verschafft«.

Als Antwort auf die jahrelangen Hackerattacken in ihren Rechenzentren erstatteten genervte Firmen und Forschungsinstitute aus ganz Europa Anzeige, meist gegen Unbekannt, oft genug aber auch direkt gegen den Hamburger CCC. Diese Strafanzeigen konnten meist mit jahrelang gesammelten Protokollen von Einbrüchen in die Großrechner untermauert werden. In der Folge hagelte es bei CCC-Mitgliedern Vernehmungen und Hausdurchsuchungen. Dass sie Verbrecher sein sollten, hielten die üblichen Verdächtigen des CCC für ein galaktisches Missverständnis. »Das BKA wird sich bei einer Verfolgung der falschen Leute dermaßen blamieren, so daß die Chancen der Eindämmung wirklich bedrohlicher Computerkriminalität um Jahre verspielt werden«, prophezeite die *Datenschleuder* im Dezember 1987 nach den ersten Hausdurchsuchungen. Die Polizei warnte sie vor einer »Aufrüstung zum Informationskrieg«. Das Bundeskriminalamt wäre »besser beraten«, so die Club-Postille, wenn es mit »den Hackern an einem Strang ziehen und diese in der Forderung nach offenen Netzen unterstützen« würde: »Wo Information frei ist, braucht nichts versteckt zu werden.«

Am Morgen des 14. März 1988 wurde Steffen Wernéry, Vorstandsmitglied des Chaos Computer Clubs, auf dem Flughafen Charles de Gaulle bei Paris festgenommen. Er war nach Frankreich gereist, um auf einem Datensicherheitskongress einen Vortrag über die Sicherheitslücken zu halten, die deutsche Hacker beim NASA-Hack entdeckt hatten. Der Elektronikmulti Philips hatte in Frankreich Anzeige wegen Diebstahls und Sachbeschädigung erstattet. Wernéry kam in Untersuchungshaft und musste die nächsten Wochen in der Haftanstalt Fresnes bei Paris verbringen, zusammen mit drei mutmaßlichen Drogenhändlern. Freundliche Beamte vernahmen ihn rund um die Uhr – vornehmlich »über Hackereien und Unregelmäßigkeiten in Rechnern innerhalb der vorausgegangenen vier, fünf Jahre«, berichtet Wernéry, »und gezielt über angebliche Vorfälle bei Philips und beim Rüstungskonzern Thomson«.

Nach sechsundsechzig Tagen kam Wernéry wieder auf freien Fuß. Später erfuhr er, dass deutsche Hacker angeblich in französische Großrechner eingedrungen waren und dort Spezialprogramme für das Design von Mikrochips gestohlen hätten. Aus dem vertraulichen Protokoll einer Sitzung von Sicherheitsmanagern und Verteidigungsexperten in Frankreich ging hervor, dass einige der aufgebrochenen Computer vom Typ Vax in einer Thomson-Filiale in Grenoble standen. Diese Filiale betrieb damals Forschung über Galliumarsenid und über die elektronischen Komponenten, aus denen noch kleinere und leistungsfähigere Chips entwickelt werden sollten. Besonders viel versprachen sich von diesem Halbleitermaterial die Rüstungselektroniker – auch in der Sowjetunion. Wie sich später herausstellte, mündeten die Ermittlungen in einen Fall, der weltweit für Aufsehen sorgen sollte.

In der Endphase des Kalten Kriegs hatten sich deutsche Hacker bei ihren Streifzügen durch westliche Großrechner Zugangscodes und Software verschafft, die sie an den KGB verkauften. Es handelte sich zwar nicht, wie der Moderator eines ARD-*Brennpunkts* bei der Enthüllung des Hackerfalls im März 1989 etwas euphorisch ankündigte, »um den größten Fall von Spionage seit der Enttarnung des Kanzleramtsagenten Günter Guillaume«, aber brisant genug war er dennoch. Er gab einen Vorgeschmack auf die künftige Bedrohung durch die Aufrüstung im Netz, die Vorbereitungen zum Cyberwar – mit der viel zitierten Hackerethik ließ sich der Verkauf von Informationen an einen östlichen Spionagedienst jedenfalls nicht vereinbaren.

Einst waren sie angetreten, das »neue Menschenrecht« auf »zumindest weltweiten freien, unbehinderten und nicht kontrollierbaren Informationsaustausch« zu verwirklichen. Jetzt hatten sich einige der digitalen Freiheitskämpfer mit Institutionen eingelassen, die für das genaue Gegenteil standen, und das auch noch in einem totalitären Staat. Ursprünglich waren Neugier und Abenteuerlust die Motive, als die Hacker nach Hintertüren in großen Computersystemen suchten, aber der KGB-Spionagefall erschütterte dieses Vertrauen in der Computergemeinde bis in die Grundfesten. Zugleich markierte er einen Wendepunkt in der Geschichte der internationalen Hackerszene: Was als sportlicher Wettstreit zwischen David und Goliath begonnen hatte, entwickelte sich zu einem Hightech-Stellungskrieg. Hacker fanden sich plötzlich wieder im Spannungsfeld zwischen Ost und West, in einem geheimen Krieg um Informationen, die für die Zukunft entscheidend sein sollten – wie auch heute wieder. Aber damals bezahlte einer von ihnen mit seinem Leben.

9

HACKER FÜR MOSKAU: VISIONEN VOM DIGITALEN KRIEG

»Er wußte, daß ihn die Gedankenpolizei sieben Jahre lang beobachtet hatte, wie einen Käfer unter einem Vergrößerungsglas. Es gab keinen Handgriff, kein laut gesprochenes Wort, das sie nicht registriert hatten, keinen Gedankengang, den sie nicht hätten ergründen können.«
George Orwell, *1984*

Karl Koch stand unter Beobachtung der bundesdeutschen Sicherheitsbehörden. Ein Dreivierteljahr zuvor, am 5. Juli 1988, hatte er sich auf Anraten seines Rechtsanwalts dem Bundesverfassungsschutz offenbart: »Ich gehörte zu einem Kreis von Hackern«, hatte er dort gestanden, »die an den sowjetischen Geheimdienst KGB lieferten.« Daraufhin war er mehrfach vom Bundeskriminalamt vernommen worden.

Seinen Namen kannten nur Eingeweihte, aber was er getan hatte, beschäftigte Geheimdienste und Medien weltweit. Per Heimcomputer und Telefon war Koch von Deutschland aus in die internationalen Datennetze eingebrochen. Unter dem Pseudonym »Hagbard Celine« war der Computerfreak aus Hannover auf »Datenreise« in den Großrechnern von Militär, Behörden und Forschungslabors gegangen – nicht allein, sondern mit einer ganzen Gruppe. Seinen Hackernamen hatte Karl Koch der Kulttrilogie *Illuminatus!* von Robert Anton Wilson und Robert Shea entliehen. In der drogenvernebelten Science-Fiction-Story geht es um Weltverschwörer, die »Illuminaten«, die einen Atomkrieg anzetteln wollen. Romanheld Hagbard Celine hat die Aufgabe, die Welt vor diesen bösen Mächten zu retten. »Wir wollen beweisen«, verkündet er im Roman, »dass kein Staat das Recht hat, die Wirtschaft und den Handel in irgendeiner Weise zu reglementieren; auch nicht den freien Menschen.«

Koch hatte nach eigener Aussage das Buch sechzig- oder siebzigmal gelesen. In einer der Hacker-Mailboxen, den frühen Vorläufern sozialer Netzwerke, schrieb er unter der Schlagzeile »Die Hacker verkörpern die Zukunft«: »Es hat etwas Berauschendes, dass ein ganzes EDV-System durch einen von mir eingegebenen Befehl zum Arbeiten gebracht wird. Und schon hat man diese unvorstellbare Kraft, verborgen im Inneren des Computers, aufgestöbert.« Wie sein Vorbild Hagbard Celine die Verschwörung der Illuminaten unterwanderte, um sie auszuschalten, so drang Koch in die Datennetze ein, die nach seiner Überzeugung »für unsere Führer zur absoluten Waffe gegen das eigene Volk« geworden waren. »In einem totalitären Staat«, schrieb Karl Koch alias Hagbard Celine in einem Online-Manifest für ein »neues demokratischeres Gesellschafts-Zeitalter«, »sind die Führer von dem Gedanken, alles unter Kontrolle zu haben, regelrecht besessen. Sie können es sich erlauben, am Werkzeug EDV zu manipulieren. In demokratisch regierten Systemen ist das schwieriger.«

Mit Hans Hübner, geboren 1968, seinem engsten Freund aus frühen Hackertagen, diskutierte Koch nächtelang darüber. »Karl war der Träumer, ich war der Techniker«, berichtet Hübner im Gespräch, »darum habe ich mich für seine ganze *Illuminatus*-Welt auch gar nicht interessiert. Karl war gar nicht der Computerfreak, für den ihn alle hielten. Er hatte ein politisches Interesse.« Auch in den 1980er-Jahren, so Hübner, seien bereits »die zentralen Vorgänge auf dieser Welt« per Computer gesteuert worden: »Börsen, Kraftwerke, Transportlogistik, Wissenschaft, Militär – alles. Und Karl hat geglaubt, dass er eine Möglichkeit hat, die Welt zu verändern, wenn er diese Computer unter seine Kontrolle bringt.«

Im anstehenden Prozess gegen die KGB-Hacker sollte Karl Koch nach einer Absprache zwischen seinem Hamburger Rechtsanwalt und der Bundesanwaltschaft als eine Art Kronzeuge auftreten, nachdem er in seinen Vernehmungen beim Bundeskriminalamt und beim Verfassungsschutz bereits umfassend über den Hintergrund des Spionagefalls, den NASA-Hack und das Innenleben der deutschen Hackerszene ausgepackt hatte. Doch zu diesem Auftritt vor Gericht kam es nicht mehr. Am 23. Mai fuhr Karl von Hannover zunächst in Richtung Gifhorn, dann bog er in der Nähe der Ortschaft Ohof in einen Waldweg ein und stellte seinen dunklen Kombi ab. Einige Tage darauf entdeckte ein Bauer auf dem Weg zur Feldarbeit den Wagen, der ihm verdächtig vorkam, und informierte die Polizei – und die entdeckte eine verkohlte Leiche. Über die Identität des Toten gab es wenig Zweifel: Eine nicht verbrannte Fingerkuppe sorgte für Gewissheit, denn der mutmaßliche KGB-Spion war im Jahr zuvor bei seiner Selbstanzeige erkennungsdienstlich behandelt worden. Neben dem verbrannten Leichnam lagen die Reste eines geschmolzenen Plastikbenzinkanisters: Selbstverbrennung, so der Befund der Ermittler.

Die grausige Entdeckung sorgte bundesweit für Schlagzeilen: »KGB-Hacker tot aufgefunden« lautete die Meldung in den ARD-*Tagesthemen*. Sofort wurde in den Medien und in den Foren der Hacker über die Umstände des Todes spekuliert: War es ein Freitod? War es Mord? Eine Hinrichtung? Wollte der KGB einen Zeugen beiseiteschaffen, der unkalkulierbar geworden war? Hatte die CIA den Hacker auf dem Gewissen, weil er die Sicherheitsinteressen der USA gefährdet hatte? Hatten sich die Gangster gerächt, die den Kontakt zum KGB angebahnt hatten, und die Karl Koch bei den Strafverfolgern verpfiffen hatte? Hatten ihn die bundesdeutschen Sicherheitsbehörden in den Selbstmord getrieben, weil sie ihn nach seiner Selbstanzeige monatelang in die Mangel genommen hatten? Hatten die Journalisten Schuld, die Kochs Story möglicherweise rücksichtslos ausgeschlachtet und zur

Weltsensation aufgebauscht hatten? Oder hatte er einfach nur Bilanz gezogen, die Bilanz eines tragischen und verpfuschten Lebens?

Kochs Freunde wussten, dass das Datum seines Todestages, der 23. Mai, für ihn zentrale Bedeutung hatte. 23 und 5, der Mai also, galten ihm als heilige Zahlen (5 ist die Quersumme von 23), »die in den geheimen Codes der Illuminaten eine magische Rolle spielen«. Karl Koch war zudem dreiundzwanzig Jahre alt, als er starb. »Alle großen Anarchisten starben am 23. des einen oder anderen Monats«, wird im ersten *Illuminatus*-Band erklärt.

»Er war zu dem Zeitpunkt einfach durch, völlig fertig«, sagt Karls Freund Hans Hübner, in den 1980er-Jahren ebenfalls tief verstrickt in den KGB-Fall, »und er fühlte sich verfolgt. Ich kann mir gut vorstellen, dass seine ganzen Träume dahin waren und dass er genau das gesehen hat. Vielleicht nicht immer, aber einmal zu oft.« Auch Hübner hatte sich damals nach Beratung mit einem Anwalt selbst angezeigt und den Sicherheitsbehörden für umfassende Aussagen in dem Spionagefall zur Verfügung gestellt. Er sah darin seine einzige Chance, mit einem blauen Auge davonzukommen, nachdem immer deutlicher wurde, dass die Hacker bei ihrer Datenjagd in den USA entdeckt worden waren. Es wäre nur noch eine Frage der Zeit gewesen, bis die Ermittler der KGB-Connection auf die Schliche gekommen wären.

Heute bekennt Hans Hübner, dass die Verstrickung in den Fall »sein ganzes Leben bestimmt« habe. »Diese ganze Geschichte und all die Drogen, die ich damals genommen habe«, erzählt er, »haben mich für einige Jahre aus der Bahn geworfen.« Einen Studienabschluss hat er deshalb nicht vorzuweisen. Inzwischen hat der hoch talentierte Computerexperte seine Nische als freiberuflicher Programmierer gefunden und arbeitet unter anderem für eine amerikanische Versicherung. Probleme bei der Einreise in die USA habe er trotz seiner Vergangenheit als Spion nie gehabt, sagt er.

Hübner war vierzehn Jahre alt, als er Computer für sich

entdeckte. Ein kleiner Heimcomputer habe damals seine Neugier auf die »großen Maschinen« geweckt, berichtet er. »Lass uns mal online gehen«, schlug eines Nachts ein Freund vor, der einen Akustikkoppler hatte, mit dem man übers Telefonnetz einsteigen und Verbindung mit Rechnern in aller Welt aufnehmen konnte. »Wir sind ein bisschen in den USA herumgestiefelt und haben uns riesige Netzwerklisten in den dortigen Computernetzen angeschaut«, beschreibt Hübner seine erste »Datenreise«, »das war ein ganz neues Gefühl.« In dieser Nacht legte sich der Schüler auch das Pseudonym zu, das Systemmanager in aller Welt bald kennen und fürchten lernen sollten. Als auf dem Monitor sein User-Name verlangt wurde, gab er einfach »Pengo« ein – nach dem Pinguin im gleichnamigen Videospiel, dem Hübner bis zum Beginn seiner Hackerkarriere verfallen war: »Pengo war das Heldenspiel.«

Auf dem Chaos Communication Congress, dem jährlichen Hackertreffen in Hamburg, stieß Pengo im Dezember 1985 auf Hagbard aus Hannover – und auf mehrere andere Hacker, die ihm bis dahin nur in den Netzen begegnet waren. Aus dem Gemeinschaftserlebnis der nächtlichen Hacksessions auf dem Kongress bildete sich eine verschworene Gruppe passionierter Programmierer, die auf Vax-Computer des Herstellers Digital Equipment Corporation (DEC) spezialisiert waren. Bei ihren Einbrüchen gaben sie sich gelegentlich prahlerisch als »Vax Busters International« zu erkennen, wenn sie mal wieder von Systemverantwortlichen entdeckt worden waren. »Wir waren die besten der Vax-Hacker«, erinnert sich Hübner heute, »jedenfalls glaubten wir, dass wir die Besten waren.« Ein Indiz für die Qualität dürfte sein, dass auch Darkside-Hacker Kevin Mitnick die Programme der deutschen Hackerkollegen für seine illegalen Streifzüge durch die US-Rechenzentren nutzte.

Kevin Mitnick und Hans Hübner kannten sich damals noch nicht persönlich. Aber mit der viel beschworenen Hackerethik konnten weder der gefürchtete »Cracker« in Kalifornien noch sein jugendlicher Kollege in Berlin viel anfangen. »Wenn es eine Möglichkeit gibt, als Hacker richtig gut zuzulangen, dann hält sich keiner an irgendeine Hackerethik«, war Pengos klare Haltung. »Wer sich vormacht, dass er nicht käuflich sei, der belügt sich selbst. Mir ging es hauptsächlich darum, richtig gut zu hacken – weniger ums Geld. Aber irgendwann natürlich auch darum.« Der damals siebzehnjährige Hübner hatte mit anderen schon länger darüber nachgedacht, wie man die Fachkenntnisse der bundesdeutschen Szene über die westlichen Computernetze und deren Sicherheitslücken für einen »ordentlichen Deal« nutzen könnte. Der entscheidende Anstoß zur Kontaktaufnahme mit östlichen Diensten aber soll von der Hackerszene in Hannover ausgegangen sein, die ideologisch meilenweit vom politisch eher korrekten Hamburger CCC-Umfeld entfernt war.

In Hannover war Pengo den beiden jungen Männern erstmals begegnet, die später den KGB-Deal einfädeln sollten: Bernhard Clauss,[50] der als Barkeeper in Hannover arbeitete, und Andreas Kersten,[51] einem freiberuflichen Computerexperten. Gelegentlich stieß noch der Student Florian Hiller[52] dazu. Karl Koch alias Hagbard hatte die Gruppe zusammengebracht. Hagbard hatte Andreas Kersten bei einem Hackerstammtisch in einer hannoverschen Kneipe kennengelernt. Als freiberuflicher Programmierer verdiente Kersten bis zu 20 000 D-Mark im Monat, plus Sonderzulagen und Spesen. Der Computerexperte galt als »eine Art Genie« auf seinem Gebiet, wie später auch der Verfassungsschutz neidvoll zugeben musste. Er arbeitete bundesweit für eine Leiharbeitsfirma als Troubleshooter an der Großrechnerfront. Die Agentur schickte ihren »Mann für besondere Fälle« monatsweise zu Behörden und Großunternehmen, wenn deren Zentral-

50 Name geändert.

51 Name geändert.

52 Name geändert.

computer Schwierigkeiten machten. Der Freelancer ohne festen Wohnsitz pendelte meist zwischen Hannover und Berlin und übernachtete bei befreundeten Hackern oder im Hotel.

Bald brachte Kersten noch einen angeblich ebenfalls computerbegeisterten Freund in die Runde der Hacker ein: Bernhard Clauss. Kersten stellte ihn gelegentlich gern als »meinen Chauffeur« vor, seit er wegen Trunkenheit am Steuer den Führerschein verloren hatte. Fahrer Clauss liebte schnelle Autos und konnte den Zusatzverdienst als Chauffeur gut gebrauchen. In trautem Kreise ließ er gern mal die großkalibrige Pistole herumgehen, die er zuweilen bei sich trug. Die anderen waren beeindruckt – und erfuhren bald, dass der Barkeeper einigen einträglichen Nebenbeschäftigungen nachging: Er betrieb einen schwunghaften Auto-Export nach Spanien, bevorzugt mit Edelkarossen der Marken BMW und Mercedes.

Kochs Wohnung nutzten zu dieser Zeit immer öfter auch andere Hacker aus Norddeutschland als Tor zur Computerwelt. Es hatte sich herumgesprochen, dass man auf Kochs Kosten praktisch unbegrenzt durch die weltweiten Netze surfen konnte. Karl Koch selbst beschrieb seine Situation in seinem Lebenslauf so: »Ich lebte unter strenger Abkapselung von meiner Umwelt (Freundeskreis), mit tage- und nächtelangen Hacksessions sowie häufigen Drogenkonsums.« Gelegentlich habe er auch noch »Speed- und LSD-Trips« genommen, und der Drogenkonsum habe »zu stetig zunehmenden parapsychologischen Wahrnehmungen« geführt. Koch verfasste in dieser Zeit auch ein Manifest mit dem Titel »Von der Lust, ein Dark-Side-Hacker zu werden«. »Hacken ist Sucht«, bekannte er dort zu Beginn, »es ist das permanente Verlangen, das Denkbare nicht nur zu denken, sondern mit Hilfe des Computers real werden zu lassen.« Die Motivation sei »natürlich von Anfang an mehr als nur das pure Interesse an der Technik« gewesen: »Das Gefühl, etwas Bedeutendes als erster zu tun, vielleicht sogar der einzige zu sein, der es jemals tun kann, das war auch einer der Aspekte, die uns am Hacken faszinierten.« Koch glaubte fest daran, dass die Weltverschwörer in den Großrechnern von Militär und Forschung den Atomkrieg vorbereiteten.

Im Lauf des Jahres 1986 hatte Hagbard dann nicht nur das Erbe seines Vaters von 100 000 D-Mark durchgebracht, sondern darüber hinaus auch mehrere Tausend Mark Schulden gemacht. In einem Akt der Verzweiflung verkaufte er zuletzt sogar sein Modem und war damit beim Hacken auf die Ausrüstung von Freunden angewiesen. Immer häufiger drehten sich die Gespräche in der Gruppe nun darum, ob vielleicht mit der Hackerei Geld zu machen wäre. Irgendwann sei bei einem Treffen in Kochs Wohnung das Stichwort gefallen: »Geschäfte mit dem Osten.« Zunächst hätten sie das für einen Witz gehalten, aber Bernhard Clauss habe darauf bestanden: »Die Russen löhnen sicher ordentlich.« Er kenne da einen, der »gute Kontakte in den Osten« habe, behauptete der Barkeeper und Kleinganove, er werde mit ihm darüber reden.

Die Hackerethik des Chaos Computer Clubs, das wusste auch Koch, verbot, »dass sich Hacker als Instrumente zum Erreichen von Zielen Dritter missbrauchen lassen«. Als Mitglieder dieser Szene seien er und seine Freunde in Hannover »zumindest offiziell auch an die Einhaltung dieser Regeln gebunden«, so Koch. »In unserer Welt der Datennetze aber«, bekannte er, »waren unsere Vorstellungen andere.« Nämlich diese: »Unsere Köpfe konnte man als Waffen betrachten, uns war das bewusst, und wir wollten – wenn schon – dann doch die besten Waffen werden, die man bekommen kann.«

Ein halbes Jahr verging. Die anderen hatten, wie sich einer der Beteiligten erinnerte, »die Sache schon als eine von Clauss' Geschichten« abgetan – da meldete dieser eines Tages im Spätsommer 1986 die geglückte Kontaktaufnahme mit dem KGB. Er kam mit der Botschaft zu Hagbard, »das Ding mit den Sowjets« könne jetzt laufen. Ein Termin sei ausgemacht, er werde mit Kersten nach Berlin fahren. Pengo wurde in Westberlin alarmiert. Dieser hatte noch ein Magnetband für Großrechner gebunkert, auf dem bundesweit bei anderen Hackern eingesammelte Daten und Programme sowie Pengos eigene Materialien aus Hacksessions gespeichert waren. »Wir haben nur darauf gewartet, dass endlich jemand kommt, der auch zu schätzen weiß, wie gut wir sind«, berichtet Hans Hübner heute.

An einem Spätsommertag des Jahres 1986 verließen Clauss und Hübner vormittags das noble Hotel Schweizerhof, wo sie in Westberlin abgestiegen waren, und fuhren mit der U-Bahn zur Friedrichstraße, dem Grenzübergang zum Ostteil der Stadt. Hier stiegen die beiden angehenden Spione aus. Die Merkzettel mit den Codes und Passworten der geknackten Großrechner lagen neben einem Casio-Taschencomputer und Reiseproviant an fertig vorgedrehten Haschischjoints in einem braunen Lederkoffer mit Zahlenschloss. Und noch etwas anderes barg der Koffer: ein Magnetspeicherband und drei Disketten mit Software. Das waren Daten und Programme, zusammengestohlen aus militärischen und wissenschaftlichen Rechenzentren der ganzen westlichen Welt – eingesammelt bei deutschen Hackern, die allesamt nichts von der KGB-Connection wussten. Als Beigabe: ausgefeilte Manipulationsprogramme, Einbruchswerkzeuge, mit denen die Sicherheitssoftware von Großrechnern ausgeschaltet werden konnte, erprobt beim NASA-Hack und bereits von Kevin Mitnick getestet und für gut befunden.

Clauss hatte sich und seinen Begleiter schon Tage vorher der anderen Seite avisiert. Am Grenzübergang legte er nur kurz seinen Reisepass vor, erhielt sofort das Tagesvisum und wurde in den Osten durchgewinkt – den braunen Attachékoffer mit der Hacker-Ware und den Joints brauchte er nicht zu öffnen. Seinem Begleiter Pengo dagegen wurden von dem realsozialistischen Grenzwächter zehn Minuten Wartezeit verordnet. Er hätte als Westberliner das Visum für den Ostteil der Stadt normalerweise vorher beantragen müssen. Der Uniformierte führte ein kurzes Telefongespräch, dann war auch bei diesem Grenzgänger alles klar: Wie schon sein Begleiter überquerte er ohne weitere Formalitäten die Grenze zwischen den Machtblöcken.

Noch eine gute Stunde Zeit hatten Clauss und Hübner bis zu ihrer Verabredung. Sie entschieden sich für einen Abstecher zum Alexanderplatz, wo sie sich auf eine Bank in die Sonne setzten. Clauss klappte den Koffer auf, nahm eines seiner »vorgedrehten Hörnchen« heraus und zündete es an mit den Worten: »Ich muss mich erst mal auf Touren bringen.« Als er auch seinen Begleiter ziehen lassen wollte, winkte Pengo ab: nicht so früh am Tag und schon gar nicht hier. Und er bekannte später: »So cool haben wir das eben durchgezogen, so nach dem Motto: erst eine rauchen, dann ab zum KGB.«

»Mata Novic« stand auf dem Türschild im Bürohaus Leipziger Straße 61. Es war Punkt 12 Uhr, als Bernhard Clauss und Hans Hübner die Räume des Ostberliner Handelsunternehmens betraten. Eine Sekretärin führte die beiden Besucher zum anderen Ende des Büros, vorbei an der Vitrine, die als Raumteiler eine Sitzecke abschirmte. Hinter Glas wurden Orden und Urkunden in kyrillischer Schrift präsentiert. Von einem gerahmten Farbfoto an der Wand lächelte der neue Generalsekretär der KPdSU, der erst ein Jahr zuvor ins Amt gekommen war: Michail Sergejewitsch Gorbatschow. Es war die Endphase des Kalten Kriegs.

Ihr Gesprächspartner erwartete sie bereits in der Tür zum Sitzungsraum, einen Aktenkoffer in der Rechten. Hans Hübner erinnert sich an ihn als »großen und kräftigen Mittvierziger mit leichtem Bauchansatz und einer korrekt gebundenen Krawatte zum makellosen dunkelblauen Anzug«. Der Mann begrüßte Clauss wie einen alten Bekannten. An den Jüngeren wandte er sich mit den Worten: »Wir kennen uns ja noch nicht, Herr Hübner. Ich bin Attaché an der Handelsmission der Sowjetunion. Bernhard nennt mich einfach Sergej.« Von Pengo habe er schon einiges gehört, meinte »Sergej« noch, gewissermaßen seien sie ja Bekannte. »Darf ich dich Pengo nennen?« Hübner grinste und nickte. Nach dem Vorgeplänkel kam »Sergej« zur Sache: »Ihr habt mir etwas mitgebracht?« Bernhard Clauss öffnete den braunen Lederkoffer und schob ihm das Magnetspeicherband, die Disketten und die Merkblätter über den Tisch. »Wir werden das prüfen lassen«, sagte »Sergej«. »Lasst uns aber in Zukunft vorher absprechen, was ihr liefern könnt. Ich bekomme regelmäßig gemeldet, was bei uns zu Hause in Wissenschaft und Wirtschaft gebraucht wird.«

Was die Sowjets damals dringend brauchten, war vor allem jene Software, die als Embargoware im Kalten Krieg legal nicht in den Osten verkauft werden durfte. Mit den Zugangsinformationen der bundesdeutschen Hacker konnte »Sergej« wenig anfangen. Momentan benötigt würden, erklärte er seinen Gästen, Quellcodes, besonders aber von CAD-/CAM-Software, Programmen zur computerunterstützten Entwicklung und Fertigung. »Uns steht in diesem Jahr noch eine Million D-Mark dafür zur Verfügung«, sagte »Sergej« nach der Erinnerung der Besucher. Dann öffnete der Russe seinen Aktenkoffer, griff hinein und schob einen Umschlag über den Konferenztisch: »Das sind 30 000 Mark, als Anzahlung. Tut mir leid – wir müssen euer Material erst prüfen, bevor wir mehr auszahlen können.« Clauss und Pengo nickten, und »Sergej« schob einen Quittungsblock über den Tisch und verwies entschuldigend auf die sozialistische Bürokratie. »Ruft mich an, wenn ihr etwas für mich habt«, sagte er: »Ihr könnt mich jederzeit in der Handelsmission erreichen – auch nachts.«

Mit 30 000 D-Mark in bar kehrten die Spione per U-Bahn von ihrem Besuch beim KGB zurück. Die »Anzahlung« würde gerade die laufenden Telefonkosten der Hacker decken. »Ein bisschen enttäuscht« sei er nach seinem Ausflug in die Welt der Spionage schon gewesen, gestand Pengo einige Jahre später. »Der ›Sergej‹ hatte überhaupt keine Ahnung«, sagte er, »der wusste gar nicht, wovon wir reden. Er hatte Kunden, und die wollten von ihm Software haben. Und wir waren für ihn mögliche Zulieferer von Software.«

Damals waren zwei Welten aufeinandergeprallt – und offenbar war das Eindringen in feindliche Rechner noch nicht in den Katalog der operativen Maßnahmen des KGB aufgenommen worden. Den Sowjets war wohl nicht bewusst, dass die bundesdeutschen Hacker ihnen die Schlüssel zu einigen der wichtigsten Rechenzentren des Westens überreicht hatten: Zugänge für den Vax-Rechnerverbund des Münchener Elektronikunternehmens GenRad waren ebenso dabei wie die Benutzerberechtigungen für die Computer des Rüstungsmultis Thomson und des Philips-Konzerns in Frankreich, der US-Weltraumbehörde NASA oder des Laserwaffenlabors Lawrence Livermore in Kalifornien. So geheim, wie einige Medien später taten, waren viele der Informationen allerdings nicht: Viele der Großrechner waren über das Telefonnetz zu erreichen, die dazugehörigen Nummern waren im Westen frei zugänglich. Nur die Baupläne für die von den Hackern selbst entwickelten trojanischen Pferde, mit denen sie Tausende von Großrechnern geknackt hatten, stellten hoch qualifiziertes Insiderwissen dar. »Aber damit konnten die Russen nichts anfangen«, so Hübner, »das interessierte die gar nicht, es sei denn, es wären heikle strategische Informationen gewesen, die man unmittelbar hätte einsetzen können.«

Andreas Kersten erwartete die Kollegen schon im Hotel Schweizerhof, als sie aus Ostberlin zurückkamen. Auf dem Bett klappte Clauss seinen Lederkoffer auf, nahm den braunen Umschlag heraus, den »Sergej« ihnen überreicht hatte, und öffnete ihn. Dann zählte er 2000 D-Mark in kleinen Scheinen ab. Hübner nahm den Packen und steckte ihn in die Hosentasche. Das war sein Anteil – irgendwann später sollte es mehr geben, so war es ausgemacht. Der Löwenanteil sollte nach Hannover gehen: Hagbard sollte für seine Dienste entlohnt werden, und den Rest würden sich Kersten und Clauss noch mit weiteren Zulieferern teilen müssen – darunter auch einer, den Hübner nur flüchtig über Hagbard kannte. Er hatte auch nicht weiter nachgefragt. »Es war einfach klar, dass da nicht rumgequatscht werden darf«, sagte er später. Den Namen dieses Hackers aus der Hannoveraner Runde hatte er sich aber gemerkt: Florian Hiller.

Nach seinem ersten Besuch in Ostberlin war Pengo klar, dass er da nicht mehr mitmachen wollte. Seine Überlegung sei es gewesen, dass das Ausbauen des Hacker-Know-hows für die Russen von Vorteil hätte sein können und dass man dabei auf irgendeine Art hätte kooperieren können. »Aber das war überhaupt nicht der Fall«, bilanzierte Pengo später. »›Sergej‹ wollte Software kaufen. Da gab es eine klare Bestellliste und klare Preise, die vorgegeben wurden. Das konnte ich nicht liefern.« So sei das Ganze für ihn erledigt gewesen. Die Kontakte der deutschen Hacker zum KGB rissen damit aber nicht ab, im Gegenteil. Jetzt übernahm ein Hacker aus Hannover die Rolle des Lieferanten: Florian Hiller.

Im fernen Berkeley, im US-Bundesstaat Kalifornien, wären dem Astrophysiker Clifford Stoll, seinerzeit sechsunddreißig, im Lawrence Berkeley Laboratory (LBL) viele schlaflose Nächte erspart geblieben, wenn er den Namen damals schon gekannt hätte. Denn der schlaksige Wissenschaftler mit dem wilden Haarschopf beobachtete den Hacker aus Hannover fast ein ganzes Jahr rund um die Uhr – bis er ihn endlich mithilfe amerikanischer und deutscher Behörden zur Strecke bringen konnte.

Stoll lernte im Lauf der Zeit den Tagesablauf des Hackers und dessen Vorliebe für amerikanische Militärcomputer kennen, die er systematisch nach geheimen Informationen durchsuchte. Er sah, wie der unbekannte Eindringling vierhundertfünfzig Computersysteme elektronisch attackierte, indem er sich von Stolls LBL-Rechner zu anderen Großrechnern weiterschalten ließ. »Die Hälfte davon war nicht zu erreichen, als der Einbrecher eine Verbindung herstellen wollte. In die zweihundertzwanzig Computer, die er anwählen konnte, versuchte er, mit verschiedenen Zugangsnamen und einfachen Passworten hineinzukommen«, berichtete der Wissenschaftler im Jahr 1989, »erfolgreich gelang ihm das bei mehr als dreißig.«[53]

Clifford Stoll hat »seinen« Hacker mit elektronischen Mitteln verfolgt, durch amerikanische Datennetze hindurch, über Vermittlungscomputer, Satellitenverbindungen, Rechenzentren und Telefonleitungen bis nach Hannover.

In der Nähe von San Francisco hatte der Hightech-Krimi im August 1986 begonnen. Clifford Stoll hatte gerade seine neue Stelle als Systemmanager am Lawrence Berkeley Laboratory angetreten. Das Rechenzentrum des Labors war damals ein Knotenpunkt der wichtigsten US-Datennetze. So waren die LBL-Computer auch an das Arpanet und das Milnet angeschlossen, die von Wissenschaftlern, Militärs und Kooperationspartnern in der Industrie gemeinsam genutzt wurden. Gleich am zweiten Arbeitstag entdeckte Stoll einen vermeintlichen Abrechnungsfehler: Auf einem der LBL-Computer war Rechenzeit verbraucht worden, ohne dass jemand dafür bezahlt hatte. Der Schaden war überschaubar: 75 Cent. Aber für den gelernten Astroforscher war das ein prinzipielles Problem, dem er auf den Grund gehen wollte. Er beschloss, das Rätsel zu lösen und sich bei dieser Gelegenheit gleich mit den computertechnischen Gegebenheiten von Berkeley vertraut zu machen. Die Abrechnungsprogramme waren fehlerfrei – dort konnten die 75 Cent nicht verschwunden sein. In der Benutzerdatei des Computers jedoch entdeckte Stoll einen Teilnehmer namens »Hunter«, der nicht in der Abrechnungsliste geführt wurde. Also löschte ihn Stoll aus dem System. Doch dieser kam wieder – als »Super-User«: Benutzer mit unbeschränkter Kontrolle über den Rechner, wie sie sonst nur den Systemmanagern zusteht.

Eingewählt hatte sich der Angreifer über das US-Daten-

---

53 Clifford Stoll: »Stalking the Wily Hacker. An astronomer-turned-sleuth traces a German trespasser on our military networks, who slipped through operating system security holes and browsed through sensitive databases. Was it espionage?«, *Communications of the ACM*, Mai 1988, http://dl.acm.org/citation.cfm?id=42412.

netz Tymnet. Das Netz war auch über Interkontinentalverbindungen zu erreichen, deshalb konnte der Eindringling »an jedem Ort der Welt sitzen«, wie Stoll erkannte. Geschickt nutzte er mehrere Sicherheitslücken im System, die dem Wissenschaftler und seinen Kollegen bis dahin unbekannt gewesen waren. Vom Redstone Army Depot in Anniston, Alabama, kam die Nachricht, dass der Hacker auch dort das Kommando über einen Computer übernommen hatte. Nun wusste Stoll, dass hier ein ernst zu nehmendes Problem vorlag. Er informierte FBI und CIA. Doch die Sicherheitsbeamten waren anfangs wenig empfänglich für die Warnungen eines langhaarigen Computerfreaks, der sich über einen finanziellen Schaden von 75 Cent beschwerte. Stoll beschloss, auf eigene Faust zu forschen, ließ dem Hacker die Privilegien als Super-User und wiegte ihn damit weiter in Sicherheit. Dann begann der Forscher systematisch, die Methoden des Eindringlings zu studieren.

Das Rechenzentrum des LBL, stellte Stoll bald fest, benutzte der Hacker als Sprungbrett, um auf andere Computer zu kommen, von denen er sich offensichtlich mehr versprach: Großrechner des US-Militärs und der Rüstungsindustrie. »Der Bursche durchforstete die Computer nach Zugangscodes und ganz bestimmten Stichworten«, berichtete Stoll später, »und er war nur an militärischen Dingen interessiert.« Stoll beobachtete, wie der Hacker die Datenbestände nach Schlüsselbegriffen wie »SDI«, »nuclear«, »KH-11« (Bezeichnung eines Spionagesatelliten) oder »NORAD« durchsuchte. Er stöberte in den Daten des Air Force System Command in El Segundo ebenso herum wie in den Computern von Marine-Stützpunkten, Army-Depots und Rüstungsfirmen, und er achtete dabei, wie Stoll beobachtet hatte, immer darauf, keine Spuren zu hinterlassen. Dieser Unbekannte, das stand für Stoll fest, war kein gewöhnlicher Hacker: So gezielt suchte kein jugendlicher Computerfreak, der nur mal zum Spaß in fremden Großrechnern herumstreunt. Dieser Hacker erschien ihm »viel zu neugierig und undurchsichtig«.

Nachts saß Florian Hiller, Experte für die Computer-Betriebssysteme VMS und Unix, oft noch an seinem Arbeitsplatz in einem Bürohaus in Hannover und machte ganz spezielle Überstunden. Nach einem abgebrochenen Mathematikstudium entwickelte der Mittzwanziger hier Programme für eine Softwarefirma. Dass er abends von den Firmencomputern aus auf »Datenreise« ging, bemerkte dort anscheinend niemand. Dabei war er als Hacker kein Einzelgänger: Oft saß Hagbard neben ihm am Computer, wenn er die Nächte durchhackte, und gelegentlich leisteten auch Clauss und Kersten den beiden Gesellschaft. Hiller hackte, Hagbard notierte, Clauss und Kersten sahen zu und fuhren dann nach Berlin. Wenn sie wieder nach Hannover kamen, hatten sie Bargeld vom KGB dabei.

Drei Lieferungen für »Sergej« in Ostberlin hätten sie in dieser Zeit zusammengestellt, offenbarte Hagbard später seinen Vernehmungsbeamten von der bundesdeutschen Spionageabwehr. Das Geld dafür habe er jeweils von Kersten oder Clauss erhalten und mit anderen Hackern geteilt. 5000 D-Mark pro Lieferung seien dabei für ihn übrig geblieben, erzählte Hagbard. Ein paar Mal noch, erinnert sich Hans Hübner heute, sei Clauss morgens bei ihm auf eine Tasse Kaffee vorbeigekommen, um anschließend den KGB-Kontaktmann in Ostberlin zu besuchen.

Weitere 1000 D-Mark hatte Hübner noch erhalten – als »Weihnachtsgeld«. Das war die letzte Summe, die er als Lohn vom KGB kassiert haben will. Der Berliner Hacker versuchte, Abstand zu den einstigen Mitspionen zu gewinnen. Er war mit einer »geklauten« Network-User-Identification (NUI) erwischt worden, mit der er sich auf Kosten des rechtmäßigen Besitzers monatelang durch die Datennetze gehackt hatte. Gegen Zahlung einer Geldbuße von 600 D-Mark wurde das von der Bundespost eingeleitete Verfahren zwar eingestellt, aber Pengo wusste, dass er jetzt vorsichtig sein musste. Auch Karl Koch alias Hagbard versuchte auf seine Weise auszusteigen und bewarb sich um einen Therapieplatz für psychisch Kranke. Angeblich hatten »Hausdurchsuchungen bei meinen Freunden im gesamten Bundesgebiet und Westberlin zu einer Angstpsychose« geführt, schrieb er 1989 in seinem Lebenslauf.

Clifford Stoll in Kalifornien konnte damals noch nicht ahnen, dass er es mit einer ganzen Gruppe von Hackern in Deutschland zu tun hatte. Allerdings gelang es ihm, eine internationale Kooperation der Systemmanager, Datennetzbetreiber und Fernmeldetechniker auf die Beine zu stellen und damit die entscheidenden Weichen für die Enttarnung des KGB-Rings zu stellen. Denn die amerikanischen Sicherheitsbehörden, die Stoll immer wieder alarmiert hatte, waren schließlich doch hellhörig worden: Das Office for Special Investigations der US-Luftwaffe sorgte sich um die Sicherheit des Milnets, die CIA witterte fremde Mächte im Spiel, das National Computer Security Center (NCSC) der NSA bekundete wissenschaftliches Interesse an dem Fall, und die Bundespolizei FBI informierte ihren Repräsentanten in Bonn und stellte Kontakte zum Bundeskriminalamt her. Die deutschen Bundespostler hatten schnell festgestellt, dass der Hacker für seine ausgedehnten Fischzüge durch die USA das Rechenzentrum der Universität Bremen als zahlende Durchgangsstation missbrauchte. Es dauerte nicht lange, bis genau geortet werden konnte, über welche Leitung er in den Universitätsrechner einstieg. Diese Spur rückwärts durch das deutsche Datennetz (»Datex-P«) bis zum Ausgangspunkt zu verfolgen war der entscheidende Schritt.

Doch der unbekannte Eindringling war ausgesprochen vorsichtig und misstrauisch, hielt eine Verbindung kaum länger als eine Viertelstunde aufrecht. Keine Chance für die deutschen Postbeamten: Um die Fangschaltung erfolgreich abzuschließen, benötigten sie ein bis zwei Stunden, ließen sie in Berkeley ausrichten. Clifford Stoll war auch diesmal um eine unkonventionelle Lösung nicht verlegen: Er wollte eine Falle stellen und erfand dafür das »Sdinet«, ein Computernetzwerk, das vorgeblich dazu diente, die Forschung am

Weltraumabwehrsystem SDI zu koordinieren, das damals unter US-Präsident Ronald Reagan mit Milliardenaufwand entwickelt wurde. Stoll verfasste selbst massenweise fingierte Mitteilungen hoher amerikanischer Militärs, Verwaltungsdokumente, Adressenlisten und Formbriefe. »Insgesamt waren das zwei bis drei Megabyte an Informationen«, schätzte er. Genug, um den Hacker zwei Stunden mit dem Herunterladen der Dateien zu beschäftigen – ein Vorgang, der mit den heutigen Übertragungsmöglichkeiten nur ein paar Sekunden dauern würde.

Am 16. Januar 1987 holte der Hacker das komplette Datenpaket ab. Er brauchte so lange für die Übertragung, dass die Deutsche Bundespost ihn bis Hannover zurückverfolgen konnte. In einer öffentlichen Telefonzelle riss die Spur zunächst ab. Für Stoll ein Etappensieg. Er feierte »mit Milchshakes aus selbst gezüchteten Erdbeeren«, wie er später berichtete, »aber die Feier stellte sich als etwas voreilig heraus.« Denn die fingierte Sdinet-Datei durchstöberte der Eindringling danach nie wieder. Dennoch war er weiterhin fleißig in den amerikanischen Datennetzen unterwegs. Während andernorts immer mehr Hintertüren dichtgemacht wurden, blieb nur das Lawrence Berkeley Laboratory offen – darum hatten die deutschen Behörden gebeten. Um den Hacker zu überführen, mussten sie ihn erwischen, wenn er gerade mit seinem Computer online in fremden Rechnersystemen war. »Er dachte, er sei überall entdeckt worden, nur bei uns nicht. Dabei war es genau andersherum«, freute sich Stoll.

Was den Hackerjäger allerdings hochgradig irritierte, war ein Brief, der ihn am 27. April 1987 erreichte: An die von Stoll eingerichtete Sdinet-Kontaktadresse kam ein Schreiben mit der Bitte um weitere SDI-Dokumente. Außer ihm selbst und dem deutschen Hacker, da war sich Stoll sicher, hatte nie jemand die als Köder ausgelegte Datenbank angewählt. Doch der Absender des Schreibens saß nicht in Deutschland, sondern in Pittsburgh im US-Bundesstaat Pennsylvania. Es war die Firma TRIAM International Incorporated. Dieses Unternehmen, so ergaben Stolls Nachforschungen, bestand aus nur einem einzigen Mitarbeiter. Sein Name war Laszlo J. Balogh, und sein Ruf war mehr als zweifelhaft: Das FBI verdächtigte ihn als KGB-Agenten – für Stoll ein Beweis, dass hinter der Hackerei mehr als der Forscherdrang harmloser Hacker steckte.

Die Balogh-Spur wurde nicht weiterverfolgt, aber das Netz um die deutschen Hacker zog sich zu. Am Dienstag, dem 23. Juni 1987, zehn Monate nachdem Clifford Stoll in Berkeley die Spur des Einbrechers aufgenommen hatte, durchsuchten in Hannover zwei Gruppen von Kriminalbeamten gleichzeitig die Wohnung von Florian Hiller und seinen Arbeitsplatz. Sie nahmen Computerausdrucke, Magnetbänder und zweihundertfünfzig Disketten mit. Doch die Ermittlungen der deutschen Strafverfolger verliefen zunächst im Sande, denn die Postler hatten im Eifer des Gefechts für die Fangschaltungen, die zu Hillers Entdeckung geführt hatten, keine richterliche Genehmigung eingeholt – eine Panne. Wegen dieses Formfehlers musste die Bremer Staatsanwaltschaft das Ermittlungsverfahren einstellen, und Florian Hiller kam ungeschoren davon – aber nur für kurze Zeit.

Das Schreiben, Betreff: »Chaos Computer Club«, war datiert vom 16. November 1987 und kam von der US-Botschaft in Bonn. »Das FBI ist darüber besorgt«, teilte Attaché David R. Barham den deutschen Interpol-Beamten in Wiesbaden mit, »dass der Eindringling bei CERN über Sdinet Bescheid wusste.« Ein Jahr zuvor, im Oktober 1986, hatte CERN, das Europäische Kernforschungszentrum in Genf, Anzeige gegen den Hamburger Chaos Computer Club erstattet. Dort vermuteten die CERN-Manager damals einige der Hacker, die den Rechnerpark der Anlage zeitweise »völlig unter ihrer Kontrolle hatten«, wie eine vertrauliche Sicherheitsstudie belegte. Dass der Hacker die Begriffe »LBL« (Lawrence Berkeley Laboratory) und »Sdinet« (Clifford Stolls Köder) zusammen verwendet habe, sei höchst verdächtig und in dieser Kombination einmalig – ein Hinweis auf »Kontakt zwischen Florian

Hiller aus Hannover und dem/den CERN-Eindringling/en«, wie Barham bemerkte. Jetzt gab es also einen Spionageverdacht und eine mögliche Verbindung von Hiller zum Chaos Computer Club – die Hamburger Hacker galten bei Geheimdienstlern und Systemmanagern ohnehin schon lange als obskure Vereinigung.

Auch Hackerjäger Stoll ließ nicht locker. Zehn Monate nach der Enttarnung des Eindringlings durch die Bremer Staatsanwaltschaft veröffentlichte er im Mai 1988 in dem angesehenen US-Fachblatt *Communications of the ACM*, der Association for Computing Machinery, seinen ausführlichen Report über die »Pirsch auf den schlauen Hacker«. Darin beschrieb er detailliert das systematische Vorgehen des Einbrechers, das Abwehrsystem, das Alarm schlug, sobald wieder ein unberechtigter Zugriff erfolgte, sowie die Fangschaltungen, mit denen letztlich die Spur bis nach Norddeutschland zurückverfolgt werden konnte. »War es Spionage?«, hatte Stoll in seinem ACM-Bericht gefragt, immerhin könne »das Milnet mit seinen Tausenden von angeschlossenen Militärrechnern einladend auf Spione« wirken. »Außerdem«, sinnierte Stoll weiter, »kann Spionage über die Datennetze sehr kostensparend sein, unmittelbare Ergebnisse liefern, und man kann sehr zielgerichtet vorgehen.« Die alternative Berliner *taz*, die am 5. Mai 1988 als erste bundesdeutsche Zeitung dem Report des Systemmanagers eine ganze Seite widmete, gab Entwarnung: Viel mehr als »Falschparken im NATO-Netz« sei dem Hacker wohl nicht vorzuwerfen. »Aus Stolls kalifornischem Forschungsinstitut war zu hören, das FBI habe den Fall längst zu den Akten gelegt.« Wer allerdings drei Tage zuvor die englische Fachzeitschrift *Data Link* gelesen hatte, wusste es besser. Dort wurde ein Sprecher des FBI in Washington zitiert: »Was die Westdeutschen tun, ist ihre Sache, aber unsere Ermittlung ist noch lange nicht vorbei.«

Die ARD bereitete zu diesem Zeitpunkt bereits einen Beitrag vor. Ein Team rund um *Panorama*-Chef Joachim Wagner stand in Kontakt mit Koch – und mit den bundesdeutschen

Sicherheitsbehörden, unter anderem dem Verfassungsschutz. Ein Dreivierteljahr später wurde der Fall als Weltsensation verkauft. So wurde in der Anmoderation Wagners daraus »der schwerste Spionagefall seit der Enttarnung des Kanzleramtsagenten Günter Guillaume«. Dabei seien »geheimste Militär-, Forschungs- und Wirtschaftsdaten«, so der *Panorama*-Chef weiter, »per Computerleitungen aus den Rechenzentren der USA, Europas und Japans abgesogen und in den Osten geschafft« worden. Eine »Schlüsselrolle« hätten dabei deutsche Hacker gespielt, »die vom sowjetischen Geheimdienst angeworben und geführt wurden«. Der Vergleich mit Guillaume sei »total lächerlich«, sagt Hans Hübner heute. »Wir waren gar keine richtige Quelle. Wir waren ein Haufen bekiffter Studenten, die nachts am Computer gesessen sind. Und weil wir gerne Kohle gehabt hätten, haben wir auf Biegen und Brechen versucht, irgendwelche Sachen nach drüben zu liefern. Eine Quelle ist schon was anderes.«

Am 2. März 1989 wurde der lange vorbereitete ARD-Beitrag als aktuelle *Brennpunkt*-Sendung ausgestrahlt. Wenige Stunden zuvor hatte die Staatsmacht zugeschlagen: Um 9 Uhr morgens hatten über hundert Kripobeamte mit Durchsuchungen in vierzehn Wohnungen im Bundesgebiet und in Westberlin begonnen, sieben Hacker wurden vorläufig festgenommen, darunter auch Florian Hiller in Hannover. Vor dem Ermittlungsrichter in Karlsruhe gab schließlich auch er zu, für die Sowjets spioniert zu haben. Programmierer Andreas Kersten wurde ebenfalls verhaftet, und Bernhard Clauss war am Abend zuvor auf dem Flughafen Berlin-Tegel geschnappt worden, als er sich nach Spanien absetzen wollte. Auch Hübner und Koch wurden festgenommen, durften aber nach kurzer Zeit wieder gehen, weil sie ja schon ausgesagt hatten.

Vier Tage nach der Aktion, am 6. März 1989, veröffentlichte der *Spiegel* als erstes Medium die vollen Namen der Hacker, darunter auch den von Karl Koch. Auf Anraten der Behörden tauchte der daraufhin für einige Zeit bei Verwandten unter. Die Behörden nahmen sich ihren Kronzeugen Koch immer wieder vor: Mehrfach suchten Kriminalbeamte und Geheimdienstler den Exhacker in Hannover auf. Vom 24. bis 27. April 1989 musste er sich sogar einige Tage Urlaub nehmen, um zu einer weiteren Vernehmung in die BKA-Außenstelle Meckenheim bei Bonn zu fahren. Am 22. Mai bezog er eine vom Verfassungsschutz bezahlte Wohnung in Hannover-Herrenhausen – und einen Tag später, am 23. Mai, war Karl Koch tot.

Im späteren Verfahren kamen die KGB-Hacker mit Bewährungsstrafen davon; Pengos Fall wurde abgetrennt und wegen Geringfügigkeit eingestellt. Kochs Aussagen wurden auf Antrag der Verteidiger beim Prozess nicht zugelassen. Er war, so stellte das Gericht fest, in den Monaten vor seinem Tod gar nicht vernehmungsfähig gewesen. Das war zwar sicher richtig, aber in den Jahren zuvor hatte er wohl klarer als viele andere die künftigen Konflikte auf dem Schlachtfeld der weltweiten Datenkommunikation heraufziehen sehen.

Vieles spricht dafür, dass Koch tatsächlich geglaubt hatte, durch die Spionage für die Sowjets könnte er den Weltfrieden sichern, indem er für Waffengleichheit zwischen den Großmächten auf den digitalen Schlachtfeldern der Zukunft sorgte. So schrieb er Mitte der 1980er-Jahre als Hagbard Celine einen acht Schreibmaschinenseiten umfassenden Text, der in Hacker-Mailboxen veröffentlicht wurde, und der sich heute wie ein Vermächtnis liest. In ihm mischten sich erschreckend realistische Fantasien vom Cyberwar mit wilden Spekulationen und Allmachtsfantasien:

»Eine geheime Abteilung der NSA (National Security Agency) der Vereinigten Staaten ist das Offensive Software Applications Department (OSAD), dort bereitet man den Krieg der Zukunft vor, einen sanften, seltsam sanften Krieg ... Die Aufgabe dieser Abteilung besteht darin Softbombs (auch Viren genannt) zu bauen – und natürlich auch die Sprengkapseln, die nötig sind, um sie zu zünden.

Doch diese Bomben sind paradox. Einerseits sind es die zerstörerischsten, die schrecklichsten, die es je gab, andererseits die, die am wenigsten Blut vergießen werden: Bomben, die nicht zerstören, die nicht töten. [...]

Der SAD – Service of Activation and Desactivation – besteht aus einer Abteilung, die den Auftrag hat, aus der Ferne die Zündung oder Neutralisation von Softbombs vorzunehmen: das ist die Central Command, sozusagen das Hauptquartier des Computerkriegs.

Wir, die Hacker, beteiligen uns auch an diesem Krieg. Im Grunde befinden wir uns schon mitten in der zweiten Phase unserer Mission.

Die Maschinerie ist in Gang gesetzt, und nichts wird sie mehr aufhalten.

Ja, der Computerkrieg – unser Softwar – hat begonnen. [...]

Wenn wir aus dem einen oder anderen Grund Druck auf die UdSSR und USA ausüben wollen, indem wir ihr EDV-Netz lahmlegen, so dürfen die Russen oder Amerikaner keinesfalls in der Lage sein, es wieder funktionstüchtig zu machen – es sei denn, sie gehen auf unsere Bedingungen ein. Solange diese Art von Waffe nicht perfekt ist, ist sie nutzlos. Denn haben wir sie erst einmal angewandt und geben zu, daß es sich um einen ›Angriff‹ handelt, dürfen wir auf gar keinen Fall das Risiko eingehen zu verlieren.

Wir haben ein System entwickelt, das bedeutend komplexer ist. Wir haben ihm den Namen ›selbstmodifizierender Virus‹ gegeben. [...]

Viren sind eine ganz neue Waffe, die am Anfang einer ganz neuen Form des Krieges und der sanften Revolution steht ... Eine Waffe, deren Bedeutung wir Hacker neben den Geheimdiensten als einzige schon heute erfassen; und das gibt uns einen phantastischen Vorsprung bei allen künftigen Konflikten.«

Karl Koch alias Hagbard Celine lebte in seiner eigenen Welt – einer Wahnwelt. Und so wirr dieser Text auch erscheinen mag, mit all den dort erwähnten US-Army- und NSA-Institutionen, die es gar nicht gab, und den Hackeraktionen, die so nie stattgefunden hatten: Er nimmt vieles von dem vorweg, was heute bei der Debatte über Totalüberwachung und staatliche Manipulationsmöglichkeiten im Netz die ganze Welt beschäftigt.

»Die elektronischen Medien lösen heute Revolutionen aus, sie steuern die Weltwirtschaft, sie sind zu einem Teil unseres Lebens, unserer allgegenwärtigen Realität geworden«, schrieb Karl Koch Mitte der 1980er-Jahre in einem seiner vielen in Mailboxen veröffentlichten Texte, »die Entwicklung bietet jede Menge Platz für Negativvisionen – der gläserne Mensch, Kommunikationsprofile und Big Brother sind die Schlagwörter. Es ist jedoch sinnlos, diese Visionen weiterhin rein theoretisch zu diskutieren: Die Verdatung ist inzwischen so umfassend, daß die technischen Möglichkeiten für einen faschistischen Staat, der seine Bürger komplett kontrollieren kann, längst geschaffen wurden.«

Doch statt vor der übermächtigen Technologie zu kapitulieren, so Koch, solle man lernen, »kreativ mit den Herausforderungen unserer Zeit umzugehen. Wissen ist Macht, wer sich dem Wissen aus Arroganz oder Furcht verschließt, wird in Zukunft als Beherrschter dastehen.« Die deutschen Hacker, so seine Lehre aus den weltweiten Datenraubzügen, hätten »gezeigt, daß selbst eine Handvoll Halbstarker ohne politische Motivation die Gralshüter der Datenkommunikation nicht nur stark verunsichern kann, sondern sie es teilweise mit der nackten Angst zu tun bekommen. Die bange Frage, die sie sich immer wieder stellen, ist die, ob und wann sich die ›linke‹ Szene – immer noch als Hauptfeindbild in ihren Köpfen existent – die Möglichkeiten der Datenkommunikation zunutze macht.«

Ein gutes Vierteljahrhundert nach dem Tod von Karl Koch, so scheint es, setzen moderne Hackergruppen wie LulzSec, Anonymous und Wikileaks diese Gedanken in die Wirklichkeit um.

10

ANONYMOUS, CYPHERPUNKS UND HACKTIVISTEN: FREIHEIT FÜR DIE DATEN 2.0

»Ihr Leben gehört der Welteroberung, doch sie wissen auch, daß der Krieg notwendigerweise ewig und ohne Endsieg weitergeht. Indessen ermöglicht der Umstand, daß keine Eroberungsgefahr besteht, die Leugnung der Realität […].«

George Orwell, *1984*

Guy Fawkes musste 430 Jahre alt werden, um Karriere zu machen. Die Maske mit dem lächelnden Konterfei und dem Musketierbärtchen wurde zum Markenzeichen der Hacker von Anonymous und später auch von Demonstranten der Occupy-Wall-Street-Bewegung. Heute steht sie weltweit für alles, was sich irgendwie als revolutionär begreift und gegen Autoritäten, Kapitalismus, staatliche Gängelung und Tyrannei aufbegehrt.

Guy Fawkes wurde zur Legende, weil er zu Lebzeiten grandios gescheitert war. Der katholische Terrorist hatte am 5. November 1605 versucht, mithilfe von sechsunddreißig Fässern Schwarzpulver das englische Parlament im Palast von Westminister in die Luft zu sprengen, nebst allen Abgeordneten, den Lords, der Regierung und König Jakob I. Aber ein Komplize verriet den Plan, die »Pulververschwörung« (»gun powder plot«) wurde vereitelt, Fawkes wurde gefangen genommen und gefoltert, bis er die Namen seiner Mitverschwörer preisgab. Diese wurden mit zeitgemäß grausamen Methoden wie Ausweiden und Vierteilen hingerichtet; Guy Fawkes wählte noch am Galgen den Freitod, indem er mit der Schlinge um den Hals vom Podest sprang und sich dabei das Genick brach.

Tags drauf beschloss das Parlament, künftig den Tag beziehungsweise die Nacht zu feiern, an dem der Staat vor dem Terror des religiösen Fanatikers gerettet wurde. Und so werden in der »Bonfire-Night« am 5. November alljährlich Feuerwerke und Fackelzüge in England veranstaltet, und an vielen Orten werden Guy-Fawkes-Puppen in brennende Scheiterhaufen geworfen. Im Jahr 2002 schaffte es der verkrachte Revolutionär in der BBC-Sendung *Die 100 bedeutendsten Briten* auf Platz dreißig, knapp hinter David Bowie, aber zwei Plätze vor David Beckham – Platz eins belegte Winston Churchill. Dass sich die Web-Guerilla Anonymous auf Guy Fawkes besann, liegt vor allen Dingen aber an dem Comic *V wie Vendetta* der Briten Alan Moore und David Lloyd aus den 1980er-Jahren.

Die Handlung des Comics spielt in den späten 1990er-Jahren, die der Hollywood-Verfilmung wurde in die Zeit um 2030 verlegt. Nach einem atomaren Dritten Weltkrieg hat die rassistische Norsefire-Partei (»Nordisches Feuer«) in England ein faschistisches Regime errichtet, das die Bevölkerung brutal unterdrückt. Unter Adam Sutler, dem Parteichef, werden alle verfolgt, die nicht in das neue Menschenbild dieser Diktatur passen: Intellektuelle, Sozialisten, Homosexuelle sowie alle Nicht-Arier werden systematisch gejagt, in Konzentrationslager gesteckt und ermordet. Überwachung und Indoktrination sind lückenlos, noch brutaler als in George Orwells *1984* und, dem moderneren Stand der Technik entsprechend, noch ausgefeilter. Wie ein bedrohlicher Riesenorganismus herrscht die Partei über das unterdrückte Volk. »Auge« und »Ohr« werden die allgegenwärtigen Kameras und Mikrofone genannt, mit denen die Bürger bespitzelt werden, »Mund« ist die Bezeichnung für die gleichgeschaltete Presse und die

Propagandasender, »Nase« und »Arm« sind die Namen für die staatlichen Schnüffler in den Sicherheitsdiensten und für die erbarmungslos zupackende Geheimpolizei. An jeder Straßenecke, in jedem Betrieb und in jeder Wohnung hängen riesige Bildschirme, auf denen der Führer der Partei zu seinen Untertanen spricht. Das Programm dieser Regierung besteht aus einem Wort: »Angst«.

Einer lehnt sich auf gegen diese mörderische Terrorherrschaft: V, der Mann mit der Guy-Fawkes-Maske, der namen- und gesichtslose Rächer. V ist getrieben vom Hass auf das Regime, er ist der einzige Überlebende eines grausamen medizinischen Zwangsexperiments in einem der Konzentrationslager. Nun will er den Herrschenden auf ebenso gnadenlose Weise heimzahlen, was er selbst erleiden musste. Dabei entwickelt sich V selbst zum folternden, mordenden, Bomben legenden Anarchisten, der das faschistische Regime mit aller Gewalt stürzen will. Bei einer seiner ersten Aktionen sprengt der Anarchist mit der Maske das britische Parlamentsgebäude in die Luft – und vollendet damit das gescheiterte Vorhaben des echten Guy Fawkes. Für den 5. November, den Guy-Fawkes-Tag, ruft V die Bevölkerung zum Aufstand auf. Am Ende überlebt er nicht – wie das historische Vorbild. Eine Armee aus Guy-Fawkes-Maskenträgern muss das Werk des zwiespältigen Helden vollenden.

Die Maske des Rächers, die weltweit zum Symbol des Widerstands für Anonymous und andere Aktivisten wurde, stammte aus den Entwürfen des Zeichners David Lloyd für den Comic, der fast fünfundzwanzig Jahre vor dem Film erschienen war. Lloyds Partner Alan Moore – einer der erfolgreichsten Comic-Autoren der Welt, der auch Plots für *Batman* und *Superman* schrieb – schilderte in einem Essay mit dem Titel »Behind the Painted Smile« die Entstehungsgeschichte des lächelnden Maskenmanns: Lloyd habe ihm vorgeschlagen, den Helden »als einen auferstandenen Guy Fawkes« zu zeigen, »mit einer dieser Pappmaché-Masken, dem Umhang und kegelförmigen Hut«. Das, so Lloyd, würde

»bizarr aussehen und Guy Fawkes das Image geben, das er all diese Jahre verdient habe. Wir sollten den Kerl nicht an jedem 5. November verbrennen, sondern ihn feiern für seinen Versuch, das Parlament zu sprengen!«

Heute ist der fanatische Mörder mit dem lächelnden Gesicht das Symbol einer anonymen Hackerbewegung, die sich in den Tiefen des Internets verbirgt, gelegentlich auftaucht, um diejenigen anzuklagen, die es ihrer Ansicht nach verdient haben, und dann mit elektronischen Waffen zuzuschlagen: Anonymous. Keine festgefügte Gruppe, eher ein globales Netzwerk von zumeist namenlosen Rächern, eine anarchische Graswurzelbewegung, wie sie auch die Gegner der Atomkraft oder der Globalisierung bilden.

In einem sogenannten Imageboard namens *4chan*, einem Internetforum, in dem Nutzer anonym Nachrichten, Fotos und Videos austauschen, fanden sich die ersten Anonymous-Pioniere um das Jahr 2007 zusammen. Daraus entstand eine weltweite, digitale Untergrundbewegung mit teilweise zynischen und menschenverachtenden Zügen, weshalb manche die Besinnung auf den Rächer V für nicht unpassend halten: Unter dem Banner von Anonymous wurden Menschen im Netz bloßgestellt, wirtschaftliche Existenzen ruiniert oder zu Lynchjustiz aufgerufen. Gleichzeitig legte sich Anonymous mit Diktatoren wie Syriens Herrscher Assad an, forderte die Scientology-Sekte oder mächtige Konzerne heraus und kämpfte gegen die staatliche Überwachungsmaschinerie im Netz – Aktionen, die für eine ziemlich brutale Umsetzung der Forderung nach freiem und ungehindertem Zugang zu allen Daten im Internet stehen und die gesetzliche oder urheberrechtliche Schranken nicht akzeptieren. »Ihr nennt es Piraterie. Wir nennen es Freiheit«, ist eine der Losungen von Anonymous.

Das knüpft, zumindest verbal, an die uralten Forderungen nach »Freiheit für die Daten« an, die der deutsche Chaos Computer Club (CCC) und andere eher politisch orientierte Hackergruppierungen schon lange vertreten, und zeigt auch, wo die Bezüge zur Politik zu suchen sind: In Deutschland hat sich die Piratenpartei den »freien Zugang zu Wissen und Kultur« und den Kampf gegen ein »veraltetes Verständnis von sogenanntem ›geistigen Eigentum‹« auf die Fahnen geschrieben. Es gibt Überschneidungen, aber die Piratenpartei als politischen Arm von Anonymous zu bezeichnen würde beiden nicht gerecht werden. Dafür sind die Partei und die Web-Guerilla zu unterschiedlich ausgerichtet und zu vielgestaltig.

Eines zieht sich wie ein roter Faden durch die Geschichte des Hackernetzwerks: der Kampf gegen die Geheimhaltung und Unterdrückung von Nachrichten im Netz. Wenn man von einem klaren Ziel sprechen kann, dann ist es die völlige Freiheit des Internets – ohne Regeln, ohne Zugangssperren und ohne Rücksicht auf Copyright-Fragen. Wer in den Verdacht kommt, Informationen zurückzuhalten, gerät ins Visier von Anonymous. Die Haltung der Ankläger ist zumeist selbstgerecht, der Ton ihrer Anklagen klingt stets pathetisch und verrät etwas von dem biblischen Zorn, der die meisten Aktionen antreibt. »Ihr könnt euch nicht verstecken; wir sind überall. Ihr werdet euer Heil nicht im Angriff finden, denn für jeden, der fällt, treten zehn Neue in unsere Reihen« lautete die Kriegserklärung an die Scientology-Sekte, die Anonymous als eines der ersten größeren Ziele auswählte. »Wir können nicht sterben; wir sind ewig. Wir wachsen von Tag zu Tag, nur durch die Macht unserer Ideen, so bösartig und feindselig sie oftmals auch sind. Wenn ihr eurem anonymen Gegner einen Namen geben wollt, dann nennt uns Legion, denn wir sind viele.« Es folgte die Schlussformel, die zu einer Art Glaubensbekenntnis des Hackernetzwerks wurde: »Wissen ist frei. Wir sind Anonymous. Wir sind Legion. Wir vergeben nicht. Wir vergessen nicht. Rechnet mit uns.«

Die Auseinandersetzung hatte sich an einem internen Video mit dem weltweit prominentesten Scientologen entzündet: Tom Cruise. Zur Musik von *Mission Impossible* präsentierte sich der Hollywoodstar als fanatischer Propagandist, der mit weit aufgerissenen Augen von seiner Kirche schwärmte und dabei Rätselhaftes von sich gab. Der Eindruck, den der wegen seines Engagements ohnehin umstrittene Star hinterließ, war für viele Betrachter recht irritierend. Dieses Video, das niemals außerhalb der Sekte hätte gezeigt werden sollen, war einer Anti-Scientology-Aktivistin im Jahr 2007 zugespielt worden. Über mehrere Umwege landete es im Internet, unter anderem auch auf YouTube, und verbreitete sich in kürzester Zeit wie ein Lauffeuer. Auf YouTube jedoch wurde es rasch wieder entfernt, offiziell wegen der ungeklärten Urheberrechte.

Ein Medieninformationsdienst namens *Gawker* (»Gaffer«) nahm das zum Anlass, das Video am 15. Januar 2008 online in einem Blog mit dem Titel »Das Cruise-Indoktrinationsvideo, das Scientology unterdrücken wollte« zu veröffentlichen. In der Folge wurde der Clip inklusive aller Kopien auf anderen Webseiten etwa zehn Millionen Mal abgerufen. Auf *4chan* legte jemand noch am selben Tag einen Eintrag mit dem Titel »Scientology-Raid?« an und rief zu einem »Angriff auf die offizielle Scientology-Webseite« auf: »Es wird Zeit, dass wir unsere Ressourcen für eine gerechte Sache einsetzen. Es ist Zeit für ein neues großes Ding.« Dieser Appell bewirkte eine Flut an Reaktionen der *4chan*-Teilnehmer: Die Mehrzahl sprach sich für eine Attacke gegen Scientology aus. »Wir sind Anon, und wir sind die Superhelden des Internets«, schrieb ein »Anonymous«.

Die einfachste Waffe für Angriffe auf Webseiten, die zugleich höchst wirkungsvoll ist, sind sogenannte DDoS-Attacken (»Distributed Denial of Service«), was im Deutschen mit »verteilter Dienstblockade« übersetzt wird. Dabei wird der gegnerische Server mit Anfragen so überschwemmt, dass er in kürzester Zeit zusammenbricht. Solche DDoS-Angriffe wirken wie feindlicher Raketenbeschuss. Internetkriminelle setzen sie ein, um Betreiber von Webseiten anzugreifen und anschließend Schutzgelder zu erpressen. Bei den Cyberkriegern in den Armeehauptquartieren gehören sie zum Standard-Waffenarsenal, mit denen im Ernstfall die wichtigsten Webseiten und die Kommunikation des Gegners außer Gefecht gesetzt werden.

Wer bei einem solchen Angriff mitmachen will, muss sich lediglich spezielles Programm auf den eigenen Rechner laden. Um die Last zu erhöhen, lassen sich die angreifenden Rechner auch zu riesigen weltweiten Botnets (abgeleitet von »robot«) zusammenschließen, die automatisch Millionen von Anfragen abfeuern. Botnets können auf diese Weise weltumspannende Netze von Hunderttausenden Computern sein, deren Benutzer von der Attacke überhaupt nichts bemerken – allenfalls wundern sie sich, wenn ihr Rechner etwas langsamer wird. Man kann in ein solches Botnet geraten, indem man eine verseuchte Mail öffnet, infizierte Software herunterlädt oder sich auf eine entsprechend präparierte Webseite verirrt. Die Computer werden zu »Zombies«, wie Hacker sagen: Sie können über das Internet fremdgesteuert werden und auf Befehl an einer DDoS-Attacke teilnehmen. Wer sich an solchen Angriffen bewusst beteiligt, macht sich in vielen Ländern strafbar: In Deutschland drohen bei derartiger »Computersabotage« zwischen sechs Monate und in besonders schweren Fällen zehn Jahre Haft.

Die Scientology-Server jedenfalls brachen innerhalb weniger Stunden zusammen, weitere Angriffswellen folgten. Aber es blieb nicht bei digitalen Attacken. Die Operation »Chanology« (abgeleitet von »*4chan*« und »Scientology«) nahm ihren Lauf. Der Programmierer Gregg Housh aus Boston veröffentlichte in einem Chatroom eine »Presseerklärung« unter der Schlagzeile »Die Internetgruppe Anonymous erklärt Scientology den Krieg«. Als Quelle der Information wurde die fiktive Firma »ChanEnterprises« genannt. Housh hatte keinen Auftrag für diese Aktion, er autorisierte sich quasi selbst und beförderte sich dadurch zu einer Art inoffiziellem Pressesprecher des Hackernetzes. Zusammen mit anderen bastelte er eines jener Videos, die später zum Markenzeichen von Anonymous werden sollten: Zu Computeranimationen und aus dem Internet zusammengesuchten Bildern verlas eine synthetische Stimme einen martialisch klingenden Text. Man werde, so die Drohung, Scientology »systematisch demontieren« und sie »zum Wohl ihrer Mitglieder, zum Wohl der Menschheit – und aus Schadenfreude« aus dem Internet »verjagen«.

Die Affäre eskalierte. Scientology bezeichnete die Angreifer in Pressestatements als »Internet-Terroristen«, woraufhin die Gruppe um Gregg Housh in einem neuen Video »zu den Waffen« rief. In den Foren wurde zu Demonstrationen vor Scientology-Filialen in den USA aufgerufen. »Setzt eine Maske auf«, schrieb ein »Anon Ymous«, »wir kommen in die Schlagzeilen!« Am 2. Februar 2008 belagerten etwa hundertfünfzig Demonstranten die Niederlassung der Sekte in Orlando im Bundesstaat Florida. Später weiteten sich die Aktionen aus, und im Frühjahr 2008 wurde in rund siebzig Städten weltweit demonstriert, darunter Berlin, London, Sydney und San Francisco. Es war die Geburt einer neuen Protestbewegung, wenn auch die Gemeinde, die sich da zusammenfand, im globalen Maßstab noch klein war: Die Veranstalter sprachen später optimistisch von rund achteinhalbtausend Teilnehmern. Viele von ihnen trugen schwarze Anzüge oder andere untypische Demo-Outfits, brachten Gartenstühle mit, bildeten Sprechchöre und hielten selbst gefertigte Schilder hoch. Der Web-Untergrund ging auf die Straße – eine moderne Form der Spaßguerilla.

In den *AnonyNews*, die auf einem YouTube-Kanal regelmäßig gezeigt wurden, verlas ein Moderator im dunklen Anzug die neuesten Nachrichten aus der Szene. Sein Gesicht verbarg er hinter einer Maske – der von Guy Fawkes aus dem Film *V wie Vendetta*. In der Folge tauchten auch bei den Scientology-Demonstrationen immer mehr Guy-Fawkes-Masken auf. Das Antlitz des katholischen Revoluzzers verlieh der neuen Protestbewegung ihr Gesicht und wurde zum Symbol einer ganzen Aktivistengeneration – und nebenbei zum einträglichen Geschäft für den Warner-Brothers-Konzern, der die Merchandising-Rechte an der Guy-Fawkes-Maske hält, die weltweit inzwischen hunderttausendfach verkauft wurde. Die Maskerade sollte vor Verfolgung schützen, auch durch die Scientologen. Die Sekte hatte nämlich ihren Geheimdienst Office of Special Affairs (OSA) in Stellung gebracht. In Berlin verteilten Sektenmitglieder später Flugblätter an den Wohnorten von vier Anonymous-Aktivisten, die das OSA glaubte, enttarnt zu haben und deshalb namentlich nannte. »Feigheit bekommt nun einen Namen: Die Täter hinter der Maske!« lautete die Überschrift der Flyer. Die Proteste gegen Scientology halten bis heute an.

Beistand erhielt Anonymous von einer Gruppierung, die damals nur wenigen bekannt war. Julian Assange, der australische »Hacktivist«, war Anfang 2008 gerade dabei, zusammen mit dem Deutschen Daniel Domscheit-Berg und einigen Unterstützern Wikileaks aufzubauen. Eine etwa sechshundert Seiten starke Sammlung von Scientology-Papieren sollte einer der ersten größeren Coups der Enthüllungsplattform werden. Es war das gebündelte Geheimwissen der Sekte, darunter Handbücher und Informationen, die Sektenmitglieder erst ab dem Erreichen einer bestimmten Karrierestufe erfahren durften – keine Weltsensation, aber für die nach innen und außen streng abgeschottete Sektenführung ein großes Desaster. »Die Handbücher sind nicht nur geheim, sie sind vor allem teuer«, erklärte Daniel Domscheit-Berg. Wer beispielsweise auf der Scientology-Stufe drei erstmals über »die Existenz der Außerirdischen informiert« würde, habe in der Regel schon »den Gegenwert eines Einfamilienhauses an Scientology vermacht«. Bis heute ist eine erweiterte Version dieser »geleakten« Datei im Internet verfügbar, auch wenn Scientology wütend gegen die Veröffentlichung vorzugehen versuchte. Die Sekte machte sogar Urheberrechte an den Papieren geltend, was Wikileaks dankend als Beleg für deren Echtheit nahm.

Auch bei späteren Aktionen unterstützten sich Anonymous und Wikileaks gegenseitig. Das war beispielsweise nach der Veröffentlichung einer Viertelmillion vertraulicher Dokumente aus US-Botschaften durch Wikileaks der Fall, als sich der Zahlungsdienst PayPal weigerte, Spenden an Assange weiterzuleiten. Auch die amerikanischen Kreditkartenunternehmen Mastercard und Visa nahmen keine Zahlungen für Wikileaks mehr an. Die Antwort von Anonymous war die Operation »Payback«, bei der die Server der Firmen mit heftigen DDoS-Attacken bombardiert wurden. Die Mobilisierung lief auch über die Chanology-Foren auf *4chan*. »Warum ist es gut, Wikileaks zu unterstützen?«, hieß es in einem der Aufrufe. »Wikileaks veröffentlicht geheime Informationen, die der Regierung sagen: ›Hey! Sie können sich wehren, wenn sie es wirklich wollen.‹ Regierungen versuchen derzeit, Webseiten zu zensieren, die sie nicht gutheißen.« Der selbst ernannte Sprecher Gregg Housh erklärte in einem Radiointerview, die Unterstützer von »Payback« seien sich darüber im Klaren, dass die Operation illegal sein könnte, sie glaubten aber gleichzeitig, sie sei »notwendig, damit sie ihre Botschaft verbreiten können: Unternehmen und Regierungen müssen die Meinungsfreiheit achten.« Aber, so Housh: »Wir kümmern uns nicht um Gesetze.«

Weitere enge Verbindungen zwischen Anonymous und Wikileaks gab es nicht, was bei dem informellen Charakter der beiden Gruppierungen ohnehin nicht möglich gewesen wäre. Anonymous verfügt über keine festen Strukturen: Es gibt örtliche Initiativen, die sich, wenn überhaupt, nur unter konspirativen Umständen treffen. Intern kommuniziert wird über elektronische Kanäle, zu denen kein Außenstehender Zugang hat. Die Öffentlichkeitsarbeit von Anonymous findet zumeist über Blogs statt, für die in der Regel keine reale Person verantwortlich zeichnet. »Anonymous existiert eigentlich nicht«, sagt Frontmann Gregg Housh, »jeder, der gegen etwas protestieren und den Namen dafür benutzen will, kann das unter dem Dach ›Anonymous‹ tun.«

Wikileaks war dagegen im Wesentlichen eine Zwei-Mann-Unternehmung mit einem Umfeld von mehreren Unterstützern und Spendern. Schon im Jahr 2008 hatte die Plattform durch Veröffentlichung der Handbücher für die US-Soldaten im Gefangenenlager Guantánamo auf sich aufmerksam gemacht. Mit der Enthüllung interner Unterlagen der Schweizer Privatbank Julius Bär, die von möglicher Geldwäsche für reiche Kunden auf den Cayman Islands handelten, landete Wikileaks den ersten großen Coup. Der Fall machte vor allem deshalb Schlagzeilen, weil ein Richter in Kalifornien auf Antrag der Bank die Sperrung der Seite Wikileaks.org in den USA verfügte. Allerdings hob er sie rasch wieder auf, da sie sich als wirkungslos erwies: Über Ausweichportale in anderen Ländern war die Wikileaks-Seite weiterhin problemlos erreichbar.

Julian Assange, geboren 1971, galt als Shootingstar der Cypherpunk-Szene. Der Ausdruck, so schreiben die Cypherpunks selbst,[54] sei eine Verschmelzung der englischen Wörter »cipher« (»chiffrieren«), »cyber« und »punk« und bedeute frei übersetzt »Verschlüsselungsrebellen des Cyberspace«. Die Kryptologie verstehen sie als ihr politisches Handwerkszeug. Assange war in seiner Heimat Australien tief in der Hackerszene verwurzelt, hatte sich Ende der 1980er-Jahre in die Netze von NASA, Pentagon und anderen US-Rechnern gehackt und später damit begonnen, Verschlüsselungsprogramme zu schreiben und sich als Internetdienstanbieter zu betätigen. Damit hatte Assange in etwa dieselbe Karriere hinter sich wie einige der besten deutschen Hacker vom Chaos Computer Club. Auch das Credo der Cypherpunks »Privatsphäre den Schwachen, Transparenzpflicht den Mächtigen« glich dem des CCC: »Private Daten schützen, öffentliche Daten nützen« lautete die Parole.

Wikileaks erschien wie die Verwirklichung dieser Forderungen im globalen Maßstab – ein Traum der Hacker und ein Albtraum für die Herrschenden in aller Welt. »Lustigerweise«

---

54 Julian Assange, Jacob Appelbaum, Andy Müller-Maguhn: *Cypherpunks. Unsere Freiheit und die Zukunft des Internets*, Campus, 2013.

seien zunächst viele davon ausgegangen, berichtet Daniel Domscheit-Berg,[55] dass hinter Wikileaks »ein internationaler Geheimdienst steckte und es sich um einen sogenannten Honeypot handelte« – eine Plattform für Leute, die etwas ausplaudern wollten, um sie dann als Verräter einzukassieren, sobald sie tatsächlich brisantes Material auf die Seite geladen hätten. »So überwog auch bei mir das Misstrauen«, erzählt Domscheit-Berg, aber spätestens nach der Veröffentlichung der Guantánamo-Handbücher habe er »die Idee, Wikileaks könnte von Geheimdiensten aufgesetzt worden sein«, für absurd gehalten. Der Schutz der Informanten erforderte es bei Wikileaks, für die Kommunikation mit der Außenwelt komplizierte Verschlüsselungsmethoden zu verwenden und die zur Veröffentlichung bestimmten Dateien nicht zentral zu speichern, sondern sie als sogenannte Torrent-Dateien auf verschiedene Server im Netz zu verteilen. Bei dieser subversiven Arbeit kamen den Cypherpunks die Erfahrungen zugute, die sie jahrelang in den »Hacker-Fahrschulen« gemacht hatten: Sie wussten alles über den Aufbau der Netze, sie wussten, wie man Betriebssysteme überlistete, sie wussten, wie man sich in Computer hineinschlich, und sie wussten vor allem, wie man sich im Netz möglichst unauffällig bewegte.

Dazu muss man möglichst weit abtauchen, in die Tiefen des Internets, die gewöhnlichen Benutzern in der Regel verborgen bleiben. Es sind Bereiche, die man nicht über Google oder andere Suchmaschinen finden kann, weil deren Algorithmen die Zugangsbeschränkungen nicht überwinden können. Das sogenannte »Deep Web« findet in abgeschotteten Bereichen statt. »Man muss sich das Internet vorstellen wie einen Ozean«, sagt der *Welt*-Journalist Lars-Marten Nagel, der sich eingehend mit den Tiefen des Webs beschäftigt hat: »Google sucht nur an der Oberfläche oder dicht darunter. Es gibt aber unendlich viele tiefe Stellen.« Nur angemeldete Be-

---

55 Daniel Domscheit-Berg: *Inside WikiLeaks. Meine Zeit bei der gefährlichsten Website der Welt*, Econ, 2011.

nutzer haben Zutritt zu diesen dunklen Ecken des Internets, in denen auch Diskussionsforen wie *4chan* beheimatet sind. Auch der sogenannte Internet-Relay-Chat (IRC) findet in dieser »digitalen Terra incognita«, wie Nagel es nennt, statt – mit einer Technik, die noch aus der Computer-Steinzeit zu stammen scheint. IRC wurde in den 1980er-Jahren erfunden, als noch nicht mit bunten, grafisch gestalteten Oberflächen navigiert wurde, sondern auf monochromen Bildschirmen mit zumeist kryptischen Textbefehlen – und so sieht IRC auch heute noch aus. Die Technik ist ideal für Benutzer, die sich mit Programmiersprachen auskennen und ihre eigene Kommunikationsinfrastruktur aufbauen wollen: Sie ermöglicht es, eigene Chaträume einzurichten, die man nur auf Einladung betreten kann. Zum Deep Web gehört beispielsweise auch das Verschlüsselungsnetzwerk Tor, mit dem sich die Absender von Nachrichten einigermaßen sicher tarnen können. Selbst die sonst allgegenwärtige NSA hat Schwierigkeiten, in diese Bereiche vorzudringen. Sie kommt nur an die Daten der Benutzer heran, wenn es gelingt, sie an der Zugangspforte zu Tor abzufangen, am Übergang vom öffentlichen Netz zum Darknet.

Dass diese »Darkrooms« zu den bevorzugten Rückzugsräumen des Web-Untergrunds zählen, dürfte nicht weiter überraschen. Unter dem Schutz der Anonymität treffen sich hier Drogendealer, Kinderpornografen oder Internetkriminelle, die mit gestohlenen Bank- oder Kreditkartendaten handeln. Aber auch das Diskussionsforum *4chan* ist Teil dieser Subkultur, die zuweilen verstörend und nicht selten abstoßend wirkt. Es ist die etwas modernere und zugänglichere Form der schlichten IRC-Kommunikation: Der öffentliche Teil von 4chan.org ist für jedermann im Internet zu erreichen. Das Forum wirbt damit, dass jeder Nutzer anonym Kommentare hinterlassen und Bilder einstellen kann. Das frei zugängliche Themenspektrum reicht von »japanischen Comics und japanischer Kultur« bis zu »Videospielen, Musik und Fotografie«.

Im weiteren Detail lesen sich die Themen der Rubriken nicht mehr ganz so harmlos: Sie reichen von »Waffen« über »Sexy Beautiful Women« und »Hardcore für Erwachsene« bis hin zu »Shit 4chan says« und »Politically Incorrect«, in denen sich die stets anonymen Diskussionsteilnehmer politisch inkorrekt schon mal über »Nigger« oder »Faggots« (»Schwuchteln«) mokieren. Das Foto einer jungen Asiatin im knappen Bikini wird kommentiert mit: »Ich liebe japanisches Fleisch.« Ein anderes Bild zeigt einen vielleicht dreijährigen Jungen mit Hitlerbärtchen und Hakenkreuzbinde, daneben steht der Satz: »Led kell Gay Jews«, »lasst uns schwule Juden umbringen«. In der Sprache der *4chan*-Gemeinde heißen derartige Forumsbeiträge »lulz« – eine Ableitung von »lol«, dem Internetkürzel für »laughing out loud« (»lautes Auflachen«). Welche Art von Humor sich hinter solchen Kommentaren verbergen soll, ist für Außenstehende nur schwer nachzuvollziehen, was sich hinter den Mauern der geschlossenen Benutzergruppen abspielt, lässt sich nur erahnen.

4chan ist alles andere als ein Randphänomen – und nur eines von unzähligen Foren im Netz. Zehn Millionen »Unique User« nennt *4chan*-Gründer Christopher Poole als monatliche Besucherzahl. Damit läge er etwa im Bereich von Nachrichtenportalen wie *Spiegel online*. Anonymous-Aktionen wie »Chanology«, die von *4chan* ihren Ausgang nahmen, dürften erheblich zur Popularität beigetragen haben. Die Webseite weist die Gesamtzahl der bisher eingegangenen Einträge aus: mehr als 1,6 Milliarden.

Für die Anthropologin Gabriella Coleman von der McGill-Universität in Montreal, die sich seit mehreren Jahren mit dem politischen Web-Untergrund beschäftigt,[56] signalisiert das Phänomen Anonymous die wachsende Bedeutung der »Waffen für die Geeks«, für die »Computerfreaks«. Eine

56 Gabriella Coleman: »Anonymous in Context. The Politics and Power behind the Mask«, *Internet Governance Papers* 3/2013, http://www.cigionline.org/sites/default/files/no3_8.pdf.

»neue Klasse privilegierter und wahrnehmbarer Akteure aus der Mitte des wirtschaftlichen Lebens«, analysiert Coleman, habe neue Aktionsformen gefunden. Sie sieht das im Gegensatz zu früheren Protestbewegungen, die hauptsächlich aus der Unzufriedenheit unterprivilegierter Schichten entstanden seien. Computerfreaks und Hacker hätten inzwischen die »konkrete Erfahrung« gemacht, so Coleman, dass sie ihre technischen Fähigkeiten, mit denen sie Server betreiben oder Videos herstellen, auch in politische Aktivitäten ummünzen könnten, um »Bürgerrechte zu verteidigen«, beispielsweise »den Schutz der Privatsphäre«. »Sie testen«, erklärt Coleman, »die neuen Möglichkeiten und die gesetzlichen Grenzen für den zivilen Ungehorsam im Digitalzeitalter« – und das in einer Zeit, in der in den westlichen Staaten die staatliche Überwachung auf dem Vormarsch sei, insbesondere in den USA. Coleman zitiert einen Anonymous mit den Worten: »Die freie Rede ist nicht verhandelbar.«

Seit 2009 haben die Mitglieder des Hackernetzwerks immer wieder unter Beweis gestellt, dass sie es ernst mit der Verteidigung der Meinungsfreiheit meinen. Der radikale Ansatz führte allerdings in der Vergangenheit des Öfteren zur Bildung merkwürdiger Koalitionen. Bei der sogenannten »Operation Titstorm« kämpfte Anonymous Seite an Seite mit den Verfechtern freier Pornografie gegen die australische Regierung, weil sie Provider verpflichten wollte, Internetsperren gegen pornografische Inhalte einzurichten. »Keine Regierung«, so die Netzrebellen in einem Pressestatement, »sollte das Recht haben, seinen Bürgern Informationen vorzuenthalten, nur weil sie unerwünscht sind.« Die australische Regierung werde lernen, dass man sich mit Anonymous besser nicht um den Zugang zu »völlig legalen (oder illegalen) Inhalten« streite. Aus ähnlichen Gründen musste sich die damalige deutsche Familienministerin Ursula von der Leyen als »Zensursula« titulieren lassen, als sie im Internet das sogenannte »Access-Blocking« gegen Kinderpornografie einführen wollte.

Gegen das länderübergreifende Anti-Piraterie-Abkommen ACTA (Anti-Counterfeiting Trade Agreement) kämpfte Anonymous von Beginn an, und im Streit um Urheberrechte fanden sich die Vorkämpfer für die Internetfreiheit plötzlich auf derselben Seite der Barrikade wieder wie das Milliardenunternehmen YouTube – das bekanntlich zu Google gehört, dem mächtigsten Internetkonzern der Welt, der nicht gerade als Symbol für Informationsfreiheit im Netz gilt. In Deutschland muss YouTube viele Musikvideos auf Veranlassung der Rechteverwertungsgesellschaft GEMA sperren, wenn sie ohne die erforderlichen Lizenzen veröffentlicht werden. Die GEMA nimmt die Interessen der Musikkonzerne wahr, doch dahinter stehen natürlich auch Musiker, Komponisten und Texter, die von ihrer Arbeit leben müssen. Anonymous aber warnte die GEMA, durch die Wahrnehmung der Urheberrechte werde der »Informationsfluss behindert«, und legte zeitweise deren Rechner lahm. Dass sie damit für die Profite von YouTube und Google kämpften, schien die Hacker nicht zu stören.

In den USA gehörten zu den ersten Zielen die Recording Industry Association of America (RIAA), die Motion Picture Association of America (MPAA) sowie die amerikanische Urheberrechtsbehörde. Unter anderem war Anonymous nicht einverstanden mit der Schließung der »Filesharing«-Plattform The Pirate Bay, die illegal Filme zum Download anbot. Neben DDoS-Angriffen gegen die Interessenverbände in Deutschland und den USA setzten die Aktivisten auch auf »analoge« Protestformen: massenhaftes Versenden ganzseitig schwarzer Faxe, Dauer-Telefonklingeln und Pizzabestellungen – alles im Namen der Informationsfreiheit.

Das IRC-Netzwerk von Anonymous nahm um das Jahr 2010 herum beträchtliche Ausmaße an. Inzwischen hatte man unter dem Namen »AnonOps« mehrere Kanäle mit eigenen Chatrooms für die konspirative Kommunikation in Betrieb genommen. In Aktionszeiten wurden bis zu siebentausend Kanäle gleichzeitig freigeschaltet. Während des Arabischen Frühlings versuchten Anonymous-Teams, junge Aktivisten in Tunesien, Libyen und Ägypten beim Aufbau einer verschlüsselten Kommunikationsinfrastruktur über IRC zu unterstützen, um sie vor staatlicher Verfolgung zu schützen. Und als Tunesien im Januar 2011 Wikileaks im Internet blockierte, startete Anonymous eine DDoS-Attacke gegen Server der Regierung. Ähnliche Aktionen gab es später in Ägypten, bis das Mubarak-Regime die Datennetze völlig lahmlegte.

Derweil bemerkten die Anonymous-Aktivisten nicht, dass ihnen in den USA und in anderen Ländern die Behörden schon auf den Spuren waren. Im Eifer des Gefechts hatten viele von ihnen übersehen, dass sie ein verräterisches Programm für ihre DDoS-Angriffe nutzten, welches Rückschlüsse auf die IP-Adresse des Absenders zuließ. Als im Dezember 2010 PayPal angegriffen wurde, konnten deshalb Techniker des Unternehmens eine Liste mit etwa tausend IP-Adressen aufzeichnen, von denen die meisten Anfragen ausgingen. Die leiteten sie an das FBI weiter, was in den USA unter anderem zur Festnahme von vierzehn Personen führte. In Großbritannien wurden vier junge Männer wegen der Teilnahme an dem »PayPal-Raid« verurteilt.

In Deutschland durchsuchte das Bundeskriminalamt die Wohnungen von über hundert Beschuldigten, denen eine Teilnahme an den DDoS-Überfällen auf die GEMA zur Last gelegt wurde. Als Antwort schickte Anonymous über YouTube ein Drohvideo, in dem neue Attacken angekündigt wurden. »Das Kollektiv belächelt den Versuch, Aktivisten unseres Schlages einzuschüchtern«, höhnten die unbekannten Urheber. Wenig später zog die GEMA ihre Anzeige zurück. Es sei bei den Computerangriffen ohnehin zu keinem erheblichen Schaden für »Kunden, Mitglieder und Mitarbeiter« gekommen, sagte eine Sprecherin. Die *Bild*-Zeitung titelte damals: »Gema zittert vor Hacker-Offensive.«

Im Februar 2011 verkündete der Chef der Firma für Cybersicherheit HBGary, Aaron Barr, in der *Financial Times*, es sei ihm gelungen, die Führung von Anonymous zu enttarnen.

Die Gruppe habe etwa dreißig Mitglieder, wobei der harte Kern der »Entscheider« aus etwa zehn Personen bestehe. Barr gab an, er habe die Erkenntnisse durch die Analyse von Daten aus sozialen Netzwerken gewonnen. Das war deshalb besonders brisant, weil HBGary gute Kontakte zu den amerikanischen Sicherheitsbehörden nachgesagt wurden.

Eine Gruppe von vermutlich fünf Anonymous-Mitgliedern reagierte sofort. Dieses Mal allerdings wählten sie nicht den verdeckten Weg über DDoS-Attacken, sondern gingen zum Angriff mit offenem Visier über: Sie hackten sich in die Server der Sicherheitsfirma, indem sie gezielt nach Systemlücken suchten, luden mehr als siebzigtausend E-Mails und gespeicherte Dokumente herunter. Dabei entdeckten sie eine Mail, in der Barr einem Kollegen über seine Anonymous-Ermittlungen berichtete: »Es gibt sicher einige Regierungsorganisationen«, schrieb er, »die an diesen Informationen sehr interessiert sind, bevor ich sie in die Öffentlichkeit bringe.« Dem Hackerteam gelang es, die Kontrolle über Barrs Twitter-Account zu übernehmen und sein persönliches Smartphone und sein iPad lahmzulegen. Barr selbst versuchte zur Schadensbegrenzung noch, als »CogAnon« über IRC-Chat direkt mit den Hackern in den Dialog zu treten, wobei er beteuerte, er habe mit seinen Recherchen nur nach Sicherheitslücken in sozialen Netzwerken suchen wollen. Aber er fand keine Gnade: Anonymous veröffentlichte die heruntergeladenen Dateien aus dem Firmennetzwerk ebenso wie Barrs private Kommunikation.

Über das Online-Technikmagazin *The Tech Herald* erteilten sie ihrem Gegner, wie sie schrieben, eine »Lehre«: »Man legt sich nicht mit Anonymous an, nur um öffentliche Aufmerksamkeit zu gewinnen.« Für den Einbruchsschutz des HBGary-Netzwerks hatten sie nur Hohn übrig: »Es scheint, als ob die Sicherheitsfachleute die Sicherheit nicht besonders fachmännisch handhaben.« Barr war blamiert, er musste später seinen Hut nehmen. In der Auseinandersetzung hatten sich die Hacker über Barrs Aussage geärgert, er habe den Führungszirkel von Anonymous entlarvt. Das berichtete *Wired*-Reporter Quinn Norton, der jahrelang enge Kontakte zu dem Hackernetzwerk pflegte. Es sei von Anfang an ein Dogma gewesen, dass es in diesem globalen Kollektiv keine Führung gebe, so Norton. »Es war, als wäre Barr in den Vatikan von Anonymous eingebrochen und hätte die Heilige Jungfrau Maria eine Hure genannt.«

Bedeutender war aber, dass den Hackern auch ein Dokument mit der Überschrift »Die Wikileaks-Bedrohung« in die Hände gefallen war. Darin führt HBGary aus, dass man den Ruf der Whistleblower-Plattform untergraben könne, wenn man ihr Spielmaterial, gefälschte Dokumente, zuspielen würde. Die Operation, so die Idee, könne in Zusammenarbeit mit weiteren Sicherheitsunternehmen, der Bank of America und der US-Handelskammer durchgeführt werden. In einer anderen Datei fanden die Hacker Hinweise auf einen Plan, die Reputation von namentlich aufgeführten Wikileaks-Unterstützern zu untergraben. Auf der Liste fand sich auch Glenn Greenwald, der spätere *Guardian*-Mitarbeiter und Snowden-Vertraute. Greenwald war schon damals als scharfer Kritiker der amerikanischen Überwachungspolitik bekannt, und er war der Erste, der über die unmenschlichen Haftbedingungen für den Wikileaks-Informanten Bradley (Chelsea) Manning in Einzelhaft im amerikanischen Marinestützpunkt Quantico berichtete.

Manning war im Mai 2010 unter dem Verdacht verhaftet worden, er habe geheime Videos und Dokumente an Wikileaks weitergegeben. Nach einem Teilgeständnis wurde er im August 2013 zu fünfunddreißig Jahren Haft und einer Geldstrafe von 100 000 Dollar verurteilt. Die Anklage hatte ursprünglich neunzig Jahre gefordert, später dann sechzig Jahre. Auf Manning soll die Veröffentlichung des sogenannten »Collateral-Murder-Videos« zurückgehen, das zeigt, wie aus einem amerikanischen Kampfhubschrauber in Bagdad irakische Zivilisten und Journalisten der Nachrichtenagentur Reuters erschossen werden. Dabei sind zynische Kommentare der Helikopterbesatzung zu hören. Die Wikileaks-Aktivisten stellten im Internet ein Orwell-Zitat neben das Video: »Politische Sprache dient dazu, dass Lügen wahr klingen und Mord respektabel und um dem reinen Wind einen Anschein von Festigkeit zu geben.« Allein auf YouTube wurde das Video zehn Millionen Mal abgerufen. In weiteren Dokumenten finden sich Belege für mehr als dreihundert Folterungen von Gefangenen im Irak und über die Zustände im Lager Guantánamo. Außerdem soll auch die Wikileaks-Veröffentlichung von einer Viertelmillion amerikanischer Botschaftsdepeschen auf Hinweise Mannings zurückgehen.

Wikileaks hat das nie offiziell bestätigt. »Wir konnten und wollten ja selbst nicht wissen, wer unsere Quellen waren. Das war Teil des Sicherheitskonzepts«, erklärt WikiLeaks-Gründer Daniel Domscheit-Berg. Man habe die anonymen Informanten lediglich um eine Begründung gebeten, weshalb sie das Material veröffentlichen wollten, um »persönliche Rachefeldzüge« auszuschließen. Mannings Verhaftung, so Domscheit-Berg, sei »der schlimmste Moment in der Geschichte von Wikileaks« gewesen.

Vermutlich war Manning von einem Chatpartner verraten worden. Er habe »unglaubliche Dinge, schreckliche Dinge« gesehen, schrieb Manning unter seinem Chatnamen »bradass87«, die »an die Öffentlichkeit gehören, und nicht auf einen Server in einem dunklen Raum in Washington«. Er habe »aus irgendeinem bizarren Grund« das Gefühl, so Manning, dass seine Enthüllungen tatsächlich etwas verändern« könnten. Auch die globale Überwachung der Telekommunikation bereitete Manning, der in einem Abwehr- und Aufklärungsbataillon in Bagdad eingesetzt war und über ein Datennetz der US-Regierung Zugang zu geheimen Informationen hatte, Sorgen. Er gab an, dass »etwa 85 bis 90 Prozent aller weltweiten Übertragungen von der NSA mitgelesen« würden. Das Allermeiste davon, so Manning, sei »Rauschen«, sodass es immer schwerer werde, etwas zuzuordnen. Es sei, bemühte Manning ein bekanntes Bild, »wie die Suche nach der

Nadel im Heuhaufen«. Eine einzige Information würde ausreichen, um die »Datenbank zu durchsuchen, zu durchsuchen und noch einmal zu durchsuchen«, bis man Ergebnisse habe, die man »mit anderen geheimdienstlichen Methoden weiterbearbeiten« könne.

Das drakonische Urteil gegen Manning kommentierte Julian Assange später mit den Worten, die Strategie Obamas sei »spektakulär fehlgeschlagen«. Die Regierung, so der Wikileaks-Gründer, habe gezeigt: »In ihrem System ist kein Platz für Leute mit Prinzipien und Gewissen.« Da war Assange schon in die Botschaft Ecuadors in London geflohen, um einer drohenden Auslieferung nach Schweden zu entgehen, wo er wegen Vergewaltigungsvorwürfen vor Gericht gestellt werden sollte. Assange bestritt alle Taten, die ihm zur Last gelegt wurden, und sprach von einem Komplott gegen ihn. Seine Befürchtung war, dass er über Schweden in die USA ausgeliefert werden sollte, wo ihn mit Sicherheit eine langjährige Haftstrafe erwarten würde. Seither steht er in der ecuadorianischen Botschaft praktisch unter Hausarrest.

Auch gegen den militanten Zweig der Anonymous-Bewegung gingen die Behörden nun schärfer vor. Anonymous lag im Frühjahr 2011 schon seit längerer Zeit mit dem Elektronikkonzern Sony im Clinch, weil dieser einen Hacker namens George Hotz, Hackername »geohot«, angezeigt hatte. Hotz soll maßgeblich daran beteiligt gewesen sein, das weltweite Netzwerk der Playstation 3 – eines der wichtigsten Produkte des Konzerns – geknackt zu haben. Anonymous antwortete auf Hotz' Verfolgung mit einer Welle von DDoS-Attacken, die Sonys Playstation-Netzwerk knapp vier Wochen lang lahmlegte. Eine der Folgen war, dass der Aktienkurs des Elektronikriesen in dieser Zeit um rund 20 Prozent fiel.

Danach übernahm eine Hackergruppe, die sich »LulzSec« nannte (»lächerliche Sicherheit«): LulzSec hackte sich insgesamt sechsmal in das Firmennetzwerk von Sony, deckte damit die Sicherheitslücken im System auf, erbeutete die persönlichen Daten von siebenundsiebzig Millionen Kunden und veröffentlichte sie – was in der Hackerszene äußerst umstritten war. Schließlich bedeutete das die Verletzung dessen, wofür die Bewegung sonst immer vorgeblich gekämpft hatte: das Recht auf Privatsphäre. Der inoffizielle Anonymous-Sprecher Gregg Housh führte zur Verteidigung an, Kriminelle hätten die privaten Daten möglicherweise sowieso schon erbeutet, um damit Geld zu machen. Man habe die Öffentlichkeit nur auf dieses Problem aufmerksam machen wollen, sagte Housh: »Die Gangster sind uns möglicherweise um Jahre voraus.«

LulzSec knackte noch weitere Firmenrechner, darunter die des Sony-Konkurrenten Nintendo, hackte sich in das System des US-Senats ebenso wie in das des Fernsehsenders PBS, um sich für eine kritische Reportage über Wikileaks zu rächen, veröffentlichte Kundendaten einer Pornoseite und Log-in-Dateien und Passwörter der Justizvollzugsbehörden in Arizona. Der Angriff in Arizona galt Joe Arpaio, der sich selbst als »härtester Sheriff der Welt« bezeichnet: Arpaio ist zuständig für den Strafvollzug des Maricopa County in Arizona und wurde unter anderem berühmt-berüchtigt durch die Einrichtung eines Zeltlagers, in dem achttausend Gefangene unter härtesten Bedingungen ihre Haft verbüßen.

Innerhalb nur weniger Wochen hatte es LulzSec auf knapp hunderttausend Twitter-Follower geschafft – keine andere Hackergruppe fand in der amerikanischen Öffentlichkeit mehr Aufmerksamkeit. Unter der Überschrift »Warum wir LulzSec heimlich lieben« schrieb der australische IT-Sicherheitsexperte Patrick Gray auf seiner Webseite *Risky.biz*: »LulzSec läuft herum und stampft einige der mächtigsten Organisationen der Welt in Grund und Boden … aus Jux und Dollerei. Für lulz! Nur so zum Spaß. Das sagt uns alles, was wir über Computersicherheit wissen müssen: Es gibt sie nicht!« Die Hacker von LulzSec hätten bewiesen, so Gray, »in welchem Schlamassel wir stecken«.

Nach nur fünfzig Tagen spektakulärer Aktionen löste sich LulzSec am 21. Juni 2011 offiziell auf, um als »AntiSec«

wieder von sich reden zu machen. Bei den Behörden hatten die Hacker mit ihren Aktionen weniger Sympathien geweckt als bei manchen Sicherheitsfachleuten. Es stellte sich heraus, dass einer der Köpfe von LulzSec, Hector Xavier Monsegur, Hackername »Sabu«, sich dem FBI als Informant angedient und geholfen hatte, andere Mitglieder der Gruppe zu überführen. Jeremy Hammond, ein radikaler Friedensaktivist aus Chicago, kam daraufhin in Untersuchungshaft. Im Netz war er mal als »Ghost«, mal als »Anarchaos« unterwegs, mit achtzehn Jahren hatte er schon die Onlineplattform *HackThisSite* gegründet, die Trainings für Hackeranfänger anbot. Die Politik der Bush-Regierung, der Irakkrieg und die Verabschiedung des Patriot Act, erklärte er nach seiner Verhaftung, hätten ihn zum Hacker werden lassen.

Mit Sabu verkehrte Hammond ausschließlich über verschlüsselte Kommunikation – nicht ahnend, dass der Hackerkollege das Material direkt an das FBI weiterleitete. Während eines Chats mit Sabu stürmte das FBI in Hammonds Wohnung und nahm ihn fest. Unter anderem wurde ihm ein Computereinbruch beim Strategieberatungsunternehmen Stratfor zur Last gelegt, bei dem fünf Millionen Dokumente kopiert und an Wikileaks weitergegeben wurden. Er gilt als einer der größten Hacks in der amerikanischen Geschichte, der Schaden wurde auf 3,7 Millionen Dollar geschätzt. Für den Friedensaktivisten Hammond gehörte Stratfor mit seinen geopolitischen Analysen für die Regierung zum militärisch-industriellen Komplex, gegen den er mit seinen Mitteln zu Felde zog. Nach seiner Festnahme weigerte er sich, mit den Behörden zu kooperieren. Im Prozess stellte sich heraus, dass das FBI Hammonds Wohnung mit Kameras überwacht und mit einem sogenannten Key-Logging-Programm jede seiner Eingaben auf der Computertastatur aufgezeichnet hatte. Hammond wurde 2013 zu zehn Jahren Haft verurteilt. Einem Reporter von *Al-Jazeera* teilte er im Gefängnis mit, er habe »absichtlich und böswillig so viele Regierungswebseiten wie möglich« zerstört. Seinen Hackerkollegen

Monsegur schmähte die Szene als Verräter. Dass er Hammond ans Messer geliefert hatte, wog umso schwerer, als LulzSec mit ihren Aktionen weltweit zu Vorbildern einer ganzen Hackergeneration geworden waren. Sie standen für technische Virtuosität, Auflehnung gegen staatliche Autoritäten und eine zerstörerische Lust am Chaos.

FBI-Informant Monsegur bekam statt der möglichen Höchststrafe von sechsundzwanzig Jahren und fünf Monaten lediglich sieben Monate Haft. »Es war anfangs nicht einfach, ihn umzudrehen«, sagte ein Ermittler dem Nachrichtendienst *FoxNews.com*, »er tat es für seine Kinder. Er wollte nicht ins Gefängnis gehen und sie alleinlassen. So haben wir ihn gekriegt.« Nach seiner Verurteilung twitterte Monsegur an seine Gemeinde: »In der Regierung sitzen ein paar verdammte Feiglinge. Lasst euch von diesen Leuten nicht unterkriegen. Schlagt zurück. Bleibt stark.« Danach war der LulzSec- beziehungsweise AntiSec-Spuk Geschichte.

Erst im Mai 2014 stellte sich heraus, dass Monsegur alias Sabu seinen Mithacker Hammond nicht nur verraten, sondern offenbar auch zu Computereinbrüchen animiert hatte. Die *New York Times* berichtete, Monsegur habe Attacken auf Firmen und Regierungsseiten im Iran, Syrien, Brasilien und Pakistan koordiniert. Die erbeuteten Dokumente seien auf einem Server abgelegt worden, den das FBI zur Verfügung gestellt und überwacht habe. Die bislang geheim gehaltenen Gerichtsakten, so die *New York Times*, legten den Schluss nahe, dass das FBI die Hacker für die Auslandsspionage benutzt habe. Ebenfalls auf Veranlassung Monsegurs soll Hammond Schwachstellen in türkischen Servern aufgespürt und die Informationen an die Hackergruppe Redhack weitergegeben haben, die Hammer und Sichel in ihrem Wappen führt. Die Gruppe attackierte türkische Rechner, um gegen die Zensurgesetze der Regierung Erdoğan zu protestieren.

Anonymous tauchte im Zusammenhang mit der Occupy-Wall-Street-Bewegung wieder auf: Plötzlich waren überall Guy-Fawkes-Masken zu sehen. Es schien, als ob in diesem

Protest gegen die Globalisierung und einen entfesselten Kapitalismus mehrere Strömungen zusammenliefen. Typisch für Anonymous sei, sagt Anthropologin und Anonymous-Forscherin Gabriella Coleman, dass das Hackerkollektiv mit seinen Kampagnen »bestehende Ereignisse« aufgreife und damit wie »auf der Spitze einer Welle reite«. Sein Verdienst sei, die Aufmerksamkeit der Öffentlichkeit auf diese Ereignisse zu richten, allerdings sei das meistens nicht besonders nachhaltig. »Die Kampagne endet in dem Moment, in dem die Welle das Ufer erreicht.« Und manchmal, so Coleman, »verpasst Anonymous die Welle auch, besonders wenn die Mainstream-Medien nicht über die Aktionen berichten«.

Punktuelle Aufmerksamkeit und wellenartig verlaufende Erregungskurven sind ein Kennzeichen der globalen Mediengesellschaft. Beides bedingt sich: Je mehr Berichterstattung, desto mehr Aufregung – und umgekehrt. Diese Wechselwirkung ließe sich auch bei den Occupy-Wall-Street-Aktionen als Folge der weltweiten Finanzkrise beobachten: Von Anfang an war der bunte Protest in den glitzernden Finanzmetropolen dieser Welt ein dankbares Medienthema, und die Demonstranten sorgten mit allerlei fantasievollen Aktionen dafür, dass das auch so blieb. Einfach wiederzuerkennende Symbole wie die Guy-Fawkes-Maske spielten dabei eine entscheidende Rolle. Anonymous betätigte sich in der Occupy-Bewegung als eine Art digitales Unterstützerkommando, inklusive DDoS-Angriffen auf unliebsame Webseiten oder Internetvideos, zum Beispiel mit einem Aufruf zur ersten großen Demonstration in der Wall Street. »Hallo Bürger des Internets. Wir sind Anonymous«, so der Text. »Am 17. September werden wir in Lower Manhattan einfallen, Zelte aufbauen, Kochstellen, friedvolle Barrikaden, und Wall Street für ein paar Monate besetzen.« Die Parole für die Aktion gab der Film auch vor: »Wir wollen Freiheit!« In vielen amerikanischen und europäischen Städten wurden vor den Glastürmen der Finanzinstitute Camps nach dem New Yorker Vorbild gegründet. Drei Monate später hatte die Polizei die meisten von ihnen wieder geräumt. Der Winter war ohnehin angebrochen.

Was blieb, war die erstaunliche Karriere des Mannes mit der Maske, die der Urheber der Fawkes-Manie mit einigem Wohlwollen verfolgte. Er habe seine Figur »moralisch sehr, sehr vieldeutig gestaltet«, erzählt Comic-Autor Alan Moore, der sich selbst als »Anarchisten« bezeichnete. »Die Kernfrage ist: Hat dieser Typ recht? Oder ist er verrückt?« Er habe die Leser zu einer Haltung provozieren wollen, so Moore. »Das erschien mir als der richtige anarchistische Weg: Ich wollte den Menschen nicht sagen, was sie denken sollen. Ich wollte ihnen nur sagen, dass sie denken sollen.« Inzwischen gibt es Guy-Fawkes-Masken für ein paar Euro bei Amazon oder eBay im Angebot, klassisch weiß oder auch abgewandelt, beispielsweise in ägyptischen Nationalfarben. Die Maske gehört zur Grundausstattung jedes angehenden Revoluzzers; durch das Internet wurde der katholische Bombenleger Guy Fawkes endgültig zur Popikone. Auch Alan Moore setzt große Hoffnungen in die neue Technik: »Schon seit Jahrhunderten gibt es Untergrundbewegungen mit anarchistischen Überzeugungen, seien sie nun spirituell oder rein politisch motiviert. Aber heute gibt es viel mehr Potenzial für deren Verbreitung, denn mit der wachsenden Bedeutung des Internets – und generell der Kommunikation – lassen sie sich nicht mehr so leicht unterdrücken wie früher.«

Welches subversive Potenzial sich durch die neuen Medien entwickelt hatte, war auch den Strategen bei der NSA nicht entgangen. Deren damaliger Direktor Keith Alexander entschloss sich deshalb zu einem bis dahin beispiellosen Schritt: Im August 2012 besuchte er den Computer-Untergrund und trat als Gastredner bei der größten Hackerkonferenz der Welt in Las Vegas auf, der zwanzigsten Ausgabe der Defcon, was in der Militärsprache für »Alarmzustand« (»defense condition«) steht. Es war das letzte Jahr vor Snowden, die NSA war noch umgeben vom Ruch des Mysteriösen und Uneinnehmbaren. Dass sich der General in den Dialog mit der Gegenseite begab, war eine echte Sensation. Die Generalsuniform hatte er für seinen Auftritt bei der Defcon im Schrank hängen lassen. Alexander kam leger in der »Hacker-Uniform«, wie er sagte: in Jeans und dunklem T-Shirt mit einem Logo der Bürgerrechtsorganisation Electronic Frontier Foundation. Auf der Bühne im großen Kongresssaal des Rio-Hotels kündigte ihn Defcon-Veranstalter Jeff Moss vor mehreren Hundert Zuhörern enthusiastisch mit den Worten an: »Auf diesen Moment musste ich zwanzig Jahre lang warten.«

Keith Alexander übernahm und machte den anwesenden Hackern in seiner knapp einstündigen Rede ein kaum verklausuliertes Angebot. »Hier sitzt das versammelte Wissen, das unsere Nation braucht, um den Cyberspace sicherer zu machen«, sagte er zu seinen überwiegend jungen Zuhörern: »Ihr seid die besten Cyberspace-Experten. Ihr wisst, wie man die Netzwerke sicherer macht und gleichzeitig die Bürgerrechte schützt.« Die NSA sei bereit, von den Hackern zu lernen, erklärte Alexander, »wir brauchen Talente. Wir zahlen nicht so viel wie andere, aber dafür macht die Arbeit bei uns Spaß.« Und zum Beweis, dass er es ernst meinte, ließ Alexander auf einer großen Videowand die Internetadresse einer eigens für die Show eingerichteten NSA-Bewerbungsseite einblenden: www.nsa.gov/careers/dc20. »Es ist nicht die Standardseite«, ließ er die Zuhörer scherzhaft wissen, »diese enthält eine Zeile, in der steht: ›Machen Sie sich keine Sorgen, wenn es in Ihrer Vergangenheit einige dunkle Punkte gibt.‹« Bei manchen in der Gesellschaft hätten die Hacker einen schlechten Ruf, fügte Alexander noch hinzu, aber er selbst sähe das anders: »Es ist absolut notwendig, dass ihr mit euren Aktionen die Schwachstellen in den Computersystemen aufdeckt.« »Dann hört doch auf, uns einzubuchten!«, rief ihm jemand aus dem Auditorium zu.

Die Charme-Offensive des NSA-Chefs konnte nicht darüber hinwegtäuschen, dass hier zwei Welten aufeinandertrafen, die sich fremd waren und vermutlich fremd bleiben werden. Eine subversive, kaum dingfest zu machende Bewegung wie Anonymous, die keine festen Strukturen hat, länderübergreifend im Deep Web arbeitet und deshalb nur begrenzt zu überwachen ist, muss den Geheimdienstlern ein Dorn im Auge sein. Dass es immer noch weiße Flecken im weltweiten Netz gibt, die auch für die NSA Terra incognita sind, ist für sie auf Dauer nicht akzeptabel. Sie hätten gern auch die letzten Winkel unter Kontrolle. Doch in der Hackergemeinde vermutet die NSA viel Know-how, das sich im Hinblick auf die künftigen Herausforderungen eines Cyberkriegs abzuschöpfen lohnt. So zeigte Alexanders Auftritt auf der Defcon: Zwischen den Geheimdiensten und den Hackern gibt es nur einen gemeinsamen Nenner – und das ist die Welt, in der sie sich bewegen, das Internet, und in der sie sich immer öfter gegenseitig stören. Die Hacker sehen sich als natürliche Bewohner des Cyberspace, alle anderen nur als geduldete Besucher. Umgekehrt sieht sich der US-Sicherheitsapparat als Erfinder des Internets – und hält es deshalb offenbar für völlig legitim, diesen Herrschaftsanspruch mit allen Mitteln zu verteidigen. »Wir waren diejenigen, die das Netz aufgebaut haben«, erklärte Alexander auf der Defcon in Anspielung auf die Pionierarbeiten der DARPA (Defense Advanced Research Projects Agency) in der Frühzeit des Internets, »jetzt müssen wir dafür sorgen, dass es sicher bleibt.«

Ob es denn wirklich stimme, wollte Defcon-Gastgeber Jeff Moss am Ende noch von Alexander wissen, dass die NSA über »jeden Amerikaner eine Datei angelegt« habe. »Natürlich nicht«, beruhigte der General Moss und das Publikum, »absolut nicht. Und jeder, der behauptet, wir hätten Dateien oder Dossiers über die amerikanische Bevölkerung, weiß genau, dass das nicht stimmt.« Die Diskutanten einer anderen Veranstaltung auf diesem zwanzigsten Hackerkongress in Las Vegas wussten es besser: Der Journalist und NSA-Kenner James Bamford und Ex-NSA-Direktor William Binney sprachen zum Thema »Größeres Monster, schwächere Ketten. Die NSA und die Verfassung«.

Er kenne diese Haarspaltereien, sagte Binney, in denen immer feinsinnig zwischen »Dateien anlegen« und »überwachen« unterschieden werde. Dann analysierte er die Denkweise, die seiner Meinung nach in der gegenwärtigen Regierung und im Sicherheitsapparat herrscht: »Ronald Reagan sagte: ›Wir sind ein Land mit einer Regierung.‹ Diese Beziehung dreht sich gerade um«, erklärte der frühere NSA-Direktor seinen Zuhörern. »Unsere Regierung denkt heute, sie besitzt unser Land. Und um das aufrechtzuerhalten, muss sie das tun, was alle totalitären Staaten tun: Informationen über die eigene Bevölkerung sammeln, damit man sie kontrollieren kann. Das ist es, was sie antreibt: Sie haben Angst vor der Bevölkerung der Vereinigten Staaten.« Aber in einem Punkt müsse er General Alexander recht geben, bemerkte Binney trocken: »Es stimmt, wenn er sagt, es würden nicht alle überwacht. Es fehlen ein paar. Nicht viele, aber ein paar.« Zehn Monate darauf trat einer von Alexanders Mitarbeitern den Beweis für Binneys Aussagen an.

11

CYBERSPIONAGE: DER VERDECKTE WIRTSCHAFTSKRIEG

»In dieser oder jener Kombination führen die drei Superstaaten ständig Krieg gegeneinander, und das seit fünfundzwanzig Jahren. Der Krieg ist jedoch nicht mehr der verzweifelte Vernichtungskampf wie in den Anfangsjahrzehnten des zwanzigsten Jahrhunderts. Es ist ein Waffengang mit begrenzten Zielen zwischen Kämpfenden, die nicht in der Lage sind, einander zu vernichten, die keinen materiellen Kriegsgrund haben und die kein echter ideologischer Unterschied trennt.«
George Orwell, *1984*

Die Atmosphäre war ziemlich aufgeheizt bei diesem Gipfeltreffen. 7. Juni 2013: US-Präsident Barack Obama empfing den chinesischen Staatspräsidenten Xi Jinping in der mondänen Wüstenoase Sunnylands rund 200 Kilometer südlich von Los Angeles. Die Sonne schien erbarmungslos vom Himmel, das Thermometer stand auf 42 Grad, als die beiden Präsidenten vor die Weltpresse traten. Obama hatte deshalb mit seinem Amtskollegen aus Peking eine legere Kleiderordnung vereinbart: Der mächtigste Mann der Welt und Chinas neuer starker Mann erschienen mit offenem Hemdkragen und in leichten Sommerhosen. Xi war erst im März 2013 ins Amt gekommen. Das hemdsärmelige Treffen im luxuriösen Gästehaus in Kalifornien sollte einen Neuanfang in den Beziehungen zwischen beiden Supermächten signalisieren.

Obama hatte bei aller Lockerheit ein sehr ernstes Anliegen mit nach Sunnylands gebracht: Er wollte mit Xi über Cybersicherheit und den Diebstahl geistigen Eigentums sprechen. Die amerikanische Regierung warf den Chinesen unverblümt vor, sie nutzten Computernetzwerke, um illegal an Informationen über Diplomatie, Wirtschaft und den Rüstungssektor der USA zu kommen. Der US-Präsident sagte im Vorfeld des Treffens ganz undiplomatisch, er erwarte, dass sich Peking an die internationalen Regeln halte.

In den Wochen zuvor hatte sich einiger Ärger gegen die chinesische Regierung aufgestaut: Im Februar 2013 hatte die US-Sicherheitsberatung Mandiant einen ausführlichen Bericht vorgelegt, in dem das chinesische Militär direkt für Computereinbrüche in amerikanische Unternehmen und Regierungseinrichtungen verantwortlich gemacht wurde. Die Volksbefreiungsarmee, so der Bericht, unterhalte dafür eigens eine Hackertruppe, deren Namen im Englischen mit Advanced Persistent Threat (APL) angegeben wurde, zu Deutsch etwa »hoch entwickelte andauernde Bedrohung«. Obamas Sicherheitsberater Tom Donilon reagierte auf den Report mit der Aufforderung an die Chinesen, dem Datendiebstahl Einhalt zu gebieten. Kurz darauf kündigte Amerikas oberster Geheimdienstchef James Clapper an, »Offensivkapazitäten« für den Fall eines Cyberangriffs aufzubauen. Und schließlich präsentierte eine regierungsunabhängige Kommission unter Clappers Vorgänger Dennis Blair eine Untersuchung zum Diebstahl geistigen Eigentums, in der festgestellt wurde, China sei im Durchschnitt »für 70 Prozent« aller einschlägigen Delikte verantwortlich. Bei den meisten davon handele es sich um Computereinbrüche. Die Kommission schätzte den Schaden für die amerikanische Wirtschaft auf 300 Milliarden Dollar jährlich.

Vor dem Sunnylands-Anwesen hatte sich eine kleine Gruppe zu einer Anti-China-Demonstration versammelt. Eine Frau mit Bambushut hielt ein selbst gemaltes Schild in die Fernsehkameras: »China stop spying in the US.« Genau das wollte auch Obama seinem chinesischen Kollegen in aller

Deutlichkeit mitteilen. Doch der Zeitpunkt für eine Gardinenpredigt erwies sich als ungünstig: Am Tag zuvor hatte Edward Snowden enthüllt, in welch ungeahnten Dimensionen die NSA die ganze Welt, und nicht zuletzt China, bespitzelt. Noch war der Whistleblower nicht in Erscheinung getreten, und noch war nicht bekannt, dass er sich auf chinesischem Territorium aufhielt, aber das Echo war bei den gemeinsamen Pressekonferenzen von Obama und Xi gewaltig. Mehrfach geriet der US-Präsident in die Defensive, als er sich gezwungen sah, auf Fragen von Reportern zum Überwachungsprogramm Prism Stellung zu nehmen. Er versuchte zunächst, sich mit Allgemeinplätzen herauszureden. Man könne nicht »100 Prozent Sicherheit und 100 Prozent Privatsphäre« verlangen, belehrte Obama die Journalisten, und außerdem betrete die ganze Welt »Neuland« bei der Frage, was im Zeitalter der globalen Vernetzung legitim und was illegal sei.

Xi Jinping schien die Diskussion mit einiger Genugtuung zu verfolgen, jedenfalls musste er sich einmal nicht wegen der Verletzung von Menschenrechten in seinem Land rechtfertigen. Beim Thema Computerspionage wies Xi alle Vorwürfe zurück und bemerkte im Übrigen, auch China sei Opfer von Cyberattacken. Dann sickerte noch durch, die Chinesen hätten aus Angst, abgehört zu werden, nicht im Sunnylands-Gästehaus übernachtet, sondern im nahe gelegenen Hyatt. Am Ende des zweitägigen Treffens unter Kaliforniens Sonne, meldeten Korrespondenten später, habe Xi deutlich entspannter gewirkt als Obama. Denn seit Snowdens Enthüllungen standen plötzlich die USA am Pranger und nicht China. Der *Spiegel* zitierte den chinesischen Militärexperten Wang Changqin mit dem Kommentar, Amerika sei ein »Imperium der Hacker«; nun sei erwiesen, dass nicht China, sondern Amerika das intellektuelle Eigentum anderer plündere.

Doch das ist nur die halbe Wahrheit. Noch immer sind die Chinesen die inoffiziellen Weltmeister in der Disziplin Wirtschaftsspionage. Aber der Rückstand der Amerikaner dürfte schwinden, auch wenn Präsident Obama entsprechende Aktivitäten vehement bestritt. »Wir sammeln keine Informationen, um amerikanischen Firmen oder der amerikanischen Wirtschaft einen Wettbewerbsvorteil zu verschaffen«, betonte er im Januar 2014 bei seiner Grundsatzrede zur Zukunft der Geheimdienste – aber da hatten ihn einige der Snowden-Dokumente schon Lügen gestraft. Zudem lohnt es sich, bei Obamas Dementis in Sachen NSA genau hinzuhören: Wenn die USA keine Informationen sammelten, um amerikanischen Firmen einen Wettbewerbsvorteil zu verschaffen, dann taten sie es vielleicht aus anderen Gründen?

NSA-Pressesprecherin Caitlin Hayden teilte in diesem Zusammenhang mit, sie könne keine Einzelheiten über nachrichtendienstliche Operationen in fremden Ländern nennen, sie könne aber versichern, »dass alle Geheimdienstaktivitäten auf die nationalen Sicherheitsbedürfnisse unseres Landes ausgerichtet« seien. Und Geheimdienstchef James Clapper demonstrierte einmal mehr seinen eigenwilligen Umgang mit den Fakten, indem er bei einer Anhörung betonte, bei der Spionage in fremden Wirtschaftsräumen gehe es nur darum, das Finanz- und Wirtschaftssystem der USA zu schützen. Amerikanische Konzerne, so Clapper, würden davon nie direkt profitieren. Aber vielleicht indirekt?

Laut ihrem Auftrag versorgt die NSA viele »Kunden« in der US-Administration, die ihre Aufklärungswünsche auf mehreren Tausend Seiten langen Listen anmelden. Zu diesem Kundenkreis gehören neben dem Weißen Haus, den Geheimdiensten und dem Außenministerium auch die übrigen Ministerien, zum Beispiel für Finanzen, Handel, Landwirtschaft und Energie, die Botschaften und die Handelsattachés. In den NSA-Papieren erscheint neben Themen wie »Terrorabwehr« und »Diplomatie« immer wieder auch »Wirtschaft«. Das lässt sich ohnehin nur noch schwer trennen, weil sich alles im Internet tummelt und dadurch alles ständig ineinandergreift. Der streng geheime »SIGINT Mission Strategic Plan« von NSA und CSS (Central Security Service) für die Jahre 2008 bis 2013 beschäftigte sich mit den Auswirkungen der globalen Modernisierung auf die Arbeit der Geheimdienste. »Erkenntnisse aus Wirtschaft, Politik und anderen zivilen Bereichen werden an Bedeutung gewinnen«, so die Einschätzung, »und relevante Ziele werden zunehmend das Internet bevorzugen.« Angebote wie E-Commerce und E-Voting oder die Verlagerung industrieller und dienstlicher Abläufe ins Netz, schreiben die NSA-Strategen, »verlangen geradezu danach, abgeschöpft zu werden, während wir bestehende Operationen gegen öffentliche und private Netzwerke ausbauen«.

Demnach dienen Spionageattacken auf den zweitgrößten Netzwerkausrüster der Welt, den chinesischen Konzern Huawei, allemal den strategischen Zielen der USA – zumal Huawei zufällig der schärfste Verfolger des amerikanischen Weltmarktführers Cisco ist, was der Neugier der NSA sicher nicht abträglich war. Aus geheimen Snowden-Unterlagen über die »Shotgiant« genannte Operation lässt sich entnehmen, dass die NSA in den 2000er-Jahren offenbar einen digitalen Großangriff auf Huawei startete. Als Begründung wurde angegeben, »viele Ziele« der NSA kommunizierten »über Huawei-Produkte«, und diese seien deshalb entscheidend für den Zugang der US-Dienste zur elektronischen Kommunikation. Außerdem wurde die Sorge geäußert, »dass die Volksrepublik China die weitverbreitete Infrastruktur von Huawei für Spionage nutzen« könne. Abwehr sei das Gebot – eine Ansicht, die 2009 auch die amerikanische Regierung in ihrem »National Intelligence Estimate« teilte: »Wir gehen fest davon aus, dass die wachsende Bedeutung internationaler Firmen und ausländischer Personen im Bereich von Zulieferern der US-Informationstechnologie die Gefahr einer beharrlichen und verdeckten Zersetzung erhöht.«

Innerhalb weniger Jahre war Huawei zu einem Giganten der Informationstechnologie aufgestiegen. Der 1987 in der Sonderwirtschaftszone Shenzen gegründete Konzern beschäftigt insgesamt rund hundertvierzigtausend Mitarbeiter, und setzt jährlich mehr als 30 Milliarden Dollar um. Weltweit unterhält Huawei mehrere Filialen und Tochterfirmen, eine davon auch in Deutschland. Die texanische Stadt Plano ist der Hauptsitz in den USA. Von Glasfaserkabeln über Netzwerkrouter bis hin zu Smartphones und Tablets stellt Huawei praktisch alles her, was die technische Infrastruktur des Internets ausmacht. Wer über diese Technik verfügt, der kann das Netz beherrschen. In einem der Snowden-Dokumente wird die von Huawei ausgehende Gefahr folglich als »einzigartig« bezeichnet, berichtete der *Spiegel*. Die US-Geheimdienste seien »nicht darauf ausgerichtet, einen Fall zu behandeln, der ökonomische, geheimdienstliche und militärische Einflüsse sowie eine militärische Infrastruktur in einer Organisation vereint«. Deshalb wurden auch das Wirtschaftsministerium, das FBI und der Geheimdienstkoordinator im Weißen Haus in den Fall eingebunden.

Die Operationen gegen den chinesischen Konzern begannen offenbar, nachdem ein Rechtsstreit in den USA zwischen Cisco und Huawei wegen möglicher Patentverletzungen mit einem Vergleich zu Ende gegangen war. Cisco hatte dem chinesischen Rivalen vorgeworfen, einige seiner Produkte würden in Hard- und Software fast bis ins Detail den Cisco-Pendants gleichen. Das US-Gericht gab Cisco teilweise recht, in der Folge musste Huawei die Software für einige Produkte ändern. Die Operation »Shotgiant« diente anscheinend dem Zweck, herauszufinden, ob Huawei in Spionageaktivitäten verwickelt sein könnte, was nach den Erkenntnissen aus dem Gerichtsverfahren nicht ganz von der Hand zu weisen war.

Eine Spezialtruppe der NSA, offenbar die Abteilung für maßgeschneiderte Zugangsoperationen TAO (Tailored Access Operations), verschaffte sich laut Snowden-Unterlagen an rund hundert Stellen Zugang zum internen Huawei-Netz. Heruntergeladen wurden Kundenverzeichnisse, interne Schulungsunterlagen sowie die besonders geschützten Quellcodes für verschiedene Huawei-Produkte. Die NSA-Hacker hatten dabei auch Zugriff auf große Teile des E-Mail-Verkehrs, der über die Huawei-Zentrale in Shenzen lief. »Wir haben so guten Zugang und so viele Daten, dass wir nicht wissen, was wir damit tun sollen«, klagte dem *Spiegel* zufolge einer der Verantwortlichen der Operation »Shotgiant«.

Den politischen Kampf führte der Geheimdienstausschuss des US-Kongresses weiter. Ende 2012 stellten die Abgeordneten in einem Bericht fest, dass Huawei und ZTE, ein anderer führender chinesischer Hersteller, »gegen Gesetze der Vereinigten Staaten verstoßen« und »gesetzliche Bestimmungen der USA und internationale Standards im Geschäftsverkehr missachtet« haben könnten. Der Ausschuss empfahl, »die USA sollten das anhaltende Eindringen chinesischer Telekommunikationsgesellschaften« in den amerikanischen Markt mit »Misstrauen« betrachten. China habe »die Mittel, die Gelegenheit und die Gründe«, die Unternehmen für »bösartige Ziele« einzusetzen. »Amerikanischen Providern und Netzwerkentwicklern wird dringend geraten, andere Geschäftspartner für ihre Projekte zu suchen«, fuhr der Bericht fort. »Dokumente, die teilweise der Geheimhaltung unterliegen, legen nahe, dass Huawei und ZTE nicht frei von staatlichem Einfluss sind und daher ein Sicherheitsrisiko für die Vereinigten Staaten und unsere Systeme darstellen.« Die chinesischen Konzerne könnten Wirtschaftsspionage betreiben oder im Auftrag des Militärs spionieren, warnte der Ausschuss. Huawei bestritt derartige Verbindungen umgehend: »Unsere Produkte könnten wertvoll für die amerikanische Industrie sein, aber wenn die Regierung lieber Firmen wie Cisco schützt, müssen wir das akzeptieren«, kommentierte Vorstandsmitglied Chen Liafang. Der »Integrität und Unabhängigkeit«, sagte er noch, werde in »fast 150 Märkten getraut«.

Aber nicht bei den Mitgliedern der Five Eyes, der Geheimdienstallianz zwischen den USA, Kanada, Großbritannien, Australien und Neuseeland, die wohl über ähnliche Informationen verfügten wie die Abgeordneten des US-Kongresses. Die australische Regierung schloss Huawei von Großaufträgen für den Netzausbau aus. In Großbritannien durfte der

Konzern weiterarbeiten, nachdem er 2 Milliarden Dollar in ein Cyber Security Evaluation Centre investiert hatte, das auch mit den britischen Behörden zusammenarbeitet. Dort überprüfen Spezialisten des Aufklärungsdiensts GCHQ, des britischen Pendants zur NSA, die Technik der Huawei-Produkte – was ihnen exklusives Wissen über mögliche Sicherheitslücken verschafft. Solche »Hintertüren« für Netzwerke und Computer werden manchmal ganz bewusst eingebaut, um Geheimdiensten einen diskreten Zugang zu ermöglichen. »Es ist gut möglich, dass die chinesischen Firmen Überwachungsmechanismen in ihre Netzwerktechnik einbauen«, stellt der Kontaktmann Snowdens dazu fest, der US-Journalist Glenn Greenwald, »die USA tun es jedenfalls ganz sicher.«

Das dürfte einer der Gründe sein, weshalb die NSA Wert darauf legt, dass möglichst viel amerikanische Netzwerktechnik eingesetzt wird, weil sie sich darauf direkten Zugriff verschaffen kann. Die NSA fange regelmäßig Router, Server und andere Netzwerkgeräte ab, berichtet Greenwald, bevor sie die USA verließen und zu internationalen Kunden transportiert würden. Das gehe aus einem Bericht der für die Zugriffs- und Zielentwicklung zuständigen Abteilung der NSA vom Juni 2010 hervor. »Elektronische Datenüberwachung besteht nicht ausschließlich darin, sich über Tausende von Kilometern Entfernung Zugang zu Daten und Netzwerken zu verschaffen«, schrieb der Chef der Abteilung Access and Target Development. »In der Realität ist es manchmal ein (buchstäblich!) sehr handfestes Geschäft. Und das funktioniert so: Sendungen mit Netzwerktechnik (Server, Router et cetera) für unsere Zielobjekte in der ganzen Welt werden abgefangen. Als Nächstes werden sie an einen geheimen Ort umgeleitet, wo Mitarbeiter von Tailored Access Operations/Access Operations (AO-S326) mit Unterstützung des Remote Operations Center (S321) Signaltechnik direkt in die Geräte unserer Zielobjekte implantieren. Die Geräte werden anschließend neu verpackt und wieder auf den normalen Lieferweg zu ihrem Empfänger geleitet. All dies geschieht mit

Unterstützung befreundeter Nachrichtendienste und der technischen Experten von TAO.«

Damit sind den Angriffen auf fremde Rechnernetzwerke buchstäblich Tür und Tor geöffnet. Dass Wirtschaftsspionage dazugehört, lässt sich anhand vieler inzwischen bekannt gewordener Dokumente aus dem Snowden-Archiv belegen. Fast immer geht es den Amerikanern darum, einen Wissensvorsprung gegenüber dem Rest der Welt zu erreichen und damit die eigene Verhandlungsposition zu stärken. Ganz zentral sind dabei neben der Netzwerktechnik auch die lebenswichtigen Bereiche Energie und Öl. So lässt sich auch das Abschöpfen von E-Mails und Telefonaten von Wirtschaftskongressen in Lateinamerika oder von Energieunternehmen in Venezuela und Mexiko erklären sowie die Bespitzelung des brasilianischen Bergbau- und Energieministeriums und des nationalen Ölkonzerns Petrobras. Die Aktionen in Brasilien führte die NSA als Joint Venture mit dem kanadischen Five-Eyes-Partner CSEC (Communications Security Establishment Canada) durch.

Mit einem Programm namens Olympia seien E-Mails, Website-Aufrufe, Telefonate, Handynummern und sogar von Zielpersonen benutzte Handymodelle registriert worden, berichteten Glenn Greenwald und Sônia Bridi im September 2013 im brasilianischen Fernsehsender Globo. Als Beweis legte der Sender eine Dokumentation vor, die im Juni 2012 bei einem Geheimdiensttreffen der Five Eyes gezeigt wurde, an dem auch Edward Snowden teilgenommen haben soll. Demnach werte das Programm aus, mit welchen Anschlüssen weltweit von einer bestimmten Stelle aus kommuniziert werde. Das Olympia-System zeige Telefonnummern und die Kontakte, mit denen von den betreffenden Nummern aus telefoniert werde, sortiert nach Providern und Zielländern, und zum Teil würden sogar die benutzten Gerätetypen aufgeführt. Die Überwacher könnten damit zielgerichtet Schwachstellen ausnutzen, um Spionagesoftware auf den betreffenden Telefonen einzuschleusen. Die gesammelten Informationen könne man für sogenannte »Man-on-the-side-Attacken« ausnutzen. Damit sind gezielte Angriffe auf einzelne Rechner gemeint, bei denen beispielsweise »Trojaner« eingeschleust werden. Konkret wurde vorgeschlagen, die Hackerabteilung TAO für solche Operationen einzubeziehen.

US-Geheimdienstdirektor James Clapper gab später zu, dass die Geheimdienste Wirtschafts- und Finanzdaten sammelten. Dies diene aber nur dem Zweck, »die Finanzierung von Terrorismus zu überwachen und Probleme vorherzusagen, die zu Finanzkrisen oder anderen schweren Verwerfungen am Markt führen« könnten, verteidigte er sich matt. Die Arbeit der NSA könne »Einblicke in die Wirtschaftspolitik« anderer Staaten liefern, sagte Clapper.

Wie sich herausstellte, hatte die NSA in der Vergangenheit auch E-Mails der brasilianischen Regierung ausgespäht und sich – womöglich in Zusammenarbeit mit dem britischen GCHQ – Zugriff auf die Netzwerke mehrerer brasilianischer Unternehmen verschafft, unter ihnen Banken sowie der staatliche Ölkonzern Petrobras. Die Berichte fielen genau in die Zeit, in der Brasilien gerade die Versteigerung für die Förderrechte eines der größten Ölfelder der Erde vorbereitete, das einige Jahre zuvor entdeckt worden war. Das Campo de Libra vor der Küste Brasiliens verfügt über geschätzte Ressourcen von 8 bis 12 Milliarden Barrel Öl. Für Brasiliens Präsidentin Rousseff waren die NSA-Enthüllungen ein Hinweis, dass »die Motive für diese Spionageattacken nicht in der Terrorbekämpfung, sondern in strategischen wirtschaftlichen Interessen« zu suchen seien, wie sie in einem Statement mitteilte. Derartige Spionage sei ein »Bruch des internationalen Rechts« und »ein Affront gegen die Prinzipien, wie befreundete Staaten miteinander umgehen sollten«.

Diese Enthüllungen hatten Folgen: Den Zuschlag für das riesige Offshore-Feld Campo de Libra bekam im Oktober 2013 ein Konsortium aus den Konzernen Shell und Total sowie den chinesischen Ölmultis CNPC und CNOOC für umgerechnet etwa 5 Milliarden Euro, Petrobras wurde mit knapp 42 Prozent beteiligt. Die amerikanischen Konkurrenten Chevron und Exxon und die britische BP hingegen waren bei der Auktion erst gar nicht angetreten. Auch einen geplanten Staatsbesuch im Oktober 2013 bei US-Präsident Obama sagte Rousseff kurzerhand ab, und im Dezember vergab Brasilien einen rund 4,5 Milliarden Dollar teuren Auftrag über sechsunddreißig Kampfjets an den schwedischen Saab-Konzern. Dessen US-Konkurrent Boeing ging leer aus, obwohl er ursprünglich als aussichtsreichster Kandidat gegolten hatte. Offiziell hieß es, das Angebot aus Schweden habe sich als günstiger erwiesen. Auf jeden Fall waren die Beziehungen zwischen Brasilien und den USA durch die Spionageaffäre auf einem Tiefpunkt angelangt.

Greenwald konnte noch weitere Belege für das amerikanische Interesse an Wirtschaftsthemen vorlegen. Ein gemeinsames Dokument von NSA und GCHQ führte gleich mehrere Spionageziele ökonomischer Natur auf: das russische Erdgasförderunternehmen Gazprom und die russische Luftfahrtgesellschaft Aeroflot sowie die Society for Worldwide Interbank Financial Telecommunication (SWIFT), die den internationalen Geldverkehr abwickelt. Unter anderem mit solchen Operationen wird die NSA-Abteilung International Security Issues (ISI) betraut. Einer der Verantwortlichen berichtete in einem Memo aus dem Jahr 2006 über die Aufklärungsziele: »ISI ist zuständig für dreizehn Länder auf drei Kontinenten. Allen diesen Ländern ist gemeinsam, dass sie für die Wirtschaft, die Handelsbeziehungen und die Verteidigungsbelange der USA von Bedeutung sind.« Die Abteilung »Energie und Rohstoffe« liefere wertvolle Erkenntnisse über »die weltweite Energieproduktion und die Entwicklung in Schlüsselländern, die Einfluss auf die Weltwirtschaft haben«. Berichtet werde unter anderem über »internationale Investitionen im Energiesektor der Zielländer, die Modernisierung der Steuerung und Überwachung technischer Prozesse und die computergestützte Planung von Energieprojekten«. Zudem richte die Abteilung »Westeuropa und strategische Partnerschaften«, so der Vermerk, ihre Aufmerksamkeit vor allem auf die Außenpolitik und die Handelsbeziehungen von Belgien, Frankreich, Deutschland, Italien, Spanien sowie Brasilien, Japan und Mexiko.

In Deutschland interessierten sich die NSA und der Five-Eyes-Verbündete GCHQ besonders für einige Unternehmen, die im Bereich der Satellitenkommunikation tätig sind. Laut einem streng geheimen GCHQ-Papier gehe es darum, »umfangreiches Wissen über zentrale Satelliten-IP-Diensteanbieter in Deutschland aufzubauen«, berichten die *Spiegel*-Redakteure Marcel Rosenbach und Holger Stark.[57] Demnach erhielten die Analytiker den Auftrag, bei deutschen Unternehmen die Netze, das Personal und vor allem die Schwachstellen zu untersuchen, die einen unbemerkten Einbruch in die Systeme ermöglichen. Ziel dieser Bemühungen sei gewesen, »in Deutschland vorbeifließende Internetverkehre auszukundschaften«. Drei der auszuspähenden Firmen sind in der 26-Seiten-Ausarbeitung namentlich genannt: Stellar in Knapsack bei Köln, Cetel in Ruppichteroth nördlich von Bonn und IABG mit Sitz in Ottobrunn bei München.

Offenbar hielten die britischen Geheimdienstler die Ottobrunner IABG für ein besonders lohnendes Objekt, wie aus einer Bemerkung in dem Geheimpapier hervorgeht: Diesen Anbieter »könnte sich auch schon das Netzwerkanalysezentrum der NSA angeschaut haben«. Die IABG wurde in den 1960er-Jahren als bundeseigenes Unternehmen gegründet und ist seit 1993 privatisiert. In riesigen Anlagen wird hier fast alles getestet, was fährt und fliegt – für zivile Unternehmen wie BMW oder Airbus bis hin zu Ariane-Raketen, aber auch für die Bundeswehr, die zusammen mit anderen NATO-Armeen zu den wichtigsten Kunden des Unternehmens gehört. Im Bereich Verteidigung und Sicherheit unterstütze man

57 Marcel Rosenbach, Holger Stark: *Der NSA-Komplex. Edward Snowden und der Weg in die totale Überwachung*, DVA, 2014.

die Streitkräfte und ihre Beschaffungsvorhaben, teilt die IABG in ihrem Unternehmensporträt mit, unter anderem mit »Lösungen für Sicherheitsfragen, für Prävention und Reaktion gegen Gefahren wie Cyberterrorismus und Angriffe auf kritische Infrastrukturen«. In Ottobrunn betreibt das Unternehmen eine Satelliten-Bodenstation, die offenbar von den Staatshackern geknackt wurde. In dem geheimen GCHQ-Papier, berichten Rosenbach und Stark, werde »eine Liste von IABG-Routern samt deren Netzwerkadressen aufgezählt, dazu die Namen und E-Mail-Adressen von sechzehn Angestellten des Unternehmens als mögliche Ziele«, zudem fänden sich »eine besonders lange Auflistung technischer Angriffspunkte wie Router und detaillierte weitere Netzwerkpläne«.

Über die Methoden der Bespitzelung deutscher Großkonzerne weiß man bisher nichts. Aber alle Verfahren gegen deutsche Vorzeigeunternehmen wie Daimler oder Siemens, die irgendwo in der Welt gegen die amerikanischen Compliance-Regeln verstoßen hatten, wurden durch Informationen der NSA ins Rollen gebracht, wie uns ein hochrangiger deutscher Geheimdienst-Insider berichtete. Edward Snowden bestätigte das in seinem Interview mit der ARD: »Wenn es etwa bei Siemens Informationen gibt, die dem nationalen Interesse der Vereinigten Staaten nutzen – aber nichts mit der nationalen Sicherheit zu tun haben –, dann nehmen sie sich diese Informationen trotzdem.« Offiziell geben die Börsenaufsicht SEC und das US-Justizministerium nichts bekannt über ihre Quellen für diese im globalen Wirtschaftskrieg wichtigen Informationen. Und auch die betroffenen Konzerne äußern sich zu Sicherheitsthemen grundsätzlich nicht, wie sie auf entsprechende Anfragen mitteilten.

Die teils jahrelangen Verfahren kosteten die deutschen Konzerne, die an der US-Börse registriert sind, dreistellige Millionenbeträge an Strafzahlungen. Weitere horrende Kosten flossen in eine Art »Konjunkturprogramm« für die Spitzenverdiener in US-Anwaltskanzleien, obendrein musste beispielsweise Daimler akzeptieren, dass ein von den USA benannter Oberaufseher die Geschäfte überwachte. Kein Zweifel: Deutsche Unternehmen hatten gegen Ethik-Richtlinien verstoßen, es hatte Bestechungen oder andere Unregelmäßigkeiten gegeben – aber das war keineswegs eine Spezialität deutscher Konzerne. Auch US-Unternehmen sind nicht immer die saubersten, was das Schmieren von Kunden in den Bananenrepubliken dieser Welt angeht. Doch da hält sich die NSA offenbar stark zurück: Entsprechend ihrem Namen »National Security Agency« wird sie durchaus im nationalen Interesse der USA eingesetzt – und zwar nicht nur gegen vermeintliche Islamisten, sondern auch gegen alle anderen Feinde der USA, die zugleich Freunde sein können, aber auch Konkurrenten auf dem globalen Markt.

»Ja, meine kontinentaleuropäischen Freunde, wir haben euch ausspioniert. Und es stimmt, wir benutzen Computer, um Daten nach Schlüsselwörtern zu durchsuchen. Aber habt ihr euch auch nur für einen Augenblick gefragt, wonach wir suchen?«, schrieb im Jahr 2000 in einem Gastkommentar für das *Wall Street Journal* der ehemalige CIA-Direktor James Woolsey, der Mann, der 2013 forderte, man solle Edward Snowden wegen Hochverrats aufhängen. Der Kommentar war Woolseys Reaktion auf den ersten globalen Spionageskandal, in den die NSA und das GCHQ verwickelt waren: den Fall Echelon. »Der US-Geheimdienst, heißt es, stehle Spitzentechnologie europäischer Unternehmen, um sie – man höre und staune – zur Verbesserung der eigenen Konkurrenzfähigkeit an amerikanische Unternehmen weiterzugeben«, fuhr Woolsey fort. »Liebe europäische Freunde, kommt bitte auf den Boden der Tatsachen zurück. Es stimmt zwar, dass die Europäer den Amerikanern auf einer Handvoll Gebiete technologisch überlegen sind. Aber, um es so behutsam wie möglich zu formulieren: Die Anzahl dieser Gebiete ist sehr, sehr gering. Die meiste europäische Technologie lohnt den Diebstahl einfach nicht.« Woolsey ließ sich nicht bremsen: »Richtig, meine kontinentalen Freunde, wir haben euch ausspioniert, weil ihr mit Bestechung arbeitet. Die Produkte eurer

Unternehmen sind oftmals teurer oder technologisch weniger ausgereift als die eurer amerikanischen Konkurrenten, manchmal sogar beides. Deshalb besticht ihr so oft. Die Komplizenschaft eurer Regierungen geht sogar so weit, dass Bestechungsgelder in mehreren europäischen Staaten noch immer steuerlich absetzbar sind.«

Woolsey sah sich zu diesem Rundumschlag veranlasst, weil das Europäische Parlament im Sommer 2000 einen Ausschuss einsetzte, der die Spionagetätigkeiten der USA und ihrer Verbündeten untersuchen sollte. Im Mittelpunkt stand die Überwachung von Kommunikationssatelliten, das sogenannte Echelon-Programm. Auslöser waren mehrere Berichte über mutmaßliche Fälle von Wirtschaftsspionage. In seinem Abschlussbericht stellte der Ausschuss später fest: »An der Existenz eines weltweit arbeitenden Kommunikationsabhörsystems« mit anteiligem »Zusammenwirken der USA, des Vereinigten Königreichs, Kanadas, Australiens und Neuseelands« könne nicht mehr gezweifelt werden. »Wichtig ist, dass das System nicht zum Abhören militärischer, sondern privater und wirtschaftlicher Kommunikation dient«, so der EU-Ausschuss in seinem Bericht. »Die Nachrichtendienste der USA klären aber nicht nur allgemeine wirtschaftliche Sachverhalte auf. Mit der Begründung, Bestechungsversuche zu bekämpfen, hören sie auch Kommunikation von Unternehmen gerade bei Auftragsvergabe ab. Bei solch detailliertem Abhören besteht aber das Risiko, dass die Informationen anstatt zur Bekämpfung von Bestechung zur Konkurrenzspionage verwendet werden, auch wenn die USA und das Vereinigte Königreich erklären, dass sie das nicht tun.«

Der schottische Journalist Duncan Campbell hatte zuvor im Auftrag der Wissenschaftsabteilung des EU-Parlaments die Einzelheiten über Echelon in jahrelanger Kleinarbeit zusammengetragen. Campbells Erkenntnis Ende der 1990er-Jahre: Das Satellitenprogramm sei Teil eines globalen Überwachungssystems, das damals bereits über fünfzig Jahre alt gewesen sei. »Andere Teile desselben Systems«, so Campbell,

»fangen Nachrichten aus dem Internet, von Unterseekabeln und Funkübermittlungen ab. Sie nutzen die innerhalb von Botschaften installierten geheimen Lauschausrüstungen oder Satelliten in der Erdumlaufbahn, um Signale irgendwo auf der Erdoberfläche abzuhören.« Campbell fand heraus, dass das weltumspannende Echelon auf der sogenannten UKUSA-Vereinbarung von 1947 basierte, die britische und amerikanische Systeme, Mitarbeiter und Stationen vereinte. Später traten die drei britischen Commonwealth-Staaten Kanada, Australien und Neuseeland bei – die Geburtsstunde der Five Eyes. Andere Länder, darunter Norwegen, Dänemark, Deutschland und die Türkei, schlossen in den Jahren danach geheime Abhörabkommen mit den USA und wurden so zu Beteiligten im UKUSA-Netzwerk. Von Anfang an wurden neben militärischen und diplomatischen Zielen auch zivile Ziele überwacht.

»Viele Details über Operationen der englischsprachigen Aufklärungspraxis wurden von zwei NSA-Abtrünnigen während einer Pressekonferenz in Moskau am 6. September 1960 enthüllt«, berichtete EU-Rechercheur Duncan Campbell. Die beiden frühen Whistleblower William Martin und Bernon Mitchell erzählten damals der Weltöffentlichkeit, wie die NSA sie abhört: »Von unserer Arbeit in der NSA wissen wir, dass die Vereinigten Staaten die geheime Kommunikation von mehr als 40 Ländern mitlesen, eingeschlossen die ihrer eigenen Alliierten«, so Martin und Mitchell, »die NSA unterhält mehr als 2000 manuelle Abhör-Arbeitsplätze.« Und weiter: »Sowohl verschlüsselte als auch Kommunikation im Klartext werden von fast jeder Nation in der Welt abgehört, darunter die Staaten, auf deren Boden die Abhörstationen stehen.«

Rund hundertzwanzig Abhörstationen zählten zum Echelon-System, die damals beinahe überall außerhalb des Warschauer Pakts standen: westlich der USA unter anderem auf Guam und in Japan, und in östlicher Richtung von Großbritannien bis nach Skandinavien und Deutschland – hier unter anderem in Bremerhaven, auf dem Berliner Teufelsberg und im bayerischen Bad Aibling. Mitte der 1960er-Jahre, so fand Campbell heraus, hörten NSA-Spezialisten im schottischen Kirknewton die überwiegend zivile Kommunikation ab, einschließlich kommerziell betriebener Funkstrecken zwischen den großen europäischen Städten. »Diese Netzwerke konnten alles Mögliche enthalten«, berichtete der Journalist später, »von Geburtstagstelegrammen bis hin zu detaillierten ökonomischen oder kommerziellen Informationen, die von Firmen ausgetauscht wurden, bis hin zu verschlüsselten diplomatischen Nachrichten.« Und das in der digitalen Steinzeit: »In den Abhörräumen druckten Maschinen, die auf die Übertragungskanäle ausgerichtet waren, kontinuierlich achtlagiges Papier aus, das von Aufklärungsanalytikern gelesen und bearbeitet werden musste«, erklärte Campbell.

Die NSA das GCHQ und die verbündeten Dienste sammelten damals obendrein bei Funkstationen auch gedruckte Abzüge aller internationalen Telegramme von öffentlichen und kommerziellen Betreibern in London, New York und anderen Zentren ein. Großbritannien tat dies bereits seit 1920, die Vereinigten Staaten seit 1945, wie Campbell in seinem Bericht festhielt. Das gemeinsame Programm war bekannt als Operation »Shamrock« und wurde fortgesetzt, bis es im Rahmen der Watergate-Affäre durch den US-Kongress Anfang der 1970er-Jahre aufgedeckt wurde.

Dann herrschte lange Funkstille. Nach dem Untergang des Warschauer Pakts bauten sowohl die NSA als auch das GCHQ in den Horchstationen Personal ab. Viele Abhöreinrichtungen außerhalb der USA wurden geschlossen, oder es wurden zunehmend Technologien eingesetzt, die das Anzapfen aus der Ferne erlaubten. »Die US-Regierung unter Präsident Clinton«, so berichtete Duncan Campbell, »richtete unter einer politischen Richtlinie von 1993, die umgangssprachlich unter dem Motto ›das Spielfeld einebnen‹ bekannt wurde, neue Handels- und Wirtschaftskomitees ein.« Die Auslandsnachrichtendienste NSA und CIA sollten amerikanische Unternehmen bei ausländischen

Vertragsverhandlungen unterstützen. Großbritannien erließ 1994 ein ähnliches Gesetz, mit dem »das ökonomische Wohlergehen des Vereinigten Königreichs in Beziehung zu Aktionen oder Absichten von Personen außerhalb der britischen Inseln« gefördert werden sollte.

Offiziell bestätigten weder die USA noch Großbritannien die Existenz von Echelon – wie es auch offiziell nach wie vor keine Bestätigung für Wirtschaftsspionage zwischen befreundeten Staaten gibt. Entsprechend groß war die Verärgerung bei den ertappten Lauschern Ende der 1990er-Jahre, als die ersten Berichte der Wissenschaftsabteilung des Europäischen Parlaments feststellten, dass Echelon vorrangig der Überwachung nichtmilitärischer Ziele diente: dem Abhören von Regierungen, Organisationen und Unternehmen. Woolseys wütender Replik an die »kontinentaleuropäischen Freunde« gebührt das Verdienst, wenigstens eine halboffizielle Bestätigung geliefert zu haben, auch wenn er in seinem Kommentar für das *Wall Street Journal* bestritt, dass die NSA die abgefischten Informationen über Bestechung an amerikanische Firmen weitergegeben habe: »Wenn wir euch dabei erwischt haben – das mag euch vielleicht interessieren –, haben wir euren amerikanischen Konkurrenten kein Wort davon gesagt. Stattdessen wenden wir uns an die von euch bestochene Regierung und erklären deren Vertretern, dass wir diese Art von Korruption ganz und gar nicht gut finden.« Häufig reagierten die so, schrieb Woolsey, dass sie dem Anbieter, der das von der Sache her beste Angebot vorgelegt habe, den ganzen Vertrag oder einen Teilvertrag gäben. »Das ärgert euch und führt gelegentlich zu gegenseitigen Beschuldigungen zwischen den aktiven und passiven Beteiligten solcher Bestechungsversuche, und hin und wieder wird daraus ein öffentlicher Skandal. Zu unserer großen Freude.«

Der Abschlussbericht des Echelon-Untersuchungsausschusses listete 2001 einige der Fälle auf, von denen sich mit hoher Wahrscheinlichkeit sagen ließ, dass sie tatsächlich stattgefunden haben. Hier eine Auswahl:

Fall	Wer	Wann	Was	Wie	Ziel
Thyssen	BP	1990	Millionenauftrag zur Gas- und Ölförderung in der Nordsee	Abhören von Faxen des Gewinners der Ausschreibung (Thyssen)	Aufdeckung von Korruption
López	NSA	Nicht genannt	Videokonferenz von VW und López	Abhören von Bad Aibling aus	Informationsweitergabe an General Motors und Opel
López	NSA	1993	Videokonferenz zwischen José Ignacio López und VW-Chef Ferdinand Piëch	Mitschnitt der Videokonferenz und deren Weitergabe an General Motors (GM)	Schutz von GM-Betriebsgeheimnissen, die López angeblich an VW weitergeben wollte (Preislisten, geheime Pläne über eine neue Autofabrik)
Air France	DGSE	Bis 1994	Gespräche reisender Geschäftsleute	In den Erste-Klasse-Kabinen der Air France wurden Wanzen entdeckt, Fluggesellschaft entschuldigte sich	Informationsbeschaffung
Airbus	NSA	1994	Vertrag über 6 Milliarden US-Dollar mit Saudi-Arabien; Aufdeckung von Bestechung des europäischen Airbus-Konsortiums	Abhören von Faxen und Telefonaten zwischen europäischem Airbus-Konsortium und saudischer Fluggesellschaft beziehungsweise Regierung über Kommunikationssatelliten	Aufdeckung von Bestechung
Thomson-Alcatel vs. Raytheon	CIA/NSA	1994	Vergabe eines brasilianischen Milliardenauftrags zur Satellitenüberwachung des Amazonas an französische Thomson-Alcatel (1,4 Milliarden US-Dollar)	Abhören des Kommunikationsverkehrs des Gewinners der Ausschreibung (Thomson-Alcatel)	Aufdeckung von Korruption (Auszahlung von Bestechungsgeldern)

Thomson-Alcatel vs. Raytheon	US-Wirtschaftsministerium »habe sich bemüht«	1994	Milliardenprojekt zur Radarüberwachung des brasilianischen Regenwalds	Nicht genannt	Auftrag übernehmen
Thomson-Alcatel vs. Raytheon	NSA, Department of Commerce		Milliardenprojekt (1,4 Milliarden US-Dollar) zur Überwachung des Amazonas (SIVA); Aufdeckung von Bestechung des brasilianischen Selection Panels	Abhören der Verhandlung zwischen Thomson-CSF und Brasilien und Weitergabe der Ergebnisse an Raytheon Corp.	Aufdeckung von Bestechung und Auftragsübernahme
VW	Unbekannt	»Vergangene Jahre«	Nicht genannt	Unter anderem in Erdhügel eingegrabene Infrarotkamera, die per Funk Bilder übermittelt	Informationsbeschaffung über Neuentwicklungen

Der Bericht des Europäischen Parlaments stellte abschließend fest, dass »jedes Abhören von Kommunikation einen tief greifenden Eingriff in die Privatsphäre des Einzelnen darstellt«. Nach Artikel 8 der Europäischen Menschenrechtskonvention (EMRK), der die Privatsphäre schützt, sei er überhaupt »nur zur Gewährleistung der nationalen Sicherheit« zulässig, ein reines »Nützlich- oder Wünschenswertsein« genüge nicht. Die EU-Abgeordneten betonten, dass »ein nachrichtendienstliches System, das wahllos und dauerhaft jedwede Kommunikation abfangen würde«, nicht mit der Menschenrechtskonvention vereinbar wäre. Außerdem mahnten sie die Mitgliedstaaten der Gemeinschaft, sie könnten sich »ihrer aus der EMRK erwachsenden Verpflichtungen nicht dadurch entziehen«, dass sie »die Nachrichtendienste anderer Staaten auf ihrem Territorium tätig werden lassen, die weniger strengen Bestimmungen« unterlägen. Damit wurde vor über einem Jahrzehnt sehr zutreffend der Charakter jener Lauschoperationen beschrieben, die heute die NSA und ihre Partnerdienste, der BND eingeschlossen, »wahllos und dauerhaft« durchführen.

Die Abgeordneten des EU-Parlaments nahmen den Echelon-Bericht mit großer Mehrheit am 11. Juli 2001 an. Dass er in der politischen Diskussion kaum beachtet wurde, lag wohl daran, dass er in den Ereignissen des restlichen Jahres unterging: Acht Wochen später krachten zwei Passagierflugzeuge ins New Yorker World Trade Center. Die Amerikaner zogen in den Krieg gegen den islamistischen Terror, unterstützt von den getreuen Briten und anderen europäischen Ländern. Sie starteten genau das weltweite Massenüberwachungsprogramm, vor dem das EU-Parlament so eindringlich gewarnt hatte. Aber das potenziell gefährdete Recht der Europäer auf Privatsphäre genoss gerade keine Priorität in der Politik, die Zeichen standen auf Krieg. Für einige Zeit zählte nur noch die »uneingeschränkte Solidarität« mit den Amerikanern.

Die letzte verbliebene Supermacht auf Erden musste sich aber zu Beginn der 2000er-Jahre noch einer weiteren Bedrohung von außen stellen: Es ging um Angriffe, die auf die ökonomische Basis der USA und anderer großer Industrienationen zielte. Die aufstrebende Wirtschaftsmacht China versuchte zunehmend aggressiver, den technischen und ökonomischen Rückstand durch Diebstahl von Patenten und Know-how wettzumachen. In einer Titelgeschichte mit der Schlagzeile »Die gelben Spione« berichtete der *Spiegel* 2007 über die rabiaten Methoden der Wissensdiebe: »Sie stehlen: Laptops von deutschen Messeständen, Datensätze aus deutschen Firmenrechnern. Sie erpressen: Konstruktionspläne, die Ausländer abliefern müssen, bevor sie Zugang zum China-Markt bekommen. Sie kopieren: nicht nur die Verpackung, sondern gleich die komplette Verpackungsanlage.« Die Chinesen, so der *Spiegel* weiter, klauten »so schamlos, so systematisch, so selbstverständlich das geistige Eigentum des Westens«, dass diese Attacken längst den »Charakter eines

Krieges um den höchsten Preis« angenommen hätten: die »Weltmarktführung auch im Hochtechnologie-Bereich«.

Wer einmal eine Automesse in Frankfurt, Paris oder Genf besucht hat, kann dies aus eigener Anschauung bestätigen: Jedes neue Modell europäischer, amerikanischer oder japanischer Hersteller wird von bis zu einem halben Dutzend hoch motivierter Fotografen asiatischer Herkunft geradezu belagert, wobei sie sich nicht scheuen, auch unter das jeweilige Objekt zu kriechen und Blitzlichtfotos des Fahrwerks zu schießen. Auch Zollstöcke gehören zur Grundausrüstung der allzu neugierigen Besucher. Dass die Plagiate des Kleinwagens Smart, des Transrapids oder des Airbus' aus dem Reich der Mitte frappierend den deutschen beziehungsweise europäischen Vorbildern ähnelten, konnte nicht lange verborgen bleiben. Es ist aber auch kein Geheimnis, dass die »Kopisten« nicht mehr nur Blaupausen abfotografieren, sondern den weitaus einträglicheren Weg über die Datennetze wählen, um an die wirklich wichtigen Informationen zu kommen.

Die Wirtschaftsspionage folgt einem staatlichen Masterplan. Kein anderes Land setzt den Diebstahl geistigen Eigentums so konsequent und rücksichtslos um, ungeachtet aller Regeln der Welthandelsorganisation (WTO), deren Mitglied China seit 2001 ist. Das illegale Ausspähen ausländischer Konzerne und Forschungsinstitute wird von Chinas Geheimdiensten »nicht als Spezial-, sondern als Standardwaffe« (*Spiegel*) bei der Jagd nach westlichem Know-how eingesetzt. Angriffe übers Datennetz sind die Sache geheimer Abteilungen der Volksbefreiungsarmee. Das Militär bildet systematisch die jungen Spezialisten aus, die auf Datenraubzüge gehen, fremde Computer knacken und Schadprogramme einschleusen – es sind Tausende.

Dass Chinas mächtige Armee hinter den massiven Cyberattacken auf die Rechnernetze der westlichen Welt steckt, konnte das amerikanische Sicherheitsunternehmen Mandiant im Sommer 2013 nach jahrelangen Recherchen mit einiger Sicherheit belegen. Die Firma aus Alexandria im Bundesstaat Virginia, die von ehemaligen Armeeoffizieren geleitet wird, entdeckte von 2007 bis 2013 mehr als hundertvierzig Computereinbrüche, die sich zu einer chinesischen Eliteeinheit zurückverfolgen ließen. Von den betroffenen Firmen kamen hundertfünfzehn aus den USA, sieben aus Kanada und Großbritannien, bei den übrigen wurde nur angegeben, dass der E-Mail-Verkehr in englischer Sprache geführt wurde. »Wir müssen uns der Tatsache noch mehr bewusst werden, dass diese Bedrohung aus China kommt«, sagt Kevin Mandia, Gründer und Geschäftsführer von Mandiant, »und wir wollen Sicherheitsexperten helfen, sich für den Kampf gegen diese Angreifer zu rüsten.« Es sei wichtig nachzuweisen, dass hinter diesen Angriffen eine Großmacht stecke und nicht irgendwelche einfachen Kriminellen. »Nur so können wir die ungeheuren Auswirkungen auf die nationale Sicherheit und die Weltwirtschaft richtig einschätzen.«

Der Stützpunkt für das wachsende Heer der chinesischen Cyberkrieger liegt in einem heruntergekommenen Außenbezirk von Shanghai. Ein neutrales, zwölfgeschossiges Hochhaus inmitten von Restaurants, Massagesalons und einem Teemarkt ist das Hauptquartier der Einheit 61398 der Volksbefreiungsarmee, auch Einheiten des chinesischen Generalstabs sind hier untergebracht. Inzwischen liegen viele Beweise vor, die wenig Zweifel daran lassen, dass die meisten Attacken auf westliche Unternehmen, Organisationen und Regierungsinstitutionen von diesem unscheinbaren weißen Häuserblock aus gestartet wurden. Die Hackergruppen, die von hier aus auf elektronische Einbruchstour gehen, wurden in den USA »Shanghai Group« oder »Comment Crew« genannt – »Kommentargruppe«, weil sie in den gehackten Dokumenten versteckte Codes oder Bemerkungen hinterlässt.

Mandiant spricht von »APT1«, »Advanced Persistent Threat« oder auf Deutsch »hoch entwickelte andauernde Bedrohung«. Dem US-Sicherheitsunternehmen gelang es, viele

Computereinbrüche bis zu den Anschlüssen in dem Gebäude in der Datong Road Nummer 208 zurückzuverfolgen. »Entweder kommen sie aus der Einheit 61398«, sagt Kevin Mandia sarkastisch, »oder die Chinesen haben keine Ahnung, dass genau in diesem einen Stadtbezirk Tausende von Leuten sitzen, die sich mit dem Hacken von Computern beschäftigen.« Kaum denkbar, denn die Chinesen überwachen das Internet strenger als jedes andere Land der Welt. Die hundertvierzig Computereinbrüche, die sein Unternehmen aufdeckte, seien nur die gewesen, sagt Mandia, »die sich überhaupt zurückverfolgen ließen. Wir gehen davon aus, dass es Tausende sind, aber die meisten werden gar nicht bemerkt.«

Die Opfer dieser Hackerangriffe, so viel lässt sich mit Sicherheit sagen, kamen aus nahezu allen Branchen, darunter Rüstungskonzerne, Satellitenhersteller, Telekommunikations- und Bergbauunternehmen. Geplündert wurden auch Rechner von Coca-Cola, aus denen die Datendiebe ungeheure Mengen an Informationen abzogen. In den vergangenen Jahren verlegten sie sich zunehmend auf Ziele, die lebenswichtig für die Infrastruktur der westlichen Nationen sind: Stromversorgung, Gaspipelines, Wasserkraftwerke. Laut der Studie wurde auch das kanadische Unternehmen Telvent angegriffen, das ein Fernwartungs- und Überwachungsnetz für mehr als die Hälfte aller Öl- und Gasleitungen auf dem nordamerikanischen Kontinent unterhält. Die Hacker nahmen bei ihren Einbrüchen mit, was auch immer ihnen in die Hände fiel: Die Mandiant-Studie nennt ein »breites Spektrum geistigen Eigentums, unter anderem Konstruktionsunterlagen, Produktionspläne, Testergebnisse, Businesspläne, Verträge sowie E-Mails und Adressverzeichnisse der Management-Teams«.

Soweit sich das rekonstruieren ließ, gingen APT1-Hacker bei den Einbrüchen immer nach demselben Modus operandi vor. Sie verschafften sich im Allgemeinen Zugang durch das sogenannte »Speer-Phishing«: Sie verschickten an Angestellte der Unternehmen harmlos wirkende E-Mails mit Anhängen, die Trojaner enthielten. Diese Schadprogramme nisteten sich beim Öffnen auf dem Zielcomputer ein und ermöglichten den Einbrechern fortan ungehinderten Zugang – eine Methode, nach der auch die Hackergruppe TAO der NSA vorgeht. Insofern sind die Chinesen keineswegs die alleinigen Bösewichte.

Mehr als hundertzwanzig Staaten weltweit, schätzen amerikanische Sicherheitsexperten, nutzen Computereinbrüche für Spionage – auch für Wirtschaftsspionage. China und Russland dürften dabei zu den aggressivsten Nationen gehören. In beiden Ländern gibt es eine große Hackerszene und weit verbreitetes Wissen über die Grundlagen der Informationstechnik. »In China gibt es eine große Zahl von Hackerclubs, die der Staat sehr penibel überwacht. Es sind viel mehr als in Russland«, sagt O. Sami Saydjari, Inhaber der Sicherheitsfirma Cyber Defense Agency und ehemaliger Mitarbeiter des Pentagons. »Aus diesen Talentschmieden bedient sich die chinesische Armee für ihre Cyberkriegseinheiten. Wir vermuten sehr stark, dass sie diese Hackergruppen regelrecht dazu auffordern, ihr Wissen zu trainieren, indem sie ausländische Rechner angreifen.«

Vermutlich aus China kommende Attacken auf westliche Computer wurden bereits 2004 registriert, wenn auch deren Zahl damals noch gering war. In den Jahren danach stiegen die registrierten Einbrüche rasant an. Mindestens drei amerikanische Ölkonzerne gehörten 2008 zu den Opfern von Cyberangriffen, die möglicherweise von China aus gestartet wurden. Die drei Unternehmen Marathon Oil, ExxonMobil und ConocoPhillips bemerkten zunächst nicht, dass sie angegriffen worden waren, erst das FBI machte sie im Jahr 2009 darauf aufmerksam. Die Beamten hatten entdeckt, dass unbekannte Täter aus dem Ausland sensible Informationen aus den Firmencomputern heruntergeladen hatten, darunter E-Mail-Passwörter und andere persönliche Dokumente von Angestellten, die Zugang zu Informationen über die Erkundung neuer Fördergebiete hatten. Das FBI konnte nicht mit Sicherheit beweisen, dass chinesische Täter hinter den Angriffen steckten, aber zumindest in einem Fall war deutlich, dass Daten aus einem der Firmenrechner an einen Computer in China geflossen waren.

Unter den sensibelsten Daten, die gestohlen wurden, waren Informationen über mögliche neue Lagerstätten von Öl- oder Erdgasvorräten, die zur Erkundung anstehen. Die Erschließung neuer Öl- oder Gasfelder ist eine gigantische Wette auf die Zukunft. In der Regel werden sie von den Staaten, in deren Besitz sie sich befinden, ganz oder teilweise versteigert. Wer hier schneller und präziser als die Konkurrenz das Volumen und die Förderbedingungen einschätzen kann, verschafft sich einen gewaltigen Vorteil. »Unsere Kunden in der Ölindustrie sind aufs Äußerste besorgt«, kommentierte damals der Computersicherheitsexperte Ed Skoudis den Fall, »weil sie Hunderte Millionen von Dollar ausgegeben haben, um nach neuen großen Ölvorräten zu suchen. Die Angreifer können einen Haufen Geld sparen, wenn ihnen diese Unterlagen in die Hände fallen.« China dürfte ganz sicher großes Interesse an solchen Informationen haben. Der Energiehunger des aufstrebenden 1,3-Milliarden-Volks ist gewaltig, und die staatlichen Ölgesellschaften verfolgen eine aggressive Strategie bei der Suche nach neuen Ressourcen. In vielen Regionen der Welt konkurrieren sie dabei auch mit den großen amerikanischen Konzernen, zum Beispiel in ölreichen afrikanischen Ländern wie Nigeria oder Angola.

Im Januar 2010 meldete der Internetgigant Google, etwa zwanzig Technologiefirmen seien über das Google-Netzwerk gehackt worden. Die Attacken waren so weit gegangen, dass sogar Freunde und Bekannte von Managern der betroffenen Firmen gezielt angegriffen wurden – vermutlich, um deren Accounts zu nutzen und über unverdächtig wirkende private Kommunikation Trojaner in die Firmennetze einzuschleusen. Ungewöhnlich sei die professionelle Aufklärungsarbeit gewesen, mit der die Angreifer zunächst die Angestellten selbst und dann deren Umfeld ausgeleuchtet hätten, bemerkten damals Experten des Sicherheitsunternehmens Symantec. So seien beispielsweise die Facebook-Accounts der Mitarbeiter systematisch durchforscht worden. Das deute auf eine staatliche Beteiligung bei der groß angelegten Hackerattacke hin.

Auch bei den Angriffen auf das Google-Netzwerk wurden sensible Informationen im großen Stil abgezogen. Google selbst soll betroffen gewesen sein, sogar der Quellcode, die Bauanleitung eines Programms, sei gestohlen worden. Bei anderen Konzernen, die das weltweite Google-Netzwerk für ihre eigene Kommunikation benutzen, wurden Kaufverträge, Strategiepapiere und Produktdesigns heruntergeladen. »Hier geht es nicht um Ladendiebstahl, hier geht es um das gezielte Abschöpfen von geistigem Eigentum«, stellte der Symantec-Bericht fest, »um an diese Unterlagen zu kommen – und sie später zu analysieren –, ist ein erheblicher Aufwand nötig. Den können nur eine sehr große kriminelle Organisation oder staatlich unterstützte Angreifer betreiben. Oder ein Staat selbst.«

Ein Indiz, wer dahinterstecken könnte, fanden die Sicherheitsexperten bei der nachträglichen Analyse: Bei den digitalen Einbruchswerkzeugen waren einige der verdeckten Kommentare in chinesischer Sprache verfasst. China dementierte umgehend jede Beteiligung. »Cyberattacken sind länderübergreifend und anonym, die Ursprünge lassen sich meist nicht zurückverfolgen. Wir können nicht beurteilen, ob die Beweise in dem Fall haltbar sind«, sagte Geng Shuang, ein Sprecher der chinesischen Botschaft in Washington. »Die chinesischen Gesetze verbieten Cyberangriffe, und wir haben alles getan, was im Einklang mit den Gesetzen und Bestimmungen unseres Landes möglich ist, um solche Aktivitäten zu unterbinden.«

Die Erkenntnisse des APT1-Reports von 2013 legen allerdings andere Einschätzungen nahe. Die US-Sicherheitsfachleute waren sogar in der Lage, in mehreren Fällen genaue

Protokolle der Angriffe auf amerikanische Rechner zu rekonstruieren und nach China zurückzuverfolgen. Die ersten Einbrüche der Einheit 61398 in US-Computer fanden nach den Erkenntnissen der Sicherheitsexperten im Jahr 2006 statt, danach seien die Einbruchszahlen »explodiert«. Viele Attacken liefen über lange Zeiträume. Wenn sich die Gruppe einmal Zugang verschafft hatte, konnte sie sich teilweise bis zu einem Jahr unentdeckt in einem Netzwerk bewegen – in einem Fall waren es sogar fast fünf Jahre.

Die Namen der angegriffenen Firmen lassen sich aus dem Sicherheitsreport nicht direkt entnehmen, weil sie in der Regel nicht genannt werden wollten. Der Großangriff auf Coca-Cola lässt sich jedoch aus den im Bericht erwähnten Daten und Fakten rekonstruieren. Die Attacke im Jahr 2009 fiel zusammen mit Verhandlungen des US-Getränkeriesen über einen Kauf der China Huiyuan Juice Group für 2,4 Milliarden Dollar. Es sollte die bis dahin größte Übernahme einer chinesischen Firma durch einen ausländischen Konzern werden. Während die Verhandlungen liefen, stöberten die chinesischen Hacker besonders eifrig in den Coca-Cola-Netzwerken herum – offenbar auf der Suche nach Informationen über die Verhandlungsstrategie des Konzerns aus Atlanta. Die Übernahme kam später nicht zustande.

Zwei Jahre darauf gehörte die Einheit APT1 zu einer von mindestens drei in China stationierten Gruppen, die eine Attacke auf das IT-Unternehmen RSA Security starteten, eine Tochter des Hard- und Software-Konzerns EMC. Das bekannteste Produkt von RSA ist der sogenannte SecurID-Token, ein Chip, der ständig die Zahlenkombination wechselt. Er wird in vielen Unternehmen und Regierungsinstitutionen als zusätzliches Sicherheitselement beim Einloggen in geschützte Bereiche benutzt. Wie in allen anderen Fällen begannen die Attacken mit dem Verschicken von E-Mails, die geschickt verpackte Schadprogramme enthielten. Der Angriff auf RSA war eine strategische Operation, denn er sollte auf einen Schlag möglichst viele Zugangsinformationen für Rechner der RSA-Kunden bringen. Zwei Monate nach den Attacken knackten Unbekannte mithilfe der erbeuteten Daten das Rechnersystem von Lockheed Martin, einem der größten amerikanischen Rüstungskonzerne. RSA bot daraufhin seinen Kunden an, die möglicherweise wertlos gewordenen Sicherheitstoken zurückzunehmen.

Mit den systematischen, staatlich gelenkten Angriffen kehrt eine neue Dimension in die Wirtschaftsspionage ein. Noch bis vor wenigen Jahren galt sie lediglich als großes Ärgernis, das für Milliardenverluste bei den betroffenen Volkswirtschaften sorgt. Mit den neuen Kommunikationstechniken und den generalstabsmäßig geplanten Feldzügen kann sich der Diebstahl geistigen Eigentums existenzgefährdend auswirken. Die offenen Netze, die an vielen Punkten Angriffsmöglichkeiten bieten, erweisen sich auch in diesem Bereich als leicht verwundbar. Sie sind eine der wesentlichen Triebkräfte der Globalisierung und gleichzeitig möglicherweise die Achillesferse der Weltwirtschaft.

Die Studie über die chinesische Hackertruppe APT1 erhielt im Sommer 2013 in den USA Bestätigung von höchster Stelle. In der geheimen nachrichtendienstlichen Lagebewertung der US-Regierung widmete sich eine Passage den chinesischen Cyberaktivitäten: Das Reich der Mitte sei für die aggressivsten Angriffe auf wirtschaftliche Ziele in den Vereinigten Staaten verantwortlich. »Wir wissen, dass andere Staaten und Unternehmen unsere Firmengeheimnisse stehlen«, kommentierte Präsident Barack Obama damals in seiner Rede an die Nation, »jetzt versuchen unsere Feinde auch noch, unsere Stromnetze, unsere Finanzinstitute und unser Luftverkehrssystem zu sabotieren. Wir können es uns nicht leisten, in einigen Jahren zurückzublicken und uns zu fragen, warum wir nichts dagegen unternommen haben.« Und der damalige NSA-Direktor Keith Alexander, gleichzeitig Oberkommandierender der Cybertruppen, ergänzte: »Die Vereinigten Staaten befinden sich in einer Art asymmetrischem Krieg mit China. Im Kalten Krieg haben wir einst mit Sorge die nuklearen Kommandozentralen rund um Moskau beobachtet. Heute müssen wir uns Sorgen machen um die Computerserver in Shanghai.« Amerika rüstet für den digitalen Krieg.

12
CYBERWAR: DIE @-BOMBE

»Wie wir gesehen haben, werden für Kriegszwecke noch Forschungen angestellt, die man wissenschaftlich nennen könnte, aber im wesentlichen handelt es sich dabei um Hirngespinste, und die Tatsache, daß sie keine Resultate zeitigen, ist unerheblich. Leistungsstärke, sogar militärische Leistungsstärke, ist nicht mehr gefragt. Leistungsstark ist in Ozeanien nur die Gedankenpolizei.«
George Orwell, *1984*

General James Cartwright hat es nie in die Topnews der Weltpresse geschafft. Dabei ist auch er ein Whistleblower wie Edward Snowden oder Bradley (Chelsea) Manning – ein besonders hochrangiger noch dazu. Von 2007 bis 2011 war er stellvertretender US-Generalstabschef und damit zweithöchster Offizier seines Landes. Seit 2013 wird gegen den inzwischen pensionierten Vier-Sterne-General ermittelt. Cartwright – genannt »Hoss«, nach einem der Helden in der Westernserie *Bonanza* – soll ein Staatsgeheimnis verraten haben: Er wird beschuldigt, er habe der *New York Times* brisante Informationen über die »Stuxnet-Attacke« gesteckt, den bislang schwersten Schlag gegen das Atomprogramm des früheren iranischen Präsidenten Mahmud Ahmadinedschad. »Hoss« Cartwright will sich bisher zu den Vorwürfen nicht äußern – das wird er wohl vor Gericht tun müssen.

Der Computerwurm, der später Stuxnet genannt wurde, soll im Jahr 2010 mindestens tausend iranische Zentrifugen in der Urananreicherungsanlage in Natanz zeitweise lahmgelegt und damit für erhebliche Verzögerungen beim iranischen Atomprogramm gesorgt haben. Es wurde auch vermutet, dass einige der Zentrifugen bei der Attacke irreparabel zerstört worden waren, was der Iran naturgemäß weder dementierte noch bestätigte. Fest steht, dass die Internationale Atomenergiebehörde (IAEA) im Jahr 2010 über Ausfälle in den iranischen Anlagen berichtete.

Die Stuxnet-Attacke gilt als der erste erfolgreiche »Cyber-Erstschlag« in der Militärgeschichte. Stuxnet war eine Präzisionswaffe, mit der ein zuvor bestimmtes Ziel angegriffen wurde. Lange war gerätselt worden, wer die Urheber dieses Wurms gewesen sein könnten, der sich selbstständig seinen Weg durch die Computeranlagen suchte und nur eine ganz spezielle Software befiel. Als wahrscheinlichste Kandidaten galten die USA und/oder Israel, aber offiziell bestätigt wurde das nie. Seit Cartwrights Enthüllungen in der *New York Times* vom Juni 2012 dürfte mehr Klarheit herrschen: US-Präsident George W. Bush gab 2006 den Befehl zur Operation »Olympic Games«, Cartwright leitete das Geheimprojekt, die Hackertruppe TAO der NSA bildete ein Joint Venture mit der CIA und einer Spezialeinheit der israelischen Armee namens U 8200, und Barack Obama führte später das Programm seines Vorgängers fort.

»Die Cyberattacke war in vielerlei Hinsicht besser als ein Bombenangriff«, sagt Richard Clarke, der sich als Sicherheitsberater unter US-Präsident Clinton intensiv mit der amerikanischen Cyberwar-Strategie beschäftigte. »Es wurden keine Flugzeuge abgeschossen und keine Piloten getötet oder gefangen genommen«, erklärt Clarke, »die Iraner wurden nicht durch einen demütigenden Luftangriff zu einem militärischen Gegenschlag gezwungen.« Als sie verstanden, was geschehen war, schlugen die Iraner dennoch zurück. Es brauchte allerdings einige Zeit, bis sie bemerkten, dass sie Opfer einer Cyberattacke geworden waren.

Die Urananreicherungsanlage in Natanz ist das Herzstück

des iranischen Atomprogramms. Der größte Teil der Nuklearfabrik liegt tief unter der Erde, umgeben von meterdicken Betonwänden. Die bombensichere Anlage beherbergt Tausende von Zentrifugen – man schätzt etwa fünftausend. Sie erzeugen durch Schleudern von Uranhexafluorid das angereicherte Uran, das für den Bau von Kernreaktoren oder auch von Atombomben genutzt werden kann. Für deren Steuerung werden Computer eingesetzt, die mit dem Betriebssystem Windows laufen und eine Software namens WinCC-S7 des deutschen Herstellers Siemens verwenden – ein sogenanntes »Dual-Use-Produkt«, das sowohl für zivile als auch für militärische Zwecke eingesetzt werden kann. WinCC-S7 kann Elektromotoren in gewöhnlichen Kraftwerken ebenso steuern wie die Zentrifugen einer Urananreicherungsanlage exakt auf der notwendigen Drehzahl von 1064 Umdrehungen pro Sekunde halten. Die Uranherstellung sei so »heikel«, berichtet der Buchautor und NSA-Kenner James Bamford,[58] »dass die Steuerungscomputer nicht mit dem Internet verbunden sind. Damit will man vermeiden, dass sie mit Viren oder anderen Schadprogrammen infiziert werden.«

Als die Entscheidung gefallen war, die Anlage in Natanz mit elektronischen Waffen anzugreifen, bestand die erste Herausforderung darin, einen exakten Plan des Zentrifugennetzes tief unter der Erde herzustellen – eine Aufgabe für die NSA-Hacker. Es war klar, dass der Plan nur aufgehen konnte, wenn man verstand, wie die Anlage aufgebaut war und wie die Steuerung funktionierte. Die ebenfalls beteiligten Spezialisten aus Israel konnten mit einigen nachrichtendienstlichen Erkenntnissen aufwarten. Sie wussten zum Beispiel, dass in Natanz Zentrifugen des veralteten Typs P1 (für »Pakistan-1«) verwendet wurden. Glücklicherweise verfügten die Amerikaner über einige P1-Zentrifugen, und das hatten sie ausgerechnet dem libyschen Präsidenten Gaddhafi zu

58 James Bamford: »Secret War«, *Wired*, 6. Dezember 2013, http://www.wired.com/2013/06/general-keith-alexander-cyberwar.

verdanken: Als Gaddhafi 2003 sein eigenes Atomprogramm aufgab, landeten seine Zentrifugen auf dunklen Wegen in einem Waffenlabor im amerikanischen Tennessee. Einige liehen sich die Cyberkrieger aus, um sie zu Testzwecken aufzubauen – sie hatten nun eine Kopie der iranischen Anlage mit Zentrifugen, Windows-Steuerungscomputern und dem Siemens-Programm WinCC-S7.

In dieser Umgebung wurde der »Sprengkopf« getestet, das Angriffsprogramm – der Computerwurm Stuxnet. Die Probeläufe verliefen vielversprechend, berichteten Insider später der *New York Times*. Der Wurm sei über eine Sicherheitslücke in Windows in den Computer eingedrungen, habe dort einige Wochen lang unsichtbar gelauert, bevor er aktiv wurde und in die Steuerung der Zentrifugen eingegriffen habe. Der Trick: Stuxnet war dafür ausgelegt, die Abwehrmechanismen eines Rechners auszuhebeln und sich dann gezielt auf die Suche nach der Siemens-Software zu machen. Wurde er nicht fündig, blieb er unsichtbar und zog weiter zum nächsten Rechner des internen Netzwerks. Das Besondere: Bei dem Angriff handelte sich um eine sogenannte »Zero-Day-Attacke«, bei der eine bis dahin unbekannte Sicherheitslücke in der Software ausgenutzt wird. Damit nutzt ein Angreifer den Überraschungseffekt – was nur funktioniert, solange niemand anderer die Lücke kennt. Deshalb war es den Cyberkriegern aus den USA und Israel so wichtig, dass der Wurm möglichst lange unentdeckt blieb und sein Werk im Verborgenen verrichten konnte.

Der problematischste Teil der Operation war, den Wurm in die Anlage von Natanz einzuschleusen, denn die Rechner dort waren vom Internet abgekoppelt. Die einzige Chance war, einen USB-Stick mit dem Programm einzuschmuggeln. Das ist nach allem, was man weiß, auch geschehen. So mussten die Angreifer einen freiwilligen oder unwissentlichen Helfer finden, der Zugang hatte – einen Ingenieur, einen Wartungstechniker oder jemanden vom Wachpersonal. »Es gibt immer einen Dummen, dem man einen Stick in die Hand drücken kann«, zitierte die *New York Times* einen der Beteiligten, der anonym blieb.

Als die ersten Zentrifugen in Natanz anfingen, außer Kontrolle zu geraten, konnten sich die Iraner das zunächst nicht erklären. Wie aus der Kommunikation der Iraner hervorgeht, die von den USA abgefangen wurde, hatten sie zunächst »schlechte Ersatzteile, Versagen der Ingenieure oder Unfähigkeit im Umgang mit den Geräten« im Verdacht. Durch einen technischen Fehler, möglicherweise auch durch eine illegale Kopie der Software eines Natanz-Rechners, hatte Stuxnet bereits den Computer eines iranischen Ingenieurs infiziert und sich dadurch über das Internet in andere Systeme ausgebreitet. Deshalb waren auch andere Staaten in geringerem Umfang betroffen, beispielsweise Indonesien, Indien, Aserbaidschan und Pakistan, und neben einem Dutzend weiterer Staaten sogar auch die USA und Großbritannien. Zu diesem Zeitpunkt, im ersten Halbjahr 2009, war schon eine neue, noch ausgefeiltere Version des Wurms in Natanz eingeschmuggelt worden. Es sei nie vorgesehen gewesen, dass Stuxnet »wie ein wildes Tier aus dem Zoo« ausbrechen solle, schrieb die *New York Times*.

Im Juni 2010 erreichte den weißrussischen Computerexperten Sergey Ulasen in Minsk der Hilferuf eines Kunden aus Teheran, der mit rätselhaften Computerabstürzen zu kämpfen hatte. Als er erfuhr, dass Tausende weiterer Rechner im Netz dieses Kunden ähnliche Erscheinungen aufwiesen, berichtet Ulasen, sei bei ihm »der Groschen gefallen«: Ohne dass er das Einsatzgebiet der Computer oder weitere Einzelheiten kannte, tippte er auf eine Infektion mit einem Sabotageprogramm. »Als wir dann analysieren konnten, wie aufwendig der Code war«, erzählte Stuxnet-Entdecker Ulasen später, »war uns klar, dass wir es mit einem furchterregenden Biest zu tun hatten, das es so in der Welt noch nicht gegeben hatte.« Ulasen entschied, die Fachwelt zu alarmieren. Der Name Stuxnet wurde später abgeleitet aus einigen Schlüsselwörtern des Wurm-Programms (».stub« und »mrxnet.sys«).

Stuxnet-Partner Israel setzte seine digitale Waffen auch noch in anderen Gebieten ein. Eine Vorstellung davon gab der Luftangriff auf eine geheime Baustelle in Syrien am 6. September 2007. Auf den Radarschirmen der syrischen Luftabwehroffiziere, die in den frühen Morgenstunden ihren Dienst taten, war kein Zeichen eines eindringenden Flugobjekts zu sehen, kein Warnsignal erklang, nichts: friedliche Stille über Euphrat und Tigris. Doch zur gleichen Zeit wurden die Arbeiter auf der Baustelle aufgeschreckt: ein Blitz, gefolgt von mehreren Explosionen und dem donnernden Kreischen israelischer Eagle- und Falcon-Jets. Erst im Morgengrauen wurde das ganze Ausmaß des Schadens deutlich, den die Angreifer angerichtet hatten: Von der mit nordkoreanischer Hilfe entstehenden Kernenergieanlage war nur eine rauchende Ruine übrig geblieben.

Ihren Überraschungscoup verdankten die Israelis nicht nur Bombern und Raketen, sondern auch Bits und Bytes. Israelische Militärhacker hatten das Netzwerk der syrischen Luftabwehr infiltriert und Trojaner in dessen Softwarecode geschmuggelt. Dank der eingeschleusten Schadprogramme konnten die Israelis die Rechner des gegnerischen Luftabwehrsystems in der Nacht des Angriffs fernsteuern. »Zombies« nennen die Experten die Computer, die gleichsam willenlos Befehlen von außen folgen. Während die israelischen Militärjets dem Ziel entgegenflogen, hatte die syrische Luftabwehr eine Simulation auf dem Radarschirm, die ein friedliches Bild vortäuschte. Die syrischen Militärs ärgerten sich über das vermeintliche Versagen ihres teuren Flugabwehrsystems russischer Bauweise, während man in Israel schon den Erfolg dieser neuen Art der elektronischen Kriegsführung feierte.

Die ersten Cyberoperationen wurden von offizieller Seite weder in den USA noch in Israel bestätigt, auch nicht nach den Enthüllungen Cartwrights gegenüber der *New York Times*. Die Reaktionen auf die Stuxnet-Attacke fielen bei den Eingeweihten in der Obama-Regierung zwiespältig aus: Einerseits wurde die Aktion als Erfolg gewertet, weil sie tatsächlich das Atomprogramm Ahmadinedschads empfindlich getroffen hatte. Die Frage kam auf, ob man nicht ähnliche Cyberwaffen gegen Nordkorea oder die chinesischen Militärhacker einsetzen sollte. »Wir haben über deutlich mehr nachgedacht, als wir dann tatsächlich getan haben«, zitierte die *New York Times* einen Geheimdienstler. Andererseits sahen US-Präsident Obama und einige andere nach diesen ersten Software-Attacken auch die erheblichen Risiken solcher künftigen Militärschläge. Kein Land ist mit seiner Infrastruktur mehr abhängig von Computern und Datennetzen als die USA, und deshalb ist auch kein Land an dieser Stelle verwundbarer. Erstschläge mit Cyberwaffen könnten Reaktionen provozieren, mit denen die Vereinigten Staaten weitaus empfindlicher getroffen würden als der Staat, den sie selbst angegriffen haben.

Zu den Mahnern vor einer offensiven Cyberstrategie gehört auch Verteidigungsexperte Richard Clarke, der zu Beginn der 2000er-Jahre auch Sonderberater für Cybersicherheit im Weißen Haus war. Die Menschen in den USA und in der restlichen Welt sollten wissen, sagte er, dass die Vereinigten Staaten schon heute die Mittel hätten, einen Krieg im Datennetz zu führen – mit Kapazitäten, die selbst die Regierung nicht genau überblicken könne. »Am besten sind jene Staaten vorbereitet, die nicht angegriffen werden können, aber gleichzeitig in der Lage sind, eigene Angriffe durchzuführen«, erzählte uns Clarke. »Nordkorea beispielsweise besitzt nichts, was man angreifen könnte, führt aber seine Cyberangriffe über die Gebiete von Südkorea und China durch.« In China, berichtete Clarke, gebe es ganze Hoteletagen voll von nordkoreanischen Cyberkriegern. Seine Schlussfolgerung: Die größte reale Gefahr gehe von Nordkorea aus, denn »erstens sind sie dort völlig irre, und zweitens haben sie nichts zu verlieren«.

Es sei auch nicht ausgeschlossen, meinte Clarke, dass einmal ein »unbeabsichtigter Cyberkrieg ausbricht, einfach weil die technischen Abläufe nicht mehr zu kontrollieren« seien. Die außer Kontrolle geratene Stuxnet-Attacke gebe eine Vorahnung davon. Ein solcher »zufälliger« Krieg würde sehr schnell eskalieren. Und der könnte sich laut Clarke wie folgt entwickeln:[59] Durch einen landesweiten Stromausfall bricht der Verkehr in den Großstädten innerhalb weniger Minuten zusammen. Die gesamte elektronische Kommunikation ist lahmgelegt, die Steuerungssysteme großer Betriebe geraten außer Kontrolle. Giftgaswolken entweichen aus Chemiefabriken, Raffinerien brennen, Züge entgleisen, Satelliten schießen ins All, und Flugzeuge stürzen ab. Das Finanzsystem bricht ebenso zusammen wie die Grundversorgung der Bevölkerung. Landesweite Hungersnöte, Plünderungen, Aufruhr und viele Tote sind die Folge – ein Szenario wie in einem Atomkriegsfilm, ausgelöst durch einen Computerwurm oder eine andere »Logikbombe«,[60] die an wichtigen Schaltstellen des gegnerischen Netzwerks zur Detonation gebracht wurde. Leon Panetta, vom CIA-Chef zum US-Verteidigungsminister aufgestiegen, forderte 2012 von seinen Landsleuten ein »tief gehendes neues Verständnis der eigenen Verwundbarkeit«.

Vor diesem Hintergrund wird vielleicht etwas deutlicher, weshalb die Vereinigten Staaten seit 2008 die Cyberkräfte des Landes bei der NSA bündeln und ihren jeweiligen Direktor auch zum Chef ihres Cyber-Commands machen. Zugleich wurde er in den Rang eines Vier-Sterne-Generals erhoben und damit faktisch dem obersten Soldaten der Nation, dem Chef des Vereinigten Generalstabs, gleichgestellt. In der Zeit von Keith Alexander als NSA-Direktor zwischen 2005 und Frühjahr 2014 bedeutete das eine nie da gewesene Ausweitung der Kompetenzen – und der Kapazitäten. Die NSA wur-

59 Richard A. Clarke, Robert A. Knake: *World Wide War. Angriff aus dem Internet*, Hoffmann und Campe, 2011.

60 Eine Logikbombe entfaltet ihre schädliche Wirkung unter zuvor definierten Bedingungen. Im Unterschied zu einem Computervirus vermehrt sie sich nicht von selbst.

de zur Zentrale der militärischen Aufrüstung im Internet. Und im Oktober 2012 unterzeichnete US-Präsident Obama sogar eine Direktive, nach der sich die USA das Recht auf einen »Cyber-Erstschlag« vorbehalten. Das schließe unter anderem ein, ausländische Computer, Informationssysteme oder Netzwerke »zu manipulieren, zu stören, zu schwächen, zu blockieren oder zu zerstören«.

Für Alexander lautete das Ziel, wie er in einem Strategiepapier von 2010 schrieb: »global cryptologic dominance«, die weltweite Vorherrschaft im Bereich der Verschlüsselung und damit die Fähigkeit, es mit jedem beliebigen Gegner in einem Cyberkrieg aufzunehmen. Es geht bei dem Aufbau des weltumspannenden NSA-Spionagenetzes zwar immer auch um Terrorabwehr und um ein wirksames Frühwarnsystem für einen neuerlichen Anschlag auf amerikanischem Boden, aber viel mehr noch geht es um das, was die US-Strategen in Geheimdiensten und Militär »informationelle Vorherrschaft« nennen: Kapazitäten zum Angriff und zur Verteidigung in den weltweiten Datennetzen. So wie in Zeiten des Kalten Kriegs die Vormachtstellung von der Beherrschung der wichtigsten kriegsentscheidenden Technologie, der Atomwaffen, abhing, wird die künftige Vormachtstellung von der Beherrschung des Cyberspace abhängen.

Noch vor Snowdens Enthüllungen verkündete Alexander vor dem Militärausschuss des US-Kongresses, die USA verfügten über »die besten Cyber-Offensivkräfte der Welt«. Dafür wurden dem NSA-Direktor rund vierzehntausend neue militärische Kräfte für das Cyber-Command unterstellt, die aus allen Truppenteilen der US-Armee kommen. Die Armee betrachte »digitale Waffen als neue Form der Offensivkapazitäten«, berichtet James Bamford in *Wired*, »sodass Soldaten an der Front künftig ›Cyber-Feuerunterstützung‹ anfordern können, so wie sie heute bei Bedarf Artillerie- oder Luftunterstützung erhalten«.

Das setzte ein gewaltiges Aufrüstungsprogramm in Gang. Bis 2030 sollen insgesamt etwa 8 Milliarden Dollar, berichtet

Bamford, für die Erweiterung des NSA-Hauptquartiers in Fort Meade investiert werden. Wenn alle Planungen umgesetzt würden, stünden für den NSA-Komplex insgesamt rund sechzig Gebäude mit etwa 500 000 Quadratmetern Fläche bereit, in denen Supercomputer und Arbeitsplätze für weitere elftausend Cyberkrieger untergebracht werden. Trotz der katastrophalen Haushaltslage in den USA erhielt NSA-Chef Alexander im Jahr 2014 einen Budgetzuschlag von 4,7 Milliarden Dollar für »erweiterte Cyberspace-Operationen«, während die Ausgaben für die CIA etwa um denselben Betrag gekürzt wurden. In Geheimdienstkreisen hieß er nur noch »Alexander der Große«: Was Alexander wollte, das bekam er auch.

In den Snowden-Dokumenten befindet sich ein NSA-Geheimpapier, in dem vier Phasen eines Cyberkriegs aufgeführt werden.[61] In Phase 0 sollen unter dem Stichwort »Gestaltung« (»Shaping«) Schwachstellen des Gegners entdeckt und »ausgebeutet« werden, indem man dessen Netzwerke heimlich ausforsche. Die folgende Phase 1 betrifft die »Abschreckung«: eine Warnung an den Gegner, dass man in der Lage sei, anzugreifen und sich selbst zu verteidigen. In Phase 2 gehe es darum, die »Initiative« zu übernehmen, etwa indem »kritische Daten« des Gegners verändert würden, um eigene Operationen zu begünstigen. Und Phase 3 heißt dann schlicht »Dominieren«: digitale Angriffe auf militärische und zivile Ziele des gegnerischen Landes.

Deutschland hat im Jahr 2006 eine offizielle Cyberkriegseinheit ins Leben gerufen. Die in der Tomburg-Kaserne in Rheinbach bei Bonn stationierte Abteilung »Informations- und Computernetzwerkoperationen« ist Teil des rund sechstausend Mitglieder starken Kommandos für Strategische Aufklärung (KSA). Das Kommando trägt, so der offizielle Jargon, »durch Informationsgewinnung entscheidend zur mili-

61 Marcel Rosenbach, Holger Stark: *Der NSA-Komplex. Edward Snowden und der Weg in die totale Überwachung*, DVA, 2014.

tärischen Lagefeststellung und damit zur nationalen politischen Urteils- und Entscheidungsfähigkeit sowie zum Schutz der Soldatinnen und Soldaten im Einsatz bei«. Tatsächlich handelt es sich bei den von einem Oberst im Generalsrang geführten Soldaten um eine hoch spezialisierte Expertentruppe, der viele an den Bundeswehruniversitäten ausgebildete IT-Experten angehören.

Das KSA arbeitet nach Aussage eines ihrer früheren Kommandeure eng mit dem Bundesnachrichtendienst zusammen. Zu seinen Aufgaben gehören das Belauschen fremden Funk- und Telefonverkehrs ebenso wie das gezielte Stören gegnerischer Kommunikation. Das Kommando verfügt auch über eigene Aufklärungssatelliten. Zu den Aufgaben der Cyberkrieger in der Abteilung »Informations- und Computernetzwerkoperationen« zählen nicht nur die Sicherung des bundeswehreigenen Netzes, sondern auch das Auskundschaften, Manipulieren und Sabotieren von fremden Netzwerken. Die Hacker in Olivgrün üben außerdem, wie man mit Würmern und anderen Sabotageprogrammen gegnerische Computer lahmlegt. Pro Jahr werden in der Abteilung etwa sechzig neue Cyberkrieger ausgebildet. Im Vergleich zu den Anstrengungen der USA nehmen sich die Bemühungen damit ziemlich bescheiden aus. Es dürften in Zukunft sicherlich mehr werden, denn auch bei der Bundeswehr hat sich herumgesprochen, dass durch die weltweite Vernetzung völlig neue Möglichkeiten der Kriegsführung entstanden sind.

Die Vorläufer des Cyberkriegs reichen bis in den Kalten Krieg zurück. Schon damals war klar, dass man den Gegner mit Computermanipulationen empfindlich treffen konnte. Den US-Geheimdiensten war es beispielsweise gelungen, eine Liste westlicher Firmen zu bekommen, welche der KGB ausspionieren wollte. Die CIA verhinderte diesen Datenraub nicht, sondern half den Sowjets sogar bei der Beschaffung von Computerprogrammen für Stealth-Bomber und zur Steuerung von Ölpumpen. Die Sache hatte nur einen Haken: Bevor die ahnungslosen Sowjets an die gewünschte Software kamen, hatte die CIA gezielt Schadcodes darin versteckt. Einige Zeit nach Inbetriebnahme soll die sabotierte Steuerungssoftware verrückt gespielt und dafür gesorgt haben, dass die sibirische Urengoy-Surgut-Chelyabinsk-Pipeline 1982 explodierte. Die *Washington Post* berichtete mehr als zwanzig Jahre später über den Fall unter Berufung auf einen ehemaligen Angehörigen der US-Luftwaffe.

Die Großrechner wurden noch auf andere Weise zu trojanischen Pferden des Informationszeitalters. Offiziell war es im Kalten Krieg verboten, Hightech aus dem Westen in den Osten zu liefern, denn der Handel mit Computern fiel unter die Embargobestimmungen. Aber der Schmuggel mit der begehrten Ware blühte. Was damals wenige ahnten: Die Rechner wurden von den US-Geheimdiensten präpariert, bevor sie das Land verließen und auf dunklen Wegen in den Osten kamen. So wurden beispielsweise Hintertüren in die Betriebssysteme eingebaut, um jederzeit einen heimlichen Einstieg zu ermöglichen. »Das war noch zur Regierungszeit von Reagan«, bestätigt August Hanning, langjähriger Präsident des Bundesnachrichtendiensts und nach wie vor bestens in der Welt der Geheimdienste verdrahtet. »Der KGB beschaffte konspirativ diese Technologie, die aber von westlichen Diensten beeinflusst worden war.« Das Ergebnis, so Hanning, sei gewesen, dass die Rechner »entweder fremdgesteuert werden konnten oder zu größeren Ausfällen geführt haben«.

Die Operationen hatten einen Nebeneffekt, mit dem wohl keiner der Strategen bei Geheimdiensten und beim Militär – weder im Osten noch im Westen – gerechnet haben dürfte: Findige Hacker wie Kevin Mitnick in den USA oder die NASA-Clique im Umfeld des Chaos Computer Clubs in der Bundesrepublik entdeckten diese Hintertüren ebenfalls – und machten sie dadurch öffentlich, was gewiss nicht im Sinn der Erfinder war. »Erst im Nachhinein haben wir verstanden«, kommentiert der ehemalige CCC-Sprecher Andy Müller-Maguhn, »dass diese Schwachstellen keine Programmierfehler waren, sondern absichtlich eingebaut worden waren.« Damit sollten die Rechner, so Müller-Maguhn, »für die westlichen Nachrichtendienste zugänglich, steuerbar und ausspähbar gemacht« werden.

Mitte der 1990er-Jahre sprachen die Chinesen einige Zeit lang ungewöhnlich offen – gemessen an ihren sonstigen Gepflogenheiten – über die Lehren, die sie aus dem ersten Golfkrieg der USA 1991 gezogen hatten. Der Erfolg der Kriegsführung mit »intelligenten« Raketen und Marschflugkörpern war auch dem chinesischen Militär nicht entgangen. Der damalige Chef aller US-Geheimdienste Admiral John Michael McConnell sei überzeugt gewesen, dass die Operation »Desert Storm« für die Chinesen »ein Schock« war, berichtet Richard Clarke. Dabei hätten die chinesischen Militärs vermutlich begriffen, wie weit sie technologisch hinterherhinkten. Die den Amerikanern rüstungstechnisch weit unterlegene Volksbefreiungsarmee reduzierte ihre Truppenstärke und investierte stattdessen in neue Technologien wie »wangluohua«, die Vernetzung der Kriegsführung.

Auch China setzt schon lange auf einen Angriffskrieg im Cyberspace. Die Autoren einer 1999 erschienenen Strategieschrift des chinesischen Militärs verkündeten unverhohlen die »Informationsvorherrschaft« als Ziel eines solchen Konflikts: »Eine überlegene Streitmacht, die die Informationsvorherrschaft verliert, wird von einer unterlegenen besiegt werden, die diese gewinnt.« Generalmajor Dai Qingmin aus der Führung der Volksbefreiungsarmee erklärte, eine solche Vorherrschaft sei nur mit einem Präventivschlag zu erreichen. Die Strategen entwickelten das Konzept des »integrierten elektronischen Netzkriegs«. Das entspricht exakt der Diktion, wie sie auch das US-Militär und die NSA verwenden. Somit kämpfen seit Ende der 1990er-Jahre zumindest schon zwei Großmächte um die Vorherrschaft im Netz – aber auch Russland rüstet kräftig mit digitalen Waffen auf.

Die Chinesen sehen in der elektronischen Kriegsführung die einzige Chance, eine globale Vormachtstellung zu erreichen, was mit kinetischen Waffen in absehbarer Zeit nicht möglich wäre. Zwar hat China seine Militärausgaben in den vergangenen Jahren nach Angaben des Friedensforschungsinstituts Sipri drastisch erhöht auf 188 Milliarden Dollar – 2011 waren es noch etwa 90 Milliarden Dollar –, aber sie betragen immer noch nur ein knappes Drittel des im Vergleich zu den Vorjahren gekürzten Militärbudgets der Amerikaner von 2013 mit 640 Milliarden Dollar. Selbst bei einer radikalen Modernisierung seiner Armeen würde China noch Jahrzehnte brauchen, um den technischen Vorsprung der USA im konventionellen Bereich wettzumachen. Deshalb setzen die Chinesen auf »asymmetrische Kriegsführung«: die Stärkung der defensiven und offensiven Kräfte für elektronische Netzattacken. Die generalstabsmäßig angelegte Wirtschaftsspionage gegen die USA und andere Wirtschaftsnationen fügen sich in diese Strategie nahtlos ein.

Seit Ende der 1990er-Jahre habe China »systematisch alles getan«, analysiert Richard Clarke, »was eine Nation tun muss, die offensive Netzkriegskompetenz entwickeln möchte und davon ausgeht, dass sie selbst ebenfalls zum Ziel elektronischer Attacken werden könnte«. Unter anderem habe China militärische Einheiten wie die 61398 in Shanghai gebildet, aggressive Hackergruppen wie APT1 gegründet, groß angelegte Spionageaktivitäten im Internet gestartet, darunter solche, die auf amerikanische Computersoftware und -hardware zielen, und Maßnahmen ergriffen, um den eigenen virtuellen Raum zu verteidigen. Darüber hinaus, sagt Clarke, habe China bereits »logische Bomben in der Infrastruktur der Vereinigten Staaten ausgelegt«, die im Bedarfsfall aktiviert werden könnten. Geheimdienstler würden berichten, chinesische Hacker seien ins amerikanische Stromnetz eingedrungen und hätten dort Schaltmechanismen deponiert, mit denen ein Blackout ausgelöst werden könne. Nachprüfen lässt sich das kaum. Im Moment scheint das völlig überalterte amerikanische Stromnetz selbst sein eigener größter Feind zu sein.

Was Moskau einst erfolglos mit Atomraketen versuchte,

soll Peking mit elektronischen Waffen gelungen sein: Auf Kuba, also vor der Haustür der USA, haben die Chinesen zwei »Netzspionagestationen« eingerichtet, um die amerikanische Internetkommunikation und den Datenverkehr des amerikanischen Verteidigungsministeriums zu überwachen. Im Jahr 2003 kündigte Chinas Armeeführung die Gründung von »Netzkriegseinheiten« an. Etwa zu dieser Zeit wurden die ersten größeren Spionageattacken auf amerikanische Rechnersysteme registriert: So wurden Schwachstellen im Netz des Pentagons systematisch aufgespürt und genutzt, um über Server in Südkorea und Hongkong Informationen in erheblichem Umfang abzuziehen. US-Ermittlern gelang es, die Datenströme bis ins chinesische Guandong zurückzuverfolgen. »Titan Rain« nannten sie die Aktion, bei der vermutlich bis zu 20 Terabyte an Daten aus dem nicht geheimen Netz des Pentagons gestohlen wurden. Erst durch diesen massiven Hackerangriff sei die amerikanische Regierung »bekehrt worden«, sagt Richard Clarke.

Der gesamte amerikanische Hightech- und Verteidigungssektor gehörte von Beginn an zu den bevorzugten Zielen der Hacker der Volksbefreiungsarmee. Auch einige NSA-Dokumente aus Snowdens Sammlung geben Aufschluss über konspirative Aktionen, hinter denen mit einiger Sicherheit die Chinesen vermutet werden: Im Jahr 2011 seien »Schadprogramme in die Netzwerke diverser amerikanischer Rüstungsfirmen sowie des Pentagons« eingeschleust worden, berichten die Autoren des Buches *Der NSA-Komplex*.[62] Dabei seien wiederum in großem Stil Daten abgesaugt worden. Die verdeckte Aktion, von der NSA »Legion Yankee« getauft, sei der bislang größte Einsatzfall für das Nationale Gefahrenzentrum des Nachrichtendiensts gewesen und deshalb aufgefallen, weil einige der gestohlenen Datenpakete im Prism-Programm der NSA hängen geblieben seien. Bei weiteren

62 Marcel Rosenbach, Holger Stark: *Der NSA-Komplex. Edward Snowden und der Weg in die totale Überwachung*, DVA, 2014.

Angriffen sollen die Chinesen laut einer geheimen NSA-Untersuchung mindestens 50 Terabyte an Daten, darunter Informationen der US-Navy zu Atomunterseebooten, Luftabwehrraketen sowie dreihunderttausend Passwörter gestohlen haben. In Rechnern von amerikanischen Rüstungsfirmen fielen den Angreifern unter anderem Details über F-35- und F-22-Kampfjets in die Hände. Allein im Pentagon sollen mehr als fünfhundert Computer befallen gewesen sein. Insgesamt sei ein Schaden von mehr als 100 Millionen Dollar entstanden.

Derlei Angriffe bedeuteten nicht, sagt Cyberkriegsexperte Richard Clarke, »dass China tatsächlich beabsichtigt, Krieg gegen die Vereinigten Staaten zu führen«. Pekings Militärplaner hielten es lediglich für nötig, sich auf eine denkbare militärische Auseinandersetzung mit den USA vorzubereiten. Die chinesische Regierung verwende das Konzept der »friedlichen Erhebung«, um den geplanten Aufstieg ihres Landes zu einer oder sogar zu der globalen Supermacht im 21. Jahrhundert zu beschreiben. Sonderbarerweise seien die Cyberaktivitäten der Chinesen bisher »bis zu einem gewissen Grad transparent« gewesen, sagt Clarke. Möglicherweise verfolgten sie damit sogar eine gewisse Abschreckungsstrategie, um potenzielle Gegner nicht im Unklaren über ihre Angriffs- und Verteidigungsfähigkeiten zu lassen.

Ganz anders verhält sich das in Russland: Von dort dringt nahezu nichts über die staatlichen Hackeraktivitäten nach draußen. Nur die Analysen einiger mysteriöser Internetattacken im östlichen Europa geben eine Ahnung davon, was passieren könnte, wenn das russische Militär und die Geheimdienste zu einem Großangriff im virtuellen Raum ansetzen würden.

Im Jahr 2007 beschloss das ehemals zum Sowjetreich gehörende Estland ein »Gesetz gegen verbotene Denkmäler«, mit dem sämtliche Erinnerungen an die sowjetische Besatzung getilgt werden sollten. Das führte zu einer nachhaltigen Verstimmung in Russland, denn zu den »verbotenen Denkmälern« gehörte eine riesige Bronzestatue im Zentrum der Hauptstadt Tallinn, die einen Soldaten der Roten Armee in heroischer Pose zum Gedenken an die sowjetischen Gefallenen im Zweiten Weltkrieg darstellte. Am 27. April 2007 kam es zur sogenannten »Bronzenacht«: Estnische Nationalisten, die zuvor gedroht hatten, die Statue in die Luft zu sprengen, und Russen in Estland, die ihr Nationalheiligtum retten wollten, lieferten sich vor dem Denkmal eine Straßenschlacht. Die estnischen Behörden reagierten, indem sie den umstrittenen Rotarmisten an einen weniger exponierten Platz auf dem Soldatenfriedhof verbannten. Doch auch das löste heftige Proteste in den russischen Medien und in der Duma, dem Parlament, aus – und kurze Zeit später brach das estnische Internet komplett zusammen. Estland gehört mit seiner modernen Infrastruktur zu den am besten vernetzten Ländern der Welt, was sich damals als Bumerang erwies: Die wichtigsten Server des Landes wurden mit Zugriffsanforderungen überflutet und brachen unter dieser Last zusammen.

Estland war zum Opfer einer DDoS-Attacke geworden: Unbekannte hatten mithilfe von Schadsoftware zahlreiche Computer auf der ganzen Welt infiltriert und zu einem Botnet zusammengeschlossen, das die Webseiten estnischer Regierungsinstitutionen, Finanzinstitute und Medien außer Gefecht setzte. Nach dieser Attacke auf Estlands Internet fiel der Verdacht schnell auf die russische Regierung, der eine Vergeltungsaktion für das Schleifen des sowjetischen Mahnmals unterstellt wurde. Die Regierung in Tallinn behauptete, dass die Software für die Botnet-Attacke auf einer kyrillischen Tastatur geschrieben worden sei. Ob die russische Mafia, nationalistische Hacker oder ein Cyberkommando der russischen Armee hinter dem Angriff steckten, ist bis heute unklar. Experten wie Richard Clarke halten es für »undenkbar«, dass die Aktion »ohne Wissen und Billigung des russischen Geheimdiensts FSB und des Kremls« durchgeführt wurde.

Die nicht staatlichen russischen Hacker einschließlich

der großen »Cracker-Gruppen«, die auf organisierte Computerkriminalität spezialisiert seien, berichtet Clarke, seien schon heute eine »Macht im Cyberspace«. Es wird angenommen, dass die staatlichen Hacker vom Geheimdienst FSO gesteuert werden, der aus dem sowjetischen KGB hervorgegangen ist und direkt für den Schutz des Präsidenten und der russischen Regierung zuständig ist. Im Jahr 1991 entstand die Föderale Agentur für Regierungsfernmeldewesen und Information (FAPSI), das russische Pendant zur NSA. Sie ist zuständig für das Fernmeldewesen der Regierung, die Sicherung und Verschlüsselung der eigenen Nachrichten sowie das Abhören fremder Kommunikation. Unter Putin wurde die FAPSI im Jahr 2003 aufgelöst, und das sogenannte »Regierungsfernmeldewesen« wurde der technischen Abteilung SSSI des FSO zugeordnet. In der Stadt Woronesch, fünfhundert Kilometer südlich von Moskau, soll der SSSI die möglicherweise größte Hackerschule der Welt betreiben, ein Ausbildungszentrum für Cyberkrieger.

Den bislang erbittertsten Internetkrieg lieferten sich Hacker aus Russland mit der ehemaligen Sowjetrepublik Georgien. Im Streit mit dem einstigen Mutterland über das abtrünnige Südossetien marschierten am 7. August 2008 georgische Truppen in der Kaukasusrepublik ein. Moskau antwortete mit einer Gegenoffensive, um die schon früher in Südossetien stationierten »russischen Friedenstruppen« zu verstärken, wie es hieß. Gleichzeitig starteten russische Netzkrieger eine Attacke: Da Georgien über russische und türkische Router mit dem weltweiten Netz verbunden war, wurden zunächst diese mit DDoS-Attacken überschwemmt. Das bewirkte, dass die Georgier plötzlich keine E-Mails in andere Länder schicken konnten und keinen Zugang zu Informationsquellen im Ausland hatten, mit dem sie sich beispielsweise ein Bild über die Lage in Südossetien hätten machen können.

Als Georgien die Kontrolle über seine Domäne ».ge« verlor, versuchte man, staatliche Websites auf Server außerhalb des Landes zu verlagern und damit die DDoS-Attacken zu umgehen. So wurde die Website des Präsidenten Micheil Saakaschwili zu einem Server auf Googles Blogspot in Kalifornien verlegt. Daraufhin richteten die Angreifer gefälschte Präsidenten-Websites ein und leiteten die Seitenaufrufe dorthin um. Die georgischen Banken schlossen unter dem Druck der Angriffswelle ihre Server, da sie Angst vor dem Diebstahl sensibler Daten hatten. Die Angreifer schickten über ihre Botnetze daraufhin DDoS-Attacken an das internationale Bankensystem, wobei sie georgische Absender vortäuschten. Das löste eine automatische Reaktion aus: Georgien wurde von den europäischen Zahlungssystemen abgekoppelt. Das Land war damit praktisch handlungsunfähig.

Die Sache eskalierte noch eine Zeit lang beträchtlich, weiß US-Experte Richard Clarke zu berichten: »Auf dem Höhepunkt des Netzkriegs beteiligten sich sechs verschiedene Botnetze an den DDoS-Attacken«, sagt er, »wobei sie sich sowohl der Computer ahnungsloser Internetnutzer bedienten, als auch der Rechner von Freiwilligen, die von verschiedenen antigeorgischen Websites Hackersoftware herunterladen konnten.« Nach der Installation der Software habe der Nutzer lediglich auf einen Button »Flut auslösen« drücken müssen, um am Cyberkrieg teilzunehmen.

Wie üblich wies Russlands Regierung unter Wladimir Putin auch in diesem Fall jegliche Verantwortung von sich – ein Muster, das sich bis zum Konflikt um die Ostukraine durchzieht. In der realen Welt hatte die russische Armee in der Zwischenzeit georgisches Territorium als »Pufferzone« besetzt, um sich nach einem vom französischen Präsidenten Sarkozy vermittelten Friedensabkommen später wieder zurückzuziehen. Wenige Wochen darauf erkannte Russland die Unabhängigkeit Südossetiens und der anderen abtrünnigen Republik Abchasien an, die wiederum beide ihre russischen Beschützer unverzüglich aufforderten, ihnen mit Truppen im Land beizustehen.

Die Cyberangriffe aus dem Osten schreckten auch die europäischen Mitgliedsländer der NATO auf. Im Jahr 2008 gründeten sie ein Cyber Defense Center – wohl nicht ganz zufällig in Estland, unweit des Ortes, an dem einst der bronzene Sowjetsoldat gestanden hatte. Dieses Zentrum soll künftig Angriffe auf die internetbasierte Infrastruktur von Bündnisstaaten verhindern und wird von Estland, Lettland, Litauen, Deutschland, Italien, der Slowakei und Spanien unterhalten.

Inzwischen hätten schätzungsweise »zwanzig bis dreißig Nationen rund um den Globus Militäreinheiten für den Cyberkrieg gebildet«, meint Sicherheitsexperte Richard Clarke, die ebenso wie die USA, China und Russland das »Schlachtfeld der Zukunft« vorbereiteten. »All das, wovor wir schon vor zehn Jahren gewarnt haben, ist eingetreten – nur haben die internationalen Gesetze mit der Entwicklung nicht Schritt gehalten.« Auch andere Nationen würden heute »Logikbomben und Falltüren« platzieren, so Clarke, hätten »allerdings strategisch gesehen keine Ahnung«, was sie tun müssten, wenn tatsächlich ein Krieg im Internet ausbrechen sollte. »Eine Rüstungskontrolle greift im Cyberspace nicht«, erklärt Clarke, »weil es weder einen hundertprozentigen Nachweis noch eine Zuordnung gibt.«

So ist es nahezu unmöglich, den tatsächlichen Urheber einer Cyberattacke dingfest zu machen oder auch nur Rückschlüsse auf die Täter zu ziehen, wenn ein Sabotageprogramm entdeckt wurde. »Wenn die Adresse eines Angriffs auf einen deutschen Konzern aus China stammt, heißt das noch lange nicht, dass der Angriff von der chinesischen Regierung ausgeht«, sagt der IT-Forensiker Sebastian Schreiber, der bei der deutschen Sicherheitsfirma Syss für den Schutz von Netzwerken zuständig ist. »Genauso gut könnte der Täter ein Student aus Paris sein, der für einen amerikanischen Hackerring arbeitet und Daten im Auftrag eines indischen Unternehmens ausspäht.«

»Deniability«, die Abstreitbarkeit von Cyberangriffen, gehört zum strategischen Konzept der neuen computergestützten Kriegsführung. Besonders tückisch: Im Gegensatz zu einem Bombardement bemerkt der Gegner oft nicht einmal, dass seine Systeme angegriffen und kritische Daten manipuliert oder gestohlen wurden – so wie es im Fall Stuxnet fast zwei Jahre gedauert hatte, bis der Angriff entdeckt wurde. »Der Unterschied zwischen Kunsträubern und Weltklasse-Hackern ist, dass man bei Cyberdieben nicht einmal merkt, dass man das Opfer eines Diebstahls geworden ist«, erklärt Richard Clarke das Paradoxon der neuen Kriegsführung. Sie verwische auf gefährliche Weise die Grenze zwischen Krieg und Frieden und könne die internationale Sicherheit gefährden.

Angesichts dieser neuen militärtechnischen Möglichkeiten überrascht es kaum, dass die nukleare Aufrüstung bei Politikern und Militärs zunehmend aus dem Blickfeld geraten ist: Die Doktrin des nuklearen Gleichgewichts der Supermächte hat sich mit dem Entstehen asymmetrischer Konflikte und latenter Weltwirtschaftskriege überlebt. Im Cyberkrieg allerdings steht keineswegs fest, dass die größere konventionelle oder nukleare Streitmacht als Sieger aus einem Konflikt hervorgeht. Kein Waffensystem funktioniert heute ohne internetbasierte Technologie. »Das US-Militär wäre ohne das Internet genauso wenig arbeitsfähig wie Amazon oder Google«, warnt Clarke. Die Vernetzung der modernen Militärtechnik ist zugleich die Achillesferse moderner Hightech-Rüstung: Viren und Würmer können im Kampf David gegen Goliath zu gefährlichen Waffen werden. Seit mehreren Jahren führen deshalb die amerikanischen Geheimdienste und das US-Militär regelmäßig Cybermanöver durch.

Während des im Sommer 2009 mit Japan und Südkorea gemeinsam organisierten »Cyber-Storm«-Manövers kam es allerdings zu einem empfindlichen (realen) Zwischenfall: Nordkorea reagierte mit dem demonstrativen Abschuss mehrerer Raketen ins Meer. Und das war erst der Anfang: Am 4. Juli, dem amerikanischen Unabhängigkeitstag, startete Pjöngjang eine massive Cyberattacke auf amerikanische und südkoreanische Webseiten. Unter dem virtuellen Ansturm von mehr als einer Million Anfragen pro Sekunde brachen die Internetseiten der Landesschutzbehörde Homeland Security und der US-Regierung zusammen. Auch die Server von Verkehrs- und Finanzministerium sowie Geheimdiensten und New Yorker Börse ließen die nordkoreanischen Hacker zwischen dem 4. und 9. Juli kollabieren. Lediglich das Weiße Haus blieb verschont, da der Internetverkehr rechtzeitig auf andere Server umgeleitet werden konnte.

Kurz darauf setzten eine zweite und eine dritte Angriffswelle ein, die sich diesmal gegen Seoul richteten: Ein Botnet von 166 000 Computern aus über 74 Staaten überflutete die Webseiten südkoreanischer Banken und Regierungsorganisationen. Die infizierten Rechner kontaktierten alle drei Minuten einen von acht Kontrollservern, die den Zombiecomputern die Adressen der zu attackierenden Webseiten zurückschickten. Diese acht Kontrollserver saßen nicht in Nordkorea, sondern in den Vereinigten Staaten, Georgien, Österreich und Deutschland und sollen von einem Masterserver im englischen Brighton aus kontrolliert worden sein. Militärexperten vermuten, dass der virtuelle Großangriff nur deshalb keine gravierenden Schäden anrichtete, weil er nur als Warnschuss des Regimes in Pjöngjang an die USA und ihre südkoreanischen Verbündeten gedacht war.

Neben Nordkorea hat offenbar auch der Iran den Cyberspace als neues Schlachtfeld entdeckt. Nachdem die *New York Times* im Sommer 2012 enthüllt hatte, dass die USA und Israel hinter den Stuxnet-Angriffen auf das iranische Atomprogramm standen, fiel ein verheerender Virus über die Computer von Saudi Aramco her, der staatlichen Ölgesellschaft Saudi-Arabiens. Das Sabotageprogramm infizierte rund dreißigtausend Computer, löschte etwa drei Viertel aller gespeicherten Daten und hinterließ an deren Stelle das Foto eines brennenden Sternenbanners, der amerikanischen Flagge. Einige Tage später wurde das Netzwerk von RasGas, dem staatlichen Erdgaskonzern Katars, mit einer Cyberattacke angegriffen. Und schließlich mussten nach einer Serie von

DDoS-Attacken einige der größten amerikanischen Finanzinstitutionen vom Netz genommen werden. US-Experten vermuteten den Iran hinter den Angriffen, der inzwischen über ein eigenes Cyber-Command verfügt.

Der damalige Verteidigungsminister Leon Panetta, der als CIA-Chef selbst an den Vorbereitungen zur Operation Stuxnet beteiligt war, nahm die Angriffe zum Anlass, vor einem »Cyber-Pearl-Harbor« zu warnen, einem Überraschungsangriff, der zu »Zerstörung und dem Verlust von Menschenleben führen« könne. Und James Clapper, Director of National Information und damit der oberste US-Geheimdienstler, erklärte erstmals Cyberangriffe zur schlimmsten Gefahr für die Vereinigten Staaten, schlimmer noch als der Terrorismus.

Der NSA werden auch in Zukunft die Gründe nicht ausgehen, warum sie glaubt, die gesamte Menschheit überwachen zu müssen.

DAS DIGITALE MENSCHENRECHT

»Er blickte zu dem gewaltigen Gesicht empor. Vierzig Jahre hatte er gebraucht, um herauszufinden, was für ein Lächeln sich unter dem dunklen Schnurrbart verbarg. O grausames, unnötiges Mißverständnis! [...] Aber jetzt war es gut, es war alles in Ordnung, der Kampf war zu Ende. Er hatte sich selbst überwunden. Er liebte den Großen Bruder.«

George Orwell, *1984*

Vermutlich sind wir alle längst Mitglieder der weltweiten »NSA-Community« – allerdings ohne jemals einen Mitgliedsantrag gestellt zu haben. Den Beitrag leisten wir freiwillig an Google, Apple, Microsoft, Facebook oder Amazon, die technischen und juristischen Verbündeten des Großen Bruders. Rund 1,3 Milliarden Internetnutzer sind derzeit bei Facebook angemeldet. Die Datenspuren, die jedes einzelne Mitglied mit der Zeit hinterlässt, sind gewaltig: Chats, E-Mails, Kurznachrichten, Fotos, Videos – Gigabyte um Gigabyte, und alles bleibt gespeichert, auch die Daten, die ein Benutzer vermeintlich gelöscht hat. Wenn ein privates Unternehmen mit rund sechstausend Mitarbeitern solche Datenmengen verwalten und verarbeiten kann, sollte das dem mächtigsten Geheimdienst der Welt mit rund vierzigtausend Beschäftigten und einem ganzen Heer von Vertragsfirmen allemal möglich sein.

Der Gedanke ist deshalb nicht abwegig, dass die NSA für

jeden Internetnutzer auf der Welt eine Art eigenen Account eingerichtet hat. Das wären dann zurzeit etwa drei Milliarden Benutzerkonten – eine Möglichkeit, auf die der Jurist und Datenschutzexperte Jan Schallaböck hingewiesen hat.[63] Mit ihren gewaltigen Analyse- und Speichermöglichkeiten wäre es für die NSA ein Leichtes, das gesamte Computernutzungs- und Kommunikationsverhalten im Internet aufzuzeichnen. Sämtliche Daten von Facebook, Google, Microsoft und Yahoo bekommt sie ohnehin, die Informationen aus den Smartphones und anderen mobilen Geräten ebenso – allein fünf Milliarden Ortungsdaten am Tag. Und seit Edward Snowden weiß man, dass die NSA mit XKeyscore über ein Programm verfügt, das jegliche Aktivitäten einer bestimmten Person zuordnen kann. Das Schnüffelprogramm sammelt »praktisch alles, was ein User im Internet tut«, rühmte sich die NSA selbst in einer Präsentation. XKeyscore kann das »Ziel« auch in Echtzeit beobachten, also während der Dateneingabe, und speichert auch, welche Dateien oder Webseiten sich jemand im Internet angeschaut hat.

Leider, meint Schallaböck, könne man sich nicht so einfach das Passwort für diesen Account zuschicken lassen, um nachzusehen, was die NSA alles gespeichert hat. Auch die Bitte um Auskunft oder Löschung unter Berufung auf deutsche oder europäische Datenschutzregeln dürfte sich nicht so einfach durchsetzen lassen. Und was die privaten Konzerne mit den ihrerseits gehorteten Benutzerdaten anstellen, kann man ohnehin nur erahnen. Moderne Algorithmen der Datenanalyse, berichtet der Informatiker und Kryptografiespezialist Jörn Müller-Quade,[64] beförderten aus den »scheinbar flüchtigen Momenten und vielen partiellen Einsichten, die man der Öffentlichkeit des Internets gewährt«, Erkenntnisse, die »zu umfassenden Benutzerprofilen angelegt« würden. Die

---

63 Jan Schallaböck: »Löscht die Daten!«, *Kursbuch* 177, 3. März 2014.

64 Jörn Müller-Quade: »Privatsphäre gesucht!« *Kursbuch* 177, 3. März 2014.

neuesten Analyseverfahren können auch bisher schwer fassbare Informationsquellen wie frei gestaltete Texte oder Bild- und Tonmaterialien sinnvoll verarbeiten. Durch die Kombination von »Bilderkennungsverfahren, statistischen Verfahren, Verfahren der Textanalyse sowie Prognoseverfahren, um fehlende oder noch unbekannte Attributswerte zu schätzen«, so Müller-Quade, würden »Datenspuren systematisch auf Korrelationen geprüft und – unbemerkt von den Benutzern – zu einem ›schlüssigen‹ Bild gefügt«. Wie es unter diesen Umständen mit unserem vom Grundgesetz geschützten Recht auf Privatsphäre bestellt ist, lässt sich kurz so zusammenfassen: Es existiert nicht. Solange wir es uns nicht zurückholen.

Es ist mehr als dreißig Jahre her, dass das Bundesverfassungsgericht in seinem Urteil zur Volkszählung das »Recht auf informationelle Selbstbestimmung« entwickelt hat. Vorausgegangen waren jahrelange, erbittert geführte Diskussionen über das Vorhaben der Bundesregierung, sechshunderttausend »Zähler« durch das Land zu schicken und die Bürger über ihren Wohn- und Berufsalltag zu befragen. Die »Persönlichkeitsprofile«, die sich daraus hätten erstellen lassen, hätten einen Bruchteil von dem preisgegeben, was heute jedes durchschnittliche Facebook-Profil verrät. Aber angesichts der Reaktionen auf den geplanten Zensus sprach die *taz* damals von einem »Flächenbrand«. Rund fünfhundert Verfassungsbeschwerden wurden eingereicht, ein Viertel der Bundesbürger kündigte laut Umfragen an, sie würden die Volkszähler nicht in die Wohnungen lassen, und überall im Land gründeten sich Initiativen von Boykotteuren. »Meine Daten gehören mir« lautete die Parole. An vielen Wohnungstüren klebten Hinweisschilder: »Betteln, hausieren und volkszählen verboten!«

Das Vorhaben der Regierung löste sofort Assoziationen an die Nazizeit aus. Eine Bundesarbeitsgemeinschaft Schwule fürchtete laut *Spiegel* das Entstehen von Rosa Listen, wie sie zur NS-Zeit der Verfolgung Homosexueller dienten. Dreihundert Mitarbeiter des Landeskrankenhauses Gütersloh protestierten gegen die Frage: »Sind Sie Insasse einer Anstalt?« Schließlich seien »hier schon einmal Listen erstellt worden, die den Tod von 950 Patienten unserer Einrichtung zur Folge hatten«. Und wenn nicht *1933*, dann zumindest *1984*: Orwells schlimmste Vision schien unmittelbar Wirklichkeit zu werden. Selbst der damalige bayerische Ministerpräsident Franz Josef Strauß, nicht gerade ein Freund der direkten Demokratie, plädierte angesichts der Protestwelle für eine Verschiebung der Volkszählung.

Doch die fiel zunächst aus. Die Karlsruher Richter erklärten die Volkszählung in der geplanten Form im Dezember 1983 für verfassungswidrig und stellten in ihrem Grundsatzurteil fest: Jeder Einzelne habe das Recht, selbst zu bestimmen, wann und in welchem Umfang er persönliche Daten preisgeben möchte. Dieses Recht auf informationelle Selbstbestimmung, so das Urteil, gehöre zur freien Entfaltung der Persönlichkeit (Grundgesetz Artikel 2) und genieße Verfassungsrang. Es wurde damit zu einem unveräußerlichen Grundrecht. Es lohnt sich, die Urteilsbegründung von 1983 etwas näher zu betrachten, denn sie gewinnt durch die Entwicklung der letzten Zeit an Brisanz.

»Mit dem Recht auf informationelle Selbstbestimmung«, schrieben die Richter, sei eine Gesellschaftsordnung »nicht vereinbar, in der Bürger nicht mehr wissen können, wer was wann und bei welcher Gelegenheit über sie weiß«. Denn wer unsicher sei, »ob abweichende Verhaltensweisen jederzeit notiert und als Information dauerhaft gespeichert, verwendet oder weitergegeben werden«, der werde auch versuchen, sein Verhalten entsprechend anzupassen. Im Klartext: Wer Angst haben muss, permanent überwacht zu werden, traut sich nicht mehr aufzufallen. Weiter im Urteilstext: »Dies würde nicht nur die individuellen Entfaltungschancen des Einzelnen beeinträchtigen, sondern auch das Gemeinwohl.« Denn Selbstbestimmung der Bürger sei eine der wichtigsten Voraussetzungen für eine funktionierende Demokratie, so das Verfassungsgericht.

Diese Anpassung aus Angst vor Überwachung, die nach Ansicht der Karlsruher Richter die Demokratie bedroht, ist vielfach beschrieben worden. Der französische Philosoph Michel Foucault hat dafür in der 1970er-Jahren den Begriff »Panoptismus« gefunden, in Anlehnung an Jeremy Benthams Entwurf eines perfekten Gefängnisses, genannt »Panopticon«. Der britische Jurist und Sozialreformer Bentham stellte sich im 18. Jahrhundert einen Rundbau mit nach innen gerichteten Zellen vor, in dessen Mitte ein einziger Wachturm stand. Die Fenster des Turms sollten von außen nicht einsehbar sein. Dieser Aufbau sollte die perfekte Überwachung der Häftlinge mit geringstem Aufwand ermöglichen. Er wurde später tatsächlich in abgewandelter Form für den Bau von Gefängnissen und anderen geschlossenen Anstalten, zum Beispiel Psychiatrien, übernommen: Das sogenannte Pennsylvania-Modell ist als Kreuzbau angelegt, in der Mitte sitzt das Wachpersonal und kann in allen Richtungen die Korridore mit den Zellentüren überwachen. Bentham sprach von der »scheinbaren Allgegenwart des Aufsehers« und beschrieb, welche Auswirkungen diese auf die Insassen haben würde: Sie sollten »stets das Gefühl haben, als würden sie überwacht, zumindest als wäre die Wahrscheinlichkeit groß, dass dies der Fall sei« – wie in Orwells fiktivem Ozeanien, in dem auch nie klar ist, wann sich die Gedankenpolizei in die Teleschirme einschaltet.

Der französische Philosoph Foucault sah in Benthams Panopticon den »Spiegel der Moderne«, ein Symbol für die Mechanismen, mit denen ein moderner Staat funktioniert. In einem solchen Konstrukt, so Foucault, »werde die Macht über den Einzelnen in Form einer ständigen individuellen Überwachung ausgeübt, in Form von Kontrolle, Strafe und Belohnung, in Form von Besserung, das heißt der Formung und Veränderung des Einzelnen im Sinne bestimmter Normen«. Foucault erkannte, dass die Disziplinierung in diesem Panopticon das Entscheidende ist, die Beherrschung der »Seele«, mit der Absicht, auf das Verhalten der Menschen einzuwirken. »Derjenige, welcher der Sichtbarkeit unterworfen ist und dies weiß«, schrieb Foucault,[65] »übernimmt die Zwangsmittel der Macht und spielt sie gegen sich selber aus; er internalisiert das Machtverhältnis, in welchem er gleichzeitig beide Rollen spielt; er wird zum Prinzip seiner eigenen Unterwerfung.«

Sind wir also alle Gefangene eines modernen Panopticons, indem wir uns diesem »Totalitarismus der Transparenz« unterwerfen, den die NSA mithilfe von Google und Co. anstrebt, und den Dave Eggers in seinem Roman *Der Circle* konsequent zu Ende gedacht hat? Geheimdienste und Konzerne arbeiten Hand in Hand, gemeinsam erschaffen sie einen neuen digitalen militärisch-industriellen Komplex, der im Verborgenen agiert und uns bis in die letzten Winkel ausspioniert. Jede Seite verfolgt ihre eigenen Interessen, aber die Methoden zur Bespitzelung gleichen und ergänzen sich.

»Die modernen Algorithmen der Datenanalyse«, berichtet Informatiker Müller-Quade, »gehen weit über das hinaus, was wir als Rasterfahndung kennen.« Denn für die Rasterfahndung müsse man wissen, was man überhaupt sucht. Um mit dem ehemaligen amerikanischen Verteidigungsminister Donald Rumsfeld zu sprechen: das »known unknown«. Aber inzwischen geht es um das »unknown unknown« – alles, was im Netz der Suchmaschinen hängen bleibt. Die NSA schnüffelt in den Facebook-Accounts von Zahnspangenträgerinnen herum, speichert und analysiert jede Nebensächlichkeit, stellt daraus Profile von Millionen Terrorverdächtiger her – und übersieht dabei das Wesentliche. Nämlich dass in Syrien und im Irak eine Terrormiliz namens Islamischer Staat (IS) entstand, brutaler, gemeiner und mörderischer als jemals zuvor. Diese schien man erst auf den Bildschirm bekommen zu haben, als sie ihre Menschenschlächtereien selbst filmten und ins Internet stellten. In einer der am dichtesten über-

---

65 Michel Foucault: *Überwachen und Strafen. Die Geburt des Gefängnisses*, Suhrkamp, 1994.

wachten Regionen der Welt kamen Zehntausende äußerst gewalttätige Dschihadisten wie aus dem Nichts. Um den islamistischen Terror im Blick zu behalten, hätte man nicht die ganze Welt bespitzeln müssen.

Aber es geht nicht mehr darum, die sprichwörtliche Nadel im Heuhaufen zu finden. Sondern es geht darum, das »Volk zu managen«, wie uns der frühere NSA-Direktor William Binney kurz und bündig auf die Frage erklärte, wozu die Totalüberwachung eigentlich diene. Es geht um Abweichungen von der Norm, verdächtiges Verhalten, das sich mithilfe der modernen Analysen leicht identifizieren lässt. Und seit das US-Heimatschutzministerium herausgefunden hat, dass die jugendlichen Amokläufer von Denver und Newport weder bei Facebook noch bei Twitter angemeldet waren, zählt inzwischen sogar die Verweigerungshaltung zu den Kriterien für »verdächtiges« Verhalten. »Irgend etwas zu tun, das auf einen Hang zur Einsamkeit schließen ließ, bereits alleine spazierenzugehen konnte schon gefährlich sein«, schrieb George Orwell in *1984*, denn das konnte auf »Individualismus und Exzentrität« hindeuten.

Dass in Houston im August 2014 ein Mann wegen des Verdachts auf Kinderpornografie verhaftet wurde, weil Google in seinem Postfach entsprechende Fotos fand, passt in diesen Zusammenhang. Die Verbreitung von Kinderpornografie ist zweifellos verabscheuenswürdig und kriminell, die Frage aber ist, ob jede Mail ohne Anfangsverdacht, ohne richterlichen Beschluss, ohne konkreten Anlass hinsichtlich potenzieller Abweichungen untersucht werden darf. Ob Google als globaler Großer Bruder Inhalte zensieren, sich als moralische oder juristische Instanz aufspielen und die Regeln setzen darf. Damit gehen die demokratische Kontrolle, die Legislative, die Exekutive und dazu gleich noch die Judikative an einen Konzern über, der völlig nach eigenem Gutdünken beziehungsweise dem seiner Aktionäre tun und lassen kann, was er will. Was »unnormal« oder »verdächtig« ist, setzt ein von irgendwelchen Programmierern entwickelter Algorithmus fest. Abweichungen werden den Sicherheitsbehörden gemeldet – wenn die sie nicht schon in Echtzeit selbst entdeckt haben.

Die permanente Überwachung muss aber nicht nur strafrechtliche Konsequenzen haben. Sie kann und wird mit Sicherheit dazu führen, dass man künftig bei der Krankenkasse einen höheren Beitrag bezahlen muss, weil man die falschen Lebensmittel kauft und sich ungesund ernährt. Wenn das Auto zum fahrenden Datenspeicher wird, dürften Geschwindigkeitsüberschreitungen live gemeldet oder später aus der Black Box rekonstruierbar sein. Wenn die Wohnung mit dem Überwachungssystem der Google-Firma Nest ausgestattet ist, wird irgendwann nicht nur die Raumtemperatur gemessen, sondern auch, ob geraucht, getrunken oder laut gefeiert wird. Das Zählen der Bewohner dürfte ein Kinderspiel sein, das Messen und Auswerten des Fernsehverhaltens ebenfalls. Wenn alle Haushaltsgeräte angeschlossen sind, meldet sich der neue Staubsauger, der den alten, defekten oder auch nur stromfressenden ersetzen soll, per Amazon an der Haustür. Big Brother muss kein politischer Diktator sein: Er kommt im Gewand des freundlichen Helfers für den Alltag. Die Diktatur folgt dann leise ganz von selbst. Früher hieß es, »die Freiheit stirbt millimeterweise«, heute stirbt sie in Bits und Bytes.

Werden wir durch diesen subtilen Regelmechanismus künftig so berechenbar, dass sich mit den Big-Data-Techniken der alte Traum verwirklichen lässt, wie Müller-Quade schreibt, »die Zukunft vorherzusagen, um aus einer Menge von Handlungsmöglichkeiten die auszuwählen, die die beste Zukunft verspricht«? Legt sich ein »Netz der Vorausberechnung, des Determinismus über die Handlungen der Menschen«, wie Frank Schirrmacher schon 2009 fragte?

Amazon experimentiert bereits mit der Technologie des »Anticipatory Shippings«, bei dem die Waren an Kunden versendet werden, bevor die sie überhaupt bestellt haben. Im Spielfilm *Minority Report* versucht man durch Einsatz von

Totalüberwachung und »Analytics« vorherzusehen, welche Verbrechen demnächst geschehen werden, um sie im Vorwege zu verhindern. Es ist das System der Katze, die nicht dorthin springt, wo sie die Maus sieht, sondern dorthin, wo die Maus im nächsten Moment sein wird. Auch solche Verfahren sind kein Science-Fiction mehr. »Predictive Policing«, vorausschauende Polizeiarbeit, wird in den USA schon in mehreren Städten eingesetzt: Die Polizisten patrouillieren verstärkt dort, wo ihnen der Computer die höchste Wahrscheinlichkeit für ein Verbrechen vorhersagt – mit Erfolg, wie es heißt. Eine mögliche Konsequenz zeigt der *Minority Report*, in dem übrigens der Scientologe Tom Cruise die Hauptrolle spielt: Täter werden für Verbrechen festgenommen, die sie noch gar nicht begangen haben. Wie lange dauert es, bis die Täter das mitkriegen und besser in »untypischen« Gegenden zuschlagen? Wer entscheidet, welche Algorithmen zur Anwendung kommen? Und wer entscheidet künftig, was »abweichendes Verhalten« ist?

Der polnisch-britische Soziologe und Philosoph Zygmunt Bauman beobachtet die gesellschaftlichen Auswirkungen der digitalen Überwachung seit einigen Jahren und hat sie in vielen Publikationen beschrieben. Eines der wesentlichen Kennzeichen der »flüchtigen Moderne« sei, sagt Bauman,[66] dass die Macht nur noch schwer greifbar sei, weil sie »sich in einen globalen, exterritorialen Raum verzogen« habe, »während die Politik, die einst zwischen den Interessen des Einzelnen und der Gemeinschaft vermittelte, an feste Orte gebunden bleibt und nicht auf globaler Ebene zu agieren vermag«. Das ist einer der Gründe, weshalb es um unser Grundrecht auf informationelle Selbstbestimmung derzeit so schlecht bestellt ist: Die wachsende Macht des militärisch-industriellen Komplexes entzieht sich unserer Kontrolle, die Kräfteverhältnisse verschieben sich, demokratische Spielre-

66 Zygmunt Bauman, David Lyon: *Daten, Drohnen, Disziplin. Ein Gespräch über flüchtige Überwachung*, Suhrkamp, 2013.

geln gelten nur noch bedingt. »Die neuen Formen der Überwachung«, analysiert Bauman, »bewirken, kurz gesagt, eine neue Transparenz, durch die nicht nur der Staatsbürger als solcher, sondern jeder Mensch in allen Bereichen des Alltagslebens pausenlos überprüft, beobachtet, getestet, bewertet, beurteilt und in Kategorien eingeordnet werden kann. Und zwar völlig einseitig. Während unser Alltag für die uns beobachtenden Organisationen in allen Details transparenter wird, entziehen sich deren Aktivitäten zunehmend unserer Einsichtsmöglichkeiten. Weil die Macht in der flüchtigen Moderne mit der Geschwindigkeit elektronischer Signale strömt, erhöht sich die Transparenz auf der einen Seite, während sie auf der anderen schwindet.«

Die Folgen sind entweder Ausgrenzung für diejenigen, die sich verweigern, oder Bestärkung und Belohnung für diejenigen, die solche Verhältnisse für ganz natürlich halten. Das dürften vermutlich alle Menschen sein, die mit Facebook, Google und Twitter groß geworden sind, also vor allem diejenigen, die seit dem Ende der 1990er-Jahre geboren wurden. Das Bemerkenswerte daran ist, dass die Überwachung erst durch den Enthusiasmus der Überwachten ihre ganze Wirkung entfalten kann. Bauman hält deshalb die Verweise auf Benthams Panopticon für nicht mehr zeitgemäß: »Es gab im panoptischen Werkzeugkasten kein Zuckerbrot, nur die Peitsche«, denn Bentham wäre es »nie in den Sinn gekommen, die Insassen des Panoptikums mithilfe von Verlockung und Verführung zum erwünschten Verhalten zu bringen«.

Die Konzerne, die mit unseren Daten ihre Gewinne machten, hätten Baumans Meinung nach entdeckt, dass »die Manipulation von Entscheidungen in die gewünschte Richtung am besten durch Verführung, nicht durch Zwang zu bewerkstelligen« sei. Der Albtraum des Panoptikums – du bist nie allein – sei heute als »hoffnungsvolle« Botschaft wiedergekehrt: »Du musst nie wieder allein (verlassen, übersehen, vernachlässigt, überstimmt und ausgeschlossen) sein.« Die

Marketingstrategen hätten es geschafft, die »Konsumenten« zur freiwilligen Versklavung zu erziehen und dazu, ihre Knechtschaft als einen Zugewinn an Freiheit und als Zeugnis ihrer Autonomie zu erfahren. Bauman fasst es mit drastischen Worten zusammen: »Wir verzichten auf unser Recht auf Privatsphäre und lassen uns freiwillig zur Schlachtbank führen. Möglicherweise stimmen wir dem Verlust der Privatsphäre aber auch zu, weil er ein akzeptabler Preis für das tolle Zeug ist, das wir im Tausch dafür erhalten.«

Sich diesem System zu entziehen ist praktisch unmöglich. Verweigerung ist als abweichendes Verhalten verdächtig. Die Nutzung privater Verschlüsselungsverfahren gilt für NSA und andere jetzt schon als Indiz dafür, dass es etwas zu verheimlichen gibt. Benutzer des Tor-Netzwerks oder von VPN-Programmen[67] stehen im »Überwachungsranking« der NSA ganz weit oben: Sie sind als Heimlichtuer leicht zu identifizieren, und natürlich hinterlässt jeder, der Spuren verschleiert, immer noch Spuren. Auch der deutsche BND setzt XKeyscore gezielt gegen mutmaßliche Anonymous-Mitglieder ein, die sich im Deep Web bewegen. Der Rat, vollständig offline zu gehen, sich also zu »entnetzen«, statt zu vernetzen, um der Überwachung entgegenzuwirken, ist für die meisten etwa so hilfreich wie der Rat, nicht mehr am Straßenverkehr teilzunehmen, weil dort jeden Tag Menschen sterben. Aber genauso, wie man seine Überlebenschancen im Straßenverkehr drastisch erhöhen kann, indem man elementare Grundregeln beachtet – zum Beispiel nicht bei Rot über eine Ampel gehen oder nicht im betrunkenen Zustand Auto fahren –, gilt das im übertragenen Sinn auch für die Benutzung der Datenautobahnen.

Wir brauchen für den Umgang mit dem Internet neue Regeln, individuelle wie gesellschaftliche. Neue Kommunikationstechniken haben den Alltag, das Arbeitsleben und das

67 VPN (»Virtual Private Network«): ein Programm, das abhörsichere Kommunikation ermöglicht.

Freizeitverhalten, radikal verändert, doch die Normen dafür müssen erst noch gefunden werden. Das zeigt der sorglose Umgang mit den sozialen Netzwerken am deutlichsten: Wenn man weiß, dass da draußen ein Monster lauert, muss man es ja nicht noch füttern. »Profile« zu erstellen war früher »Profilern« beim FBI oder dem BKA vorbehalten, die mit solchen mühsam zusammengesetzten Persönlichkeitsbildern versuchten, Serientätern auf die Spur zu kommen. Heute machen das Milliarden Menschen freiwillig und wundern sich, wenn sie zu Fahndungsobjekten werden. Wo aber die Grenzen zwischen privat und öffentlich immer mehr verschwimmen, fällt es zunehmend schwer, sich noch auf eine Privatsphäre zu berufen. »Heute fürchten wir nicht so sehr, dass jemand in unsere Privatsphäre eindringt und uns verrät«, stellt Kritiker Zygmunt Bauman erstaunt fest, »sondern das Gegenteil: dass ihre Ausgänge versperrt werden.« Die permanente Beobachtung wie in Benthams Panopticon habe sich »aus einer Bedrohung in eine Verheißung verwandelt«. Da ist einiges durcheinandergeraten.

Wenn es keine Geheimnisse mehr gibt, so die Vision von Dave Eggers' Heldin Mae Holland in *Der Circle*, »dann gibt es keine Verbrechen mehr. Keine Morde, keine Entführungen und keine Vergewaltigungen.« Alles und jeder soll gesehen werden. »Und um gesehen zu werden, müssen wir beobachtet werden. Beides geht Hand in Hand.« Es geht auch darum, Spuren zu hinterlassen. »Jeder kann ein Star sein«, sagte einst Andy Warhol. Eggers' Romanheldin drückt es so aus: »Wir wissen alle, dass wir in dieser großen Welt nicht von Bedeutung sind. Deshalb bleibt uns bloß die Hoffnung, gesehen oder gehört zu werden, wenn auch nur für einen Augenblick.«

Jeder, der sich weiterhin an dieser globalen Casting-Show beteiligen will, soll das tun. Die dahinter stehenden Sehnsüchte lassen sich nicht per Gesetz verbieten. Aber der Preis ist hoch, auch wenn alles kostenlos zu sein scheint. Es ist das Verdienst Edward Snowdens und anderer Whistleblower, dass sie uns sensibler gemacht haben hinsichtlich der Frage, was mit unseren Daten geschieht. Wir haben die Kontrolle darüber fremden Mächten übertragen, die sich selbst jeder Kontrolle entziehen. Und während für manche Politiker und Politikerinnen das Internet noch »Neuland« ist, sind die Claims längst abgesteckt. »Während Staaten mit dem Internet verschmelzen und die Zukunft unserer Zivilisation zur Zukunft des Internets wird, müssen wir die Machtverhältnisse neu definieren«, sagt Wikileaks-Gründer Julian Assange. »Tun wir dies nicht, wird die Universalität des Internets die ganze Menschheit in ein einziges gigantisches Geflecht von Überwachung und massenhafter Kontrolle verstricken.«

Ein erster Schritt wäre, das Recht auf informationelle Selbstbestimmung endlich europaweit festzuschreiben, sodass keine nationalen Schlupflöcher mehr bleiben wie bisher, die von den US-Konzernen für ihre Zwecke ausgenutzt wurden. Die noch immer gültige europäische Datenschutzrichtlinie von 1995 ist hoffnungslos veraltet. Facebook und andere sitzen unter anderem deshalb in Irland, weil die dortigen Datenschutzgesetze zu den schwächsten in Europa gehören. Ein starker europäischer Datenschutz könnte eines der besten Argumente für den selbstbewussten Aufbau einer eigenen Infrastruktur werden, so wie heute schon grüne Technologien für den nachhaltigen Umbau der Wirtschaft ein Wachstumsfaktor sind. Ein wirksamer Datenschutz würde auch die stillschweigende Weiterleitung unserer Daten an die US-Geheimdienste erschweren. Amerikanische Cloud-Dienste bekommen das neue Misstrauen im Übrigen schon zu spüren: Dropbox und andere Anbieter müssen als Folge der NSA-Affäre bis zum Jahr 2019 mit bis zu 180 Milliarden Dollar an Einbußen rechnen, prognostizierte die New America Foundation.

Schockstarre ist nicht angebracht. Wo Monopole und Kartelle entstehen, müssen diese wie anderswo in der Wirtschaft wirksam kontrolliert werden. Wenn die Internetgiganten mit unseren Daten Milliardengeschäfte machen, sollte die Frage sein, was sie dafür zu zahlen bereit sind. Schließlich sind wir die Rohstofflieferanten, vielleicht sogar der Rohstoff selbst für den »Treibstoff des 21. Jahrhunderts«. Wenn das »Internet der Dinge« Realität wird, könnten uns die Konzerne beispielsweise dadurch entlohnen, dass sie die Geräte kostenlos zur Verfügung stellen, mit denen wir Daten liefern, schlägt Evgeny Morozov vor:[68] »Sie bekommen beispielsweise eine kostenlose intelligente Zahnbürste, erklären sich im Gegenzug aber damit einverstanden, dass sie Daten über ihre Verwendung sammelt. Und mit diesen Daten werden letztendlich die Produktionskosten finanziert.« Das könnte ein fairer Deal unter Geschäftspartnern sein, wenn Transparenz auf beiden Seiten herrscht. Die Internetbenutzer sollten zu »Datenagenten in eigener Sache werden«.

Die NSA könnte sich dann zwischen zwei Möglichkeiten entscheiden, meint Morozov: Entweder sie bittet die Unternehmen, »die diese ganzen intelligenten Apparate entwickeln, um Bereitstellung von Daten, oder sie kauft sie auf dem freien Markt (wo sie letztlich landen), also von uns, den Bürgern«. Und vielleicht kommt man dann zur Erkenntnis, dass man manchmal besser mit Geld bezahlt statt mit den eigenen Daten. Wenn sich dieses Bewusstsein durchsetzt, könnte auch eine Art neuer »Bio-Bewegung« entstehen. Vielleicht sind Firmen irgendwann einfach nicht mehr »cool«, die mit den Daten der Nutzer machen, was sie wollen, die mit diesen Schindluder treiben. Vielleicht möchte der Konsument irgendwann nicht nur wissen, ob Rinder-, Schweine- oder Pferdefleisch in seiner Lasagne ist, sondern auch, was Google oder Facebook mit seinen Daten anstellen.

In Eggers' Roman *Der Circle* heißen die drei Grundsätze der Firma: Geheimnisse sind Lügen, teilen ist heilen, alles Private ist Diebstahl. Es sind die Prinzipien des Totalitaris-

68 Evgeny Morozov: »Datenagenten in eigener Sache«, *Kursbuch* 177, 3. März 2014.

mus, subtiler noch als die drei Parolen von George Orwells Big Brother: Krieg ist Frieden, Freiheit ist Sklaverei, Unwissenheit ist Stärke.

Gegen »Big Data« ist »Big Brother« ein Zwerg.

In dem Maße, in dem sich unser Leben und unsere Persönlichkeit mehr und mehr im Internet abbilden, müssen die digitalen Persönlichkeitsrechte Schritt halten. In naher Zukunft werden nicht nur alle Kommunikations-, Bewegungs- und Finanzdaten online verfügbar sein, sondern auch alle genetischen und medizinischen Informationen. Spätestens dann muss das »digitale Ich« vergleichbare Rechte genießen wie das »reale Ich«. Die vollständige Kontrolle über möglichst alle gespeicherten Daten gehört dazu, ebenso das Recht auf Vergessenwerden. Die Wiederherstellung der Verfügungsgewalt über die Daten wäre der erste Schritt zu einem neuen Menschenrecht im digitalen Zeitalter. Ohne diese Selbstbestimmung wird es auf Dauer keine Demokratie geben – weder in der virtuellen noch in der realen Welt. Nur die Illusion davon.

DANKSAGUNG

Dieses Buch hätte nicht ohne die Hilfe und Anregungen vieler Menschen geschrieben werden können, mit denen wir über das komplexe und vielschichtige Thema sprechen konnten. Stellvertretend sei hier gedankt: William Binney, Thomas Drake und Jesselyn Radack für spannende und informative Gespräche, die uns Einblicke ins Innenleben der NSA ermöglichten und entscheidend zum Verständnis der aktuellen Entwicklung beitrugen; Diani Barreto für ihr unermüdliches Engagement bei der Koordination dieser Gespräche und die wirklich hilfreiche Anregung, sich auf Twitter mit dem »Whistleblower-Netzwerk« zu verbinden; Matthias Lehnhardt für seine Hinweise und Erinnerungen zur Geschichte des Chaos Computer Clubs und der »KGB-Hacker«; Andy Müller-Maguhn für seine Einführung in die Überwachung der Überwacher und andere wichtige Informationen; Hans Hübner für das unerschütterliche Vertrauen und seine Nachsicht bei der schwierigen Terminfindung; unserem jüngsten Gesprächspartner Jan Laskowski für seine engagierten Recherchen in den Tiefen der Hackerszene und seine Geduld bei der Einführung in eine Welt, die uns bis dahin verschlossen war.

Ralf Höcker/Klemens Skibicki/Frank Mühlenbeck

Lexikon der Internetfallen

Was Ihnen im Netz blühen kann und was Sie dagegen tun können

Originalausgabe

ISBN 978-3-548-37322-5
www.ullstein-buchverlage.de

Web 2.0 hat die Welt verändert. Das Internet wird zunehmend zum Minenfeld für arglose Nutzer. Ungewollte Geschäftsabschlüsse durch falsche Mausklicks, illegale Downloads mit strafrechtlichen Konsequenzen oder Mobbing via SchülerVZ sind nur ein paar der Fallen, die im Netz lauern. Das Autorenteam um Ralf Höcker verdeutlicht anhand konkreter Beispiele die Gefahren des Internets und zeigt, wie man sich juristisch gegen unrechtmäßige Ansprüche oder Verleumdungen wehren kann.

US327

ullstein